LA DOCTRINE LEIBNIZIENNE DE LA VÉRITÉ

BIBLIOTHÈQUE D'HISTOIRE DE LA PHILOSOPHIE

NOUVELLE SÉRIE

Fondateur : Henri GOUHIER Directeur : Jean-François COURTINE

LA DOCTRINE LEIBNIZIENNE DE LA VÉRITÉ

Aspects logiques et ontologiques

par

Jean-Baptiste RAUZY

Préface de Jacques Bouveresse

Ouvrage publié avec le concours de l'Association des anciens pensionnaires et amis de la Fondation Thiers

PARIS

LIBRAIRIE PHILOSOPHIQUE J. VRIN

6, Place de la Sorbonne, V[e]

2001

Imprimé en France
ISSN 0249-7980
ISBN 2-7116-1525-1

Pour I. L.

REMERCIEMENTS

La présente étude constitue la version remaniée d'une thèse de Doctorat. J'ai pu en rassembler le corpus lors d'un séjour d'étude de quatre mois aux Archives Leibniz de Hanovre pour lequel j'ai reçu une bourse du D.A.A.D. Par la suite, j'ai eu la chance d'être accueilli par la Fondation Thiers pendant trois ans. L'association des Anciens Pensionnaires et Amis de cette Fondation a contribué à la publication. Je tiens à remercier aussi tout le personnel de la bibliothèque des lettres de l'École Normale Supérieure et particulièrement Madame Boulez, qui m'a plusieurs fois secouru à point nommé dans les moments de détresse bibliographique. Jacques Bouveresse a suscité ce travail, puis y a contribué directement par ses conseils et indirectement par son exemple et sa philosophie. Michel Fichant a mis à ma disposition avec générosité l'intégralité de sa science leibnizienne. Il est également intervenu, comme une sorte de main invisible, en m'offrant de multiples occasions de présenter mes travaux dans les rencontres universitaires. Jean-François Courtine a d'abord conseillé mes lectures suaréziennes ; puis il a attendu la version définitive de l'ouvrage avec patience et fermeté. François Clémentz m'a guidé dans les méandres récents de l'ontologie. Serge Boucheron, Emmanuel Cattin et François Calori ont relu tout ce qui suit et ont suggéré des corrections judicieuses. Je remercie enfin mes collègues et amis du département de philosophie de l'Université d'Aix-en-Provence : ils ont su entretenir en ce lieu la passion séculaire de l'étude et le goût de la nouveauté.

PRÉFACE

Préfacer un ouvrage à la fois aussi érudit et aussi novateur que celui de Jean-Baptiste Rauzy, même quand il s'agit d'une thèse dont on a dirigé ou peut-être, plus exactement, suivi la préparation, n'est pas une chose facile. La lecture de ce genre de livre est, en effet, une occasion de découvrir l'étendue de son ignorance sur un auteur que l'on croyait connaître relativement bien et à quel point l'admiration qu'on lui porte et qui ne risque sûrement pas d'être remise en question pouvait néanmoins, sur certains points, se tromper de raisons et même d'objet. Mais c'est aussi, heureusement, une occasion de se réjouir du renouvellement spectaculaire qui est en train de s'effectuer, depuis un certain temps, en matière d'études leibniziennes, pour des raisons qui ne tiennent pas seulement aux progrès réalisés dans le domaine de l'édition et à la découverte progressive de textes restés longtemps inconnus ou inutilisés, et de la vitalité remarquable de ce qu'on peut appeler la jeune école des leibniziens français. Plus généralement, la thèse de Rauzy témoigne, me semble-t-il, d'un renouveau de l'histoire de la philosophie, qui a été longtemps un des points forts de la philosophie française, mais dont on se demande parfois s'il l'est encore, et également du renouveau de la philosophie tout court, dans un sens qui, il est vrai, n'a pas grand-chose à voir avec ce que les médias appellent depuis quelques années de ce nom. En pensant à l'un de mes maîtres les plus regrettés, Yvon Belaval, dont les travaux ont été pour une part essentielle à l'origine de mon intérêt pour la pensée de Leibniz et à qui je ne voudrais pas laisser passer cette occasion de rendre hommage, j'ai la satisfaction de pouvoir me dire, même si je ne partage pas la croyance leibnizienne au progrès continu et illimité dans la nature et dans l'art, que la jeune génération philosophique se montre en tout cas parfaitement capable de perpétuer l'exemple et de préserver et de faire fructifier l'héritage de ses prédécesseurs les plus éminents.

Reprenant la comparaison de Gottfried Martin, Rauzy présente Leibniz comme le *Janus bifrons*, le dieu des seuils et des portes, qui « regarde *uno intuitu* de part et d'autre du temps qui passe ». Bifrons, « il l'est, dit-il, comme tout grand penseur, qui hérite d'un certain état de la philosophie qu'il ne laisse pas inchangé aux générations suivantes. Mais il l'est encore plus que les autres : peut-être avant tout par penchant, en raison du tour particulier de son esprit, de son goût presque ludique pour l'invention, auquel se mêle un respect infini du passé » (p. 9). Mais tous les historiens de la philosophie sérieux savent à quel point il est difficile de distinguer, dans une philosophie, ce qui regarde vers le passé et ce qui regarde vers l'avenir et facile de se tromper sur ce point. Toute une tradition d'interprétation et de commentaire s'est appuyée sur l'idée que ce qui, chez Leibniz, regarde vers le passé est la métaphysique et ce qui regarde vers l'avenir est la logique. C'était le point de vue de Russell, de Couturat et aussi, ce qui n'est pas surprenant, du Cercle de Vienne. Le Leibniz tourné vers l'avenir était supposé être le génial précurseur dont on a dit qu'il était le véritable père (ou en tout cas le grand-père) de la logique mathématique moderne. Le Leibniz tourné vers le passé était celui de la métaphysique de la substance et de la théorie de la monade (on peut remarquer en passant que Gödel avait sur ce point une opinion bien différente et n'était pas moins fasciné par la métaphysique de Leibniz que par les contributions qu'il a apportées à la logique). À cette façon de concevoir et de présenter les choses Rauzy objecte avec raison que « Leibniz a été partout lui-même, comme métaphysicien et comme logicien. Il n'a pas seulement cherché à innover ici et à conserver là, il a aussi été un logicien scolastique, encombré parfois par des problèmes qui ne sont plus les nôtres et que les commentateurs ont trop souvent ignorés » (p. 10). On peut dire effectivement, et Rauzy démontre de façon magistrale à quel point c'est vrai, que Leibniz a été partout à la fois conservateur et novateur et que, tout comme sa logique peut rester, sur certains points, tournée vers le passé, sa métaphysique peut être et est effectivement tournée aussi vers l'avenir et même vers un avenir qu'elle n'a peut-être pas encore vraiment eu. Et si l'héritage qu'il a laissé à ses successeurs en logique se présente la plupart du temps sous la forme de simples fragments, esquisses et ébauches, qui portent, en plus de la marque de l'intuition et de l'anticipation géniales, celle de la révolution incomplète ou inaccomplie, ce n'est sûrement pas, comme on l'a cru parfois, simplement ni même principalement parce que sa pensée est restée, sur ce point, encombrée par des présupposés métaphysiques d'un autre âge dont les logiciens réellement modernes ont réussi entre-temps à se débarrasser.

Bien que Leibniz ait dit lui-même que sa logique était le fondement de sa métaphysique, la tradition française du commentaire leibnizien n'a généralement guère suivi l'exemple de Couturat et s'est assez peu intéressée aux relations essentielles que l'œuvre de Leibniz a entretenues avec la logique proprement dite, une situation qui n'est certainement pas sans rapport avec la tendance qu'ont eue la philosophie et l'épistémologie française à privilégier, de façon générale, le rapport de la philosophie avec les mathématiques et à ignorer ou à minimiser celui qu'elle peut entretenir aussi avec la logique. C'est sans doute ce qui explique que, jusqu'à une date relativement récente, les travaux les plus novateurs dans ce domaine soient venus plutôt de l'étranger, ce qui, bien entendu, ne veut pas dire nécessairement des pays anglo-saxons. Un des livres qui ont le plus contribué à modifier la situation a été incontestablement l'étude de Massimo Mugnai sur la théorie leibnizienne des relations. Autrement dit, les choses ont bien changé depuis l'époque où ce que Russell appelait l'« axiome des relations internes » était considéré comme le responsable principal des obstacles que la pensée logique de Leibniz n'a pas réussi à franchir et qui l'ont empêchée d'être aussi moderne qu'elle aurait pu l'être. Et elles ont changé parce qu'on s'est décidé enfin à faire le travail requis, non pas seulement en histoire de la philosophie, mais également en histoire de la logique, pour comprendre la position indécise et instable qu'occupe, sur ce point, Leibniz et ce que Rauzy appelle la « singularité historique » de sa logique. Comme il le dit, le traitement que Leibniz donne de la logique des relations « est pour nous si étrange et la portée de ses résultats est si difficile à établir qu'il devenait indispensable de puiser systématiquement aux sources scolastiques, ne serait-ce que pour rétablir pas à pas les données d'un problème aujourd'hui disparu » (p.11). Mais, comme il le remarque aussi très justement, si le détour généalogique s'est avéré indispensable dans le cas des relations, pourquoi ne le serait-il pas également dans le cas de la prédication en général ? Et comment peut-on espérer comprendre la théorie leibnizienne de la vérité, ce qui constitue l'objet du livre qu'on va lire, si l'on ne s'astreint pas à réexaminer d'abord la théorie leibnizienne de la prédication ?

La situation se complique évidemment encore quand on consent à appliquer sérieusement le point de vue généalogique à l'œuvre de Leibniz elle-même. Rien n'a semblé pendant longtemps plus naturel que de parler d'un « système de Leibniz ». Et il y a à première vue peu d'entreprises philosophiques qui visent aussi clairement que la sienne à la construction d'un système. Mais où trouve-t-on l'exposé du système en question ? Et peut-on parler d'un système auquel l'auteur se serait finalement arrêté comme étant le sien ? Rauzy ne se sépare pas seulement, sur ce point, de ceux qui continuent à croire à l'existence d'un « système de Leibniz » qui pourrait être restitué entièrement par la réflexion critique. Il récuse également une version plus souple de la systématicité, d'après laquelle Leibniz aurait bel et bien eu un système, au moins virtuel, constitué d'une série de convictions philosophiques bien établies que l'on peut dégager de la profusion des textes, mais n'en aurait jamais exposé que des aspects ou des parties qu'il a été amené à actualiser en fonction des nécessités du moment, des incitations, des occasions et des circonstances. Le point de vue de Rauzy est que ce ne sont pas les changements macroscopiques, mais plutôt les petites différences, qu'il faut prendre en considération pour comprendre l'évolution de la pensée de Leibniz. « Les difficultés singulières sont, dit-il, à la philosophie ce que les petites perceptions sont à la restitution du monde. Elles donnent les événements réels que notre esprit compose en phénomènes congruents. Elles ne renvoient ni à la genèse ni à la structure d'une pensée réifiée dans une entité transcendante, mais aux actes d'un esprit singulier, avec lequel nous pouvons convenir en quelque manière par les traces qu'il a laissées sur la page » (p. 53). Aussi fasciné et occupé qu'il ait pu être par l'idée d'un « art d'inventer » et enclin à présenter ses propres inventions comme résultant de l'application concertée des principes d'un art de cette sorte, Leibniz n'en est pas moins le premier à reconnaître que l'occasion et le hasard jouent aussi la plupart du temps un rôle non négligeable dans l'invention : *raro fit inventio sine casu*. En lisant le livre de Rauzy, on est confronté à une aventure intellectuelle à peu près unique en son genre, dans laquelle la nécessité des choix et des principes fondamentaux se combine de façon exceptionnellement créative avec la contingence et même le hasard des problèmes rencontrés et des inventions qu'exige leur solution. A bien des égards, ce qu'on pourrait appeler le « hasard des éditions » joue d'ailleurs aussi son rôle dans la connaissance et la compréhension que nous avons de l'œuvre de Leibniz. Rauzy souligne lui-même que « ce qui est appelé ici ''doctrine leibnizienne de la vérité'' désigne aussi une séquence chronologique de l'œuvre qui s'achève au début des années 1690, séquence pour laquelle nous disposons d'une édition académique complète » (p. 18). Dans la phase qui a suivi, Leibniz a été moins logicien dans sa métaphysique et s'est tourné davantage vers la philosophie de l'action et de la vie, sans que l'on sache exactement pour l'instant de quelle façon sa position sur le problème de la vérité a pu encore évoluer.

On ne peut que rendre hommage à l'auteur de ce livre pour le sérieux et la compétence théoriques et historiques irréprochables avec lesquels il pratique ce qu'il prêche. Il a une connaissance à la fois érudite et profonde de la situation dont hérite Leibniz dans le domaine de la logique et des rapports qu'il entretient avec ses précurseurs scolastiques. Et il capable de traiter avec une maîtrise et un discernement au moins égaux des relations que l'on peut songer à établir entre le point de vue de Leibniz sur la vérité et celui d'auteurs comme Frege ou Tarski. Par la quantité d'information qu'il fournit et la qualité et la sûreté des interprétations qu'il propose, son livre est sûrement appelé à constituer, sur ces deux points, un instrument de travail irremplaçable. Les historiens de la philosophie et ceux des sciences se méfient avec raison des lectures récurrentes, qui dissimulent souvent un manque de sens historique et une méconnaissance regrettable de la spécificité et de la singularité historiques des auteurs et des œuvres étudiés. Rien de tel n'est à craindre dans le cas de Rauzy, qui procède toujours avec une attention, une précision et une prudence remarquables dans le maniement des rapprochements que l'on peut effectuer entre le passé et le présent, et notamment entre la doctrine leibnizienne du vrai et les discussions contemporaines sur le problème de la vérité. Comme il le remarque, on peut difficilement créditer Leibniz d'une anticipation explicite de la « conception sémantique » de la vérité, au sens de Tarski, ne serait-ce que parce que ni des distinctions comme celles que font les logiciens d'aujourd'hui entre la syntaxe et la sémantique ou entre le langage et le métalangage, ni la façon que nous avons de dissocier les aspects logiques et les aspects ontologiques du problème de la vérité et même d'ignorer la plupart du temps les seconds ne peuvent, pour des raisons historiques et philosophiques évidentes, se retrouver vraiment chez lui. Mais on peut, en revanche, soutenir que la théorie leibnizienne de la vérité occupe une position essentielle dans ce qu'Alberto Coffa a appelé la « tradition sémantique » et qu'elle en constitue même sans aucun doute le *terminus a quo*. Sur ce point, ce n'est évidemment pas Kant, mais Bolzano, qui constitue le véritable héritier et continuateur de Leibniz, une chose dont l'auteur de la *Wissenschaftslehre*, était du reste, tout à fait conscient et convaincu ; et ce n'est pas en Allemagne, mais plutôt en Autriche, et plus précisément en Pologne, qu'il faut chercher la véritable postérité du philosophe de Hanovre.

De façon générale, Leibniz semble être resté fidèle à une théorie de la vérité-correspondance, dont il développe une version qui est liée directement à sa théorie de l'expression. Mais on peut trouver aussi, chez lui, des éléments qui peuvent être compris comme allant dans le sens d'une théorie de la vérité-cohérence, d'une théorie de la vérité-identité, d'après laquelle, dans le cas d'une phrase vraie, le contenu propositionnel et le fait décrit ne sont pas correspondants, mais identiques, et même peut-être d'une théorie de la vérité-redondance, d'après laquelle il n'y a finalement rien de plus dans le contenu de la proposition « Il est vrai que *p* » que dans celui de *p*. La question de savoir si Leibniz a défendu ou non une théorie de la vérité-identité est évidemment à mettre en rapport avec celle de savoir s'il considère que la réalité dont traitent les propositions et qui les vérifie, quand elles sont vraies, est entièrement conceptuelle, y compris quand le concept se trouve être un concept d'individu. La confrontation que propose, sur ce point, Rauzy entre sa position et celle de Frege, pour qui un concept ne peut jamais tenir la place d'un objet, ni un objet celle d'un concept, est on ne peut plus éclairante. L'ontologie de Frege est irréductiblement dualiste : la réalité comporte deux espèces, définitivement séparées, de constituants, les concepts (ou, de façon plus générale, les fonctions) et les objets qui tombent sous eux. Mais, en revanche, comme c'est peut-être le cas aussi de celle de Leibniz, elle n'a pas de place pour les faits, dont Frege dit qu'ils sont simplement des « pensées vraies ». « Il est, remarque Rauzy, difficile de savoir si Leibniz comprend le concept comme une réalité mentale propre à chaque esprit ou comme une réalité séparée dans l'entendement divin, ce que doit être nécessairement la notion complète, puisqu'elle enveloppe un genre d'infinité qui est tout à fait au-delà de notre capacité cognitive » (p. 45). Mais, de quelque façon qu'on prenne les choses, il semble nécessaire de distinguer ici au moins quatre choses différentes : le concept ou, comme Frege préférerait l'appeler, la représentation mentale de Jules César dans l'esprit, le concept de Jules César comme réalité dans l'entendement divin, le concept de Jules César comme constituant de la réalité créée (si l'on pense qu'il doit l'être, en plus de César lui-même) et l'individu Jules César, autrement dit l'objet unique qui tombe sous le concept. La question de savoir en quoi consiste la vérité d'une proposition et ce qui la rend vraie, quand elle l'est, n'est évidemment pas séparable de celle de savoir de quoi parlent au juste les propositions. Et, comme le montre Rauzy, la réponse, dans le cas de Leibniz n'a rien de facile ou d'évident.

La théorie de la vérité-correspondance a été critiquée à de nombreuses reprises et de bien des façons, notamment par Frege, et, pour des raisons bien différentes, par Heidegger. Et même si c'est une version de cette théorie que Wittgenstein a adoptée dans le *Tractatus*, en relation avec la théorie de la proposition-image, on peut avoir le sentiment qu'elle est aujourd'hui la moins défendable de toutes les conceptions qui ont été défendues à propos de la vérité et même qu'elle a perdu depuis longtemps tout intérêt réel. On peut aussi estimer, et bien des choses semblent aller aujourd'hui dans ce sens, qu'il vaudrait probablement mieux que la notion de « vérité » elle-même cesse d'apparaître et d'être traitée comme une des valeurs centrales de notre culture et même qu'elle a déjà en pratique cessé plus ou moins de l'être. Je me sens, je l'avoue, sur ces deux points, plus proche de Leibniz que de ce que disent ou suggèrent les philosophes d'aujourd'hui (en tout cas, du genre de révolution que propose en ce moment ce qu'il appelait « le vulgaire des nouveaux philosophes ») et c'est aussi, je crois, la façon de voir de Rauzy. On ne manquera pas d'objecter au travail monumental qu'il a réalisé et dont il présente aujourd'hui les résultats au public que ce qu'il apporte n'est pas suffisamment nouveau, si ce n'est pour ceux qui s'intéressent en priorité à l'histoire de la philosophie, et également que son livre est austère, difficile, technique et, pour tout dire, un peu trop « scolastique » dans sa conception et dans son mode d'exposition. Mais, en plus du fait que j'aurais plutôt tendance à considérer cela comme un compliment involontaire, il me semble que Leibniz mérite certainement au minimum que nous accordions à sa pensée le genre d'attention et de respect qu'il professait pour celle de ses grands devanciers, un point sur lequel Rauzy donne dans ce livre un exemple en tous points admirable. Et, pour ce qui est de la difficulté, qui est réelle, la seule chose que je puisse dire au lecteur et sur laquelle je n'ai aucun doute est que, s'il consent à l'effort nécessaire pour réussir à la surmonter, il sera largement payé de ses peines.

Jacques Bouveresse

INTRODUCTION

§ 1. LEIBNIZ *BIFRONS*

Les abus de la récurrence historique

Gottfried Martin a comparé Leibniz au *Janus bifrons*, le Dieu des seuils et des portes, qui regarde *uno intuitu* de part et d'autre du temps qui passe[1]. Celui qui séjourne dans l'œuvre du philosophe de Hanovre, pour peu qu'il se sente également obligé par le souci de la vérité historique, ne peut qu'être frappé par la pertinence de cette comparaison. Leibniz est *bifrons*. Il l'est comme tout grand penseur, qui hérite d'un certain état de la philosophie qu'il ne laisse pas inchangé aux générations suivantes. Mais il l'est encore plus que les autres : peut-être avant tout par penchant, en raison du tour particulier de son esprit, de son goût presque ludique pour l'invention, auquel se mêle un respect infini du passé. Surtout, Leibniz est *bifrons* par sa philosophie même. Il connaît bien les doctrines des anciens grecs, Platon pour l'avoir lui-même traduit et résumé[2], Aristote, parce que ses maîtres avaient fait de la lecture du Stagirite une des pièces maîtresses de leur enseignement[3], les stoïciens latins, auxquels il a un temps prêté la logique qu'il rêvait d'écrire[4]. Il a lu et annoté les « derniers novateurs » : il les compare aux anciens scolastiques et la comparaison ne tourne pas toujours à leur avantage. Enfin, il croit dans le progrès continu de l'humanité. « Dans la nature comme dans l'art, écrit-il dans un court fragment récemment édité, les êtres antérieurs par le temps sont plus simples et les êtres postérieurs sont plus parfaits. Car la nature est l'art suprême. Cette proposition

1. Martin, G. (1960), p. 4.
2. Cf. l'abrégé latin du *Phédon* de mars 1676 (A VI iii 284-297).
3. Cf. Bodéüs, p. 18-21.
4. NE IV ii § 12.

est de la plus haute importance et va contre la régression dans le monde où il n'y a pas de borne. Il en va du progrès à venir de la félicité comme de la perfection des choses: ils gravissent les degrés de la perfection le plus directement possible. Rien n'est jamais absolument parfait parmi les créatures.[1] »

Peut-on aujourd'hui donner à la comparaison avec le dieu latin le sens que Gottfried Martin lui donnait en 1960? Pour lui, Leibniz regarde vers le passé en tant que métaphysicien et il regarde vers l'avenir par son œuvre logique et par l'algèbre des concepts qu'il a incontestablement inventée. Si Leibniz a deux visages, ces deux visages peuvent être associés à deux aspects clairement séparés de sa philosophie: d'une part une théorie métaphysique de la substance ou monade, dont nous n'aurions plus grand chose à attendre, d'autre part une algèbre des concepts par laquelle Leibniz aurait été le génial précurseur des théories formelles de la vérité. En est-il vraiment ainsi? Il nous semble que Leibniz a été partout lui-même, comme métaphysicien et comme logicien. Il n'a pas seulement cherché à innover ici et à conserver là, il a aussi été un logicien scolastique, encombré parfois par des problèmes qui ne sont plus les nôtres et que les commentateurs ont trop souvent voulu ignorer.

On comprend mal la nature exacte et les visées principales du « calcul de la raison », que Leibniz construit progressivement à partir de 1678-1679, lorsqu'on se contente de l'aborder par la seule récurrence historique, c'est-à-dire par une évaluation qui emprunte ses principes à la logique mathématique que l'on pratique aujourd'hui. Il est tout à fait étonnant de constater que, dans la plupart des histoires de la logique, on croit rendre justice à Leibniz en le présentant comme un précurseur de Boole, tout en reconnaissant d'un autre côté que Boole est parti sur des bases entièrement nouvelles, puisqu'il ignorait l'œuvre de celui que Lewis appelle son « prédécesseur continental[2] ». En vérité, en déplaçant ainsi Leibniz hors de son site historique propre, on va chercher dans son œuvre quelque chose qu'on ne peut y trouver, si ce n'est peut-être sous forme d'esquisse et de programme, de sorte que les pages qu'on lui consacre s'achèvent le plus souvent par un commentaire un peu déçu, où l'on constate que l'auteur de tant de promesses ne pouvait pas toutes les tenir, et que c'est déjà bien d'avoir imaginé par avance, ou pour mieux dire rêvé, ce que d'autres plus tard ont eu la charge de réaliser complètement. Cette tendance est malheureusement très répandue non seulement dans l'histoire de la logique, mais aussi dans la critique leibnizienne. Elle a été inaugurée par Couturat, qui en est pour ainsi

1. A VI iv 180, traduit *in*: Rauzy, J.-B. (1995), p. 48. Voir aussi Fichant, M. (1991), p. 200-210.

2. G. Lewis, C. I. (1918), p. 4.

dire l'archétype, mais qui n'en est malheureusement pas le seul représentant. On sait que Couturat considérait que Leibniz avait eu « l'idée de toutes les opérations de la logique », qu'il avait trouvé « la véritable traduction algébrique des quatre opérations classiques », mais que, d'un autre côté, son calcul n'égalait pas celui de Boole et de Schröder à cause de son caractère non-extensionnel[1]. L'exemple malheureux de Couturat n'a pas suffi à disqualifier la méthode. La dette immense que l'on devait à l'éditeur prévenant en faveur du philosophe, ses positions les plus contestables ont été mises sur le compte d'une récurrence imparfaite, opérée à partir d'un état de la logique formelle qui n'était déjà plus celui des années 1900-1905. Couturat ignorait presque tout de Frege, qui semble pourtant avoir eu de la logique de Leibniz une idée assez précise[2]. On pouvait aller plus loin dans la voie qu'il avait ouverte, en prenant appui sur le calcul tel qu'il est enseigné dans nos Universités. Couturat avouait n'avoir eu que peu de goût pour l'érudition, et son livre laisse plusieurs fois entrevoir la piètre estime dans laquelle il tenait la logique des médiévaux. On a toutefois rarement cherché à le corriger par ce côté, et peu se sont essayés à l'autre méthode, généalogique, pourtant si éprouvée dans l'histoire de la philosophie. Il est vrai que les choses ont un peu changé récemment, depuis que Massimo Mugnai a publié son étude sur la théorie leibnizienne des relations. Le traitement que Leibniz leur réservait est pour nous si étrange et la portée exacte de ses résultats est si difficile à établir qu'il devenait indispensable de puiser systématiquement aux sources scolastiques, ne serait-ce que pour rétablir pas à pas les données d'un problème aujourd'hui disparu. Il devenait alors possible de faire tant bien que mal la part des difficultés logiques, relatives à ce que nous appelons aujourd'hui un « calcul des relations », et des arguments que nous classons plutôt dans l'ontologie. Mais pourquoi ce qui s'est avéré indispensable dans le cas des relations – le détour généalogique – cesserait-il de l'être dans le cas de la prédication en général ? Sans doute avons-nous du projet de calcul dans son ensemble une compréhension plus immédiate. Mais cette impression d'immédiateté est plutôt le fait, à notre insu, d'un savoir préalable, qui porte aussi bien sur la syllogistique d'Aristote que sur la forme canonique de la prédication établie par Frege. Parce que la logique de Leibniz n'est plus tout à fait la

1. CL 385-386.

2. Frege, qui avait lu les quelques fragments techniques publiés en 1840 par Erdmann, connaissait la tentative d'un calcul de « l'addition réelle » (ce calcul est présenté notamment dans le *Non inelegans specimen demonstrandi in abstractis*, A VI iv 845-854, GP VII 228-235 et dans Erdmann (1840), p. 94-97). Cf. Frege, G. (1971), p. 68 et 72.

première et pas encore tout à fait la seconde, il était indispensable de la rétablir dans sa singularité historique[1].

Les commentateurs suivants, qui se sont attachés à la partie logique de l'œuvre, ont eu d'abord à corriger l'image de Leibniz que Couturat avait si brillamment installée dans la communauté philosophique, en insistant sur l'absurdité de l'interdit portant sur l'approche intensionnelle de l'analyse. On doit la première mise au point sur cette question à Nicholas Rescher[2], qui publie en 1954 dans *The Journal of Symbolic Logic* une évaluation assez précise du système, dans laquelle la définition leibnizienne de l'identité par la substituabilité est explicitement considérée comme une règle d'inférence. L'article de Rescher a eu deux types de postérité dans le commentaire anglo-saxon, en philosophie de la logique d'une part, d'autre part dans la reconstitution du calcul. En philosophie de la logique, les questions ont d'abord porté sur la fameuse *Leibniz law*[3]. On s'est demandé dans quelle mesure Leibniz avait effectivement formulé la règle qui lui est en général prêtée. Et comme il fallait bien, pour répondre à cette question, savoir exactement ce qu'il entendait par la substituabilité des identiques, on s'est un peu perdu dans des distinctions étrangères à notre auteur : substitution des concepts, des choses, des noms, etc. On a regretté alors que Leibniz ait souvent donné l'impression qu'il confondait l'usage et la mention et, rétablissant systématiquement cette distinction dans des textes où elle ne figurait pas, on a jugé les énoncés de Leibniz selon qu'ils résistaient ou non à cette opération, qu'il faut bien appeler « l'interprétation par l'anachronisme ». Ce faisant, on a non seulement fait preuve de légèreté par rapport au genre particulier d'obligation qui nous lie à la vérité historique, mais on a aussi manqué la spécificité de ce qui constituait à l'époque une intention de pensée originale. La substitution des identiques était pour Leibniz la forme la plus simple – et la plus sûre – du « passage » (*transitus*) d'un énoncé vrai à un autre. Ce passage était conçu, dans un mouvement de descente, pour pouvoir se réaliser aussi dans les sciences empiriques, à l'aide des ajouts ou « appuis » (*adminicula*) dont il est déjà question en 1670[4]. L'identité devenait ainsi une relation de base sur laquelle on pouvait empiler d'autres relations, non par dérivation, selon une méthode constructionniste, mais en empruntant à chaque domaine d'objets une ou

1. Les rapports de la doctrine leibnizienne et de la tradition scolastique du réalisme logique ont été établis par Gabriel Nuchelmans (Nuchelmans, G. (1984), p. 214-232) à propos des porteurs de vérité. La présente étude peut être considérée à bien des égards comme une tentative de développement du texte de ce grand historien.

2. Rescher, N. (1954), p. 1-13.

3. Cf. le débat Feldman-Curley : Feldman, F. (1970) et Curley, E. M. (1971).

4. Cf. plus bas, p. 201 n. 2 et n. 3.

plusieurs relations analogues *et* irréductibles, selon une méthode synthétique qu'on dira « expressiviste ». La substituabilité des identiques a donc représenté la principale règle de transport du prédicat « vrai » dans l'ordre des termes complexes du logicien, mais également le modèle d'un transport valable pour chaque étage de la « science générale », c'est-à-dire selon un degré croissant de proximité au divers empirique[1]. En privilégiant, dans la question de la substituabilité des identiques, les seuls aspects techniques que nous sommes capables de nommer avec la langue logique d'aujourd'hui, on a certes contribué avec précision à l'histoire d'une importante loi de la logique; mais on a ainsi manqué ce qui, aux yeux de Leibniz, garantissait l'ouverture de la logique au monde sensible.

La même chose peut être dite à propos de la logique modale. Mondadori a eu le mérite d'aborder cette question, non pas à partir du calcul proprement dit, mais par certaines thèses métaphysiques sur l'égalité des prédicats que, après tout, nous sommes libres d'utiliser à notre guise[2]. En revanche, nous n'avons pas à prêter à Leibniz des conceptions qui ne pouvaient pas être les siennes. Un énoncé nécessaire est un énoncé qui est vrai de tous les mondes possibles[3]. Leibniz a-t-il jamais écrit cela ? Benson Mates affirme qu'il revient au même de dire « est nécessaire ce dont l'opposé implique contradiction » – c'est une des définitions de Leibniz[4] – et « est nécessaire ce qui est vrai de tous les mondes possibles » – ce que Leibniz ne dit pas. Admettons que Leibniz ait eu une conception des mondes possibles. Après tout, il croit dans l'existence de ces mondes, dans l'entendement divin, et il lui arrive d'expliquer le statut épistémologique d'une règle – par exemple une loi de la nature – à partir de sa fréquence ou de sa récurrence dans les possibles[5]. Mais en assimilant, comme le fait Mates, les deux définitions du nécessaire, par le principe de contradiction et par les mondes possibles, on risque encore de passer à côté de ce qui demeure le propre de la tentative leibnizienne. Leibniz dit : « est nécessaire ce dont la preuve requiert un nombre fini d'opérations » et Mates refuse, de

1. Pour une description de la place de la logique dans l'architecture encyclopédique que Leibniz appelle « science générale », TLM chap. IV, en particulier p. 123-129.

2. Mondadori, F. (1973) et (1975).

3. Mates, B. (1986), chap. IV et VI.

4. « Car il ne fait aucun doute qu'une proposition NÉCESSAIRE est une proposition dont le contraire implique contradiction. C'est le cas pour toutes les identiques et pour les dérivées qu'on peut résoudre en identiques, et telles sont les vérités dont on dit qu'elles sont d'une nécessité métaphysique ou géométrique. » *Sur la liberté*, TLM 332 (F. de C. 181).

5. TLM 342-343 (C 19-20). On notera que, d'un autre côté, Leibniz refuse à partir de 1676 la multiplication des mondes : TLM 28-29 (A VI iii 581). Les possibles sont certes en Dieu mais leur *esse* est extramondain. On évitera de dire qu'ils existent, afin de conserver l'unité du monde, indispensable à son intelligibilité.

manière très significative, de prêter la moindre pertinence à l'analogie arithmétique qui procède de cette définition[1]. Il y a là plus qu'un simple débat technique, une véritable querelle philosophique relative à la nature de la vérité. En voulant évaluer certains énoncés leibniziens à partir de la logique modale, on prête nécessairement à Leibniz une conception de la vérité – « un énoncé nécessaire *est vrai de* … » – qui ne lui est peut-être pas entièrement étrangère, mais qui a peu de chance d'être entièrement la sienne, et l'on manque en retour ce qui fait la singularité de sa pensée : le lien entre la cohérence des termes, la cohérence des phrases, la dérivation des phrases les unes à partir des autres et les concepts ou états de choses correspondants, l'ancrage de tel ensemble de phrases (une théorie) dans les données de l'expérience, enfin les règles requises à chaque étape de la constitution du savoir (les principes). Ce point seul justifie l'approche généalogique. Car Leibniz est scolastique lorsqu'il parle de la vérité. Non parce qu'il aurait adopté la doctrine de telle ou telle école, ou parce qu'il aurait finalement renouvelé assez peu la philosophie sur ces questions. Mais parce qu'il considère que ce concept – la vérité – désigne tout à la fois une propriété de nos actes d'énonciation, une propriété de nos actes d'intellection, et enfin un rapport dans les états de choses, ce qui signifie qu'il n'établit pas de distinction franche entre les problèmes que nous rencontrons dans la sémantique et ceux qui, pour nous, appartiennent à l'ontologie et à l'épistémologie.

Description du corpus

Si l'on entreprend d'évaluer le corpus des textes, non par la logique mathématique d'aujourd'hui, mais, par exemple, à partir du panorama de l'*Organon* scolastique établi par Boehner[2], on constate que presque tous les chapitres déjà ouverts par la tradition ont été repris, de manière parfois très innovante, par Leibniz. Des onze traités d'Albert le Grand, aucun n'a été négligé entièrement par notre auteur, et seul le pendant leibnizien des *Enlechi* est difficilement assignable comme tel dans le *corpus*. Le *De praedicabilis* se trouve, par exemple, dans la seconde partie de l'*Échantillon de calcul universel*[3]. Nous savons par le travail d'édition récent[4] que Leibniz a consacré de nombreux essais à la réforme des définitions catégoriales : ces essais peuvent être considérés comme son interprétation des

1. Mates, B. (1986), p. 110-112.
2. Boehner, P. (1952), Part I.
3. TLM 88-90 (C 239-241).
4. Sur la réforme des définitions catégoriales : TLM 80-83 et Schepers, H. (1965) et (1969).

traités *De praedicamentis* et *De sex principiis* (le commentaire des six dernières catégories inauguré par Gilbert de La Porrée). Les éditeurs de Münster ont également rassemblé 33 fragments sous l'entrée thématique *definitiones et divisiones*, que l'on peut rapprocher du *De divisione* de Boèce. Le *Perihermenias* (considéré principalement au long de la tradition dans sa seconde partie sur les conversions simples) et les *Priora Analytica* deviennent, chez Leibniz, quelque dix essais parmi les plus achevés portant sur la syllogistique[1]. Le *De hypotheticis syllogismis* donne lieu à une recherche soutenue, explicitement placée sous le patronage de la logique stoïcienne, que Leibniz a inaugurée avec son *De conditionibus* et qu'il a toujours poursuivie, légèrement en marge de la partie principale du calcul[2]. La conjonction des problèmes liés à la démontrabilité, à la théorie des définitions et des axiomes se retrouve également dans les *Posteriora Analytica* et dans de nombreux fragments leibniziens[3]. Enfin, les *Topica* ont été le point de départ de la théorie médiévale de la *consequentia* dont la logique de Leibniz est, pensons-nous, principalement issue.

Quant aux traités qui sont plus spécifiquement des innovations scolastiques, ils sont moins uniformément représentés dans le *corpus* leibnizien. On trouve au moins une fois un essai entièrement consacré aux syncatégorèmes (l'*Analysis particularum*)[4], mais il s'agit plutôt d'un échantillon dans un ensemble plus large de considérations grammaticales, confirmées par la lecture de l'*Aristarche* de Vossius, et consacrées à l'enrégimentement du latin dans la langue rationnelle[5]. En revanche, on ne trouve pas trace (même en comptant très largement) d'un *Tractatus de proprietatibus terminorum*. Leibniz ignorait presque tout des subtilités de la *suppositio*. Il a pu connaître par Jungius certaines occurrences de l'ampliation et de la restriction[6], mais il n'a pas consacré d'analyse significative à cette étude. Cette perte correspond incontestablement à l'abandon de la sémantique médiévale qui est déjà très net chez les auteurs du siècle précédent que Leibniz avait lus, en particulier chez Nizolius.

1. L'intégration de la syllogistique dans le nouveau calcul a été entreprise dès 1686, dans un long fragment intitulé *De formae logicae comprobatione per linearum ductus* (C 292-321), puis reprise à nouveaux frais au retour du voyage en Italie durant l'été 1690 : *Mathesis rationis*, (C 193-206), voir aussi le fragment VE 509-511 (GP VII 208-210).

2. Par exemple : A VI iv 641.

3. Depuis TLM 22 (A VI iii 505) jusqu'à NE IV xii § 7.

4. A VI iv 646-667. Le texte est connu depuis l'édition de Franz Schupp : Schupp, F. (1979).

5. Les notes prises dans l'*Aristarchus sive De Arte Grammatica libri septem* s'achèvent par les définitions *in usu* de *quoddam* et de *non* et par une série de règles relatives à la coïncidence et à la contradiction : A VI iv 609-624.

6. Cf. plus bas, p. 79, n. 1.

Procédons maintenant dans l'autre sens. Qu'y a-t-il dans l'*Organon* leibnizien qui ne puisse être rattaché, même très indirectement, à la logique de la tradition? Il y a principalement tous les textes ou parties de textes consacrés à l'art des caractères. Ceci ne signifie pas, bien entendu, que ces textes eux-mêmes n'ont pas d'antécédents plus anciens. Ils ne sont pas sortis tout faits de l'imagination d'un seul homme. Nous savons, par les travaux classiques de F. Yates et de P. Rossi[1], combien la manie des caractères doit à la mnémonique cicéronienne et aux encyclopédistes lulliens[2]. L'originalité de Leibniz aura été de fusionner les traditions. Aux caractéristiques souvent fantaisistes de ceux qui cherchaient la « clé universelle », il a ajouté la rigueur méthodique des algébristes. Il en a tiré, sinon un objet tout fait, au moins un programme, qui ne pouvait être réalisé que par retour à la syllogistique traditionnelle. S'il faut assigner un lieu textuel à cette fusion, il se trouve, sans aucun doute, dans les essais de caractéristique numérique que Leibniz composa en avril-mai 1679[3]. C'est en effet de ces recherches que sont sorties les principales solutions algébriques qu'il exploita systématiquement par la suite, par exemple l'utilisation des différents types de variables conceptuelles. C'est également à cette époque qu'une place est ménagée aux propositions dans lesquelles figurent des disparates et qu'une attention spéciale est accordée aux règles de l'identité.

On peut distinguer trois étapes principales dans la mise au point du nouveau calcul[4]. Avant 1686[5], Leibniz dispose d'un langage que Wolfgang Lenzen a appelé L1[6]. La syntaxe de ce langage comprend : 1) Un ensemble de lettres latines désignant des concepts. 2) Un signe de négation conceptuelle : *non-A* et un signe pour la conjonction *AB* ou *A et B*. 3) Une relation d'inhérence conceptuelle *A contient B* et *A est B*. 4) Des opérateurs correspondant, sur les propositions, aux opérateurs précédents sur les concepts (négation, conjonction et *consequentia*). Deuxième étape : en 1686, la rédaction des *Recherches générales*, correspond à la constitution d'un second langage (L2). Leibniz y introduit : 1) des « termes indéfinis », c'est-à-dire des signes pris dans les dernières lettres de l'alphabet latin et désignant des concepts qui peuvent être choisis comme on veut et 2) un caractère signifiant la possibilité (*ens*), dont la négation est le concept vide

1. Yates, F. (1966) et Rossi, P. (1960).

2. Cf. TLM 81-82 et 125-129.

3. Cf. TLM chap. II.

4. La géographie du corpus est donnée par les dix chapitres de TLM. Sur l'importance des textes mixtes, à la fois logiques, linguistiques et métaphysiques (comme les *Remarques générales*), voir TLM 442.

5. C'est-à-dire dans les textes traduits ou mentionnés dans les chapitres II-IV de TLM.

6. Cf. Lenzen, W. (1983) et (1991), ainsi que Swoyer, C. (1994).

(*nihil*). On notera que ces deux types de termes nouveaux ne sont pas exactement sur le même plan. Les termes indéfinis sont introduits comme des marques (*notae*) dont la signification est explicitée par une définition *in usu*, en montrant les phrases qu'on peut former par ce moyen[1]. Au contraire, les termes signifiant la possibilité font véritablement l'objet d'une définition : ils sont autant de *compendia loquendi* qu'on peut substituer à bon droit à certaines suites de caractères du langage L1. S'il y a eu une extension du langage de la logique au moment de la rédaction des *Recherches générales*, c'est donc principalement par l'introduction des termes indéfinis, et cette extension n'a été pleinement établie que lorsque Leibniz s'est aperçu qu'il était impossible de les éliminer totalement sans accepter aussi une perte importante dans les possibilités expressives du calcul.

Enfin, dans la dernière étape (les textes postérieurs à 1686), Leibniz reprend le même langage (L2) et risque une version plus axiomatique de l'algèbre des concepts[2], ou bien développe à nouveaux frais un langage fondé sur l'addition réelle[3]. Si les *Recherches générales* constituent pour nous le témoignage le plus précieux du point de vue génétique, dans la mesure où nous pouvons suivre les allers et retours de leur auteur d'une manière qui met en lumière son intention de pensée, les textes relatifs à l'addition réelle sont incontestablement les plus complets d'un point de vue systématique. Le langage qui y est mis en œuvre est un peu différent de celui que nous avons appelé L2. À la marque de l'inhérence conceptuelle (« *est* », « *inest* »), Leibniz substitue désormais toute une égalité algébrique. Soit L3 le langage en question : la suite de caractères *A est B* de L2 correspond à la suite de caractères $B + L = A$ de L3. Cette modification caractéristique a au moins deux conséquences. Premièrement, elle a permis d'envisager l'usage d'une soustraction conceptuelle, dont la mise en œuvre a été, il est vrai, extrêmement laborieuse. Enfin et surtout, elle a modifié assez profondément le sens de la quantification. Dans les *Recherches générales* en effet, Leibniz utilisait encore les termes indéfinis plus ou moins comme des « signes de la quantité » au sens traditionnel : il introduisait certes des variables, mais continuait à quantifier sur des termes. Avec l'addition réelle, l'expression de la quantité est véritablement résorbée dans l'expression de la proposition entière, et c'est par suite une des premières théories de la quantification algébrique qui se fait jour dans le calcul de l'addition réelle.

1. GI § 16, où : *A est B* $\leftrightarrow A = BY$ vaut comme la définition de *Y*.
2. TLM chap. VII.
3. TLM chap. IX.

Que penser de la situation de ces textes logiques dans l'œuvre philosophique tout entière ? Y a-t-il moyen de répondre à cette question sans présupposer quoi que ce soit, relativement au rapport de la logique et de la métaphysique ? Remarquons tout d'abord que les problèmes de logique sont le plus souvent abordés dans des textes courts, qu'il s'agisse d'opuscules entièrement rédigés ou de simples brouillons. Cela tient sans doute au fait que la forme traditionnelle de la *Somme* n'était plus appropriée, compte tenu des mutations que Leibniz entendait imprimer à la logique comme savoir et des difficultés souvent très ponctuelles qu'il cherchait à résoudre. Une lecture attentive à l'évolution de la forme littéraire des traités savants montrerait aisément que Leibniz n'a pas laissé le grand traité qu'il pensait écrire – qu'il imaginait même insérer dans le dispositif plus large de l'encyclopédie – parce qu'il a cherché à loger dans un cadre ancien un contenu auquel ce cadre ne convenait plus. L'opuscule logique peut à cet égard être considéré comme une forme nouvelle promise à un certain avenir, plutôt que comme le résultat par défaut d'essais plus vastes mais avortés. Cette innovation littéraire a pour l'historien une conséquence importante : sa tâche est rendue plus dépendante d'un état de l'édition, dans la mesure où des textes significatifs sont toujours susceptibles de ne pas avoir été pris dans les filets que chaque édition partielle lance dans les réserves de Hanovre. Et ceci est d'autant plus probable que le *projet* d'une édition partielle est en général motivé par une question ou par une idée qui permet principalement de capturer la philosophie de Leibniz qu'on cherche plutôt que celle qu'il a lui-même couchée sur le papier. Il suit de là que ce qui est ici nommé « doctrine leibnizienne de la vérité » désigne aussi une séquence chronologique de l'œuvre qui s'achève au début des années 1690, séquence pour laquelle nous disposons d'une édition académique complète. Nous savons que, dans la période qui suit, Leibniz a été moins logicien dans la métaphysique, qu'il s'est davantage tourné vers une philosophie de l'action et de la vie. Mais cela ne signifie aucunement que les questions logiques abordées auparavant auraient été entièrement abandonnées. Toute restitution historique d'une doctrine leibnizienne de la vérité est donc naturellement sujette à révision, non seulement à cause des imperfections qu'elle tiendrait de son auteur, mais surtout parce qu'il n'est pas impossible que Leibniz lui-même ait sensiblement infléchi sa position au fil du temps et que les témoignages de cet infléchissement ne figurent pas dans les textes dont nous disposons.

Dans les années 1680, la ligne de partage entre les textes logiques et les textes d'un autre genre est souvent très floue. On trouve dans les fragments logiques, même les plus courts, des développements importants sur le choix de Dieu, le principe de l'individuation, de la certitude, etc. À l'inverse, les traités théologiques sur la nature et la grâce (dont le *Discours de métaphysique* est le premier exemple achevé) comportent presque toujours un passage obligé sur l'analyse des notions, la différence du nécessaire et du contingent, la nature de l'idée, c'est-à-dire sur ces problèmes qui sont de la compétence du logicien. On peut toutefois distinguer assez naturellement deux pôles de regroupement : les textes apparentés au *Discours*[1] d'un côté, ceux qui annoncent ou prolongent les *Recherches générales* de l'autre; ceux dans lesquels l'auteur s'interroge plutôt sur Dieu, sa science, le sens de sa justice et, d'autre part, les fragments dans lesquels la question principale porte sur le langage et sur la nature de la vérité. Mais entre ces deux grands groupes, il existe tout un dégradé d'opuscules variés qu'il est tout à fait impossible de ranger ici ou là de manière satisfaisante. Telles sont par exemple les présentations populaires du calcul qu'on trouve dans les préfaces à la « science générale[2] ». Telles sont encore les *Remarques générales*[3], le fragment *Sur les Critère pour distinguer le vrai du faux*[4], ou l'intéressant *Sur l'Abstrait et le concret*[5]. Dans chacun de ces textes sont repris certains lieux logiques d'importance variable (la question de la complétude, de l'obliquité, le principe de contradiction, le principe d'inhérence conceptuelle) qui sont le plus souvent accompagnés d'une réflexion inédite. Leibniz a su donner à son œuvre ce caractère à la fois continu et varié qu'il reconnaît dans l'univers et qu'il évoque presque toujours par la métaphore de l'océan[6]. Ce faisant, il a non seulement inventé un calcul nouveau, mais aussi une manière multiple de réfléchir sur ce calcul, afin de donner à la logique la philosophie qu'elle mérite.

§ 2. PORTEURS ET FACTEURS DE VÉRITÉ

Les porteurs de vérité

Avant d'entrer dans le détail de la doctrine de la vérité qui est en dépôt dans ces textes, il convient de replacer l'analyse leibnizienne dans l'horizon des analyses analogues qu'elle devait côtoyer, corriger ou

1. On trouvera d'assez larges extraits de ces fragments dans : Rauzy, J.B. (éd.), 1994.
2. Sur ce concept et les textes où il est mis en œuvre : TLM chap. IV, cf. notre introduction p. 123-129.
3. TLM 448-454.
4. TLM 455-458.
5. TLM 385-392.
6. Cf. par exemple : TLM 131 (C 512), *Théodicée* I § 9, NE IV vii § 15, IV xxi § 4.

dénoncer. En procédant très schématiquement, on peut distinguer plusieurs conceptions différentes qui caractérisent cet arrière-plan. Considérons une phrase Φ quelconque. Et admettons par commodité qu'il s'agit d'une phrase canonique du type sujet-copule-prédicat dans laquelle on évitera les termes singuliers; par exemple : « tous les hommes sont mortels ». Φ étant donnée, on peut admettre, par commodité encore [1], qu'une conception de la vérité est une réponse à la question : que veut-on dire lorsqu'on dit que Φ est vraie? Trois positions peuvent être distinguées à partir des réponses que cette question a reçues à l'âge classique.

1) Celui qui dit « Φ est vraie » a l'intention de signifier que les choses sont comme Φ dit qu'elles sont. « Il est vrai que les hommes sont mortels » signifie alors que pour tout homme il y a un moment où il doit mourir : les choses qui sont désignées par le mot « homme » ont la propriété désignée par « mortel ». On dira cette approche plutôt thomiste, puisqu'elle fonde le prédicat de vérité sur l'*adaequatio rei*. On la trouve ici et là dans les textes de Leibniz, par exemple dans les *Nouveaux Essais* [2], mais elle n'est jamais développée comme un thème central. Une difficulté d'interprétation réside par suite dans l'explication du rapport que la doctrine leibnizienne entretient avec la tradition correspondantiste.

2) Selon une deuxième approche, le prédicat de vérité donne une indication sur le mode d'appréhension des phrases. Celui qui dit « Φ est vraie » veut dire dans ce cas : « je crois que Φ, et ma croyance a lieu sur un mode particulier ». Il va de soi, en effet, que pour pouvoir dire « Φ est vraie », il convient que l'appréhension du contenu de Φ ne soit pas quelconque ou fantaisiste, mais qu'elle respecte avec un très haut degré de précision les critères par lesquels la vérité des phrases est repliée sur cette attitude particulière qu'est la certitude. On dira naturellement cette approche plutôt cartésienne. Elle est souvent en question dans les fragments leibniziens, y compris dans certains développements qui semblent entièrement consacrés au calcul logique et, dans ce contexte, elle n'est pas toujours mentionnée dans une intention critique. Leibniz reconnaît volontiers que la vérité-certitude est adaptée à certaines situations cognitives particulières [3].

1. Car il va sans dire que différentes conceptions de la vérité ne sont pas seulement des manières diverses de répondre *à la même question*.

2. Cf. le passage NE IV, v § 11 commenté plus bas (texte [3]). Sur l'*adaequatio rei* : saint Thomas, *Somme Théologique*, *Prima pars*, Q 16, art. 1 c. Pour saint Thomas toutefois, la vérité est primitivement une propriété de l'intellect et secondairement dans les choses (*Quaest. disp. de verit.*, 1, 4, c.) Le texte de NE parle de manière analogue de la vérité des propositions « qui sont dans l'esprit ».

3. GI § 131.

3) Enfin, selon une dernière conception, « Φ est vraie » signifie que les concepts qui sont désignés dans Φ par des noms sont entre eux comme Φ dit qu'ils sont. « Tout homme est mortel est vrai » signifie que le concept d'homme a une certaine liaison avec le concept de mortel. Cette manière de voir, qui fait du prédicat de vérité le nom d'un rapport de concepts ou d'idées, est celle que Leibniz a principalement adoptée. Mais elle n'est pas propre à Leibniz. On la trouve également, par exemple, chez Malebranche.

La « doctrine leibnizienne de la vérité » est, dans sa partie principale, le développement détaillé de cette troisième conception. Cela ne signifie pas que les questions ou les difficultés rencontrées dans les conceptions concurrentes en seraient complètement absentes. On a vu que la question de l'*adaequatio rei* se retrouve en plusieurs lieux des textes logiques, et parfois sous un motif identique à celui qu'elle revêt dans la conception cartésienne, comme c'est le cas dans l'argument du rêve[1]. On peut même soutenir, comme on le verra plus loin, que la conception de la vérité comme rapport d'idées ou de concepts était, dans l'esprit de Leibniz, une variante spécifique à l'intérieur d'un genre constitué par les multiples manières de comprendre l'adéquation des productions de l'intellect. Autre exemple : le problème, si souvent débattu chez Descartes, de la capacité de notre esprit, des effets de clarté et de confusion qui s'ensuivent dans les représentations, y compris dans les domaines du savoir où seule vaut la connaissance « précise et exacte », comme en géométrie, ce problème ou sa contrepartie se retrouve chez Leibniz dans la théorie de la preuve, quand il est question de savoir si nous sommes capables d'achever l'analyse, ou dans la description du monde phénoménal, lorsque nous sommes conscients de manipuler des notions dont le contenu ne dépend pas seulement des choses mais aussi de notre manière de les appréhender. Il y a certainement, entre ces diverses parties d'un même jeu philosophique, une simple différence d'accent et d'agencement des thèses. Mais cette différence pourrait bien être plus significative que les points communs, et aboutir le plus souvent à des oppositions assez radicales.

Le fait que des conceptions assez différentes aient coexisté chez des auteurs qui étaient souvent amenés à dialoguer et à débattre a engendré dans presque tous les cas une attitude tolérante dans la détermination des porteurs de vérité. Ce point intéresse surtout le lecteur d'aujourd'hui qui est habitué à distinguer avec précision entre les différents *truth bearers* possibles, dans la mesure où nous savons que le choix par lequel nous décidons d'attribuer la vérité à telle entité ou à tel acte cognitif est lourd de

1. Cf. *De modo distinguendi phaenomena realia ab imaginariis*, GP VII 319-322 (A VI iv 1499-1503).

conséquences quant à la théorie qu'il nous faudra finalement défendre. Les contemporains de Leibniz se satisfaisaient d'une précision moindre. Dans le débat entre Malebranche et Arnauld, par exemple, le premier attribue la vérité aux idées alors que le second en fait tantôt une propriété des propositions, tantôt une propriété des croyances.

On peut distinguer à cet égard deux attitudes chez Leibniz : une attitude également tolérante, qu'on trouve dans les textes philosophiques et métaphysiques, et une attitude marquée par un souci d'exactitude dans les textes logiques. Il va sans dire néanmoins que ces deux manières de déterminer – vaguement ou précisément – les porteurs de vérité n'étaient pas tenues pour équivalentes et que l'effort de Leibniz aura consisté à faire valoir autant que possible les droits de la détermination précise dans les régions du débat où dominait la détermination vague. Avec les cartésiens, Leibniz n'hésite pas à parler des vraies et fausses idées[1]; mais il préfère le vocabulaire de l'ontologie – par exemple les *predicamenta vera*[2] – ou, plus généralement, le registre épistémique de la *cognitio vera*. C'est principalement dans ce registre que l'effort de clarification a été mené.

Le texte célèbre de 1684, *Meditationes de cognitione*[3], est très représentatif des limites dans lesquelles Leibniz a voulu contenir la profusion des porteurs de vérité dans la littérature philosophique. Une nomenclature très large est empruntée à la théorie de l'idée, ou mieux : reconstruite pas à pas à l'aide de *toutes* les distinctions qu'on peut y rencontrer. La *cognitio* est claire, confuse, distincte, adéquate, etc. Cette nomenclature est fondée à nouveaux frais sur les distinctions qui se présentent naturellement dans le nouveau calcul logique, selon qu'une notion est énonçable, analysable, analysable en notions simples, etc., de sorte que les distinctions propres à un registre se retrouvent rigoureusement dans les distinctions de l'autre, pourvu qu'on respecte les règles de transformation ou d'expression données par la série des définitions du texte. Le détail de cette relation peut être donné rapidement sur un exemple, à partir de la définition du clair et distinct :

(1) Une *cognitio* est claire et distincte ssi (a) elle suffit pour reconnaître la chose sur laquelle elle porte, (b) les notions qui y interviennent sont des marques suffisantes pour la distinguer des notions voisines ou apparentées[4].

Ces deux conditions, qui correspondent respectivement à la clarté et à la distinction, sont en fait assez différentes. La première porte sur la nature des

1. Par exemple : DM § 23, NE II, xvii, § 16.
2. A VI iv 538 (GP VII 292, TLM 135).
3. A VI iv 585-592 (GP IV 422-426).
4. A VI iv 586.

noms qui figurent dans les phrases décrivant la *cognitio* et dont Leibniz dit qu'ils doivent être suffisamment univoques. La seconde porte sur le degré de l'analyse qui suffit pour que la *cognitio* en question soit distincte[1]. Elle suppose presque toute la machinerie ontologique et logique qui sert d'arrière plan au « calcul des notions » : que la *cognitio* en question est décrite par une ou plusieurs phrases, que les noms – catégorèmes – figurant dans ces phrases sont des noms de notions et que les notions sont en soi composées les unes à partir des autres[2]. Dans le cas d'une *cognitio* claire et distincte, la condition (b) indique qu'il n'est pas nécessaire que l'analyse s'appuie sur des notions elles-mêmes analysées, c'est-à-dire distinctes au sens de la présente définition. Il n'est pas nécessaire non plus que tous les constituants de la notion soient mentionnés dans l'analyse : il suffit de disposer d'un ensemble de constituants qui, pris ensemble, suffisent à distinguer les notions d'un même genre, par exemple les différents représentants d'une espèce naturelle. Il suit que (1) s'écrira aussi bien :

(1') Si « *A* » est le nom d'une chose d'un certain genre [clarté] la *cognitio* de *A* est distincte ssi elle est complètement décrite par une phrase complexe suffisante pour singulariser *A* parmi les choses du même genre au moyen des constituants de sa notion.

Soient maintenant *B* et *C* des constituants de *A* ; soient *V*, *W*, *X*, *Y* et *Z* des « termes indéfinis » – appartenant au genre introduit dans le calcul en 1686. On peut écrire :

(2) $(X = AY \rightarrow X = BCZ) \wedge (W = VBC \rightarrow W = VA)$

où $X = AY$ signifie que « *A* » est le nom d'un particulier ou, éventuellement, une propriété et dans ce cas *Y* n'est pas intensionnellement vide ; le premier terme de la conjonction signifie que *BC* pris ensemble désignent des constituants de *A*, et le second que tout ce qui possède ces constituants est identique à ce qui possède *A*.

Si l'on souhaite disposer d'une règle de transformation permettant d'affirmer qu'il revient au même d'emprunter le vocabulaire philosophique reçu ou celui des raisonnements en forme, on peut interpréter la définition rigoureuse de la *cognitio* claire et distincte (1)-(1') comme un énoncé intermédiaire, qui suffit pour la précision du discours dans la mesure où il est lui-même soutenu par (3) :

1. Les notions doivent être énonçables et analysables. Dans le cas où l'une de ces deux conditions n'est pas remplie, la notion est écartée ou considérée comme primitive. Ainsi dans GI : « Sont aussi des termes primitifs simples tous les phénomènes confus des sens, que nous percevons certes clairement, mais que nous ne pouvons ni expliquer distinctement, ni définir par d'autres notions, ni désigner par des mots. » TLM 213 (A VI iv 744).

2. La clarté et la confusion sont considérées comme des propriétés des notions par Jungius : cf. *Disputationes noematicae*, Disp. III q. 12.

(3) Dire que la *cognitio* de *A* est claire et distincte au sens de (1') revient à dire que (2) est vraie dans les limites du genre d'objet auquel appartient *A*.

Leibniz n'a formulé explicitement ni cette règle ni les règles analogues pour les différents étages de la théorie de l'idée. Mais il ne fait aucun doute qu'il avait en tête la possibilité d'une transformation de ce genre pour les principales définitions de la « science générale » et que la réforme de la théorie de l'idée au moyen de la logique – et par conséquent la mise au point de règles d'interprétation du calcul dans l'ordre des actes cognitifs – constituait une des pièces maîtresses de cette science [1]. On comprend donc aisément que son attitude tolérante à l'égard des porteurs de vérité était en partie seulement le résultat d'une tendance toute pragmatique à emprunter le vocabulaire d'un correspondant ou d'un opposant. Pour une large part, elle était aussi une manière d'expérimenter la puissance d'expression de la logique « en dehors de la logique », c'est-à-dire d'avancer aussi loin qu'il est possible dans la *lingua philosophica* reçue tout en conservant le bénéfice du *calculus ratiocinator*.

Leibniz logicien oppose parfois *veritas* à *notio*, et, dans ce cas, *veritas* admet le pluriel, comme dans « *Inquisitiones de analysi notionum et veritatum* – analyse des notions et des vérités » [2]. Cet usage substantif que rien – si ce n'est la doctrine logique elle-même – ne distingue du couple *terminus/propositio* [3], ne doit pas être confondu avec l'usage adjectif, selon lequel « vrai » désigne bien une propriété de quelque chose. Souvent, la vérité est considérée comme une propriété de l'*enuntiatio* [4]. Mais, avec une fréquence comparable, Leibniz l'attribue aussi à la *propositio* [5] et parfois, plus rarement, au *terminus*. Il serait illusoire de prétendre qu'on peut expliquer en toute rigueur ce qui apparaît souvent comme un simple

1. Le contenu des *Meditationes de cognitione* devait prendre place dans un ensemble plus vaste portant sur « le pensable en général »; cf. l'*Introduction à l'encyclopédie secrète*, TLM 131 (A VI iv 528).

2. « La connaissance se prend encore plus généralement, en sorte qu'elle se trouve aussi dans les idées ou termes, avant qu'on vienne aux propositions ou vérités. » NE, IV, i § 2. « Ad inventionem ac demonstrationem veritatum opus est analysi cogitationum » A VI iv p. 102.

3. Le *Traité* de Pierre d'Espagne (*Summule logicales*) inaugure les distinctions des logiques terministes. L'*oratio* est « *vox complexa significativa ad placitum* ». La *propositio* est « *oratio verum et falsum significans, ut "homo currit"* ». Les parties de la proposition sont les « *termini* ». Cf. *De introductionibus*.

4. Par exemple GI § 1 ; quelques lignes plus haut Leibniz se propose de traiter de manière plus exacte « toute la question des énoncés (*totam rem enuntiationum*) » TLM 218.

5. Cf. Les définitions, successivement, de *propositio* et *propositio vera*, *in* : A IV iv 135 (GP VII 43-44) ainsi que C 498.

flottement terminologique[1]. Mais il serait également excessif de ne voir ici que l'effet du manque de précision qu'on prête si aisément de nos jours aux philosophes du passé. Si imprécision il y a, elle n'est pas imputable au seul usage leibnizien, elle a aussi pour origine les mutations successives qu'ont connu les concepts fondamentaux de la philosophie du langage et de la logique. Comme il est impossible de faire coïncider exactement la détermination des porteurs de vérité qu'on trouve chez Leibniz et celle que nous employons aujourd'hui, et comme, d'un autre côté, il est également impossible de comprendre les distinctions d'hier, si ce n'est à l'aide de la puissance explicative que nous reconnaissons à celles d'aujourd'hui, il en résulte une sorte de jeu ou de bouger partout répandu, mais qui s'avère plus perceptible dans cette partie logique de la philosophie, où l'exigence d'exactitude est une condition nécessaire.

L'*oratio enuntiativa* désigne, dans le latin de Boèce, un des genres de l'*oratio perfecta*, précisément celui qui est susceptible de vérité et de fausseté. *Propositio* et *enuntiatio* sont souvent quasi-synonymes chez Boèce, la première conservant parfois une nuance héritée de l'usage de la syllogistique – *propositio sive sumptum* est alors spécialement la première prémisse – ou de la dialectique – le *propositum* traduisant dans ce cas la *protasis*[2], c'est-à-dire ce qui intervient dans le discours sous la forme d'une question douteuse. Nuchelmans[3] note également qu'une des définitions de Boèce les plus influentes pour la tradition : « *propositio est oratio verum falsumve significans* » renvoie à une conviction héritée d'Aristote, selon laquelle la vérité ou la fausseté est premièrement dans les opinions ou croyances et secondairement dans les mots et les énoncés, le registre lexical de la *significatio* attestant cette délocalisation du vrai par rapport au discours.

Il est très remarquable que Leibniz ait éprouvé le besoin de conserver la dualité *enuntiatio/propositio* alors que Jungius, par exemple, avait opté plus franchement pour les *enuntiationes*[4]. C'est l'invention caractéristique et, avec elle, la mutiplication des expressions logiquement synonymes, qui l'ont contraint à distinguer deux niveaux différents dans l'ordre des porteurs de vérité.

L'*enuntiatio* est alors un peu plus qu'un *sentence token*, car elle n'est pas seulement une réalité physique : deux séquences identiques écrites deux fois sur la pages comme :

1. Lorsque la distinction n'est pas requise par le contexte, Leibniz utilise «*propositio* » et « *enuntiatio* » de manière interchangeable. Cf. Mates, B. (1986), p. 59, (n. 17).

2. *Topiques* 101 b 28, *Arist. Lat.* V 1-3, p. 8-9.

3. Nous suivons ici : Nuchelmans, G. (1973), p. 130-137.

4. Cf. *Log. hamb.*, *Prol.* § 4-7.

(4) *Tout A est B*
Tout A est B

sont deux *sentence tokens* mais une seule *enuntiatio*. On a en revanche deux *enuntiationes* dans :

(5) *Tout A est B*
A non-B ≠ A non-B

qui signifient ou expriment la même *propositio*, à savoir l'Universelle Affirmative[1]. Il est par suite difficile également d'assimiler l'*enuntiatio* et notre *sentence type*. Elle ne saurait, en effet, être considérée de manière extensionnelle comme une classe d'entités physiques semblables. Elle ne peut pas d'avantage être tenue pour l'ensemble des séquences ayant la même signification : dans l'exemple (5) on a incontestablement une seule signification et deux *enuntiationes*. Enfin, sauf exception et contexte particulier, l'*enuntiatio* ne dénote pas non plus pour Leibniz l'acte que nous désignons par *assertion*. Ce qui distingue plutôt l'*enuntiatio* de la *propositio*, c'est que la première est relative, non pas à une situation d'énonciation, mais à un système cohérent de notations dont la seconde est pour ainsi dire abstraite. Ce système est lui-même un langage ou une partie de langage. Dans l'exemple précédent, *tout A est B* est une *enuntiatio* qui signifie l'Universelle Affirmative dans le langage ordinaire de la syllogistique. *A non-B ≠ A non-B* est une expression de UA dans le langage des *Recherches générales*, lorsqu'on a choisi de se passer autant que possible des marques *ens* ou *res*. Dans le cas contraire, on emploiera de préférence :

(6) *A non-B non est res*[2]

et l'on pourra encore, pour les besoins d'une démonstration, avoir recours à :

(7) $A = XL$[3]

ou encore à une *enuntiatio* très différente, appartenant à un autre langage, par exemple celui qui a été imaginé dans les essais de caractéristique numérique en 1679, où l'expression de UA devient :

(8) *Chaque nombre caractéristique associé au prédicat divise exactement le nombre caractéristique associé au sujet de même signe que lui*[4].

Si l'*enuntiatio* est relative à un langage, la *propositio* est considérée comme une entité visée qui doit avoir une stabilité suffisante afin que

1. GI § 152.
2. GI § 151.
3. GI § 190.
4. A VI iv 244 (C78, TLM 56).

puissent se régler sur elle les différents essais dans les systèmes de notation. S'il y a sur ce point un platonisme *logique* de Leibniz – indépendant des raisons métaphysiques et théologiques qui nous obligent à croire dans l'existence d'entités séparées et déterminées – il procède de la nécessité interne du projet caractéristique : pour disposer d'un principe d'identité dans les *enuntiationes*, il fallait bien pouvoir rapporter la multiplicité des formes propres à chaque langage à l'unité de certaines entités translinguistiques. Dans les exemples (5)-(8), les quatre formes propositionnelles du carré logique sont considérées comme sous-jacentes et demeurent hors d'atteinte des variations caractéristiques. Elles sont *ce dont on parle* en même temps que *ce qui est susceptible d'être vrai*. D'une manière générale, la logique de Leibniz a entretenu avec la syllogistique des relations marquées par cette ambivalence : tantôt considérée comme un *langage* susceptible d'être amendé ou réformé, tantôt au contraire comme une *structure* offrant aisément une interprétation sémantique du nouveau calcul, la syllogistique n'a cessé de resurgir au fil des essais, non pas parce qu'elle aurait été décidément indépassable, mais parce qu'elle contenait une réserve de relations et de *consequentiae* valides fermement établies sur lesquelles il était légitime de se régler[1].

Concernant l'*enuntiatio*, on est donc en droit de se demander si elle exprime convenablement ce qu'elle doit exprimer et, deuxièmement, si ce qu'elle exprime est bien comme elle le dit. La situation est à cet égard plus simple du côté de la *propositio*, pour laquelle les problèmes du premier genre, ou problèmes « caractéristiques », n'existent pas. Il est cependant difficile de savoir quel degré d'indépendance ontologique Leibniz aurait accordé à ces propositions dans les limites exactes de la philosophie du langage et compte non tenu de la nécessité théologique de leur existence dans l'entendement Divin. Nous savons seulement qu'il les tenait pour des réalités plus fortes que le simple contenu informatif des phrases, pour lesquels il disposait de l'ancien *dictum* scolastique – la forme nominalisée, qu'il appelle « l'abstrait logique ». Certains textes suggèrent également qu'il espérait tirer des *propositiones* un pôle d'invariance pour les attitudes propositionnelles, analogue à celui qui s'était révélé nécessaire dans la constitution des essais caractéristiques. Les *Nouveaux Essais* reprennent et approuvent sur ce point un passage de Locke :

[1] Je me souviens, c'est-à-dire je connais (le souvenir n'étant que le renouvellement d'une chose passée), que j'ai été une fois assuré de la vérité de cette proposition, que les trois angles d'un triangle sont égaux à deux droits. Or l'immutabilité des mêmes rapports entre les mêmes

1. Cf. TLM 355-358.

> choses immuables, est présentement l'idée médiate qui me fait voir que s'ils y ont été une fois égaux, ils le seront encore. C'est sur ce fondement que dans les mathématiques les démonstrations particulières fournissent des connaissances générales [1].

Tout comme les essais et esquisses de calcul consistent en différents agencements physiquement assignables, « sur la page », d'une même réalité : les rapports constants et immuables de la logique – de même les expressions des croyances, des certitudes, des ressemblances mémorielles, etc. qui dénotent des actes de l'esprit, supposent aussi l'immutabilité des contenus propositionnels sans lesquels elles ne sauraient recevoir un traitement rationnel. La caractéristique est une manière d'avoir rapport à ces rapports. Elle enveloppe naturellement les différents degrés de certitude qui peuvent être ramenés, quand la question est envisagée avec précision, à des différences propositionnelles. Pour les autres, on utilisera les probabilités, les preuves et présomptions des juristes, les tests et procédés calculatoires qui offrent, dans les matières les plus subtiles, une « expérience qui tombe sous les yeux [2] ».

Deux définitions de la vérité

La conception de la vérité mentionnée plus haut en troisième lieu figure dans les textes de Leibniz sous le motif d'un principe célèbre dit « principe d'inhérence conceptuelle » [3]. Ce principe permet de formuler une définition très générale de la vérité de la manière suivante :

D_1 : Une proposition Φ est vraie s'il existe une connexion entre le prédicat de Φ et son sujet [4].

Il apparaîtra plus bas (chapitre I) comment et pour quelle raison cette définition nous oblige à considérer la vérité comme le nom d'un rapport d'idées ou de concepts. Si les commentateurs ont souvent attiré l'attention

1. NE IV i § 9.

2. TLM 144-145 (C 336). La suite du passage cité de NE suggère qu'un progrès peut être réalisé dans la manière d'écrire les comptes, de façon que ceux-ci reflètent davantage les différents actes de l'esprit, minimisent leur dépendance mutuelle et facilitent les révisions : « J'ai projeté une manière d'écrire les comptes, en sorte que celui qui ramasse les sommes des colonnes laisse sur le papier les traces des progrès de son raisonnement, de telle manière qu'il ne fait point de pas inutilement. Il le peut toujours revoir, et corriger les dernières fautes sans qu'elles influent sur les premières : la révision aussi, qu'un autre en veut faire, ne coûte presque point de peine de cette manière, parce qu'il peut examiner les mêmes traces à vue d'œil. » (NE IV i § 9).

3. L'expression n'est pas de Leibniz, mais c'est ainsi qu'on désigne en général le principe *praedicatum inest subjecto* dans la littérature secondaire.

4. Cf. plus bas chap. 1, textes [1] et [2].

sur ce point[1], ils ont rarement noté, en revanche, qu'on trouve sous la plume de Leibniz une autre définition de la vérité, dite parfois « définition réelle », (bien que, dans les textes, D_1 ne soit jamais mentionnée au titre de la définition nominale) :

D_2 : Une proposition Φ est vraie si et seulement si Φ peut être dérivée des axiomes identiques, des données de l'expériences ou des propositions vraies au sens de la présente définition au moyen des règles reconnues permettant d'effectuer une telle dérivation[2].

Leibniz appelle en général « définition réelle » toute définition qui fait voir la possibilité du défini, de préférence par son mode de production[3]. D_2 est une définition réelle parce qu'elle fixe les réquisits du vrai d'un point de vue génétique. Pour autant, D_2 n'est pas préférable à D_1, et Leibniz semble avoir considéré que ces deux définitions disaient à peu près la même chose, puisqu'on trouve des textes dans lesquels elles sont simplement juxtaposées[4]. On constate toutefois qu'elles sont assez différentes, et en particulier que D_2 fait intervenir des procédés inférentiels qui ne figurent nullement dans D_1.

Cette difficulté est en partie levée si l'on reconduit les définitions à leur origine scolastique. Les traités de logique sont traditionnellement divisés en trois parties, et cette tripartition remonte au passage fameux du commentaire aux *Seconds Analytiques* de saint Thomas dans lequel sont évoquées les trois « actions » ou « opérations » de l'intellect :

1. Une des meilleures présentations de l'inhérence conceptuelle au sens de Leibniz nous semble être à ce jour celle qu'on trouvera *in* : Adams, R. M. (1985) et Adams, R. M. (1994), chap. 2 et chap. 3.

2. « Une proposition vraie est une proposition vraie par soi ou qui peut être ramenée à une proposition vraie par soi par substitutions d'équivalents c'est-à-dire explications des caractères. » A VI iv 276. « Il existe une définition réelle de la vérité : est vrai ce qu'on peut démontrer à partir de l'identique au moyen de définitions. Ce qui est démontré à partir de définitions nominales est vrai hypothétiquement, ce qui l'est à partir de définitions réelles est vrai absolument. Seules des définitions réelles peuvent être fournies pour les notions dont nous avons une perception immédiate, comme lorsque je dis *exister, être vrai, étendue, chaleur*. Car nous devons assigner quelque chose de distinct, même dans le cas des notions que nous percevons confusément. Les définitions réelles peuvent être prouvées *a posteriori*, au moyen des données de l'expérience. » TLM 446-447 (GP VII 194). Cf. aussi TLM 84 (GP VII 219).

3. DM §XXIV et A VI iv 589.

4. « Nous tenons un énoncé pour vrai lorsque notre esprit a tendance à le suivre et qu'aucune raison d'en douter ne peut être trouvée. Mais, absolument et en soi, une proposition est vraie seulement lorsqu'elle est identique ou lorsqu'elle peut être ramenée à des identiques, autrement dit lorsqu'elle peut être démontrée *a priori*, et que la liaison de son prédicat et de son sujet peut être expliquée distinctement de telle sorte que sa raison apparaisse toujours. » TLM 132-133 (C 513).

[2] La première action de l'intellect est l'intelligence des indivisibles c'est-à-dire des incomplexes, par laquelle il conçoit ce qu'est la chose. Cette opération est appelée par certains information de l'intellect ou imagination par l'intellect. À cette opération de la raison est consacrée la doctrine dont traite Aristote dans les livres *Sur les Prédicaments*. La seconde opération de l'intellect est la composition ou la division, dans laquelle se trouve désormais le vrai ou le faux. À cette opération de la raison est consacrée la doctrine dont traite Aristote dans le livre *Sur l'Interprétation*. Mais c'est selon le troisième acte qu'a lieu ce qui est le propre de la raison, à savoir aller par le discours d'une chose à une autre, de telle sorte que ce qui est inconnu advienne à la connaissance à partir du connu. Et à cet acte sont consacrés tous les autres livres de La Logique [1].

Selon ce passage, le prédicat de vérité appartient seulement au deuxième et au troisième étage de la logique. Les incomplexes disent ce qu'est la chose. Les complexes font intervenir dans le discours la division et la composition, c'est-à-dire, aussi bien, la vérité. Les raisonnements ou conséquences nous permettent d'augmenter le champ de ce qui est connu par transport du prédicat de vérité d'un complexe à l'autre. Ces distinctions offrent le moyen d'ordonner assez naturellement les deux types de définitions de la vérité mentionnées plus haut : D_1 est la définition leibnizienne de la vérité selon la seconde opération de l'esprit (logique des propositions), alors que D_2 donne sa contrepartie dans la troisième (logique de la *consequentia*). D_1 et D_2 ne sont donc ni totalement identiques ni totalement contradictoires, elles sont à proprement parler complémentaires, puisqu'elles développent une même conception de la vérité selon les différents compartiments traditionnels de l'*Organon*.

Pour éclairant qu'il soit, le rapprochement avec le texte de saint Thomas ne doit pas masquer une différence importante. D_1 a été choisie par Leibniz, de préférence à d'autres définitions possibles, parce qu'elle permettait aussi d'atténuer les distinctions trop franches qui s'étaient imposées dans la tradition du commentaire aux *Seconds Analytiques*. Selon sa version finalement retenue, D_1 impliquait en effet qu'une proposition est vraie si les termes qu'elle met en rapport ne présentent pas entre eux de contradiction, autrement dit s'ils sont tous compatibles. On imagine aisément le genre de difficultés que Leibniz a rencontrées en s'engageant dans cette voie. Il lui était difficile de ne pas admettre en particulier *qu'il y a plus* dans le concept de vérité tel qu'il est employé dans la langue philosophique que dans ce qu'il est possible d'exprimer au moyen de la seule relation de compatibilité, fût-elle clarifiée par le nouveau calcul logique. C'est la raison pour laquelle il a admis aussi que la compatibilité était une relation nécessaire mais

1. Saint Thomas, *In Arist. libr. post. anal. expositio, Proemium*, 4.

insuffisante et que la doctrine de la science devait s'appuyer sur toute une série ordonnée de relations irréductibles supplémentaires. Cette solution permettait d'exploiter toute la fécondité de D_1. Elle assignait une place de choix – la plus haute – « au calcul de la raison » en tenant compte de toute la variété des propositions et théorèmes qu'on peut parcourir par ordre et démontrer au moyen de la seule relation de compatibilité. La nature de ce que nous appelons aujourd'hui la « forme logique » – qui n'allait alors nullement de soi – se trouvant par là précisée, il était possible de se demander dans quelle mesure la vérité en dépendait, et dans quelle mesure elle renvoyait aussi à une détermination matérielle.

Le rôle ainsi dévolu à la relation de compatibilité devait avoir un effet considérable sur la géographie générale de l'*Organon*. Admettons en effet qu'il soit possible d'isoler, dans la définition de la vérité, un ensemble de conditions nécessaires ne dépendant que de cette relation. Admettons de plus que la vérité des phrases *de la logique* soit entièrement définie par ces conditions qui deviennent, dans certaines limites, nécessaires et suffisantes. Dans la mesure où la compatibilité est une relation qui tombe entre des concepts et, aussi bien, entre les constituants des concepts, le prédicat de vérité peut alors recevoir assez naturellement une extension en amont, au niveau du concevoir, ce qui n'est pas conforme aux habitudes traditionnelles. Il est vrai que la tentative n'est pas sans précédent. On trouve, par exemple, dans la *Disputatio metaphysica* VIII de Suárez, une discussion intense de ce point, avec mention des tenants de la position selon laquelle la vérité n'est pas seulement dans la composition et dans la division mais aussi dans les concepts simples [1]. Mais Leibniz affirme plus nettement que la possibilité est aux termes ce que la vérité est aux propositions [2] parce que la relation qui permet d'affirmer qu'une proposition est vraie *est la même* que celle qui fonde la possibilité d'un concept. Il introduit donc résolument la vérité dans les incomplexes, non pas selon une modalité particulière – comme lorsque saint Thomas soutient qu'il y a une vérité propre au concevoir dans la saisie de la *quidditas* – mais selon le sens principal et entier du concept de vérité. La tripartition traditionnelle de la doctrine conserve toutefois une valeur relative, au moins littéraire, mais la visée d'ensemble est désormais celle d'un monisme logique [3] intégral,

1. La *sententia* contestée est défendue en particulier par Fonseca et peut être soutenue par certains passages de Thomas, lorsqu'il prétend que les simples concepts donnent à connaître la chose selon sa quiddité propre. Suárez, *Disp. Met.* VIII, s. iii, n. 5.

2. GI § 32, 144, 146, 199.

3. Ce qui n'implique nullement un « monisme logique » au sens que Russell donne à cette expression en 1906 : la conception selon laquelle « La Vérité » serait une et indivisible. Leibniz est tout à fait étranger à une conception de ce genre, à laquelle il aurait opposé une forme du pluralisme.

c'est-à-dire un calcul unifié, présenté selon le modèle des *Éléments*, par lequel tous les résultats des essais antérieurs pourront être retrouvés, clarifiés et augmentés de résultats inédits.

L'usage du prédicat de vérité au niveau des termes n'a pas eu seulement pour conséquence une unification profonde de l'édifice logique. Il a aussi accentué l'importance du concept de vérité dans l'ensemble de la philosophie du langage en lui donnant un avantage décisif sur le concept rival de signification.

On sait que, dans le commentaire des lignes 16b19-25[1] du *De interpretatione*, Boèce a pris très au sérieux la métaphore dynamique du mouvement et du repos et qu'il entendait son propre « *constituere* » comme un « fixer » ou « arrêter ». Lorsque nous employons un nom, précise-t-il en effet par paraphrase, l'intellection de celui qui écoute se met en mouvement (*inchoat*) avec notre énonciation (*prolatio*). Lorsque je dis par exemple « *Hippocentaurus* », l'intellection de l'auditeur commence avec la première syllabe et est effective lorsque le mot est entièrement prononcé. Les verbes et les noms ont ainsi en commun ce pouvoir d'éveiller une sorte d'inquiétude qui ne s'achève qu'avec la saisie du sens. Mieux : la signification n'est pas autre chose que cette retombée, la possibilité de pouvoir se « reposer sur » (*conquiescere*) quelque chose d'achevé, d'induire ou d'opérer consécutivement l'inquiétude et le repos chez celui qui écoute. Selon Boèce, le « *constituit qui dicit intellectum* » du *De interpretatione* indique donc un procès d'analyse du sens qui est également valide lorsque ce qui est prononcé est un verbe, et qui l'est encore dans le cas d'une proposition, puisque c'est seulement lorsqu'il a perçu la proposition entière « *Socrates ambulat* » que celui qui écoute peut, d'une certaine manière, se reposer complètement sur une signification achevée.

Se fait jour ainsi, dans le commentaire de Boèce, une interprétation large du *constituit intellectum* qui ne va pas sans poser un certain nombre de problèmes. Tout se passe en effet comme si la position des parties du discours rendait possible une double analyse, ascendante et descendante, selon qu'on met l'accent sur le rapport des mots au sens ou sur celui des énoncés à la vérité. Selon la première relation, toute *oratio* ou partie d'*oratio* est signifiante lorsqu'elle répond au « *constituit intellectum* ». La partie ultime ou atomique est alors le *nomen* dans la mesure où les divisions du nom ne sont pas significatives. L'horizon de la signification est en

1. Aristote précise par parenthèse qu'il y a production de signification lorsque celui qui parle peut arrêter son intellection : « ἵστησι γὰρ ὁ λέγων τὴν διάνοιαν καὶ ὁ ἀκούσας ἠρέμησεν ». La phrase grecque est ainsi rendue dans le latin de Boèce : « Ipsa quidem secundum se dicta verba nomina sunt et significant aliquid – constituit enim qui dicit intellectum, et qui audit quiescit. » (*Aristoteles Latinus*, II, 1-2, p. 7).

revanche largement ouvert grâce aux multiples possibilités offertes par l'infinie composition des noms. À la limite, c'est du discours tout entier qu'on pourra dire, une fois achevé, qu'il a produit une intellection. Selon une deuxième relation au contraire, on dira qu'est signifiant ce qui est susceptible de dire les choses comme elles sont, c'est-à-dire d'être vrai ou faux. L'élément atomique est alors la *propositio* définie comme la plus petite partie de l'*oratio* qui puisse porter le prédicat de vérité. Une analyse plus fine produit encore le *terminus* comme partie de la *propositio*, mais celui-ci n'étant pas tenu pour vrai ou faux, l'analyse du discours en catégorèmes et syncatégorèmes demeure, pourrait-on dire, une quasi-analyse.

La concurrence de ces deux axes (*vox significativa, oratio / terminus, propositio vera*) a déterminé un large débat sur la portée qu'il convenait d'attribuer au « *constituit intellectum* ». Saint Thomas note par exemple qu'en toute rigueur, le *nomen* ne saurait être tenu lui-même pour significatif selon le critère du mouvement et du repos de l'âme. Si par exemple le locuteur dit « *homo* », l'âme de l'auditeur demeure pour ainsi dire en suspens tant qu'il ne sait pas ce qui est dit *de homine* ; de même lorsqu'on entend le verbe isolé « *currit* » et que le repos dépend cette fois de la réponse à la question « de qui parle-t-on[1] ? » Le critère retenu pour la signification semble ainsi ouvrir presque mécaniquement sur des séquences discursives toujours plus vastes, à moins qu'il soit lui-même soutenu par une distinction supplémentaire qui fixe les échelles du discours. C'est dans cette voie que semble s'engager Thomas. Rappelant la division de l'*intellectio* selon les trois opérations de l'esprit, il affirme que le « *constituit intellectum* » est pertinent seulement dans les limites d'une saisie de l'*intellectio* par le *concipere*, mais qu'il doit être abandonné dans l'ordre supérieur de la *divisio* et *compositio*. De même que l'analyse des propositions en termes est nécessaire à l'élucidation du concept de vérité *bien que les termes ne soient pas eux-mêmes vrais ou faux*, de même la saisie du sens dans la phrase n'implique aucune généralisation dans l'usage du critère *constituit intellectum* qui ne s'applique qu'à leurs parties constitutives. On dira que le *nomen* admet une signification (et ceci est vrai de tous les mots significatifs) comme conception, puisque dans cet ordre il produit effectivement du repos, en même temps qu'un mouvement d'inquiétude est éveillé par lui dans l'ordre suivant de la composition et de la division[2].

Si l'on tient compte de ces antécédents, on voit que le monisme logique défendu par Leibniz enveloppait aussi une transformation importante dans l'approche de la signification. Il devenait en effet nécessaire de s'interroger

1. Cf. saint Thomas, *In peri hermeneias*, L I, l. V, 68.
2. *In peri hermeneias*, L I, l. V, 69.

sur la signification de toutes les parties du discours à partir de leur comportement en contexte propositionnel et de leur influence sur la vérité des phrases, influence qu'on pouvait mesurer par analyse et substitutions. En insistant sur l'usage, l'analyse lexicologique s'autorisait de considérations empruntées aux figures du discours, ce qui a donné lieu à d'importants développements sur la grammaire et la signification des particules [1]. En assurant pour chaque énoncé possible dans une langue un lien solide avec une proposition vraie, la grammaire dite « rationnelle » devenait une propédeutique à la logique [2] en même qu'une tentative pour ramener la diversité des langues à l'unité d'un schéma de signification.

Vérité-cohérence ou vérité-correspondance ?

Parce que Leibniz a surtout mis l'accent sur la compatibilité des termes et des notions, on a naturellement tendance à chercher dans ses textes une doctrine cohérentiste de la vérité. Comme, d'autre part, les développements qu'il consacre à la correspondance entre les phrases et les états de choses sont extrêmement rares, le commentateur se sent autorisé à constater que la position qui s'y dessine marque une rupture profonde par rapport à la tradition de la vérité-correspondance. Il semble pourtant que les arguments favorables à une interprétation strictement cohérentiste sont moins nombreux et plutôt secondaires par rapport aux arguments inverses et qu'il est tout à fait possible de rendre compte de l'originalité de la position leibnizienne tout en la présentant comme une variante de la vérité-correspondance.

La notion de cohérence suppose la position de certaines limites à l'intérieur desquelles on envisage la vérité des phrases. Dans l'ouvrage de 1973 consacré à cette doctrine, Nicholas Rescher avoue qu'il s'appuie sur une conception de la systématicité héritée de Bradley. Car le critère de cohérence peut prétendre capturer convenablement la notion de vérité seulement « dans la mesure où il est pris dans un sens large qui inclut la compréhensivité (*comprehensiveness*) [3] ». Cette « compréhensivité » est elle-même expliquée par un extrait des *Essays on Truth and Reality* où Bradley écrivait : « Le test de la vérité pour lequel je plaide est l'idée d'un ensemble de connaissances aussi large et consistant qu'il est possible. En

1. L'engendrement des différentes significations par les tropes à partir d'une signification donnée – en l'occurrence une relation locale – est au fondement de l'*Analysis particularum* (A VI iv 646-666).

2. TLM 184-185 et 305-309. Cf. Surtout le fragment *De lingua philosophica* (A VI iv 881-908).

3. Rescher, N. (1973), p. 73.

parlant de système [comme critère du vrai], je veux parler de l'union de ces deux aspects et c'est là le sens et l'unique sens dans lequel je défends la cohérence[1] ». Rescher commente cette citation en indiquant en note que l'ensemble des *optima* leibniziens, en particulier toute combinaison d'unité et de diversité nommée harmonie, constituent le représentant pré-kantien du critère de Bradley. Il va sans dire qu'une note comme celle-ci, ainsi que d'autres passages encore plus explicites[2], ont pesé d'autant plus lourd dans la réception du leibnizianisme, qu'elles venaient sous la plume d'un de ses meilleurs historiens.

Il y a au moins trois raisons qui nous invitent à ne pas accepter la position défendue par Rescher. La première est que l'idée d'une rationalité systématique qui se trouve par là impliquée – surtout dans le texte de Bradley – ne peut plus être prêtée aujourd'hui à Leibniz comme elle l'était hier, non seulement parce que la mode a changé sur ce point dans la critique, mais surtout parce que nous savons mieux à présent que, lorsqu'il employait lui-même la notion de « système », Leibniz entendait quelque chose de sensiblement différent[3].

La deuxième raison, plus décisive, procède du *genre* auquel appartient la conception défendue par Rescher et, en général, par les tenants de la vérité-cohérence[4]. Il s'agit de théories *critériologiques* et non *définitionnelles* de la vérité. La différence entre ces deux genres de théorie réside dans le fait qu'une théorie définitionnelle, comme celle de Tarski, espère donner des conditions nécessaires et suffisantes telles que :

(9) p est conforme à la définition de « vrai » $\leftrightarrow p$ est vrai

Dans le cas d'une approche critériologique, au contraire, nous ne pouvons en aucune manière poser une équivalence de ce genre. Quel que soit le sens qu'on attribue au symbole d'équivalence, on ne peut assurément pas écrire :

(9') p est conforme à un certain critère du vrai $\leftrightarrow p$ est vrai

Un critère du vrai, comme la cohérence, est tout au plus une garantie rationnelle au moyen de laquelle nous pouvons considérer que p est vrai. Rescher le reconnaît et note à ce propos : « Alors que 'p est conforme à la définition de vrai' entraîne logiquement 'p est vrai' et donc comporte parmi ses conséquences que p, 'p est conforme à un certain critère du vrai' ne fait

1. « On Truth and Coherence », *in* : Bradley, F. H. (1914), p. 202-203.

2. Rescher, N. (1973), p. 257 : « Indeed the father of the pragmatic justification of coherence theory is that arch-rationalist, G. W. Leibniz ».

3. Cf. « La Notion de système dans la physique de Leibniz », *in* : Fichant, M. (1998), p. 245-266.

4. Cf. Kirkham, R. L. (1992). Kirkham appelle « projets métaphysiques » l'ensemble des conceptions définitionnelles – y compris celle de Tarski, ce qui est assez malheureux – et « projets justificationnistes » ce que nous nommons avec Rescher « théorie critériologique ».

rien d'autre que nous engager (*commit*), nous qui sommes sujets à accepter le critère en question, à approuver '*p* est vrai' et donc à asserter que *p*[1] ».

Il est difficile de ne pas admettre que Leibniz avait en vue, avec D_1 et D_2, une conception définitionnelle et non critériologique de la vérité. Les passages dans lesquels le contenu du prédicat de vérité est précisé ont le plus souvent la forme d'une équivalence – « *p* est vrai ssi ... » – qui, dans sa partie droite, donne évidemment un ensemble de conditions nécessaires et suffisantes. C'est également le cas dans les textes où l'accent est mis très nettement sur une condition syntaxique comme la dérivabilité à partir de prémisses identiques[2]. De plus, l'approche critériologique autorise sous certaines conditions à distinguer des « degrés du vrai »[3], ce que Leibniz ne fait jamais, alors qu'il parle volontiers des « degrés de la preuve » ou des « degrés de la certitude[4] ». Enfin, il s'est également engagé dans la voie critériologique lorsqu'il a réfléchi sur les conditions générales des connaissances humaines. C'est en effet un trait spécifique de son épistémologie, telle qu'elle a été reconstruite par François Duchesneau[5], qu'elle procède par degrés successifs de justifications dans un processus ouvert. Mais nous n'avons aucune raison d'exporter ce caractère de l'épistémologie dans la doctrine de la vérité. Nous possédons au moins un texte central dans lequel la perspective logico-catégoriale et la perspective épistémique-pragmatique sont nettement distinguées et constituent les deux étages d'une restitution générale de l'entreprise de connaissance[6]. Il est très significatif que Rescher ait souvent confondu ces deux perspectives en une seule[7] et qu'il ait rangé sous la bannière d'une doctrine de la vérité-cohérence, indistinctement, les réflexions relatives à notre pouvoir de connaître – qui sont incontestablement critériologiques – et celles par lesquelles Leibniz prétend rendre compte du contenu du prédicat de vérité.

Une troisième raison vient encore s'ajouter à ce qui précède. Pour *p* une phrase du langage respectant la forme canonique sujet-copule-prédicat et *[p]* la proposition désignée par cette phrase, on peut, avec Herbert

1. Rescher, N. (1973), p. 16. Rescher est revenu par la suite sur le rapport entre la conception critériologique et la conception définitionnelle de la vérité, entre lesquelles il établit une « condition de continuité ». Cf. Rescher, N. (1985).

2. TLM 456-457 (GP VII 299-300).

3. Rescher, N. (1973), p. 197-200.

4. Cf. par exemple NE IV ii § 14.

5. Duchesneau, F. (1989) et (1993).

6. *Sur la synthèse et l'analyse universelles*, TLM 135-142 (GP VII 292-298).

7. Cf. La longue citation à contre-emploi du *De modo distinguendi phaenomena realia ab imaginariis*, *in* : Rescher, N. (1973), p. 258-259.

Hochberg[1], avancer que, selon les théories de la vérité-cohérence, la vérité de *[p]* suppose un ensemble de propositions *C* avec lequel on dira que *[p]* est en relation de cohérence. Que la cohérence requise soit une simple consistance ou une relation logique plus forte, on aura, avec *V* un prédicat de vérité :

(10) V[p] ssi [p] est en relation de cohérence avec C

Admettons que (10) s'accorde avec la définition selon laquelle une proposition est vraie lorsqu'elle peut être dérivée des axiomes identiques ou d'un ensemble de prémisses données par l'expérience (selon D_2) : il suffit que *C* désigne l'ensemble de ces « propositions identiques » auxquelles Leibniz imagine souvent qu'on peut ramener toute vérité – ensemble éventuellement augmenté des propriétés caractéristiques d'un champ d'objets données *a posteriori* – et que la relation dite « de cohérence » soit décrite par l'ensemble des règles de substitution généralement mentionnées. Il reste que, même en admettant une interprétation de ce genre pour D_2, relativement à la définition D_1, c'est-à-dire à l'inhérence conceptuelle, l'affaire est passablement plus délicate. Si, comme on l'a dit, *[p]* est vraie selon D_1, lorsqu'il existe une connexion entre le prédicat de *[p]* et son sujet, l'interprétation de D_1 par (10) ne requiert pas seulement que cette connexion soit énonçable selon une relation de cohérence, mais bien que la connexion des deux termes puisse être rattachée d'une manière ou d'une autre avec le fait que *[p]* est dans la relation de cohérence avec un ensemble de propositions données. Autrement dit, l'interprétation cohérentiste de D_1 requiert :

(11) [s est a] est en relation de cohérence avec C ssi il existe une connexion entre ce qui est désigné par « s » et ce qui est désigné par « a ».

Il va sans dire qu'on ne peut pas choisir pour *C* la classe des propositions vraies au sens de D_1, pour lesquelles il existe une connexion du sujet et du prédicat. Si l'on choisit pour *C* les propositions vraies logiquement – c'est-à-dire, pour Leibniz, les axiomes identiques et tout ce qui est démontrable à partir d'eux – on obtient une thèse importante, selon laquelle la classe des propositions pour lesquelles une connexion du sujet et du prédicat peut être établie coïncide avec la classe des propositions qui peuvent être ramenées (*reduci*) aux identiques. Enfin, si l'on ajoute dans *C* un ensemble de propositions établies *a posteriori* dans l'observation d'un champ d'objets, on obtient une thèse analogue pour tous les énoncés, mais la réduction ou reconduction des propositions requiert le plus souvent certaines règles

1. Cf. Hochberg, H. (1992), p. 88-89, où une argumentation analogue porte sur le rapport de la vérité-cohérence et la condition d'adéquation matérielle de Tarski. Les notations sont prises dans cet article.

supplémentaires propres aux sciences de la nature. Dans les deux cas, (11) nous donne quelque chose qui s'accorde fort bien avec ce que Leibniz propose en guise de doctrine de la vérité. Mais le pouvoir explicatif de (11) s'est insensiblement déplacé, désertant la cohérence elle-même – qui est devenue une équivalence extensionnelle – pour se réfugier du côté de la connexion des termes : Leibniz considère effectivement que toute proposition vraie au sens de l'inhérence conceptuelle fait partie de la classe des propositions vraies et que cela doit, au moins en droit, pouvoir être établi par un procédé de dérivation. Mais cela ne signifie nullement qu'il fait de la cohérence, de quelque manière qu'on la prenne, le critère fondamental de la vérité.

Ceci fait voir que l'interprétation rétroactive des définitions leibniziennes du prédicat de vérité à l'aide des théories de la vérité-cohérence n'est pas satisfaisante. Ou bien, en effet, cette interprétation donne à la cohérence un sens et une fonction que Leibniz n'aurait pas acceptés, ou bien elle se plie à l'usage leibnizien, mais elle est alors infidèle à ce qui constitue le propre de ce schéma de théories.

Ces arguments sont confirmés par les textes. On a déjà indiqué qu'il existe un passage des *Nouveaux Essais* dans lequel il est dit très explicitement que la vérité est, dans son sens propre, une correspondance entre les propositions et les choses, et que c'est seulement dans un sens dérivé qu'elle peut être attribuée aux idées et aux entités :

[3] Contentons-nous de chercher la vérité dans la correspondance des propositions qui sont dans l'esprit, avec les choses dont il s'agit. Il est vrai que j'ai attribué aussi la vérité aux idées en disant que les idées sont vraies ou fausses; mais alors je l'entends en effet de la vérité des propositions, qui affirment la possibilité de l'objet de l'idée. Et dans ce même sens on peut dire encore qu'un être est vrai, c'est-à-dire la proposition qui affirme son existence actuelle ou du moins possible[1].

Faudrait-il avancer que ce texte n'est pas représentatif de la position centrale de Leibniz ou qu'il reflète un tournant dans la doctrine? Que Leibniz se serait finalement arrêté à une position moins cohérentiste et donc sensiblement différente de celle qu'il défendait, par exemple, dans la *Correspondance avec Arnauld*? Outre qu'on ne trouve pas trace d'un tel tournant dans les fragments connus – dont les *Nouveaux Essais*, surtout sur les questions de logique, ne donnent en général qu'un aperçu – on note que ce qui est dit ici de la vérité des idées et des entités n'est absolument pas incompatible, bien au contraire, avec ce qui est proposé dans les textes logiques des années 1680.

1. NE IV v § 11.

Lorsqu'il s'est proposé de faire descendre la vérité au niveau de la simple appréhension, c'est-à-dire au niveau de la première opération de l'esprit dont l'idée est ici le corrélat, Leibniz a affirmé, comme on l'a dit, que la possibilité est au concept ce que la vérité est à la proposition ou au raisonnement. Il s'est alors trouvé devant la difficulté suivante : fallait-il considérer que le prédicat *ens* ou *possibile*, au niveau des incomplexes, est absolument identique à la vérité dans les complexes ? Ou bien y avait-il seulement un rapport d'analogie ? En quel sens peut-on parler, à la manière de Suárez, de la vérité comme «*passio entis*» ? L'expression qui dit la possibilité d'un concept est-elle elle-même un concept ? Inversement, si l'on suppose de tous les concepts qu'ils sont possibles, a-t-on jamais affaire à des concepts ? N'est-on pas toujours d'emblée engagé dans une logique des propositions ? Les questions de ce genre ont largement déterminé l'entreprise des *Recherches générales*. Elles ont donné au texte son caractère parfois difficile et étrange, motivant des formulations qui nous paraissent parfois très contournées. Or, incontestablement, la dernière partie du passage cité en [3] est un écho tardif de ces difficultés. Dire d'une idée ou d'un être qu'il est vrai, c'est une manière d'affirmer la vérité des propositions qui, de leur côté, disent la possibilité de cet être ou de cette idée. On ne saurait être plus fidèle à la position défendue dans le texte de 1686. Et l'on voit mal, dans ces conditions, pourquoi un même passage des *Nouveaux essais* maintiendrait les conséquences d'une position qu'il conteste. Il est beaucoup plus satisfaisant de reconnaître que la vérité-correspondance n'a pas été réintroduite *postliminio* dans les *Nouveaux Essais*, parce qu'elle n'a jamais été véritablement écartée dans les textes antérieurs.

La thèse selon laquelle Leibniz a défendu une conception de la vérité-correspondance paraîtra moins étrange une fois replacée dans le contexte de la scolastique tardive. Le principe d'une adéquation ou d'une *conformitas* entre les choses et l'intellect dans le cas des propositions vraies a été très largement admis par les auteurs, mais le sens de cette conformité a fait l'objet de débats assez vifs pour que, dans le cas de certaines positions-limites, elle ne soit conservée qu'au prix d'une transformation assez radicale. Lorsque, par exemple, on n'hésitait pas à reconnaître que certaines choses n'ont qu'une existence possible, on devait aussi accorder que la *conformitas* désigne éventuellement une relation de l'intellect à ces *possibilia* afin que les phrases qui les décrivent puissent être également tenues pour vraies. Des problèmes analogues étaient soulevés par les auteurs – pas nécessairement les mêmes – qui entendaient insuffler dans la philosophie de la logique une quantité importante de l'ingrédient réaliste. Pour eux aussi, la nature de l'*adaequatio rei* devenait assez problématique, non plus parce qu'elle devait inclure le cas où la vérité des phrases dépendait d'états de choses seulement possibles, mais parce que, les composants des *propositiones* héritant eux-mêmes d'un degré de réalité tout à fait honorable, l'adéquation ou conformité devait consister principalement dans le rapport mutuel de ces composants plutôt que dans une relation des choses à l'intellect. Notons enfin que, dans tous les cas, la composition et la division faisaient figure de concurrents à *l'adaequatio rei*, parce qu'il était admis que ces actes de l'esprit introduisaient la vérité dans les phrases ou dans le verbe intérieur alors que, d'un autre côté, il était assez naturel d'envisager l'adéquation pour les actes de simple appréhension qui peuplaient le premier étage de la logique à l'intérieur duquel le prédicat de vérité était toujours employé avec circonspection.

Parmi les entités réelles, à celles qui sont ontologiquement *dépendantes*, comme on dirait aujourd'hui, c'est-à-dire qui sont nécessairement dans un sujet, que ce soit de manière essentielle ou non, on attribuait l'*esse subjective*[1]. Certaines entités tenaient l'*esse subjective* de leur inhérence dans des choses matérielles, d'autres d'une inhérence dans l'âme : c'est le cas, en général, des actes de l'esprit et, chez saint Thomas au moins, du contenu propositionnel des phrases – le *homo esse animal* – qui était considéré comme le porteur du vrai dans un sens premier et principal : *formaliter*. À cet *esse subjective* s'ajoutait une autre manière d'être dans l'esprit ou *pour* l'esprit : l'*esse objective*, qui signifiait qu'une chose tombe dans le champ de l'intellect tout comme un objet vu tombe sous un regard-l'analogie avec le champ visuel étant tout à fait récurrente dans ce contexte. Une manière d'augmenter l'ingrédient réaliste dans la conception du vrai, celle qu'on trouve chez Durand de Saint-Pourçain, était de distinguer par l'être objectif la chose telle qu'elle est en soi et la chose telle qu'elle est connue, puis d'identifier la signification du concept propositionnel – *homo esse animal* – et l'*esse objective* de l'objet en tant qu'il est placé sous le regard de l'esprit. Par cette opération, la vérité demeurait certes le nom d'une relation, mais elle désignait plutôt une conformité, ou mieux *une identité*, entre la chose telle qu'elle existe dans le monde et la chose telle qu'elle existe comme objet de l'esprit.

Si l'on excepte les derniers développements portant sur le vrai comme « *passio entis* », on constate que la *Dispute métaphysique* VIII de Suárez est largement consacrée à l'analyse de l'*adaequatio rei* dans le cadre qui vient d'être esquissé. La position de Durand fait l'objet d'une critique serrée : Suárez maintient que la vérité ne tombe pas, pour ainsi dire, entre la chose

1. Cf. la présentation synthétique donnée sur ce point dans : Nuchelmans, G. (1982), § 1.2.

et elle-même[1], mais entre une réalité qui est *subjective* dans l'esprit et non *objective*, et une entité réelle. Elle consiste dans une certaine « représentation intentionnelle » par laquelle l'intellect perçoit la chose comme elle est en soi selon tel ou tel de ses actes ou jugements[2]. Le réalisme logique de Durand est écarté principalement parce qu'il ne permet pas de rendre compte de la dimension intentionnelle du concevoir. Preuve, également, que l'engagement aux *possibilia* n'implique pas n'importe quelle forme de ce réalisme, un des arguments donnés par Suárez en faveur d'une position plus orthodoxe dans la doctrine est emprunté à la considération des possibles. Souvent, la chose dont il est question, à propos de laquelle nous devons pouvoir former des propositions vraies, n'a aucun *esse in se* qui soit un *esse existentiae exercitum*, c'est-à-dire une existence accomplie, mais elle tient tout son être de ce qu'elle est objet de l'intellect. Dans ce cas, on est en droit de se demander ce que pourrait être une conformité à la manière de Durand, à partir de l'*esse objective*, si la chose telle qu'elle est en soi et la chose comme objet de l'intellect sont nécessairement identiques[3].

Toutefois, Suárez est obligé d'accorder que la position de Durand présente un avantage non négligeable dans la détermination du rôle respectif de l'*adaequatio rei* et de la *compositio et divisio* dans la détermination du vrai. Dans le cadre de cette position, il est en effet aisé de concevoir que l'intellect compose, c'est-à-dire compare le concept objectif d'une chose à celui d'une autre ou à celui de la même chose conçue autrement ou antérieurement, de sorte que dans ce cas la conformité « dans laquelle, conclut Suárez, consiste la vérité, est connue par une connaissance directe compositive (*per directa cognitionem compositivam cognosci veritatem*)[4] ». Autrement dit : la composition est le nom de l'adéquation rapportée à l'acte de l'esprit qui connaît. Si la position de Durand est effectivement écartée, il reste donc à expliquer pourquoi la vérité est principalement un corrélat de l'acte de composition et division et comment cette corrélation est compatible avec la condition générale d'une *adaequatio rei*.

Suárez donne sur ce point des explications qui mêlent savamment les considérations logiques et les considérations épistémiques. Il note en particulier que la simple appréhension de la chose par un concept – première opération de l'esprit – est nécessairement inadéquate. Le concept n'épuise pas (*exhaurit*) clairement et distinctement la chose dont il est le

1. « Ergo signum est veritatem consistere in conformitate rei in esse objectivo ad seipsam in esse reali. » *Disp. met.* VIII, s. ii, n. 2 *in fine*.

2. *Disp. met.* VIII, s. ii, n. 6.

3. *Disp. met.* VIII, s. ii, n. 5.

4. *Disp. met.* VIII, s. iii, n. 15.

concept, si ce n'est pour Dieu et les anges. Pour nous, la connaissance suppose l'usage d'une pluralité de prédicats, distincts *re* ou *ratione* seulement, que nous appliquons à la chose conçue. C'est donc principalement par l'infirmité du concevoir humain qu'il faut comprendre la raison pour laquelle la prédication vraie est nécessairement une composition ou une division :

> [4] Par exemple, lorsque l'intellect qui compose dit que l'homme est blanc, il connaît *formaliter* et directement l'identité ou la conjonction que le blanc a avec l'homme. Cependant, il connaît aussi conjointement et *in actu exercito* que le concept du blanc contient sous soi d'une certaine manière l'homme, qu'il le représente et que par suite il lui est d'une certaine manière conforme. Ainsi, lorsque l'esprit affirme 'que l'homme est blanc', il affirme une vérité *in actu exercito*, c'est-à-dire 'que cela est vrai' ; car lorsqu'il affirme que le blanc est dans l'homme, il affirme que le concept du blanc possède une certaine conformité vraie avec l'homme. C'est en ce sens que saint Thomas dit : « l'intellect connaît sa propre conformité à la chose intelligible lorsqu'il juge que la chose se comporte comme est la forme qu'il appréhende à son propos, ce que l'intellect fait lorsqu'il compose et divise [1] ».

La distinction *actus exercitus/actus signatus* provient des traités sur les syncatégorèmes. Elle était employée à l'origine pour exposer la signification de certaines particules *per modum affectus*, c'est-à-dire des parties du discours qui renvoient à un état interne du locuteur et accomplissent un acte de langage[2]. Elle est introduite dans le contexte de la question présente – *utrum veritas sit in intellectu componente et dividente* – dans le commentaire de Cajetan à la *Somme Théologique* – Ia quest. 16, art. 2 – dont est extraite la citation donnée par Suárez *in fine*.

Cajetan précise que la conformité est *exercée* lorsque l'on connaît que quelque chose est en soi conforme au connu[3] et lorsqu'on dit qu'il en est ainsi, ce qui ne peut avoir lieu au niveau des incomplexes comme « homme » ou « centaure ». La vérité est dans son sens plein un corrélat de la composition et de la division, parce qu'elle est, à ce niveau seulement, autant un faire qu'un dire : l'acte est alors interprété comme une manière de signaler notre accord avec ce qui est dit par l'énoncé. Suárez ne dit pas autre chose lorsqu'il précise que le « *hominem esse animal* » est aussi un « *hoc esse verum* ». Mais il ajoute à la glose de Cajetan une confirmation

1. *Disp. met.* VIII, s. iii, n. 18. On trouve une paraphrase explicative de ce passage *in* : Siegfried, H. (1967), p. 27-29.

2. Cf. Nuchelmans, G. (1988) et Rosier, I. (1994).

3. « cognoscere vero conformitatem in actu exercito, est cognoscere aliquid in se ut conforme cognito » (Editio Leonina IV, p. 209).

conceptualiste : la conformité est exercée par la composition des concepts qui sont employés pour les choses [1]. La raison pour laquelle la vérité est dite dans l'intellect par la composition et la division est aussi celle pour laquelle elle est décrite en termes de conformité ou d'adéquation. Cette raison réside dans la nécessité où nous nous trouvons d'avoir recours à des liaisons conceptuelles articulées.

Le texte de Suárez ne permet aucunement d'affirmer que la position leibnizienne ou une position approchante aurait été défendue dans la scolastique tardive. Mais il nous invite à comprendre comment Leibniz a pu être amené à mettre l'accent principalement sur la cohérence des termes et des concepts, sans pour autant remettre en cause le cadre général d'une vérité conçue comme adéquation ou conformité. La relation conceptuelle – qu'il s'agisse d'une inhérence ou d'une relation plus forte comme l'identité – n'a pas été thématisée en vue de remplacer l'*adaequatio rei*, mais plutôt pour la fonder. C'est pourquoi Leibniz a pu, tout à la fois, défendre une définition originale de la vérité et considérer que cette définition s'inscrivait parfaitement dans le respect de la tradition la plus orthodoxe. Quelles que soient les nuances qu'on peut réclamer sur ce point, les divergences qui peuvent se faire jour dans l'évaluation du degré de nouveauté de la doctrine, il reste qu'on peut difficilement y voir une défense de la vérité-cohérence et, conjointement, reconnaître que la doctrine proposée est invariablement placée sous le patronage d'Aristote [2], alors que ce patronage constitue, encore aujourd'hui, une des marques les plus sûres du programme correspondantiste. Il est très surprenant de constater combien la critique s'est peu inquiétée de cette contradiction.

Les aspects correspondantistes de la doctrine leibnizienne de la vérité ont pu passer en partie inaperçus en raison de la fonction qui y est réservée aux concepts et du caractère incertain de leur statut. Lorsque Leibniz affirme que « Φ est vraie » signifie que les concepts qui sont désignés dans Φ par des noms sont entre eux comme Φ dit qu'ils sont, il soutient incontestablement qu'on peut, dans une large mesure, se passer d'une référence à une entité réelle dans l'examen d'une vérité, si l'on entend par « entité réelle » quelque chose d'extra-conceptuel. Cela signifie que l'affirmation selon laquelle telle phrase est vraie, par exemple qu'il est vrai que les hommes sont mortels, peut, au moins en droit, ne trouver ni justification ni infirmation dans les résultats obtenus à la suite d'une enquête empirique. À l'inverse la doctrine implique dans sa partie générale que le genre de

1. « [...] quando mente unum de alio affirmamus, quamvis praecipue intendamus rem de re affirmare, id tamen non facimus nisi per conceptus quatenus naturaliter nobis rapraesentant res ». Suárez, *Disp. met.* VIII, s. iii, n. 18.

2. Cf. plus bas, p. 172-176.

justification qu'on doit attendre pour la vérité des phrases portant sur une entité qu'on a l'habitude de rencontrer dans le monde, comme *homme*, n'est pas différente de celle qu'on doit produire pour une phrase portant sur une entité plus rare, comme *centaure*, ou plus abstraite, comme *le nombre 2*. Dans tous les cas, c'est une liaison conceptuelle qui doit être autant que possible exhibée.

Il suit de là que, même si l'on admet que l'*adaequatio rei* n'a pas été entièrement éliminée de la définition de la vérité, au point que Leibniz a pu se considérer lui-même comme un héritier de la tradition thomiste, on est toutefois obligé de se demander jusqu'à quel point celle-ci s'est trouvée transformée par l'importance considérable accordée à ces relations conceptuelles. De plus, comme les concepts sont eux-mêmes susceptibles de recevoir différents statuts ontologiques, le caractère strictement ou marginalement correspondantiste de la doctrine dépend aussi du statut retenu pour ces concepts.

Le point qu'il convient d'éclairer ici concerne le rapport entre la doctrine leibnizienne et les différentes versions de la vérité-identité. On appelle aujourd'hui « théorie de la vérité-identité » la position de ceux qui soutiennent que, dans le cas des phrases vraies, les contenus propositionnels et les faits décrits sont, non pas correspondants, mais identiques. Cette théorie est, pour la période récente, principalement issue de l'article « *On the Nature of Judgement* » de Moore [1], mais elle peut aussi bien être considérée comme une descendance lointaine des positions de Durand, surtout lorsqu'on les conçoit à partir du compte-rendu qu'en donne Suárez. La vérité-identité se présente en général comme une critique de la correspondance fondée sur sa version extrême. Si l'on est assez réaliste pour accorder aux propositions et à leurs constituants un degré respectable d'indépendance ontologique, alors c'est bien l'identité des contenus propositionnels et des faits qui est signifiée par le prédicat de vérité, car toute identité partielle ou imparfaite se révèle insuffisante [2].

1. Cf. Moore, G. E. (1899) et Baldwin, T. (1991).

2. Un argument très proche est mentionné – et finalement rejeté – par Frege dans la première des *Recherches logiques* : « Un accord est un rapport. Mais l'emploi du mot vrai y contredit ; ce n'est pas un terme relatif et il ne donne aucune indication sur quelque autre chose avec laquelle un objet donné devrait s'accorder. Si je ne sais pas qu'un tableau donné est censé représenter la cathédrale de Cologne, je ne sais pas à quoi je dois le comparer pour décider de sa vérité. Un accord ne peut être total que si les choses en accord coïncident, donc ne sont pas de nature différente. [...] Le recouvrement d'une chose par une représentation ne serait possible que si la chose était, elle aussi, une représentation. Et si la première s'accorde parfaitement à la seconde, elles coïncident. Or, c'est précisément ce qu'on ne veut pas quand on définit la vérité comme l'accord d'une représentation avec quelque chose de réel. » Frege, G. (1971), p. 172.

Leibniz prétend que les noms qui figurent dans les phrases vraies sont des noms de concepts. Que ces concepts existent en nous et dans l'entendement de Dieu. Enfin, il soutient aussi que, dans la fabrication du monde, les concepts sont non seulement des modèles, mais même que ce qui est appelé à exister en est la réplique exacte : en Dieu la science de simple intelligence et la science de vision coïncident[1]. Dans ces conditions, les concepts doivent donc être considérés comme des constituants de la réalité plutôt que comme des entités dans l'esprit. Par suite la version de la vérité-correspondance qui est retenue pourrait être la forme extrême, c'est-à-dire la vérité-identité.

Cette interprétation n'est toutefois pas entièrement soutenable. Notons tout d'abord qu'il serait sans doute excessif de prétendre que Leibniz a toujours fait preuve de constance dans l'usage des termes « concepts » ou « notions » qui figurent dans ses définitions de la vérité. Même dans les textes qu'on peut appeler de « philosophie exacte », on note que les concepts en question sont parfois des couleurs ou des données sensibles, parfois des entités tout à fait différentes, comme ces « notions complètes[2] » sous lesquelles tombent les individus. Il est dans ces conditions difficile de savoir si Leibniz comprend le concept comme une réalité mentale propre à chaque esprit ou comme une réalité séparée dans l'entendement divin, ce que doit être nécessairement la notion complète, puisqu'elle enveloppe un genre d'infinité qui est tout à fait au-delà de notre capacité cognitive. Pourtant, Leibniz affirme en général ce qui est indiqué dans le passage [3], que nous pensons par nos idées propres et non « en Dieu »[3] et que les notions qui sont les nôtres sont très semblables à celles de Dieu, qu'elles « conviennent » avec les Siennes selon une convenance qui fait de nous des « esprits ». Dans le *Discours de métaphysique*, les distinctions établies en 1684 à propos de la *cognitio* sont largement utilisées dans la détermination du rapport que chaque esprit entretient avec les concepts. Tous les concepts sont en nous, mais il est précisé qu'ils n'y sont pas tous sur le même mode. De plus, certaines de nos idées ne renvoient à aucun concept. Nos idées sensibles correspondent à des concepts en Dieu lorsqu'elles sont claires, les

1. Cf. plus bas p. 97-105.

2. C'est le cas dans les *Recherches générales* : TLM 213 (C 360, A VI iv 744) et § 72, TLM 247.

3. « Cependant je ne suis pas dans le sentiment de quelques habiles philosophes qui semblent soutenir que nos idées mêmes sont en Dieu, et nullement en nous. Cela vient à mon avis de ce qu'ils n'ont pas assez considéré encore ce que nous venons d'expliquer ici touchant les substances, ni toute l'étendue et indépendance de notre âme qui fait qu'elle enferme tout ce qui lui arrive, et qu'elle exprime Dieu, et avec lui tous les êtres possibles et actuels, comme un effet exprime sa cause. Aussi est-ce une chose inconcevable que je pense par les idées d'autrui » DM § 29.

autres – les idées non-sensibles – lorsqu'elles sont, non seulement distinctes, mais intuitives. Les unes comme les autres n'ont aucune contrepartie en Dieu lorsqu'elles sont « occultement impossibles », c'est-à-dire lorsqu'elles renferment une contradiction [1]. Il y a dans ces quelques lignes une philosophie de l'esprit bien succincte, surtout lorsqu'on la compare aux subtilités de certains développements chez les médiévaux. Mais celle-ci s'est révélée suffisante, compte tenu de l'objectif limité qui était alors celui de Leibniz : admettre les concepts et les liaisons conceptuelles, non pour chercher à savoir ce que c'est que penser, mais pour s'assurer qu'il y a un sens à employer le prédicat de vérité.

Le fait que les concepts aient été considérés au moins en partie comme des réalités mentales dépendantes – autrement dit que Leibniz leur ait attribué un *esse subjective* dans l'esprit – est un argument suffisant pour conclure que la doctrine à laquelle nous avons affaire n'est pas une version de la vérité-identité. Cela ne signifie pas, bien entendu, que l'identité n'y joue aucun rôle, ni même qu'elle ne pourrait pas y jouer un rôle de premier plan. Ici et dans ce qui suit, il convient en effet de distinguer les théories de la vérité-identité proprement dites et, d'autre part, les aspects identitaires de telle ou telle position relative à la vérité. Une chose est de prétendre que l'identité décrit convenablement le rapport des propositions aux états de choses ou aux faits, autre chose de faire intervenir l'identité dans la définition de la vérité, par exemple dans les critères d'adéquation formelle. On peut maintenir pour l'*adaequatio rei* une interprétation moins forte que l'identité tout en se proposant de comprendre la *compositio et divisio* à l'aide de procédures dans lesquelles l'identité est très explicitement considérée comme la relation fondamentale. C'est précisément dans la voie d'une doctrine identitaire comprise en ce sens que D_1 et D_2 ont tendance à nous engager.

Leibniz aurait certainement défendu la vérité-identité, car son réalisme logique l'y invitait [2], s'il n'avait d'un autre côté disposé d'un outil propre à maintenir une relation de correspondance plus faible : le rapport réglé des choses entre elles, l'analogie qui conserve des rapports, en un mot l'*expression*. En faisant intervenir une relation d'expression entre les phrases et les concepts d'une part, entre les concepts tels que nous les pensons et tels qu'ils sont en soi d'autre part, il s'est donné les moyens de faire valoir les droits d'une exigence plus forte. La correspondance est restée une condition nécessaire pour la vérité des phrases, mais une condition insuffisante, qui devait être complétée par l'établissement ou l'explicitation des liaisons

1. DM § 25 : « En quel cas notre connaissance est jointe à la contemplation de l'idée. »

2. Entendons ici « son réalisme logique » relativement aux contenus propositionnels des énoncés vrais, ce qui n'implique nullement un réalisme relativement aux universaux.

conceptuelles pertinentes. Dans la doctrine leibnizienne de la vérité, l'*adaequatio rei* constitue encore le cadre général en dehors duquel le prédicat de vérité n'a pas de sens. Mais les concepts et les liaisons conceptuelles donnent désormais la raison pour laquelle telle phrase particulière est vraie, c'est-à-dire, aussi bien, la raison pour laquelle on peut effectivement désigner une *adaequatio* dans tel ou tel cas particulier : ce sont des facteurs de vérité [1].

Conception syntaxique, tradition sémantique et méthode génétique

Même en admettant que cette doctrine de la vérité n'ait pas été une version de ce que nous appelons la vérité-cohérence, qu'elle est bien un prolongement possible de la tradition correspondantiste, on peut encore soutenir qu'elle entretient un rapport pour le moins ambigu avec nos manières de voir, en particulier avec l'approche dite « sémantique [2] ». Robert Adams a pu soutenir à ce propos qu'il s'agissait d'une « théorie antisémantique », soulignant par là que, selon lui, toute relation de dépendance entre la vérité des propositions et les objets ou propriétés qui sont représentés par les concepts qui y interviennent y était supprimée. Si la vérité d'une phrase Φ signifie que les concepts qui y sont désignés par le prédicats sont également désignés par le sujet ou par une partie du sujet, il suit que Dieu lui-même n'a pas à savoir quels sont les ingrédients ultimes de Φ pour décider de sa valeur de vérité. « Supposons, écrit Robert Adams, que Dieu possède une représentation intuitive de l'analyse complète de la proposition Φ, dans laquelle chaque concept simple est représenté de manière consistante et unique par un symbole. Alors Dieu peut savoir si la proposition représentée est vraie ou fausse tout en ignorant de quoi les symboles sont les symboles. Bien sûr, Leibniz protesterait en avançant que Dieu sait quels sont les concepts qui sont enveloppés dans chaque proposition (et quelles propriétés ils représentent, si c'est autre chose); mais la connaissance que Dieu a de la vérité et de la fausseté des propositions ne dépend en rien de ce savoir [3]. » Autrement dit, toujours selon le même auteur, la vérité serait dans la doctrine leibnizienne une propriété « strictement syntaxique ».

1. Sur cette notion : Mulligan, K., Simons P. & Smith, B. (1984), Armstrong, D. M. (1997) et Hochberg, H. (1992).

2. Nous suivons Richard Kirkham lorsqu'il conclut que la définition sémantique de la vérité proposée par Tarski ne donne pas lieu, à proprement parler, à une théorie de la vérité-correspondance (Kirkham, R. L. (1992), p. 170-173). La question est controversée. On consultera, par exemple, Davidson, D. (1990) pour une mise au point. La distinction n'est cependant pas indispensable pour la discussion de la position défendue par Robert Adams.

3. Adams, R. M. (1994), p. 66-67.

Même si le jugement de Robert Adams a beaucoup d'apparence en sa faveur, il est toutefois difficile d'y souscrire entièrement. Si l'on entend « conception sémantique » au sens étroit, c'est-à-dire au sens que Tarski a donné à la notion, il est bien clair que l'on peut difficilement prêter rétroactivement une conception sémantique à Leibniz, bien que le sens qu'il donne à la notion d'expression dans la philosophie du langage et des signes partage incontestablement un air de famille avec certaines notions sémantiques. Mais Leibniz ne distingue pas toujours entre le langage et le métalangage. Il lui arrive de le faire, mais il lui arrive aussi de ne pas le faire, précisément là où la distinction est aujourd'hui attendue pour que le langage ne soit pas sémantiquement clos. Dans les *Recherches générales*, par exemple, un prédicat de vérité intervient parfois dans la syntaxe logique, d'une manière tout à fait incompatible avec l'approche sémantique[1]. Pourtant, parmi les commentateurs récents, plusieurs logiciens ont utilisé des concepts sémantiques dans l'interprétation du calcul – dans la détermination des structures algébriques correspondantes–, et certains l'ont fait avec assez de précautions pour qu'il soit permis de conclure que la démarche est, sinon présente dans les textes, au moins compatible avec ce qui y est construit[2]. Quoi qu'il en soit, que la conception de Leibniz ne soit pas « sémantique » au sens de Tarski, cela ne doit ni nous étonner ni nous décevoir, lorsqu'on est parvenu à se déprendre de l'habitude déplorable qui consiste à rechercher chez cet auteur ce que d'autres ont élaboré bien après lui.

Si, d'un autre côté, on entend « conception sémantique » non plus au sens logique, mais comme un concept historiographique désignant la tradition étudiée par Alberto Coffa – un ensemble de philosophies postkantiennes qui ne se laissent réduire ni à l'empirisme ni à l'idéalisme –, on conviendra qu'il serait assez malheureux de s'interdire complètement d'appliquer cette expression à la doctrine leibnizienne. La « tradition sémantique », écrivait Alberto Coffa, peut être définie par son problème – l'*a priori* – par son ennemi – l'intuition pure – par son but – la mise au point d'une conception de l'*a priori* dans laquelle l'intuition pure ne joue aucun rôle – et enfin par sa stratégie, qui a consisté dans le lent développement de la sémantique[3]. L'ensemble des thèses défendues dans le présent ouvrage voudrait faire voir que la doctrine leibnizienne de la vérité a joué un rôle majeur dans cette histoire, au point qu'elle en constitue sans aucun doute le *terminus a quo*.

On notera toutefois que ce que Robert Adams désigne par « conception

1. GI § 108.
2. En particulier : Lenzen, W. (1990), p. 168-177 et surtout Swoyer, C. (1994).
3. Coffa, A. (1991), p. 22.

anti-sémantique » n'est pas nécessairement incompatible avec un état de cette « tradition sémantique ». Il s'agit bien de souligner le caractère « strictement syntaxique » de l'explication du prédicat de vérité[1], et non de faire valoir les aspects plutôt idéalistes ou au contraire empiristes de toute une métaphysique. Si Dieu peut voir, pour ainsi dire, la vérité de Φ, par l'analyse du comportement logique mutuel des constituants de Φ et *sans tenir compte de ce que ceux-ci signifient*, alors on admettra qu'il y a dans la doctrine quelque chose d'assez étrange et c'est ce quelque chose d'étrange que Robert Adams appelle le « strictement syntaxique ». Dieu – Le Dieu de Leibniz – peut-il savoir si une phrase est vraie sans savoir de quoi les symboles qui la composent sont les symboles ? On remarquera pour commencer que la discussion sur ce point est nécessairement spéculative, dans la mesure où nous ne possédons pas de texte traitant explicitement cette question. Et si Leibniz n'a pas pris la peine de donner les précisions attendues, ça ne peut être par l'effet d'une légèreté à laquelle il n'a pas habitué son lecteur. C'est, plus probablement, parce que la question dont nous cherchons en vain la réponse dans les textes n'existait pas pour lui comme question. Nous avons des passages dans lesquels il imagine que Dieu choisit entre un nombre fini de choses *A*, *B*, *C*, *D* qui tendent pareillement à l'existence. Et dans ce cas il donne à penser que Dieu tient compte d'une relation d'incompatibilité donnée de manière strictement extensionnelle[2] : Dieu choisirait le plus grand n-uple de termes compatibles, constituant un ensemble qui contient toutes les choses compatibles avec l'un de ses éléments, selon un choix qui se fonde sur une relation d'équivalence. Nous avons, d'un autre côté, les développements fameux de 1684 relatifs à la *cogitato caeca*[3], c'est-à-dire au type d'analyse auquel nous sommes condamnés lorsque nous devons raisonner sur des caractères, sans pouvoir rapporter chaque complexe caractéristique intermédiaire à un état de chose qui lui correspondrait. Mais nous ne possédons pas le lieu textuel décrivant le genre de mélange de ces deux thèmes qui serait requis pour donner un fondement au jugement de Robert Adams et dans lequel Leibniz aurait imaginé une pensée aveugle à l'œuvre dans le choix Divin.

Lorsque nous agençons nos pensées selon un procédé quasi-mécanique et sans tenir compte de la signification des termes, nous procédons ainsi parce que nous en avons le pouvoir et parce que c'est utile, mais surtout parce que nous ne pouvons pas faire mieux. C'est toute la force de la logique de la *consequentia*, qu'elle produit encore son effet dans un contexte

1. Adams, R. M. (1994), p. 65.

2. GI § 73 et TLM 446-447 (GP VII 194).

3. Leibniz précise : « une pensée que j'ai l'habitude d'appeler aveugle ou, aussi bien, symbolique ». A VI iv 587.

aveugle. Mais ce caractère aveugle considéré en lui-même demeure un trait négatif, une simple conséquence de la finitude, qu'il serait tout à fait absurde de vouloir attribuer à Dieu. Quand, d'un autre côté, Dieu choisit les existants selon une procédure structurelle, il le fait bien en s'appuyant uniquement sur un *aspect* des entités concernées – l'aspect par lequel elles tombent dans la relation de compatibilité – et c'est bien ce seul aspect qui est mentionné dans les passages qui donnent une esquisse du choix divin. Mais cela n'implique nullement que cet aspect puisse être séparé de la nature entière des entités en question : une des convictions philosophiques majeures de Leibniz est même qu'une telle séparation n'est pas possible parce que la compatibilité des êtres est une relation qui survient sur la totalité de leurs « prédicats », c'est-à-dire principalement sur leur propriétés monadiques et sur certaines propriétés relationnelles irréductibles.

On peut par suite avancer, comme le fait Robert Adams, que Dieu conçoit la vérité d'une phrase par la structure logique de ses ingrédients : pour ce qui concerne au moins la vérité logique, il est bien vrai qu'elle dépend uniquement des relations de compatibilité et d'identité. Mais cela ne signifie pas que Dieu connaît cette structure logique « sans savoir de quoi les symboles sont les symboles ». Dieu ne peut pas savoir quels sont les symboles qui sont entre eux compatibles s'il ne sait pas de quoi il sont les symboles, car ce qui est vrai des entités l'est *a fortiori* des noms d'entité qui figurent dans les phrases. Les occurrences de ces noms dans les représentations extensionnelles des relations conceptuelles ne sont pas assignables par soi. Prétendre le contraire revient à prêter à Leibniz, non seulement une « conception strictement syntaxique » du vrai, mais surtout un structuralisme théologique tout à fait extrême. Dieu connaît les relations qui tombent entre les symboles parce qu'il sait ce que les symboles signifient. Le fait que, éventuellement, cette signification soit complètement décrite par la classe des phrases où les symboles interviennent ne change rien à l'issue du débat. On ne peut pas prétendre que la vérité est entièrement fondée sur un savoir de nature syntaxique, parce qu'on ne peut supposer en Dieu un savoir logique d'un côté et un savoir sémantique de l'autre. Leibniz ne fait pas la différence comme nous la faisons : c'est un trait par lequel il est beaucoup plus proche des logiciens terministes que de leurs confrères d'aujourd'hui [1]. C'est également la raison pour laquelle il ne s'est pas inquiété du caractère trop syntaxique de sa doctrine comme il s'est inquiété, par exemple, de ses prolongements nécessitaristes.

1. Une des principales leçons du débat ouvert dans les années soixante sur l'expression du *descendus* et des inférences simples dans le calcul des prédicats est précisément qu'on ne peut pas séparer complètement le syntaxique et le sémantique lorsqu'on quantifie sur des termes; cf. Matthews, G. B. (1964) et Priest, G. et Read, S. (1977).

On s'est souvent demandé pourquoi Leibniz avait défendu le principe d'inhérence conceptuelle et pourquoi il lui avait donné une portée si considérable. Certains, dans la tradition ouverte par Couturat, ont cherché une réponse du côté du principe de raison[1]. D'autres, comme Robert Sleigh et Robert Adams[2] ont préféré mettre l'accent sur des motifs théologiques ou ontologiques. Pour ce qui concerne l'approche générale de la doctrine, la présente contribution se reconnaît encore dans la tradition de Couturat. Bien qu'il ne soit plus possible d'identifier purement et simplement, comme le faisait Couturat, le principe de raison et le *praedicatum inest subjecto*, d'affirmer que l'inhérence conceptuelle et la raison suffisante recouvrent exactement la même exigence philosophique[3], il reste que l'inhérence conceptuelle a été maintenue à travers de multiples versions techniques et qu'elle était perçue comme le seul moyen de donner une raison générale et uniforme pour la vérité des énoncés.

D'un point de vue méthodologique, la présente étude s'appuie sur le principe selon lequel il ne faut pas espérer pouvoir répondre à une question de ce genre – pourquoi Leibniz a-t-il fondé la vérité sur l'inhérence conceptuelle? – en faisant l'économie d'une enquête génétique et en négligeant la dimension d'interrogation et de recherche que révèlent principalement les textes nouvellement édités. Il est vrai que les commentaires très systématiques n'ont plus cours parmi les leibniziens et que ceux qui sont restés – secrètement – attachés à cette forme ont dernièrement pris soin de dissimuler leurs présupposés structuralistes sous un nouveau jargon inédit[4]. Mais il ne s'agit pas seulement de renoncer à l'idée selon laquelle le « système de Leibniz » pourrait être intégralement restitué dans une réflexion critique, qui aurait ainsi le pouvoir de retrouver la continuité d'une pensée que son auteur lui-même n'aurait su livrer que par fragments. Il est également impossible de rester attaché à une version plus souple de la systématicité, selon laquelle la tâche de la critique consisterait à isoler dans cette œuvre une série de thèses fondamentales qu'il reviendrait à chacun de

1. Par exemple Brody, G. (1977).

2. Voir la mise au point *in* : Adams, R. M. (1994) p. 67-71.

3. C'est la thèse défendue dans Couturat, L. (1902). Il existe un nombre considérable de textes dans lesquels le principe de raison est mentionné ou utilisé dans un contexte extralogique, d'une manière qui peut difficilement être ramenée à l'inhérence conceptuelle. Cf. par exemple un texte de jeunesse : A VI ii 483 ou le fameux *Sur l'origine radicale des choses* de 1697 (GP VII 302-308).

4. « Nous proposons ici l'emploi du terme « systémique » pour l'étude des contraintes internes des systèmes philosophiques, qui pèsent sur l'ensemble ou sur une partie des structures architectoniques et qui fonctionnent sous la dépendance de facteurs adaptatifs qui en équilibrent l'inertie interne face à un certain réseau circonstanciel auquel le système est chargé de donner réponse. » Robinet, A. (1986), p. 14.

lier à sa mode, selon la réussite de telle ou telle configuration synthétique. C'est pourtant ce à quoi Leibniz s'est souvent essayé dans les nombreux résumés de métaphysique qu'il a laissés, et c'est donc aussi la tentation qu'il a naturellement fait naître chez son lecteur. Nous aurions à rechercher, dans la profusion des textes, les convictions philosophiques bien établies, formant ensemble une sorte de totalité virtuelle que Leibniz aurait composée ou actualisée selon les occurrences, afin par exemple de tenir compte d'un nouveau champ de l'expérience ou pour pouvoir opposer à un adversaire des arguments raisonnés à l'occasion d'une controverse. L'avantage de cette manière de voir est qu'elle s'accorde assez bien avec l'usage du concept de système que l'on trouve en particulier au début des *Essais de Théodicée*[1]. Mais elle autorise aussi une facilité du commentaire contre laquelle l'analyse génétique nous met en garde, en nous obligeant à lire chacun de ces résumés dans le rapport qu'il entretient avec les autres, non pas comme un jeu de reflets ou d'échos, mais comme la trace momentanée d'un effort singulier d'une pensée dont nous pouvons restituer et éprouver les inflexions successives. Les différentes tentatives par lesquelles Leibniz a voulu donner une version synthétique de sa philosophie ne sont pas substituables les unes aux autres. Sur ce point au moins, tout le monde semble aujourd'hui s'accorder. Mais elles ne diffèrent pas non plus par le seul choix des thèses fondamentales : elles sont successives selon le temps et selon la nature, au sens précis où chacune ménage la possibilité d'une résolution des contradictions que les précédentes avaient fait naître ou qu'elle avait permis de découvrir.

Par suite, s'il est légitime d'appliquer ainsi aux textes eux-mêmes un concept qui y est mis en œuvre (la *mutatio*), nous ne pouvons plus nous contenter de relever les différences macroscopiques qui fondent traditionnellement la périodisation d'une œuvre. Nous devons aussi considérer les changements infimes qui sont produits par le travail de l'analyse. Et, dans ce cas, nous ne pouvons plus nous contenter non plus de multiplier l'analyse structurale par un examen génétique des changements de convictions majeurs que Leibniz a lui même indiqués : l'abandon de l'atomisme[2], la réintroduction des formes substantielles[3], la réhabilitation des entéléchies[4]. Ceux-ci donnent en effet un cadre très large, qui renvoie la grande majorité des problèmes à une présentation strictement synchronique. Il faut plutôt

1. Cf. par exemple GP VI 43. La lecture de la *Préface* et du *Discours préliminaire* donne à penser que la construction savante proposée par A. Robinet a été la réification dogmatique d'un procédé littéraire que Leibniz affectionnait.

2. GP IV 478.

3. Par exemple DM § 10.

4. GP III 606.

procéder dans l'autre sens et tenter de déceler les difficultés fines que Leibniz est souvent parvenu à résoudre et qui, prises ensemble, et pour peu qu'on les soumette au principe de raison, permettent de comprendre les événements majeurs d'une œuvre que l'histoire de la philosophie a généralement pris pour objet. Les difficultés singulières sont à la philosophie ce que les petites perceptions sont à la restitution du monde. Elles donnent les événements réels que notre esprit compose en phénomènes congruents. Elles ne renvoient ni à la genèse ni à la structure d'une pensée réifiée dans une entité transcendante, mais aux actes d'un esprit singulier, avec lequel nous pouvons convenir en quelque manière par les traces qu'il a laissées sur la page.

CHAPITRE PREMIER

CARACTÈRES, EXPRESSION, CONCEPTS

§ 3. INHÉRENCE CONCEPTUELLE ET EXPRESSION

L'énoncé du principe

Quelle soit une dimension de l'énoncé (*enuntiatio*) ou du contenu visé (*propositio*), la prédication dénote l'inhérence du terme-prédicat dans le terme-sujet. Bien qu'elle ait soulevé un certain nombre de problèmes techniques, cette interprétation de la prédication n'a jamais été totalement abandonnée. Elle a plutôt donné lieu aux aménagements rendus nécessaires par certains énoncés qui se pliaient avec peine au schéma explicatif retenu.

Leibniz appelle, par exemple, « disparates » les termes qui ne se contiennent pas mutuellement. Si, comme il le propose, on considère que la copule dénote l'inhérence conceptuelle, il revient au même de dire que deux termes – *a* et *b* – sont disparates et de dire que *a n'est pas b et b n'est pas a* est une proposition vraie[1]. Si, de plus, on soutient que la vérité d'une proposition moléculaire dépend de la vérité des propositions atomiques qui la composent, on voit mal comment on peut à la fois prétendre que les phrases portant sur des disparates ont une valeur de vérité et que la vérité est fondée sur l'inhérence d'un terme dans un autre : la phrase par laquelle on dit que deux termes sont disparates dit aussi qu'ils ne sont pas contenus l'un dans l'autre. Pourtant, Leibniz considère que les disparates font partie des concepts nommés de plein droit dans son langage[2]. Il faudra donc trouver le

1. Cf. Schneider, M. (1980).

2. TLM 50 (C 53), TLM 217 (C 363). Sont disparates par exemple les termes *animal* et *rationnel* : il y a des êtres rationnels qui ne sont pas des animaux (les anges) et des animaux qui

moyen de traiter les propositions dans lesquelles ils interviennent en conférant un sens assez large à l'inhérence conceptuelle.

D'une manière générale, le corps de la doctrine de la vérité est traversé par cette double exigence : d'une part conserver l'inhérence conceptuelle comme principe d'intelligibilité et d'unification et, d'autre part, trouver pour chaque problème de détail – y compris pour les difficultés dont on a conscience qu'elles sont engendrées par le principe lui-même – une solution acceptable sans que la force explicative de l'inhérence ait à en souffrir.

L'autorité d'Aristote est invariablement invoquée pour justifier l'interprétation de la prédication comme inhérence. Elle vient en général confirmer l'existence d'une « méthode par les idées », opposée à la « méthode par les individus » et propre à fonder le concept de vérité. On lit par exemple dans le fragment *Principes logico-métaphysiques* :

> [1] Le prédicat ou le conséquent est donc toujours dans le sujet ou dans l'antécédent, et c'est en cela précisément que consiste universellement la nature de la vérité, c'est-à-dire la connexion entre les termes de l'énoncé, comme d'ailleurs Aristote l'a remarqué [1].

Le rapport ainsi établi entre l'*inesse* et la vérité des propositions est également souligné avec la plus grande netteté dans un passage fameux de la correspondance avec Arnauld :

> [2] Toujours, dans toute proposition affirmative véritable, nécessaire ou contingente, universelle ou singulière, la notion du prédicat est comprise en quelque façon dans celle du sujet, *praedicatum inest subjecto* ou bien je ne sais ce que c'est que la vérité [2].

Les textes [1] et [2] ainsi que les nombreux passages équivalents donnent à penser que l'énoncé *praedicatum inest subjecto* recouvre en fait deux thèses complémentaires, l'une portant sur la forme des propositions vraies, l'autre sur la vérité des propositions bien formées. Pour ce qui concerne la première de ces thèses, Leibniz précise explicitement que l'inhérence des termes doit garantir l'unité du concept de vérité, c'est-à-dire assurer que toutes les propositions sont vraies dans le même sens, non seulement les propositions du carré logique où seules varient la quantité et la qualité, mais également pour les propositions moléculaires (condi-

ne sont pas rationnels (les brutes). Pourtant on aimerait pouvoir accorder une valeur de vérité à : *quelque animal est rationnel*.

1. TLM 461-462 (C 518-519), voir aussi : GI § 16 et § 132,
2. À Arnauld, le 4/14 juillet 86, GP II 56.

tionnelles, conjonctives ou disjonctives) et les propositions modales[1]. Le principe d'inhérence conceptuelle considéré de cette manière ne porte pas tant sur la nature de la vérité que sur la congruence des propositions relativement au concept de vérité. Loin de minimiser la diversité des énoncés possibles, en particulier dans les langues naturelles, Leibniz prétend que, si l'on souhaite déterminer le rapport qu'entretient un énoncé quelconque Φ avec la vérité et la fausseté, il faut auparavant que cet énoncé ait été ramené à la forme canonique *S est P* (ou à une de ses variantes[2]) dans laquelle *S* et *P* sont des termes aussi complexes que l'on veut et *est* le marqueur de l'inhérence conceptuelle. Sous ce rapport donc, le *praedicatum inest subjecto* est un principe de congruence sur les phrases ou mieux un *principium reductionis* dont l'application est antérieure à la logique elle-même et relève de la grammaire rationnelle[3].

Mais l'*inesse* ne dit pas seulement ce que doit être une proposition qui peut être déclarée vraie. Il indique aussi ce qu'est la vérité d'une proposition lorsque celle-ci a été ramenée à la forme sujet-copule-prédicat qui vient d'être évoquée. L'inhérence vaut alors comme *discrimen veritatis* de la manière suivante :

(1) Une proposition Φ est vraie si et seulement si a) elle peut être ramenée à la forme *S est P*, b) si *P* est contenu dans *S*.

Cette reformulation appelle corrections et précisions sur de nombreux points. On peut tout d'abord se demander si les deux parties du principe sont toujours compatibles. En généralisant les difficultés mentionnées plus haut à propos des disparates, on notera que les propositions quantifiées et négatives respectent la forme canonique sujet-copule-prédicat et qu'elles possèdent bien entendu une valeur de vérité. Mais rien n'assure que, par exemple, les propositions particulières ont le même comportement par rapport au principe d'inhérence que les propositions universelles et il n'est pas certain qu'à leur propos on puisse dire que le terme-sujet est contenu dans le terme-prédicat.

Il reste en outre une difficulté importante relativement à la seconde partie du principe. Leibniz dit parfois, comme dans [1], que le prédicat est contenu dans le sujet, alors que dans [2] il précise que c'est la « notion du

1. C'est la raison pour laquelle le *praedicatum inest subjecto* est rappelé dans presque tous les fragments métaphysiques relatifs à la contingence. Cf. par exemple TLM 326 (Grua 304-305).

2. À partir de GI, Leibniz conçoit de plus en plus clairement cette forme canonique comme une identité, et l'inhérence conceptuelle (*A est dans L*) s'exprime alors par la formule : $A + B = L$. Cf. sur ce point le calcul de l'addition réelle, TLM 410, déf. 3 et 4 (GP VII 237).

3. On notera que l'avant-propos de GI, si l'on peut ainsi nommer l'ensemble des paragraphes non numérotés, est entièrement consacré à cette réduction.

prédicat » qui est contenue dans celle du sujet. Il y a là une imprécision qu'il convient de réduire si l'on veut que la relation d'inhérence ait quelque chance de se voir définie dans un domaine bien déterminé.

Termes et notions

L'inhérence est une relation qui tombe entre des concepts. Si Leibniz donne souvent l'impression qu'elle porte sur des termes, cela tient à sa conception de l'expression des concepts par les caractères et à sa manière volontiers elliptique de s'exprimer[1].

Dans la tradition, on définissait les termes, tout au moins les catégorèmes, comme la partie prochaine de la proposition[2], elle-même considérée comme la plus petite séquence de l'*oratio* susceptible d'être vraie ou fausse[3]. On admettait aussi, selon le commentaire généralement reçu des lignes 16 a 3-8 du *De interpretatione*[4], l'existence de trois types de termes : les termes mentaux, les termes écrits et les termes parlés. Les termes mentaux, c'est-à-dire les modifications de nos facultés cognitives, étaient tenus pour le fondement des autres. Le fait qu'un terme non-mental ait une signification était expliqué par l'existence d'une relation univoque de celui-ci avec un terme mental[5]. Quant au rapport du terme à la chose elle-même, il était conçu en contexte propositionnel comme sa *suppositio*. On obtenait en général la *suppositio* d'un terme au moyen des démonstratifs. Par exemple, selon la procédure décrite par Buridan, on admettait qu'un terme A suppose pour un ensemble de choses (prises collectivement ou distributivement) dans une proposition Φ, si et seulement si la proposition

1. Sur la figure de l'ellipse, Leibniz renvoie aux pages 61-82 de la *Grammatica philosophica* de Gaspard Schopp.

2. Cette définition remonte à Aristote : *Premiers Analytiques* 24b16-18 que Boèce traduit : « Terminus vero voco in quem resolvitur propositio, ut praedicatum et de quo praedicatur, vel appositio vel divisio esse et non esse. » (*Arist. Lat.* III 1-4, p. 6). Elle est reprise par Pierre d'Espagne (*Tractatus*, T. V *de syll.*), par Ockham (SL I, i), et par Leibniz lui-même : TLM 100 (A VI iv 558).

3. Pour un aperçu de cette conception : Broadie, A. (1987).

4. « Sunt ergo ea quae sunt in voce earum quae sunt in anima passionum notae et ea quae scribuntur eorum quae sunt in voce. » (*Arist. Lat.* II 1-2 p. 5). Boèce distingue donc trois genres de termes : *In Arist. de Int.*, PL. 64, p. 407B.

5. Les termes mentaux signifient « naturellement » et sont les mêmes pour tous les hommes. Les autres sont *ad placitum* et varient selon l'imposition des noms. Cf. par exemple : Pierre d'Espagne, *Tractatus*, I (*De introductionibus*), 3 & 4. Pour Ockham, la signification du terme conventionnel est le produit des deux relations précédentes, autrement dit de la relation de connaissance – qui va des concepts aux choses – et de la relation de subordination qui va des termes conventionnels aux choses (cf. Spade, P.V. (1975_2)).

ceci est A, dans laquelle «*ceci*» désigne l'ensemble en question, est vraie [1].

Chez les auteurs dans lesquels Leibniz a appris la logique, comme chez ceux qu'il a lus au moment où il constituait son propre calcul, en particulier chez Jungius, la situation est un peu différente. Premièrement, la tripartition du terme a cédé la place à une distinction duale, selon que l'*oratio* est considérée comme une réalité interne ou externe par rapport à l'esprit [2]. Deuxièmement, parce qu'il hérite de cette distinction, Jungius a tendance à abandonner le *terminus* au profit de la *notio*. Il fait même de l'analyse des notions (*de notionibus*), non seulement le premier chapitre de la *Logica* [3], mais également l'objet d'une étude séparée [4]. Car les anciens, et Aristote lui-même, n'ont pas assez cultivé cette partie de l'*Organon*, qui ne saurait consister seulement dans l'étude des prédicaments. Toute erreur dans les premiers éléments d'un système se propage inexorablement dans la suite, de même qu'une erreur dans le premier mélange qui intervient dans la fabrication d'un médicament détruit toute la mixture, si complexe soit-elle [5]. Or une des erreurs les plus courantes à propos des *noemata*, consiste à négliger cette dimension cognitive des fondements de la logique, comme font ceux qui considèrent que les mots employés par le logicien ont une référence directe aux choses [6]. Car les noms qui figurent dans les phrases du calcul sont des noms de notions, et prétendre le contraire, écrit encore Jungius, ce serait confondre l'objet primaire et l'objet secondaire de la logique.

Sur toutes ces questions toutefois, la position de Jungius n'est pas entièrement originale. Il considère, avec l'ensemble de la tradition aristotélicienne, que celui qui emploie un terme ou un mot agit sur l'esprit de

1. «Est autem suppositio prout hic accipitur acceptio termini in propositione pro aliquo vel pro aliquibus quo demonstrato vel quibus demonstratis per ista pronomina 'hoc' vel 'haec' vel equipollentia illis, terminus vere affirmatur de isto pronomine mediante copula illius propositionis.» Buridan, *Sophismata* 12r, Scott, T.K. (éd.) p. 50.

2. On consultera sur ce point l'entrée «*Oratio*» du *Lexicon* de Goclenius: *Lex. Phil.* p. 278.

3. Cf. plus haut: *Introduction*, texte [2]. Jungius retient la définition de la logique comme «ars mentis nostrae operationes dirigens ad verum a falso discernendum». Les trois corrélats des opérations de l'esprit sont, selon la *Logica hamburgensis*: «notio, enuntiatio et dianoia sive discursus» cf. *Prol.* § 1-7.

4. *Disputationes noematicae*. Il s'agit d'un des rares textes logiques inédits du vivant de Jungius qui nous soit parvenu, puisque l'essentiel du *Nachlaß* a brûlé dans l'incendie de la maison de Vagetius en 1695. Les manuscrits de ces *Disputationes* se trouvent à Hamburg et à Hanovre (LH IV 7 C 166-181 4°): il a été envoyé à Leibniz par Johannes Placcius, (cf. la Lettre de Placcius à Leibniz du 27 novembre 86, Dutens VI 35 et l'introduction de Risse *in*: Jungius, J. [Add.]).

5. *Disputationes noematicae*, II, § 3.

6. *Ibid.* § 9 et 10.

celui qui l'écoute. La signification proprement dite consiste ainsi dans le rapport du terme oral et d'un événement de l'âme[1]. Elle est ce par quoi une connaissance est communiquée à autrui et la relation qui en procède est davantage épistémologique que sémiotique[2]. Mais pourquoi, dans ces conditions, fallait-il insister autant sur les notions, au point de les mettre pour ainsi dire en concurrence avec les choses elles-mêmes ?

Il semble, et ce n'est pas un des moindres paradoxes des sources du leibnizianisme, que la polémique pourrait avoir porté principalement contre la tradition nominaliste. Faire des *noemata* l'objet immédiat de la logique marque en effet un complet renversement par rapport à la conception d'Ockham, pour qui les *voces* ne signifient pas les concepts auxquels ils sont « subordonnés », mais les individus qui tombent sous les concepts[3]. Par ses traits réalistes, la position défendue par Jungius rappelle plutôt celle d'un Burleigh, selon lequel un terme suppose pour ce qu'il signifie lorsqu'il est en supposition simple, alors que c'est, pour un nominaliste, un caractère de la supposition personnelle. Paul Vincent Spade a montré à propos de ce débat que, en raison de l'engagement épistémologique de la *significatio*, le choix du rapport qu'il convenait d'établir entre signification et supposition ne portait pas seulement sur le caractère de la sémantique, mais sur « le moyen par lequel il nous est possible d'apprendre quelque chose par le langage[4] ». Par là s'explique peut-être que des auteurs comme Jungius et Leibniz aient pu construire une logique fortement noématique sans souscrire pour autant aux positions anti-nominalistes. Lorsque le logicien de Hambourg critique ceux qui confondent les concepts et les choses, il pense bien sûr à la logique, mais surtout aux autres sciences, avec lesquelles la logique doit convenir. Le passage par les notions est une manière de ménager la possibilité d'un usage de la logique dans le corps entier des sciences. Il est alors tout à fait possible que Leibniz, adoptant pour lui-

1. Cf. de Rijk, L. M. (1962), p. 177-182.

2. Cf. Spade, P. V. (1975_1), p. 212-215. Spade remarque que cette dimension essentiellement communicationnelle du signe est commune aux traditions augustiniennes et thomistes. Cf. par exemple, Augustin, *De doctrina Christiana*, II, 2 et Thomas d'Aquin, *In Peri hermeneias*, I, c. I, lect. II (p. 11).

3. « Je dis que les sons vocaux (*voces*) sont des signes subordonnés aux concepts ou intentions de l'âme, non pas parce qu'en comprenant au sens propre le mot « signe » ces sons signifieraient de manière propre et première ces concepts de l'âme, mais parce que les mots sont créés par imposition (*imponuntur*) pour signifier les choses mêmes qui sont signifiées par les concepts de l'esprit […] » SL, I, i lignes 25-29. Le texte décrit en fait deux relations. La première, plus cognitive, va des concepts aux choses, la seconde, sémantique, va des choses aux mots. La « subordination » des mots aux concepts est donc bien une relation dérivée, ou, mieux, une relation de relation, puisqu'elle procède de l'ajustement, par l'imposition des noms, des deux relations précédentes.

4. Spade, P. V. (1975_1), p. 213.

même des principes analogues et employant *terminus* et *notio* de manière quasi-substituable, n'ait pas eu le sentiment de souscrire à une thèse de l'*Universalienstreit*. Plus probablement était-il également convaincu que la référence aux notions était un des réquisits fondamentaux du concept de vérité et que par suite sa position était bien anti-nominaliste, mais au sens seulement où elle s'opposait au relativisme de Hobbes.

Qu'une position du genre de celle de Burleigh ait pu paraître si aisément soutenable s'explique aussi par le recul de la théorie de la supposition. Car la sémantique de Burleigh attribuait nécessairement un rôle excessif à la supposition simple. Il fallait par exemple, pour qu'une proposition ait un contenu cognitif non nul, qu'elle respecte la forme générale dans laquelle le terme-sujet est en supposition simple : « ceci est un genre » ou « ceci est une espèce », ce qui, bien sûr, n'aurait pas été accepté par Leibniz. Si cette difficulté n'est pas mentionnée par nos auteurs c'est que, dans les traités antérieurs déjà, la supposition ne survivait que sous des formes édulcorées, en particulier sous le motif de la vérification [1]. Chez Jungius, l'abandon de la théorie de la supposition était de plus comme exigé par le rôle philosophique qu'il entendait faire jouer aux *noemata*. Puisque l'*enuntiatio*, c'est-à-dire la plus petite séquence discursive susceptible d'être vraie ou fausse, est elle-même une analyse ou au contraire une composition de notions [2], il suit que la vérité des énoncés ne consiste plus dans les rapports respectifs des suppositions des termes [3], mais dans le caractère mutuellement composables ou diversement divisibles des notions qui interviennent dans l'énoncé en question.

Leibniz est fidèle à l'un des traits fondamentaux de la *Logica* de Jungius (1638) lorsqu'il intitule son principal essai de logique *Analyse des notions et des vérités*, considérant que les « vérités » sont les propositions en tant qu'elles sont diversement composées et qu'une notion est aussi bien ce que, dans la tradition, on appelle un « terme ». C'est également dans la droite ligne du logicien de Hambourg qu'il écrit, en 1679, à la fin de l'*Échantillon*

1. Dans la scolastique tardive, la procédure décrite plus haut (n. 13) est appelée « vérification », et la supposition devient « l'acception du terme pour quelque chose à propos de quoi il est vérifié au moyen de la copule de sa proposition ». Voir Jean de Saint Thomas (1955), p. 60 et Ashworth, E. J. (1974), p. 77-92 et p. 97 n. 4.

2. *Disputationes noematicae*, Disp. II, § 10 : « Notiones ex notionibus componi et per consequens resolvi rursus in notiones ex quibus compositae sunt, evincit definitionum absque homonymiis contextarum collatio ».

3. Les chapitres 3 et 6 de la deuxième partie de la *Somme de logique* d'Ockham donnent les conditions de vérité des propositions du carré logique à partir de la supposition des termes. Par exemple UA : *Tout S est P* est vraie ssi a) S suppose pour quelque chose et b) P suppose pour tout ce pour quoi S suppose.

de calcul universel – ce qui semble avoir été une note ajoutée postérieurement à la rédaction primitive :

[3] Par TERME je n'entends pas un nom mais un concept, c'est-à-dire ce qui est signifié par un nom, pour quoi on pourrait aussi employer *notion* ou *idée*[1].

Selon Jungius, la notion est « une *energeia* de l'esprit, par quoi celui-ci se représente une chose comme une[2] ». Leibniz ne dit pas autre chose : est un être (*ens*) ce qui peut être pensé et la pensée est avant tout position de la chose comme unité[3]. Pourtant, à la différence du logicien de Hambourg, Leibniz n'a pas abandonné complètement le terme « terme ». C'est que la constitution de l'algèbre des concepts l'a confronté à une ambiguïté que Jungius avait pour sa part négligée : le terme, en tant qu'il est écrit, c'est-à-dire utilisé par le logicien, est non seulement un nom pour le concept ou pour la chose, mais aussi une concaténation de « caractères » par lesquels sont exprimés le concept et l'ensemble des choses qu'il subsume. Jungius a été en général peu attentif à la dimension caractéristique de la prédication. Il note que la prédication a lieu selon trois modes : « *res de re, notio de notione, vocabulum de vocabulo*[4]. » Mais cette remarque semble avoir été une simple survivance, chez ce bon connaisseur de la tradition, de l'ancienne tripartition du terme, et n'a pas jamais donné lieu à la constitution d'un langage par la mention successive des éléments de son vocabulaire. Que Leibniz, de son côté, ait été trompé par l'amphibologie du *terminus* est tout à fait improbable. Certes la distinction n'est pas toujours faite dans telle ou telle formule particulière, mais elle est nettement présente dans la pratique du calcul, lorsque sont traitées séparément, par exemple, les règles qui concernent la formation ou l'emploi des caractères et celles qui portent sur la décomposition ou analyse des notions. Les règles d'écriture et les règles de consistance des termes ne sont pas sans rapport. Mais elles ne sont pas non plus entièrement identifiables. La détermination des unes et des autres supposait un relief supplémentaire dans la

1. TLM 92 (C 243).

2. *Disputationes noematica*, II, § 6.

3. Dans les textes définitionnels, le *terminus* est le genre de *ens* et *non-ens*. Il coïncide avec « ce qui peut être pensé » car le non-être est pensable confusément. Cf. A VI iv 388 et GI : TLM 211 (C 360). Dans les textes tardifs, le terme est défini comme « ce qui est le prédicat d'un être. » (VE 55, 1705). Si *A* est un être et si l'on dit « *A* est *B* » alors *B* est un terme : « *homo est probus ubi homo est Ens, B probus* ». Toutefois, cette définition ne remet pas en cause la symétrie du sujet et du prédicat. Car, de l'aveu même de Leibniz, l'*Ens* est un *terminus* « car *B* peut être *A*, comme dans *A est A, homo est homo* ».

4. *Log. hamb.* I i 6.

philosophie du langage et des signes que Leibniz ne pouvait trouver chez Jungius et qu'il a thématisé à l'aide du concept général « d'expression ».

Expression

La nature du rapport des caractères aux notions est conçue comme une occurrence de la relation d'expression. La définition la plus générale de cette relation est donnée en 1678 dans le *Qu'est-ce qu'une idée* et est demeurée inchangée par la suite :

[4] Est dit *exprimer* une chose ce en quoi il y a des rapports qui répondent aux rapports de la chose exprimée [1].

Cette définition est presque toujours accompagnée d'exemples, car la même relation tombe, selon Leibniz, entre des réalités très diverses : entre un solide et sa projection plane, entre un cercle et une ellipse ou, mieux, entre un cercle et ses projections sur les sections du cône, entre une essence et sa définition, enfin entre Dieu et l'univers. Il convient donc de distinguer entre le sens de la définition [4] et la portée de son usage dans la caractéristique, lorsqu'elle explique le seul rapport des caractères et des notions.

La définition [4] a donné lieu dans le commentaire récent à de nombreux essais d'interprétation exacte [2]. Mark Kulstad a établi que l'expression était conçue par Leibniz comme une application d'un ensemble dans un autre, et que le plus souvent il fallait supposer des ensembles associés respectivement à l'*exprimens* et à l'*exprimendum*, sans lesquels les exemples mentionnés sont difficilement intelligibles [3]. Dans le cas de la géométrie projective, la détermination précise des ensembles associés est relativement aisée – les points pris sur le cercle et sur la section du cône – mais elle s'avère plus délicate lorsque les termes de la relation sont des états mentaux ou des substances. Quant à la question de savoir si l'on peut donner de l'expression une interprétation plus forte, si l'on doit y voir, en particulier, un isomorphisme, Mark Kulstad a choisi de la laisser ouverte et de ne pas se prononcer.

Ce point a depuis a été tranché de manière tout à fait convaincante par Chris Swoyer. Dans l'article « Leibnizian Expression », Swoyer note que

1. TLM 445 (GPVII 263). Voir aussi dans la correspondance avec Arnauld : GP II 112 et le passage plus tardif : TLM 480-481 (C 15).

2. Principalement : McRae, R. (1976), Kulstad, M. (1977), Mates, B. (1986), p. 38, et Swoyer, C. (1995_1).

3. L'expression est une application entre des classes associées respectivement à l'*exprimens* et à *l'exprimendum* : « *x* expresses *y*, in virtue of sets *w* and *z*, and according to relation *R*, if and only if *w* and *z* are sets associated with *x* and *y* respectively, and *R* is a function mapping *w* into *z* » (Kulstad, M. (1977), p. 75).

les exemples géométriques évoqués par Leibniz sont le plus souvent empruntés à la géométrie projective, et il soutient qu'il est assez naturel de considérer la projection perspective non comme une simple exemple mais comme un paradigme de l'expression elle-même. Il conclut que l'expression, comme fonction, doit bien être une application d'un ensemble sur un autre, mais qu'il n'est pas nécessaire qu'il s'agisse d'une bijection. Surtout, il ajoute que la référence à la « projection perspective » permet d'isoler *certaines relations* dans l'ensemble de départ – les « relations projectives » – qui sont préservées par la transformation envisagée. La relation de « séparation » sur les points d'une section conique, par exemple, est préservée par la projection sur une autre : si les points A et B séparent C et D sur le cercle – si A ou B est situé « entre » C et D – alors les points correspondants A* et B* séparent également C* et D* sur l'ellipse. « Plus encore, comme la structure d'une chose est déterminée par les relations de ses parties, la condition selon laquelle une transformation préserve certaines relations est une autre manière de dire qu'elle préserve les structures d'un certain genre[1]. » Swoyer conclut que ce que Leibniz appelle « expression » est plus qu'une simple application mais moins qu'un véritable isomorphisme : contrairement à la première, elle suppose une corrélation qui préserve *certaines* relations polyadiques et *certaines* propriétés monadiques de l'ensemble de départ dans l'ensemble d'arrivée[2]. Mais, à la différence du second, il n'est pas requis, pour qu'on dispose d'une expression, *que toutes les propriétés et relations* sur les éléments du premier ensemble soient préservées dans le second. Si l'on accepte les conclusions de Swoyer, on dira donc que « l'expression » au sens de Leibniz est une relation de ressemblance structurelle imparfaite ou partielle.

Les analyses de Swoyer sont assez précises et scrupuleuses pour qu'il soit difficile de ne pas les suivre entièrement. Reste à savoir quelles conséquences on doit en tirer dans le cas particulier de l'expression caractéristique. Les essais techniques confirment en effet que Leibniz a considéré le « *calculus ratiocinator* » comme un exemple ou un échantillon de l'art caractéristique en général[3]. Il s'agit d'une occurrence de la relation, où l'*expressio* proprement dite est un ensemble de caractères et l'*exprimendum* une réalité cognitive ou mentale. Y a-t-il, des caractères aux pensées,

1. Swoyer, C. (1995_1), p. 77.

2. « Une fonction, *, des constituants d'une chose, *O*, sur ceux d'une autre, *E*, préserve la relation n-aire R^O de *O*, ssi, pour tout n-tuple $\langle X_1, \ldots, X_n \rangle$ de *O* :

(PR) $R^O x_1, \ldots, x_n$ ssi $R^E x^*_1, \ldots, x^*_n$,

où R^E est le représentant (*surrogate*) de R^O dans *E*. » Swoyer, C. (1995_1), p. 80.

3. Voir notre introduction à la traduction de deux des fragments d'avril 1679 : TLM 39-40.

une application de un à un? Quelles sont les propriétés et les relations pertinentes qui doivent être préservées par la relation?

Plus qu'une évolution de la doctrine sur ces questions, on doit parler plutôt d'une évolution des questions elles-mêmes. Si l'on compare les textes écrits dans la période parisienne ou peu après aux fragments appartenant au groupe des *Recherches générales*, on constate en effet des différences significatives. Dans un premier temps, Leibniz s'est attaché à la construction de la relation d'expression proprement dite. Il a alors considéré que sa version pertinente pour la philosophie de la logique était une relation de ressemblance structurelle entre les caractères et les notions, son principal souci consistant à revenir sur ce qui était proposé dans les tout premiers essais, dans lesquels la relation était fondée sur des réquisits trop forts. À une conception strictement combinatoire, dans laquelle la relation des pensées aux caractères est toujours de un à un, s'est ainsi substituée très tôt une version plus différenciée propre à épouser plus fidèlement le relief découvert peu à peu dans la langue logique. À partir de la seconde moitié des années 1680, le rapport des caractères aux pensées semble une affaire entendue et il est désormais établi que tous les *vocabula* qui ne sont pas des particules sont des noms de notions [1]. En revanche, le rapport mutuel des différents systèmes ou « calculs » concurrents est devenu la grande affaire. Les ressemblances structurelles ont dès lors été recherchées horizontalement, au niveau des langages possibles, plutôt que dans le rapport vertical des caractères aux notions.

La conception strictement combinatoire qui se fait jour dans les textes de l'époque parisienne survit dans la première moitié des années 1680 jusqu'à la rédaction des *Recherches générales*. Selon cette conception, chaque séquence caractéristique correspondant à une séquence cognitive est appelée un « agrégat » de caractères. Le principe de cette correspondance est nettement formulé dans le fragment *Analysis linguarum* de 1678. Il s'agit de poser, écrit Leibniz, « qu'à chaque caractère correspond une pensée déterminée [2] ». Le texte précise toutefois que cette correspondance n'est pas exigée pour elle-même mais plutôt pour ses conséquences dans l'analyse. On voit en effet Leibniz mettre en place les conditions d'un

1. « Les vocables sont soit des mots soit des particules. Les mots constituent la matière et les particules la forme du discours. Les mots sont donc tirés de toute la variété des choses, il y a une infinité de noms, une infinité de verbes, une infinité d'adverbes, ou, mieux, il y en a autant que de notions (*imo tot quot notiones*) » *De lingua philosophica*, A VI iv 882.

2. « On a besoin d'une analyse des pensées pour l'invention et la démonstration des vérités. Mais, puisqu'il lui correspond une analyse des caractères que nous utilisons pour signifier les pensées – à chaque caractère correspond en effet une pensée déterminée – il suit que nous pouvons rendre sensible l'analyse des pensées et la diriger comme par un fil mécanique, car l'analyse des caractères est quelque chose de sensible. » A VI iv 102 (C 351).

surrogative reasoning, selon l'expression de Swoyer, et souligner que l'expression caractéristique des pensées vaut principalement parce qu'elle permet d'obtenir, par substitutions sur les caractères, des résultats du côté de l'analyse des concepts. Le but le plus général de la caractéristique ne réside donc pas seulement dans la traduction des concepts dans les notes sensibles qui leur correspondent. Il s'agit surtout de garantir la possibilité du mouvement inverse, c'est-à-dire le retour des signes vers les pensées une fois que toutes les substitutions utiles ont été effectuées selon le modèle de l'algèbre « où tout raisonnement consiste dans l'usage des caractères et où l'erreur de l'esprit coïncide avec celle du calcul[1] ».

La substitution est conçue comme une opération de « définition » fondée sur l'équivalence de deux séquences caractéristiques dont l'une est plus petite que l'autre[2]. Cette condition sur la longueur de la définition, qui est généralement rappelée dans les textes de cette période[3], renvoie au fait que la définition est en vérité une analyse. Or le cas de l'analyse par genre, espèce et différence – où la substitution est de deux pour un – est assez particulier et ne se rencontre pas à l'état pur lorsqu'on « utilise la logique en dehors de la logique », c'est-à-dire dans les sciences. La probabilité pour que la différence de longueur des deux séquences caractéristiques soit plus considérable est donc relativement élevée. De plus, même lorsqu'on parvient à ramener la question à une analyse par le genre et la différence, il n'est pas rare que, considérée par les séquences de caractères mis en œuvre, la substitution soit assez considérable, en particulier lorsqu'on a affaire à des propriétés relationnelles. Pour « cercle », par exemple, on écrira : « la figure uniforme dont l'aire est la plus grande pour un périmètre donné », pour « section conique » : « la ligne commune à la surface du cône et à un plan donné[4] ». Enfin, il faut encore ajouter que la substitution désigne en général une série d'actes successifs[5]. Dans le rapport des caractères aux pensées qu'ils représentent, c'est bien entendu le résultat de la série achevée qu'il faut prendre en compte, plutôt que telle ou telle substitution isolée. Dans cette série, le défini lui-même peut être un terme composé, comme « section conique » et, dans ce cas, la définition est d'emblée

1. TLM 167 (GP VII 205).

2. « Or une ANALYSE DES CARACTÈRES consiste à substituer à certains caractères d'autres qui leur sont équivalents dans l'usage. Il suffit de s'assurer qu'on en a substitué plusieurs à un ou un nombre plus grand à un nombre plus petit – et que les caractères substitués ne coïncident pas entre eux. » *Ibid.*

3. Cf. A VI iv n° 68 et TLM 91 (C 241) : « LA DÉFINITION (le DÉFINI, c'est-à-dire le NOM) est le terme composé (simple) dans une proposition réciproque admise arbitrairement qui consiste en un terme simple et un terme composé ».

4. TLM 90 et TLM 91 (C 242).

5. Cf. A VI iv 103 (C 352) où Leibniz parle d'une « substitution continue et ordonnée ».

composée des définitions des parties du défini et il convient de s'assurer qu'elles sont compatibles entre elles [1]. Enfin, chaque énoncé figurant dans la science donne lieu à plusieurs de ces séries : au moins deux – si l'on ne tient pas compte des prédicats relationnels irréductibles – la première s'enracinant dans le sujet et la seconde dans le prédicat. Pour une suite finie de caractères $\langle c_1, c_2, \ldots c_n \rangle$ on obtient donc, par un processus de substitutions, une suite plus longue $\langle c_{11}, c_{12}, \ldots c_{1i}, c_{21}, c_{22}, \ldots c_{2j}, \ldots, c_{n1}, c_{n2} \ldots c_{nk} \rangle$ telle que :

(2) $$\Phi \langle c_1, c_2 \ldots c_n \rangle \leftrightarrow \Phi \langle c_{11}, c_{12}, \ldots c_{1i}, c_{21}, c_{22}, \ldots c_{2j}, \ldots, c_{n1}, c_{n2} \ldots c_{nk} \rangle$$

La version strictement combinatoire de l'expression des pensées repose sur le principe d'une équivalence de ce type et sur la conviction qu'une série de substitutions sur les caractères, même de grande ampleur, n'affecte pas la valeur de vérité des propositions qui sont exprimées par les configurations caractéristiques correspondantes, lorsqu'on est capable de restituer pas à pas le détail des substitutions partielles qui composent la totalité de l'analyse. Si les substitutions individuelles ne sont pas nécessairement de deux pour un, elles sont plutôt celles pour lesquelles nous avons les moyens de vérifier qu'il y a bien identité entre le caractère de départ et les caractères substitués. Mais cette identité, à son tour, ne saurait être conçue au seul niveau des notes ou signes qui expriment les pensées, puisque l'identité dans les signes est libre, non pas imposée mais décrétée [2]. Il suit que l'expression caractéristique des pensées suppose par sa vocation d'outil analytique que la correspondance des deux ordres vaut non seulement pour chaque concept considéré comme un tout, mais aussi pour chacune de ses parties. Autrement dit : l'usage de la caractéristique suppose que l'expression est une relation méréologiquement héréditaire. Nous possédons sur ce point une courte note dans laquelle cette propriété de la relation est nommée « *lex expressionum* » :

[5] J'appelle « caractère » une note [3] visible représentant les pensées.
L'art caractéristique est l'art de former et d'ordonner les caractères, de telle sorte qu'ils se réfèrent aux pensées, c'est-à-dire qu'ils aient entre

1. « Mais si le défini est un terme composé, alors la définition n'est plus une proposition admise mais doit au contraire être démontrée en supposant que les parties du défini ont des définitions séparées qui, prises ensemble, doivent nécessairement être équivalentes à la définition du défini. » TLM 91 (C 242).

2. « Les définitions dépendent de notre décision. [...] Ne vois-tu pas qu'il est sous la décision des mathématiciens d'utiliser le mot « ellipse » afin qu'il désigne une certaine figure ? Et qu'il fut sous la décision des latins d'imposer au mot « *circulus* » la signification qu'exprime la définition ? » (Gaudin, C (1995) où l'ensemble du texte est commenté).

3. Sur la différence du « signe » et des « notes » que nous négligeons ici, voir TLM, p. 21-22 (A VI iii 504-505) et plus loin p. 217-222.

> eux la relation que les pensées ont entre elles.
> L'expression est un agrégat de caractères représentant la chose qui est exprimée.
> La loi des expressions est la suivante : que l'expression de la chose soit composée des caractères des choses dont les idées composent l'idée de la chose qui doit être exprimée [1].

L'expression caractéristique des pensées suppose l'expression cognitive des choses. Car en inventant un symbolisme approprié, nous ne faisons que reproduire des relations qui appartiennent aux concepts *en tant qu'instances expressives*. L'art des caractères consiste à respecter dans la formation et l'ordonnancement des signes un ensemble de règles qui sont, dans leur ordre, ce que sont les règles de composition et de compatibilité dans l'ordre des idées. Ces règles renvoient à leur tour à l'expérience ou à Dieu, puisque c'est lui que nous exprimons davantage par l'accès aux vérités éternelles [2]. Conformément au concept général de l'expression, la « *lex expressionum* » décrit donc non seulement une relation horizontale entre les éléments singuliers d'un ensemble de caractères et les éléments supposés d'un ensemble d'idées, mais elle requiert aussi que cette relation conserve certaines relations internes de ces deux ensembles. Dans le cas spécifique du texte [5], la relation conservée est précisément cette *composition des notions* que Jungius mettait au centre de ses *Disputationes noematicae*. Le caractère méréologiquement héréditaire de la relation d'expression devient la condition qui permet d'identifier les propriétés et les relations conceptuelles qui doivent trouver leur contrepartie dans la traduction caractéristique :

1. A VI iv 916. Sur le dernier point, le latin dit plus simplement : « Lex expressionum haec est : ut ex quarum rerum ideis componitur rei exprimendae idea, ex illarum rerum characteribus componatur rei expressio ».

Dans l'édition de L'Académie cette courte note est rapprochée de deux fragments connus (C 326 f. et GP VII 204-207, respectivement n° 191 et 192) dont nous savons par des indices matériels qu'ils ont été rédigés durant l'été 1688. Il nous semble que les conclusions des éditeurs sont ici contestables et que ni le vocabulaire, ni la thèse de la note en question ne coïncident avec ce qui est proposé dans les essais de 1688. Du point de vue du vocabulaire, ces essais proposent d'appeler « *formula* » ce qui est encore appelé « *aggregatum characterum* » dans notre passage. Leibniz y insiste de plus sur la diversité des relations que les caractères doivent pouvoir exprimer – « inclusion », « similitude », « détermination »– alors que c'est seulement la « composition » des idées qui est mentionnée dans [5]. Pour ces raisons et d'autres analogues, évoquées plus bas, nous pensons pouvoir avancer que cette note reflète un état antérieur de la doctrine et qu'elle pourrait avoir été rédigée plusieurs années auparavant. Toutefois, dans l'hypothèse contraire, il faudrait avouer que Leibniz a finalement donné à la « composition » des notions et des caractères un sens très large, enveloppant des relations qui ne sauraient être pleinement reconnues dans une conception strictement combinatoire.

2. DM § 26 et 35, *Monadologie* § 29-30.

(3) LEx1 : tous les composants d'un concept complexe sont les concepts exprimés par les composants de son expression.

Il serait injuste de reprocher à Leibniz, comme l'a fait Benson Mates[1], d'avoir maintenu une règle aussi forte. Il est bien vrai que cette *lex expressionum* n'a pas été amendée explicitement. Mais Leibniz a progressivement abandonné la version strictement combinatoire de la caractéristique et il se pourrait bien qu'il l'ait fait parce que le principe noté dans (3) comportait, parmi ses conditions nécessaires, plusieurs contraintes qui se sont révélées incompatibles avec la constitution du calcul.

La règle suppose en particulier qu'il existe une application des caractères sur les notions, c'est-à-dire qu'à chaque caractère correspond une notion unique, ou, si l'on préfère, que l'art caractéristique exclut l'homonymie. Dans le cas contraire on aurait plusieurs notions qui, étant exprimées par les mêmes caractères, auraient exactement les mêmes composants, puisque les composants des caractères doivent exprimer les composants des notions correspondantes. Il faudrait alors admettre qu'on peut avoir plusieurs notions distinctes mais qualitativement indiscernables, autrement dit que les notions sont des entités qui ne tombent pas sous le principe d'identité des indiscernables, ce que Leibniz ne saurait accepter, tout au moins à partir de 1676. La *lex expressionum* requiert de plus que l'expression des notions par les caractères est aussi une application injective, autrement dit que plusieurs agrégats de caractères ne dénotent pas la même notion, ou encore que l'art caractéristique exclut la synonymie. Dans le cas contraire, on aurait cette fois des caractères numériquement distincts mais qualitativement indiscernables, et cette nouvelle entorse à la conception leibnizienne de l'identité ne pourrait être évitée qu'en généralisant les notions vagues. Enfin la *lex expressionum* a pour conséquence qu'il doit être toujours possible, à chaque étape d'un raisonnement et dans toutes les parties de l'analyse, de passer d'un registre dans l'autre et de faire retour des caractères vers les pensées – autrement dit qu'il n'y a pas, selon l'expression plus tardive, de pensée « aveugle ».

Concernant le premier point, Leibniz précise très tôt qu'il revient aux définitions de nom d'éliminer l'ambiguïté des termes préjudiciable à la raison. Cette fonction est établie en 1670 dans la préface au *De veris principiis* de Nizolius[2] et précisée en 1676 dans le fragment *Les éléments de pensée*[3]. Toutefois les essais de calcul algébrique comportent, dès 1674,

1. Cf. Mates, B. (1986), p. 62.

2. « [...] la définition n'est rien d'autre qu'une signification exprimée par des mots ou, plus brièvement, une signification signifiée (*significatio significata*) [...] » A VI ii 411.

3. TLM 23-24 (A VI iii 506).

des signes ambigus[1] et le calcul des *Recherches générales* fait la part belle aux variables conceptuelles ou « signes indéfinis » qui dénotent des classes de notions. Leibniz a bien vu que les signes indéfinis ne pouvaient entrer dans le schéma d'expression proposé dans [5] au même titre que les termes habituels et que, n'étant pas pour autant des « particules » ou des syncatégorèmes, ils ne pouvaient pas davantage en être exclus par une limitation du schéma, comme celle qui semble retenue dans le *De lingua philosophica*[2]. C'est une des raisons pour lesquelles les termes indéfinis ont été adoptés dans un premier temps comme des *compendia loquendi*, c'est-à-dire comme une ressource strictement caractéristique qu'on devait pouvoir éliminer dans l'expression du résultat final du raisonnement. Dans les *Recherches générales* sont explorés deux modes d'élimination de ces termes, le premier consistant à les remplacer par les termes négatifs – qu'on disait aussi « infinis »–, le second par une occurrence de la reduplication. La première solution est évoquée au § 80 et est aussitôt abandonnée[3]. La seconde procède de l'équivalence, dans l'expression de la Particulière Affirmative, de $A = YB$ et $A = AB$. Elle a donné lieu à un système d'écriture que Leibniz a abondamment exploité. Toutefois, dans les essais de 1690, il est remarqué que la notation des propositions simples au moyen des termes indéfinis conserve une force démonstrative plus grande et que par suite elle doit être préservée[4]. Les termes indéfinis ont donc été maintenus et ont même gagné en dignité. Pour cette raison Leibniz a dû faire correspondre aux caractères, non plus seulement des *éléments* de pensée, mais aussi des *actes* de l'esprit[5], par quoi le modèle strictement combinatoire de l'expression s'est trouvé profondément modifié.

De manière analogue, le caractère injectif de l'application des caractères sur les notions pouvait encore être visé comme un idéal en

1. Cf. *De la méthode de l'universalité*, C 97-146.

2. Cf. plus haut, n. 1 p. 65.

3. La tentative du § 80 consiste à suggérer qu'on pourrait remplacer l'usage des dernières lettres de l'alphabet par des termes définis précédés d'une négation prédicative. Au § 81 il est établi que le degré d'indétermination du terme ainsi obtenu serait plus fort que celui des indéfinis jusqu'alors employés dans le calcul et qu'on éliminerait de cette façon une nouvelle catégorie de termes indéfinis : « $\overline{Y}$, la lettre indéfinie Y surmontée d'un tiret, signifie pour moi *quelconque*. Y est un être indéterminé unique ; $\overline{Y}$ est quelconque. »

4. Lorsqu'on se passe des termes indéfinis, on démontre la subalternation en supposant la validité de la première figure – ce qui revient à justifier une inférence simple par un syllogisme. Dans le cas contraire – au moyen des termes indéfinis– la démonstration est plus aisée : TLM 360 (C233).

5. « Qui plus est, ces signes sont d'autant plus utiles qu'ils expriment mieux la notion de la chose désignée, de telle sorte qu'ils puissent servir aussi au raisonnement et non pas à la seule représentation. » TLM 167 (GP VII 204).

1676[1], alors que le calcul en était à ses premiers commencements. Il ne pouvait être maintenu de le même manière dans un calcul muni d'une relation d'identité, dans lequel nous devons pouvoir dire, par exemple, que «*A* peut partout être substitué à *B*» ou que *triangle* est identique à *trilatère*[2]. Il va de soi que nous disposons alors de plusieurs caractères – ou suites caractéristiques – pour *le même concept* et que cette profusion ne peut pas être considérée comme un défaut qu'un effort progressif dans l'élaboration du langage permettrait d'éliminer. Quant à la possibilité d'une réversibilité complète du processus par les caractères et du processus par les idées, elle est explicitement abordée dans les *Notes parisiennes* et, dans ces textes déjà, alors qu'il admet encore une correspondance de un à un entre les caractères et les notions, Leibniz semble avoir mis en doute le parallélisme des deux processus. Tout processus par les caractères contient un processus par les idées, car on suppose que celui qui parle ou qui écrit n'emploie pas des mots vides de toute signification. Pourtant, ajoute Leibniz :

> [6] Lorsque je pense ce qui est tel que rien de plus grand ne peut être pensé, je pense autre chose que, séparément, les idées des choses singulières qui sont contenues sous ces mots : « quelque chose », « plus grand », « être pensé », « ne … pas » et « pouvoir ». J'ai séparément l'idée de ce que je nomme « quelque chose », de ce que je nomme « plus grand », de ce que je nomme « pensée », c'est pourquoi je les pense chacun après l'autre. Par la suite, ce ne sont pas leurs idées que je joins entre elles, mais les noms seuls, c'est-à-dire les caractères, et j'imagine que j'ai l'idée de ce qui est tel que rien ne peut être pensé de plus grand ; comme si je pensais tout cela conjointement. […] Nous avons les idées des simples, nous n'avons que les caractères des composés[3].

Ce passage se situe dans le contexte d'une analyse de la preuve d'Anselme. Il porte sur ce qu'on peut appeler « le problème de l'impossibilité[4] ». Il y a toujours plus dans la pensée de la chose que dans les caractères qui l'expriment : l'acte par lequel tous ses éléments existent

1. Cette correspondance est suggérée dans le passage suivant : « Tout processus par définitions contient en lui un processus par idées. Car je suppose que celui qui parle, pense. Le processus par définitions ajoute au processus par idées que la pensée devient fixe, et peut ainsi toujours nous apparaître à nous-mêmes et apparaître aux autres afin que tout le processus de notre pensée puisse être traversé d'un seul regard. » TLM 15-16 (A VI iii 462). On consultera sur ce point les analyses de M. Dascal, *in* : Dascal, M. (1974) et (1980).

2. Cf. TLM 85 § 6 (GP VII 219), TLM 97 (GP VII 225) et GI TLM 215-217 (C 362). Nous considérons, avec Benson Mates, que les caractères sont substitués et que les concepts sont identiques ; cf. Mates, B. (1986), p. 122.

3. TLM 16 (A VI iii 462).

4. TLM 10.

ensemble selon l'unité d'un être. Tel est pour l'essentiel l'origine de nos fictions, qui procèdent du jeu de cette correspondance imparfaite. Nous juxtaposons des signes et les pensées qui leur correspondent *singulatim*, et nous croyons tirer de là une pensée véritable, alors que nous tenons tout au plus un fantôme : l'idée, claire-confuse, d'un être impossible. La constitution progressive du calcul a été très largement déterminée par l'impératif qui se fait jour ici : que l'analyse et la synthèse ne viennent pas perturber la correspondance des caractères et des notions. On peut suivre les hésitations de Leibniz sur ce point, selon qu'il croit plus ou moins dans le caractère intangible de cette correspondance. En 1678, dans les pièces préparatoires de l'*Échantillon de calcul universel*, son doute semble avoir reculé[1]. En revanche, dans les *Recherches générales*, le problème apparaît de nouveau, et il est cette fois comme redoublé, puisqu'à celui de la possibilité d'une définition des termes[2] s'ajoute désormais celui de la démontrabilité de certaines propositions[3].

À ce genre de difficultés, Leibniz répond de plus en plus nettement par la distinction entre les règles relatives à la formation des caractères et les règles qui procèdent de l'exigence de compatibilité des notions. Au premier type appartient par exemple le *transitus*, ou encore la règle d'élimination des termes indéfinis. Le *transitus* stipule que si α et β sont des caractères du langage, alors $\alpha\beta$ est également un caractère du langage et dans ce cas on a le droit de poser $\nu = \alpha\beta$[4]. La règle d'élimination des termes indéfinis indique que, à tout caractère indéfini *Y* qui intervient dans une proposition, on a le droit de substituer un caractère défini *A*, pourvu que ce caractère n'ait pas encore été employé dans la séquence de calcul[5]. Au second type appartient la règle de la définition du § 68 des *Recherches générales*. Comment peut-on savoir, demande Leibniz, si l'on procède correctement lorsque l'on pose $A = EFG$, qui est une définition ? Et il répond : il faut non seulement vérifier si l'emploi de ces caractères est consistant avec le reste de la séquence de calcul, mais encore si les concepts

1. Par exemple dans le fragment *Analysis linguarum* : « Dans tous les cas, les pensées qui correspondent aux caractères substitués seront équivalentes à la signification des premiers caractères qu'on s'était proposé de résoudre. » A VI iv 102 (C 351).

2. « Mais chaque fois que je joins plusieurs choses qui ne sont pas conçues par soi, je dois savoir par expérience, non pas seulement qu'elles sont conçues par moi conjointement dans le même sujet, car un tel concept est confus, mais qu'elles existent réellement dans le même sujet. » GI § 68.

3. GI § 130-131.

4. « Postulat : qu'il soit permis de supposer qu'une lettre est équivalente à une seule lettre ou à plusieurs lettres conjointes. » TLM 96 (GP VII 224). Voir plus bas, chap. 4 texte [6].

5. GI § 16 et 23-26.

désignés par *E*, *F* et *G* sont possibles un à un et compossibles entre eux [1]. Et nous ne pouvons être sûr de cette compossibilité que par un raisonnement de second ordre, qui porte sur la preuve des propositions dans lesquelles intervient la notion en question. Cette preuve est finie ou infinie [2] et, dans ce dernier cas, il faut qu'il y ait quelque chose dans son développement, qui serve de fondement à la certitude [3]; elle a lieu tout entière en nous ou elle s'appuie sur des données de l'expérience [4] : elle requiert seulement le principe cartésien de la clarté et de la distinction des pensées, ou bien un ensemble de principes plus complexes qui garantissent que ces données ou les propositions qui les décrivent peuvent intervenir dans une démonstration vraie.

Ceci toutefois ne signifie pas que les deux types de règles logiques – relatives d'une part à la formation des caractères, d'autre part à la compatibilité des notions – puissent être considérées comme les deux versants de l'art caractéristique, la formation des caractères tombant du côté de l'*expressio* et les principes de compatibilité des notions du côté de l'*exprimendum*. Ce serait en effet considérer expression comme une relation faible, dans laquelle un ensemble de signes choisis *ad placitum* (quoique judicieusement) seraient utilisés après coup dans la présentation d'une théorie déjà faite, par exemple la syllogistique. Il n'est pas impossible que Leibniz ait d'abord pensé à quelque chose de ce genre. Mais dès 1679, lors de la rédaction des essais de caractéristique numérique et donc *a fortiori* dans [5], c'est une relation plus forte qui s'est finalement imposée. Lorsqu'il a fallu appliquer la loi d'expression aux figures et aux inférences simples, il s'est rapidement avéré qu'on ne pouvait se passer d'une clarification, non seulement dans l'usage des caractères, mais aussi dans la chose exprimée. La juste expression de la quantité et de la qualité suppose par exemple une analyse précise de la négation des termes et de la négation des

1. TLM 245 (C 374).

2. « [...] que *A contient non-B* est prouvé, que ce soit par une démonstration, c'est-à-dire par une résolution achevée, ou seulement par une résolution qui peut être poursuivie à l'infini et qui reste donc toujours inachevée » GI § 130.

3. « [...] il nous faut, par le développement même de la résolution, c'est-à-dire par une relation générale entre les résolutions précédentes et les suivantes, établir que l'on ne rencontrera jamais *B non-B* aussi loin que l'on poursuive cette résolution. Ce point mérite une attention particulière, car c'est ainsi que nous pouvons souvent nous sortir d'une résolution qui exige un long développement » GI § 56.

4. « La résolution a lieu de deux manières : soit il s'agit de résoudre des concepts dans l'esprit, sans donnée de l'expérience (si ce n'est de l'expérience réflexive que nous avons de concevoir ainsi) soit de résoudre des perceptions c'est-à-dire des données de l'expérience. La première n'a pas besoin de preuve, elle ne suppose pas une nouvelle proposition et dans son cas il est vrai que tout ce que je perçois clairement et distinctement est vrai; la seconde suppose la vérité des données de l'expérience. » GI § 131.

phrases, la vérification arithmétique de la validité d'un syllogisme requiert au moins l'ébauche d'une théorie de l'inférence[1]. C'est pourquoi le calcul logique est devenu une construction théorique autonome – la partie la plus noble et la plus haute de la « science générale[2] » – tout en demeurant sous un certain rapport une application parmi d'autres de l'art des caractères. Il faut garder en mémoire cette double origine du calcul, ce mélange de la théorie du signe et de la théorie de la forme, pour concevoir que Leibniz ne fait jamais comme nous la distinction du sémantique et du syntaxique, et que, dans la plupart des cas, il considère comme une dimension intrinsèque des caractères eux-mêmes les différentes possibilités de leur interprétation[3].

S'il est bien vrai, comme l'affirme Swoyer, que ce que Leibniz nomme expression dénote une relation de ressemblance sur différentes structures, il reste que cette relation doit pouvoir être considérée comme un véritable isomorphisme lorsqu'on restreint chaque structure aux seules propriétés et relations conservées. Et ce qui est vrai pour l'expression en général l'est également pour l'expression caractéristique des pensées. C'est pourquoi, dans le détail des recherches logiques, la notion d'expression employée peut sembler plus forte que celle qu'on trouve dans les autres parties du savoir.

Leibniz a dû renoncer à construire la relation à laquelle il avait d'abord rêvé, en donnant à chacune des structures concernées – du côté des caractères et du côté des concepts – un sens universel et absolu. Les « éléments de la pensée » ont ainsi cédé la place à une « analyse des notions et des vérités » plus modeste. Bien qu'un effort d'enrégimentement considérable ait été produit[4], il est assez vite devenu patent que ce qui avait été construit était bien un « calcul de la raison », éventuellement une « langue philosophique » achevée, mais certainement pas une « caractéristique universelle[5] » et que par conséquent l'expression des pensées par les caractères pouvait bien être maintenue comme exigence générale mais nullement comme programme donnant lieu à une enquête détaillée. La logique comme savoir constitué a alors pris assez naturellement le relais de la *cogitatio* dans l'évaluation de la force expressive du nouveau langage et

1. TLM, ch II, introduction, p. 39-44.

2. Voir par exemple le plan de la science générale donné en 1688 : A VI iv n° 206 (C 218-221).

3. C'est pourquoi le début de GI fixe d'emblée l'interprétation valide des termes (comme substances ou comme phénomènes) et les usages possibles du calcul qui va suivre : TLM 201 (C 356).

4. Sur la fonction des paragraphes non numérotés de GI : TLM 184-186.

5. Cet infléchissement est très net lorsqu'on compare le début du *Sur la synthèse et l'analyse universelles* (TLM 135-143, GP VII 292-298) et certaines pages de GI ; cf. sur ce point Rauzy, J.-B. (1993).

c'est dans la théorie des propositions, des inférences simples et des syllogismes que Leibniz a de plus en plus – après 1686 – recherché la contrepartie structurelle ou l'*exprimendum* de son calcul des notions. Si la relation d'expression peut alors paraître plus forte que celle qui se trouve thématisée par un paradigme emprunté à la géométrie projective, c'est que Leibniz pense véritablement à un morphisme lorsqu'il construit le langage des *Recherches générales*, et lorsqu'il tente d'y retrouver les bases de la syllogistique.

Soient un ensemble N et une loi interne notée + qui, à (x, y) de $N \times N$ associe $x + y$. Soit C un ensemble de caractères muni de la loi $\perp$. L'expression des entités et des propriétés de N par les caractères est une application f de N dans C. Elle est un morphisme si $f(x + y) = f(x) \perp f(y)$. Et si de plus f est bijective alors il s'agit d'un isomorphisme. Soit encore $\underline{X}(a, b)$ une proposition de la syllogistique, où $\underline{X}$ est une variable sur les quatre valeurs $\underline{A}$, $\underline{E}$, $\underline{I}$ et $\underline{O}$ de la théorie de la proposition et où a et b sont des termes. Dire que le nouveau langage logique est une expression possible de la syllogistique revient à poser qu'il existe une application f des propositions de la syllogistique sur celles du nouveau langage telle que : $f(\underline{X}(a, b))$ est l'expression de $\underline{X}(a, b)$ dans le nouveau langage. La construction du « calcul de la raison » comprend donc un ensemble de vérifications propres à établir cette correspondance. Elle passe, par exemple, par la vérification suivante : pour R une relation du carré logique telle que $\underline{X}(a, b)\ R\ \underline{Y}(a, b)$ (par quoi ces deux propositions sont dites contraires, subcontraires, subalternes ou contradictoires), il doit exister une relation correspondante R* telle que :

(4) $$\underline{X}(a, b)\ R\ \underline{Y}(a, b) \leftrightarrow f(\underline{X}(a, b))\ R^*\ f(\underline{Y}(a, b))$$

et cette vérification doit être pareillement menée pour les inférences simples. Ce type de vérification est exploré principalement dans les essais de 1690[1]. On notera à ce propos que Leibniz distingue rarement entre les deux relations R et R^*, comme dans (4). Si la caractéristique logique est correctement construite, on doit retrouver *les mêmes relations* avant et après la réduction, c'est-à-dire dans la syllogistique et dans le nouveau calcul. C'est ce qui permet d'affirmer, par exemple, que *quelque homme est savant* et *homme savant est un être* sont deux propositions différentes. Car *homme savant est un être* exprime conjointement *quelque homme est savant* et *quelque savant est homme*, c'est-à-dire la conjonction de deux particulières. Elle ne peut donc pas figurer dans le carré logique selon toutes les relations de la proposition qu'elle exprime. On retiendra pour cette raison une autre expression de PA, par exemple : $YA = ZB$.

1. Cf. par exemple TLM 359-361 (C 233-235).

On objectera qu'on est ici assez loin de l'expression caractéristique des pensées. Le rapport de la syllogistique au nouveau calcul est une chose, celui de la logique aux *cogitationes* en est une autre. Dans le premier cas on a effectivement deux structures algébriques qui sont entièrement données et qui par suite sont comparables, de telle sorte que l'une peut éventuellement être plongée dans l'autre. Dans le second cas, on a affaire au rapport, asymétrique, entre un langage donné et un contenu cognitif visé par l'intermédiaire de ce langage. On veut bien croire, dans ces conditions, que l'intérêt de Leibniz se serait progressivement rapproché d'un problème au détriment de l'autre, mais cela n'autorise nullement à conclure que l'expression de la logique traditionnelle dans la logique nouvelle offre la clé de l'expression caractéristique des pensées. S'il faut effectivement tirer quelque chose de cette évolution, n'est-ce pas plutôt l'impression que Leibniz aurait finalement abandonné une problématique séculaire au profit d'un questionnement nouveau ? Qu'il aurait utilisé le concept d'expression d'une manière plus précise et plus proche de ce à quoi les sciences formelles nous ont accoutumés ?

On doit effectivement souligner que la comparaison lucide et systématique de la force expressive de plusieurs langages est un événement intellectuel de tout premier plan. Mais il faut aussi rappeler que cette comparaison n'a jamais été entreprise en dehors du cadre qui s'était d'abord imposé – et qui était un cadre traditionnel – c'est-à-dire indépendamment de l'expression de la *cogitatio* et du *cogitabile*. En d'autres termes : Leibniz n'est pas passé d'un problème à l'autre et l'infléchissement de son questionnement n'a pas eu lieu de manière contingente. C'est bien dans la réalisation du programme ouvert par le *Quid sit idea ?* qu'il a imaginé quelque chose qui ressemble à ce qu'est pour nous « un langage » et les essais d'interprétation de la syllogistique dans ce langage ont été entrepris comme autant d'occurrences de l'expression caractéristique des pensées.

Le texte le plus décisif sur ce point est un fragment écrit durant l'été 1688[1]. Leibniz y rappelle tout d'abord que le raisonnement humain s'accomplit essentiellement au moyen de caractères dont il donne les principales espèces. Il revient sur l'idéal d'un « alphabet des pensées humaines », c'est-à-dire sur le principe d'un ensemble fini et même restreint de pensées primitives auquel un ensemble de caractères primitifs pourrait être associé par une correspondance biunivoque. Enfin il assure que cet art caractéristique, dont il a conçu l'idée « en esprit » seulement

1. TLM 166-170 (A VI iv 917-922).

(« *cujus ideam animo concepi* ») pourrait servir dès à présent à restaurer l'*Organon* :

[7] Puisqu'un tel art caractéristique, dont j'ai ainsi conçu l'idée en esprit, contient dès lors en lui le véritable *Organon* de la science générale de tout ce qui tombe sous le raisonnement humain, mais sous le vêtement des démonstrations ininterrompues d'un calcul évident, il faudra que notre caractéristique elle-même, c'est-à-dire l'art de se servir de signes au moyen d'un calcul exact d'un certain genre, soit exposée de la façon la plus générale possible. Mais puisqu'on n'a pas été capable encore de constituer la façon dont les signes doivent être formés, servons-nous en attendant, à la place de ceux que l'avenir verra se former et à l'exemple des mathématiciens, des lettres de l'alphabet ou de n'importe quelles marques arbitraires, pourvu qu'elles soient les plus appropriées qu'on se sera procurées en progressant[1].

À l'exemple de ce qui se fait en mathématique, certains signes choisis arbitrairement peuvent être utilisés pour exprimer tel ou tel objet de pensée. Ces caractères ne sont pas motivés et valent dans cette mesure par provision, tant que le stock de signes fondés et primitifs n'a pas été dûment constitué. Cela confirme que la logique nouvelle a été interprétée comme un mode opératoire et accessible du projet de caractéristique générale, qui a de son côté été maintenu comme une sorte d'idéal. Et Leibniz voyait une confirmation de ce point dans le fait que le calcul permettait de clarifier certaines relations d'ordre entre les sciences – en montrant, par exemple, que l'arithmétique est antérieure à la syllogistique – alors que cette tâche avait toujours été associée aux aspects encyclopédiques les plus ambitieux de la « science générale »[2].

Le calcul logique effectivement réalisé a donc été interprété dans le cadre du projet d'une expression caractéristique des notions par la neutralisation d'une de ses composantes : la constitution d'un alphabet des pensées humaines. À tort ou à raison, Leibniz a considéré que le chemin qu'il avait accompli était bien celui qu'il s'était proposé de suivre depuis la période parisienne. Mais cette lecture rétrospective comportait une condition paradoxale. L'expression des pensées par les caractères devenait une réalité alors même que semblait s'éloigner la possibilité de son institution terme à terme. Plus la pratique du calcul s'imposait comme une activité autonome, plus son interprétation par le schème conceptuel de l'expression

1. TLM 168 (A VI iv 920).

2. Former les « prédicaments des termes complexes » afin d'ordonner les propositions tout comme on forme les « prédicaments des incomplexes » pour ordonner les notions : cette analogie catégoriale, comme on pourrait l'appeler, est presque toujours rappelée dans la description du projet d'encyclopédie ; cf. TLM 135 (GP VII 292).

devenait une affaire globale. On comprend dès lors comment la proposition, prise au sens technique, a pu devenir la *res exprimenda* dans la relation établie. Une fois libérée de cette condition sysiphéenne – la constitution d'un alphabet des pensées – la caractéristique devenait une entreprise à la fois plus libre et plus précise, dans laquelle il était légitime et même indispensable de pouvoir se référer à un corps de pensées déterminées. Et cette manière de voir avait aussi l'avantage de préserver autant que possible l'édifice traditionnel de la logique. En attribuant aux trois opérations de l'esprit un corrélat nouveau du côté des caractères, Leibniz plaçait son invention, d'une manière il est vrai un peu forcée, dans la continuité d'une tradition qu'il révérait[1].

Opération de l'esprit	Logique traditionnelle	Logique nouvelle
intelligence des incomplexes	concept (notion)	caractère et formule
composition ou division	proposition	relation (dont l'équivalence)
passage ou transport du vrai	syllogisme ou raisonnement	opération ou calcul

Le rapport d'expression ainsi précisé, on peut considérer que le principe d'inhérence conceptuelle reformulé dans (1) donne effectivement un critère de la vérité des propositions qui permet de faire l'économie d'une théorie sémantique analogue à ce qu'était la supposition des médiévaux. Car ce rapport introduit dans le principe remplit conjointement les fonctions de l'ancienne « signification » et de l'ancienne « supposition » des termes. D'où la version amendée de (1), qu'on peut formuler comme suit :

(5) Une proposition Φ est vraie si et seulement si a) elle peut être exprimée par la suite de caractères <S est P> et b) le concept exprimé par le caractère <P> est contenu dans le concept exprimé par le caractère <S>.

On prendra garde que la transformation de (1) en (5) est plus profonde qu'il n'y paraît et que sa portée est considérable. Leibniz prétend en effet que la vérité d'un énoncé dépend d'une relation conceptuelle. Mais cela ne signifie nullement que tous les énoncés vrais portent sur des concepts. Les propositions existentielles, par exemple, dont la spécificité est reconnue dans les *Recherches générales*[2], disent nécessairement quelque chose à propos des êtres actuels et non seulement à propos de leur concept. Or il est

1. Pour le détail du tableau, cf. TLM 169 (A VI iv 921) et plus bas p. 130.
2. GI § 144.

bien clair que la distinction des deux modes de propositions (essentielles et existentielles) ne remet pas en cause le critère de la vérité. Elle porte sur *ce dont on parle* et non sur *ce selon quoi ce que l'on dit est vrai*. Si, par suite, toutes les propositions ne portent pas sur des concepts, il reste à se demander comment un critère conceptuel comme celui qui est énoncé dans (5) (c'est-à-dire compte tenu de la « *lex expressionum* » ou de ce qu'il en reste dans le calcul), peut valoir universellement. Le *praedicatum inest subjecto* implique un changement d'ordre. Selon ce principe, on explique en effet la vérité d'une proposition portant sur des choses (par exemple *tout or est un métal*) par un énoncé d'inhérence portant sur des concepts (*le concept du métal est contenu dans celui de l'or*). Faut-il conclure que c'est dans la possibilité d'un passage d'une proposition quelconque à une forme plus conceptuelle que consiste la nature de la vérité ?

§ 4. RESTRICTION CONCEPTUELLE

*Les différents sens de l'*esse

Afin d'analyser ce passage il peut être utile de développer la deuxième partie du principe (5). Celle-ci postule l'existence d'une application de l'ensemble des propositions sur le sous-ensemble des propositions portant sur des concepts, qui associe à chaque proposition sa version conceptuelle de la manière suivante :

(6) « Φ » est vraie si Φc

où Φ est une variable sur les propositions bien formées du langage et Φc la proposition correspondant à Φ dans laquelle :

– les catégorèmes « (...) » ont tous été remplacés par « le concept de (...) » ;

– le syncatégorème « est » a été remplacé par « contient ».

Appelons « restriction conceptuelle[1] » de Φ la proposition Φc. En première analyse, on est tenté de considérer que la classe des Φ contient indistinctement toutes les propositions, qu'elles soient essentielles ou existentielles,

1. La *restrictio* était traditionnellement une des « propriétés des termes », c'est-à-dire un des changements possibles dans la supposition habituelle d'une terme lorsque celui-ci est employé dans un contexte inhabituel. Dans la période post-médiévale, la *restrictio* caractérise aussi les propositions; cf. Bäck, A. (1996), p. 357-358. Si l'on adopte le vocabulaire de Jungius, la « *restrictio* » à laquelle nous pensons peut être appelée « *restrictio respectiva* » ou « *limitatio* » ; la première spécifie en effet la restriction par une relation, la seconde par une reduplication. On dira alors, en paraphrasant Jungius, que « *A esse B* » *est vera* est identique à « *B qua conceptus inest A qua conceptus.* » Cf. *Log. hamb.*, II, viii, § 7-8.

alors que la classe des Φc ne contient que des propositions essentielles. L'inhérence conceptuelle supposant une application des premières sur les secondes, on aurait ainsi, au cœur du critère leibnizien de la vérité, l'origine de son essentialisme extrême, et les critères de cet essentialisme pourraient être considérés comme autant de conséquences de cette position fondamentale du principe d'inhérence[1].

On accordera volontiers que le rôle de l'inhérence conceptuelle dans la doctrine de la vérité a eu de conséquences ontologiques. Et que, d'un autre côté, Leibniz a défendu un « essentialisme extrême », c'est-à-dire cette forme d'anti-essentialisme qu'on obtient en augmentant considérablement la classe des propriétés essentielles d'une chose, au point d'y inclure le faisceau entier de ces propriétés. On remarquera cependant que le passage qui va de l'une à l'autre de ces deux thèses ne peut être établi immédiatement. Que, pour le moins, Leibniz aura fait tout ce qui était en son pouvoir pour qu'on ne puisse faire valoir contre le calcul qu'il envisageait à partir de l'*inesse* une conséquence ontologique de ce genre.

Ce point est particulièrement net dans les § 144-146 des *Recherches générales*. Leibniz y livre son interprétation du *secundum/tertium adjacens* d'une manière qui ne laisse que peu de doutes sur son intention de neutralisation de la copule logique. La distinction renvoie à deux modes de prédication de l'*esse*. Ses « vicissitudes » historiques, dont l'origine remonte à la traduction latine des lignes 19 b 19-25 du *De interpretatione*, ont été patiemment restituées par Gabriel Nuchelmans. Dans le texte-source, Aristote étudie les différentes formes de la négation, selon qu'elle affecte un terme ou la copule. Il distingue dans ce but plusieurs types d'énoncés, parmi lesquels « un homme est » et « un homme est juste » et emploie dans l'analyse de cette distinction des verbes sémantiquement voisins – προσκατηγόρεσθαι, συγκεῖσθαι et προσκείσεται – que Boèce a rendus invariablement par le latin *adjacere*, lui-même employé de manière ambiguë[2]. De cette traduction malheureuse et des deux commentaires que Boèce lui a

1. Selon Mondadori, il faut appeler « superessentialisme » la conception leibnizienne de l'individuation. Le « superessentialisme » est la doctrine selon laquelle toutes les propriétés d'un individu i sont essentielles à i. Une propriété F est dite essentielle à i ssi i ne peut pas perdre F tout en continuant d'être i. Cf. Mondadori, F. (1985), p. 162-163.

2. « What is most noteworthy about these comments is the fact that Boethius' choice of the phrase *tertium adiacere* for the greek *triton sungkeisthai* is apt to cause a potential ambiguity in the clause of 19 b 19-20. On the one hand, that clause may be read as *'est' tertium (adiacens praedicatur)* in wich *adiacens praedicatur* is the translation of *proskategorethei*. But in the light of Boethius' rendering of 19 b 21-22 it is also tempting to read it as *'est' (tertium adiacens) praedicatur*, in which *tertium adjacens* has the same meaning as *triton sunkemeinon*. » Nuchelmans, G. (1992), p. 11. Le devenir de la distinction chez Leibniz est abordé *in* : Grosholz, E. et Yakira, E. (1998), p. 45-50.

consacrés, procède toute une tradition, dans laquelle le *esse*, dans sa fonction de copule, est caractérisé comme *tertium adjacens*, et est distingué par là de l'*esse-existere*. Quant à savoir ce que signifie littéralement cette expression, Abélard lui-même semble avoir hésité entre les possibilités léguées par Boèce : le troisième composant de la proposition ou ce qui est joint en troisième au prédicat et qui signifie le lien avec le sujet[1]. C'est seulement dans la première moitié du treizième siècle que certains auteurs forgent par analogie un *secundum adjacens*, privilégiant rétroactivement l'interprétation du *tertium adjacens* comme troisième composant de la proposition. Robert Kilwardby précise ainsi que *est* est prédiqué selon la matière et selon la forme ; que selon la forme il relie le prédicat et le sujet et que, dans certaines propositions comme *homo est* ou *homo est ens*, ces deux aspects sont confondus : ce sont ces propositions dans lesquelles *est* est prédiqué *secundum adjacens*[2].

Dans certaines versions ultérieures, la distinction est encore plus tranchée et la place de la copule dans la proposition autorise l'interprétation du sens de l'*esse* qui s'y trouve enveloppé. C'est le cas en particulier dans le *Tractatus longior* de Walter Burleigh :

> [8] Il faut savoir que ce verbe '*est*' peut être pris selon deux modes, le premier lorsqu'il est prédiqué *secundum adjacens*, l'autre lorsqu'il l'est *tertium adjacens*. Un exemple du premier mode : '*homo est*' ; un exemple du second : '*homo est animal*'. [...] Lorsqu'il est prédiqué *secundum adjacens*, le verbe *est* dit ce qui est en soi, à savoir l'être en acte ou l'*esse existere*. Mais lorsque ce verbe '*est*' est prédiqué *tertium adjacens*, il exprime l'*esse tale*, lequel est véhiculé par le prédicat[3].

Burleigh ajoute que, dans le premier cas, « *est* » est un catégorème dans la mesure où il exprime une nature déterminée (l'*esse existere*), alors que dans *homo est animal* il s'agit d'une *dictio* qui exprime la composition, qui ne peut être pleinement comprise sans les composés, de sorte que l'*esse* ne peut dans ce cas être sujet d'un *constituit intellectum* et doit être compté parmi les syncatégorèmes.

Leibniz s'accorde avec Burleigh pour considérer que l'*esse* est tantôt un catégorème tantôt un syncatégorème, qu'il indique parfois que le terme-sujet est un existant ou un non-existant (alors il ajoute quant à lui : un possible, c'est-à-dire un concept), et que parfois, au contraire, il figure dans l'énoncé ce par quoi nous sommes autorisés à considérer la proposition comme une fonction de vérité. Pour lui néanmoins, aucun des deux modes

1. Cf. *Logica ingr.*, p. 361-362.
2. Nuchelmans, G. (1992), p. 19-20.
3. Walter Burleigh, *De puritate artis logicae*, I iii 54.

dans la prédication du verbe *est* ne signifie particulièrement l'existence[1]. Car à toute proposition *tertii adjecti* on peut donner une interprétation essentielle et une interprétation existentielle; et pour toute proposition de ce genre on peut former une proposition *secundi adjecti* sans en altérer la signification et la valeur de vérité. Soit par exemple :

(7_1) $\Phi 1$: le cercle est une figure plane

la proposition *secundi adjecti* correspondante s'écrira :

(7_2) Φ_2 : une figure plane qui se comporte de manière constante relativement à quelque point déterminé *est*

où « qui se comporte de manière constante relativement à quelque point déterminé » est la définition du cercle. En guise de commentaire, Leibniz précise que rien n'oblige dans Φ_2 à donner à la copule une portée existentielle :

> [9] Je dis *est*, ce qui signifie qu'elle peut être comprise, qu'elle peut être conçue, que, parmi les différentes figures, il en est une qui a cette nature[2].

Dans le calcul logique, « *est* » signifie toujours « *est ens* ». On peut, bien entendu, se pencher plus avant sur l'interprétation ontologique de ce terme. Mais le principe de la transformation proposée signifie que l'interprétation du terme *ens* n'a pas d'influence sur la formulation littérale des phrases, c'est-à-dire sur leur expression caractéristique. Plus précisément : s'il existe une signification logique de « *ens* » qui rend toujours possible la transformation des propositions *tertii adjecti* en propositions *secundi adjecti*, alors le calcul est engagé par cette signification et par elle seule. Et la même remarque peut être faite dans l'autre sens et vaut pour les propositions existentielles. Il est certes plus commun de les exprimer par des énoncés sur le mode du *secundi adjecti*, en disant par exemple : « un homme pécheur existe », mais il est toujours possible de dire la même chose en donnant une portée existentielle à la copule d'une proposition type *S est P* :

(7_3) Φ_3 : tout homme est (c'est-à-dire existe) exposé au péché

La distinction des propositions essentielles et des propositions existentielles n'est jamais indiquée « dans les termes » mais demeure extérieure au symbolisme[3]. La copule peut toujours être interprétée avec ou sans portée existentielle, ce qui ne confère aucun caractère d'arbitraire à l'interprétation en question. En abandonnant la part ontologique de la distinction scolastique du *secundum/tertium adjacens*, Leibniz se donne les moyens

1. Leibniz est sur ce point proche des positions défendues par Domingo de Soto. Cf. le résumé qu'en donne Gabriel Nuchelmans, *in* : *op. cit.* p. 38-40.

2. GI § 144.

3. Ce point a été nettement souligné par H. Ishiguro : Ishiguro, H. (1972) p. 133.

d'exploiter les possibilités algébriques qu'elle comporte, ou qui peuvent en être dérivées au moins dans le mode d'exposition. C'est en effet du *secundum adjacens* qu'est tirée, dans les paragraphes qui suivent, une des expressions caractéristiques les plus innovantes pour le carré logique :

Propositio	*tertii adjecti*	*secundi adjecti* (§ 151)	*expressio* (§ 152)
PA	*Quelque A est B*	*AB est une chose*	*AB = AB*
PN	*Quelque A n'est pas B*	*A non-B est une chose*	*A non-B = A non-B*
UA	*Tout A est B*	*A non-B n'est pas une chose*	*A non-B ≠A non-B*
UN	*Aucun A n'est B*	*AB n'est pas une chose*	*AB ≠AB*

Toutefois, si la distinction des propositions essentielles et des propositions existentielles n'est pas marquée dans le symbolisme, Leibniz ne la fait pas non plus consister dans la référence des termes. Il préfère la considérer comme une distinction modale. Ainsi la proposition *Pierre renie* est-elle dite existentielle, non pas parce qu'elle porte sur Pierre *qua* existant, mais parce que, de quelque manière qu'on la prenne, cette proposition ne peut être pleinement comprise que par une analyse infinie et est par conséquent contingente[1]. Une proposition de ce genre peut être abordée de deux manières. Elle est considérée *de certo tempore* lorsqu'on la rapporte aux événements contemporains qui constituent ensemble un « état de l'univers », c'est-à-dire selon une coupe synchronique du monde sur lequel elle porte. Elle est prise *infinite* quand son analyse procède par les notions qui la composent, en l'occurrence par la notion de Pierre et, éventuellement, par celles qui figurent dans les propriétés relationnelles de Pierre[2]. Dans l'un et l'autre cas, nous ne pouvons tirer la vérité de la proposition *Pierre renie* d'une analyse de ses ingrédients, c'est-à-dire par un nombre fini de substitutions sur les termes. La manière leibnizienne de fonder les distinctions modales sur les genres de la preuve, selon une vaste analogie arithmétique[3], demeure obscure tant qu'on n'a pas pris conscience du lien qu'elle entretient avec le principe d'inhérence conceptuelle. Il s'agit, certes, de se prémunir autant que faire se peut contre un risque de nécessitarisme très clairement perçu. Mais il s'agit, plus fondamentalement, que la restriction conceptuelle des énoncés ne soit pas une restriction aux seuls énoncés conceptuels, autrement dit que le critère retenu pour la vérité, joint

1. *Ibid.* Voir aussi le § 144 où Leibniz parle d'une « proposition existentielle, c'est-à-dire contingente » ; et C 18, 376.

2. La distinction est évoquée en GI § 74.

3. TLM 335-340 (C 1-3).

aux contraintes d'un système logique unifié, n'aient pas ensemble des conséquences sémantiques indésirables.

La conception du partage entre propositions essentielles et propositions existentielles comporte un prolongement important du côté de l'existence. Il y a des propositions existentielles dont les termes dénotent des possibles contingents. Les romans en sont pour ainsi dire la preuve par le fait, eux qui ne consistent jamais en diverses séries rébarbatives de propositions portant sur des concepts et qui, toutefois, mentionnent toutes sortes de réalités qui ne sont pas assignables dans le monde [1]. On peut donc dire, comme on le fait en général, que les propositions existentielles portent sur des choses plutôt que sur des concepts, mais – à moins d'avancer qu'elles portent également sur des choses seulement possibles, ce qui viendrait ajouter à la confusion [2] – il faut préciser qu'elles portent sur les choses *en tant qu'elles sont contingentes* et quels que soient les autres réquisits de leur statut ontologique [3]. Il y a donc bien, pour Leibniz, une distinction des propositions qui procède de la référence des termes, mais la ligne de partage des unes et des autres ne se fait pas par la différence des concepts et des choses mais par la distinction modale du nécessaire et du contingent. Si le principe d'inhérence conceptuelle a évidemment une portée métaphysique et s'il détermine largement le degré de l'essentialisme leibnizien, il n'impose pas l'essentialisme extrême, ou plutôt, il impose exactement autant d'essentialisme que de nécessitarisme.

Existence et unicité de la restriction conceptuelle

Si nous voulons savoir « ce que c'est que la vérité », il convient que le même principe s'applique de manière égale à toutes les propositions. Et puisque le principe en question comporte une application de l'ensemble des énoncés sur le sous-ensemble des restrictions conceptuelles, cette condition revient à supposer que toutes les restrictions conceptuelles ont un rapport égal avec leur proposition d'origine. En particulier la restriction d'une proposition existentielle ne doit pas davantage transformer cette proposition que ne le fait la restriction d'une proposition essentielle. Si l'on admet de plus que la différence de l'essentiel et de l'existentiel n'appartient au « calcul de la raison » que comme différence modale, alors l'application du *praedicatum inest subjecto* comme détermination du concept (unique) de vérité requiert la doctrine des propositions modales comme un de ses éléments fondamentaux : tel a été, en effet, l'horizon de la doctrine de la

1. *Sur la liberté*, TLM 330 (F. de C. 179).
2. GI § 74.
3. Cf. par exemple GP II 39.

vérité présentée en 1686. Toutefois, plusieurs conditions nécessaires doivent encore être réalisées. Il faut non seulement que toutes les propositions susceptibles d'être vraies ou fausses puissent être paraphrasées dans la forme canonique (selon la question qui est considérée depuis Russell comme la plus épineuse[1]), mais surtout, et ce point est moins souvent noté, que toute proposition puisse être associée à sa restriction conceptuelle selon la manière indiquée dans (6). En tant que critère du vrai, le *praedicatum inest subjecto* contient donc un postulat d'existence et d'unicité sur les concepts et sur les propositions. Pour toute proposition Φ, il existe une proposition Φ_c correspondante, et par suite aussi, pour tout catégorème «(...)» intervenant dans une proposition, il existe un catégorème unique qui lui correspond et que l'on peut écrire: «le concept de (...)». Ainsi considéré, le principe (6) requiert (8) :

(8) Pour toute proposition Φ, il existe une proposition Φc et une seule telle que « Φ » est vraie ssi Φc.

Une des questions les plus difficiles que Leibniz rencontre dans les *Recherches générales* concerne la portée de ce postulat d'existence. Que faut-il penser des propositions qui sont dépourvues de cette restriction, parce que les concepts qui correspondent à leurs termes sont confus ou contradictoires? Existe-t-il des propositions bien formées pour lesquelles plusieurs restrictions sont également envisageables ? Tout se passe comme si les difficultés soulevées par la « loi d'expression » rebondissaient dans la théorie de la vérité, donnant à certains problèmes classiques – le non-sens, la «frivolité» et l'ambiguïté – un tour plus dramatique. Et la portée du postulat (8) va bien au-delà des seuls textes logiques.

La doctrine de la notion complète telle qu'elle est présentée au § 8 du *Discours de métaphysique* en est largement le pendant dans le cas des propositions existentielles ou contingentes[2]. De même dans les débuts de la correspondance avec Arnauld, la discussion porte principalement sur la compatibilité de ce postulat d'existence avec la science de Dieu. Arnauld soutient que l'identité personnelle est incompatible avec le principe d'inhérence conceptuelle. Puisqu'il aurait été possible qu'Antoine Arnauld

1. Selon Russell, au moins deux types de propositions ne peuvent être ramenés à cette forme, celles qui « assertent une pluralité de sujets » (par exemple : « il y a trois hommes ») et les propositions relationnelles comme «a est plus grand que b»; cf. Russell, B. (1900), et p. 12, Ishiguro, H. (1972), p. 72-75.

2. DM § 8 et § 13. Cf. aussi un passage correspondant dans le *Sur la liberté, le destin, la grâce de Dieu* : «Dieu a dans son entendement la notion ou l'idée la plus parfaite de Pierre considéré comme possible, notion contenant toutes les vérités concernant Pierre dont la réalité objective a constitué la nature ou l'essence tout entière de Pierre. » (Rauzy, J.-B. (éd.) (1994), p. 118-119).

choisisse l'état d'homme marié plutôt que le célibat, les prédicats correspondants (« homme marié » et « célibataire ») ne sauraient faire partie de sa notion et le principe d'inhérence doit être rejeté [1]. Les commentateurs ont largement insisté sur le refus, dans la réponse de Leibniz, de cette identité vague qui serait à cheval sur plusieurs mondes [2]. Mais on a moins souvent noté que le refus d'une identité qu'on dirait aujourd'hui contrefactuelle est largement une conséquence du principe d'existence et d'unicité (8). Dans la suite des lignes citées en [2], par exemple, Leibniz précise que l'existence d'une notion individuelle complète qui enferme tous ses événements et toutes ses dénominations « ne requiert pas davantage de liaison [...] que celle qui se trouve *a parte rei* entre les termes d'une proposition véritable [3]. » Autrement dit, il ne faut postuler l'existence des notions des choses et des rapports qu'elles entretiennent que pour autant que ceux-ci sont exigés pour qu'il soit possible de fonder de la vérité des propositions. Leibniz s'est ainsi trouvé, face à Arnauld, dans la situation de devoir expliquer l'*inesse*, non pas sous la forme complète du principe (2), ni même de sa reprise partielle en (6), mais à partir du postulat (8) qui devait avoir des conséquences théologiques considérables.

Considérons l'exemple déjà cité, selon lequel Antoine Arnauld aurait pu choisir l'état du mariage plutôt que le célibat. Appelons A_c le concept d'Antoine Arnauld tel qu'il a effectivement vécu, c'est-à-dire dans l'état de célibat, appelons A_m au contraire un concept subsumant un Antoine Arnauld marié. Supposons même, bien que ceci soit peu vraisemblable, que les concepts A_c et A_m diffèrent seulement en ceci, que l'un contient à la fois C (« est un homme célibataire ») et M (« est un homme marié ») [4] alors que l'autre contient seulement C. L'argumentation développée par le philosophe de Port-Royal est la suivante : 1) puisque Antoine Arnauld demeure Antoine Arnauld, qu'il soit marié ou célibataire – identité contrefactuelle –, il suit que $A_c = A_m$. 2) Or des concepts ne peuvent pas être posés comme identiques s'ils n'ont pas absolument les mêmes constituants. 3) Donc A_c et A_m ont les mêmes constituants, ce qui signifie que, dans le cas de M (« marié ») et C (« célibataire ») et relativement au concept sous lequel

1. GP II 30.

2. Mates, B. (1972), Mondadori, F. (1975) et (1977), Adams, R. M. (1985), Sleigh, R. C. (1990), p. 53-78, enfin Adams, R. M. (1994), p. 75-110, soulignent tous dans ce contexte certaines difficultés propres à la théorie leibnizienne de la vérité. Mais la question de l'existence et de l'unicité de ce que nous appelons la restriction conceptuelle d'une proposition n'est mentionnée par aucun de ces auteurs.

3. GP II 56.

4. Chacun de ces concepts doit être indexé sur un moment de l'existence d'Antoine Arnauld. Tous les concepts contradictoires qui existent dans la même notion diffèrent par le temps. TLM 104 et 109 et Rauzy, J.-B. (1995).

tombe Antoine Arnauld, disons *A*, le principe *praedicatum inest subjecto* ne s'applique pas.

Arnauld a bien choisi l'identité contrefactuelle contre le principe d'inhérence conceptuelle. Et Leibniz rétablit le principe en contestant l'identité en question. Mais il faut noter aussi que sa réponse porte principalement sur la justification du point 2), c'est-à-dire sur la seule prémisse de son opposant qu'il considère comme recevable. Il accorde en effet que deux concepts ne peuvent être posés comme identiques s'ils n'ont pas absolument les mêmes constituants, *parce que dans ce cas on ne pourrait plus parler de la vérité des propositions contingentes*. Soit :

(9_1) Φ : Antoine Arnauld est un homme marié.

selon (6) « Φ » est vraie si et seulement si :

(9_2) Φ_c : le concept désigné par « Antoine Arnauld » contient le concept désigné par « un homme marié ».

Toute la question consiste à savoir ce que l'on entend par « le concept désigné par « Antoine Arnauld » ». Pour Leibniz, « Φ » est vraie si, dans Φ_c, l'expression *le concept désigné par « Antoine Arnauld »* désigne le concept que nous avons appelé A_m. Elle est fausse s'il désigne A_c. Si l'amphibologie de l'expression *le concept désigné par « Antoine Arnauld »* est suffisante pour que l'un et l'autre de ces concepts soient également visés, alors le principe (8) – l'existence et l'unicité de la restriction conceptuelle – n'est pas respecté. Dans ce cas, en effet, Φ admet deux restrictions conceptuelles :

(9_3) Φ_{c1} : A_m contient M

(9_4) Φ_{c2} : A_c contient M.

et, par suite, il est impossible de décider si elle est vraie ou fausse. Notons encore que, dans la solution proposée par Arnauld, le principe (8) n'est pas davantage respecté, mais pour une autre raison. Du point de vue de Leibniz en effet, cette solution suppose que l'on pose comme restriction conceptuelle pour Φ:

(9_5) Φ_c : A contient M,

où *A* est le nom du concept sous lequel tombe Antoine Arnauld mais qui ne contient ni *C* ni *M*. Leibniz ne conteste pas l'existence d'un tel concept qui demeure bien entendu pensable. Il affirme seulement que si, comme l'exige le raisonnement de son opposant, ce concept est celui qui est désigné dans Φ_c, alors celle-ci est inconsistante. Car la restriction conceptuelle d'une proposition ne suppose pas seulement que l'on puisse remplacer les catégorèmes « (…) » par les catégorèmes « le concept de (…) », c'est-à-dire considérer les catégorèmes comme des noms de concept univoques. Elle requiert aussi que la copule *est* puisse être interprétée *de continente et contento* en tant qu'elle signifie *contient*. Or ceci n'a plus de sens dans l'interprétation d'Arnauld. Selon cette interprétation, en effet, on peut toujours avancer que *A* ne contient pas *M*. Mais puisque *A* a été défini par abstraction en tant qu'il ne contient ni *M* ni *C*, et non pas en tant qu'il contient l'un ou l'autre, le fait que *A* ne contienne pas *M* ne nous renseigne en rien sur la vérité Φ.

Indépendamment de sa portée théologique, cette partie du débat avec Arnauld montre qu'il revient finalement au même de compter plusieurs restrictions conceptuelles ou de n'en poser aucune. Il faut, dans un cas comme dans l'autre, proposer une solution alternative *quant au concept de vérité*. Si l'identité contrefactuelle n'est pas acceptée par Leibniz, ce n'est ni en raison de sa conception des mondes possibles, ni à cause d'une position antérieure relative à la distinction des prédicats essentiels et des prédicats existentiels, ni même pour des raisons empruntées à la théologie[1]. Toutes ces raisons peuvent effectivement être alléguées, mais elles sont toutes postérieures à la décision fondamentale relative à la conception de la vérité. Leibniz croit dans l'unité du concept de vérité. Accepter l'identité contrefactuelle revient à détruire cette unité en refusant le principe (8) dans le cas des contingentes. Que ce principe soit lui-même une variante du *praedicatum inest subjecto* signifie que l'inhérence conceptuelle était plus pour Leibniz qu'un simple postulat, plus même qu'un principe qu'on aurait pu poser une fois pour toutes, mais qu'elle avait tout à la fois la complexité, la cohérence et la rigueur d'une doctrine authentique.

Notions (complètes), propriétés et prédicats

Le refus de l'identité contrefactuelle constitue curieusement un aspect de cette doctrine sur lequel Leibniz fait presque l'unanimité contre lui. La plupart de ses commentateurs récents considèrent qu'il *aurait dû* accepter l'identité contrefactuelle, ou, pour le moins, qu'il n'avait pas de *raison logique* de la refuser, autrement dit qu'il devait avoir des raisons théologiques. L'argumentation la plus convaincante sur ce point a été, comme c'est souvent le cas, proposée par Robert Adams. Celui-ci rappelle tout d'abord que l'attribution de certaines propriétés requiert une indexation temporelle et réactualise à ce propos une suggestion de Benson Mates. Mates soutenait qu'un individu au sens de Leibniz est une série temporelle d'états – plutôt qu'un faisceau de propriétés – et que chacun de ces états est

1. Ce sont des raisons de ce type qui sont en général avancées par les auteurs cités plus haut, p. 86 n. 2.

complet[1]. L'inhérence d'une propriété *p* dans un sujet devait par suite être conçue comme la présence de *p* dans un état$_t$ du sujet, ce qui impliquait certains changements du côté des phrases du langage. Dans ces conditions, la forme primitive des énoncés attributifs devait en effet comporter nécessairement une quantification sur la variable temporelle, les propriétés intemporelles ou substantielles[2] étant désormais précédées du quantificateur universel. Pour *B* une propriété de cette sorte :

(10) A est B $=_{def}$ l'état$_t$ de A contient B quel que soit t

Robert Adams remarque prudemment qu'il paraît difficile de remplacer les substances leibniziennes par des faisceaux d'états si l'on se soucie de la vérité historique[3] dans la mesure où ce remplacement ne saurait être soutenu par des références textuelles. Mais il maintient que Leibniz ne pouvait pas ne pas faire jouer d'une manière ou d'une autre la variable temporelle dans l'attribution des propriétés non-substantielles et que dans cette mesure la suite de l'argumentation de Mates demeure valide : si Leibniz admet que les concepts individuels contiennent un paramètre temporel, on ne voit pas pourquoi il n'admettrait pas, aussi bien, un paramètre relatif aux différents mondes possibles. Si la notion d'Adam indique quels sont les attributs d'Adam à chaque moment, elle doit indiquer de même quels sont ses attributs à chaque moment et *dans chacun des mondes* où Adam existe. Et, s'il en est ainsi, l'identité contrefactuelle est contenue virtuellement dans la doctrine leibnizienne de la prédication[4]. Leibniz l'a certes rejetée, mais il est inconsistant sur ce point.

On peut objecter que ce raisonnement n'est pas exactement concluant. Leibniz pouvait avoir des raisons qui le portaient à indexer l'attribution des propriétés sur le temps. Il pouvait même constater que cette indexation sur le temps le portait aussi à effectuer une indexation sur les mondes, tout en considérant qu'il avait également des raisons qui le portaient à ne pas se diriger dans cette voie. Autrement dit : tout ce que l'argument de Benson Mates permet de conclure, c'est que Leibniz aurait pu accepter l'identité contrefactuelle, qu'il y avait la place dans son ontologie pour une telle identité, mais nullement qu'il aurait dû le faire ou qu'il ne pouvait pas ne pas le faire. Un complément est fourni par Robert Adams dans une version un peu plus forte du même argument. Pour une propriété non-substantielle

1. Mates, B. (1986), chap. V.

2. On appelle aujourd'hui « substantielle » une propriété qui, s'appliquant à un particulier à un moment quelconque, s'y applique aussi à chaque moment où ce particulier existe. Toutes les propriétés essentielles sont substantielles, mais l'inverse n'est pas toujours vrai. Cf. Wiggins, D. (1980), p. 24 et 64.

3. Adams, R. M. (1994), p. 73.

4. Mates, B. (1972) et Mates, B. (1986), p. 108-109.

p et un sujet *S* – par exemple qu'Antoine Arnauld est resté célibataire – la doctrine de Leibniz pose qu'il existe un concept sous lequel tombe *S* et qui contient *p* ou la contrepartie de *p* dans l'ordre des concepts. Leibniz ajoute que ce concept existe en Dieu et qu'il est fabriqué par Dieu. Et il concède que l'existence d'un tel concept implique bien que l'état d'homme marié est, pour Arnauld, contradictoire[1]. Robert Adams poursuit : « Si Dieu peut former des concepts complets selon la manière qui est supposée par Leibniz, il peut aussi former le concept d'un être qui satisfait soit l'un, soi un autre, soit encore un autre, … d'entre eux. Si les individus sont définis par des concepts disjonctifs de ce genre, alors pour chaque individu il y a des carrières différentes, dans différents mondes possibles, qui auraient pu être les siennes[2]. » L'argumentation ne concerne pas tant la complétude des notions en Dieu que la puissance Divine dans la constitution de ces notions. Admettons qu'il existe en Dieu des notions (complètes) sous lesquelles tombent des individus. Si Dieu peut former des notions (complètes) de ce genre, il peut aussi former des notions moléculaires par des séries disjonctives de notions. Or un individu *x* qui tombe sous une notion (complète) *C* tombe aussi sous la ou les série(s) disjonctive(s) qui comportent au moins une occurrence de *C*. Si, par suite, Dieu peut former des notions moléculaires par des séries disjonctives, alors l'identité contrefactuelle a bien un fondement en Dieu. Elle conserve même le genre de fondement qualitatif que Leibniz a en général reconnu à l'identité.

Il est certes tout à fait impossible de refuser à Dieu le pouvoir de former des concepts disjonctifs à partir des concepts complets des individus. Antoine Arnauld est resté célibataire mais *il aurait pu* choisir de se marier. Il doit donc exister en Dieu un fondement pour cette possibilité et le moyen le plus naturel de le concevoir est une hiérarchie de concepts disjonctifs. Si *a* désigne Antoine Arnauld, *Ac* le concept d'Antoine Arnauld qui, à la différence de *Am* ne contient pas la contrepartie conceptuelle de « être marié », alors :

(11) a tombe sous Ac
a tombe sous Ac v Am
a tombe sous Ac v Am v…
…

où « … » correspond au fait que *a* tombe non seulement sous sa notion mais aussi sous tout ce qui est impliqué par elle.

1. Cf. TLM 345 (C 21), où Leibniz écrit notamment : « L'esprit maintenant n'est pas indifférent à sa notion perpétuelle ».

2. Adams, R. M. (1979), p. 10.

On ne peut pas ne pas suivre Robert Adams sur les aspects de son argument qui concernent la puissance de Dieu. Mais on ne peut pas non plus ne pas penser que Leibniz aurait eu des raisons pour ne pas suivre l'argument jusqu'au bout; qu'il aurait certes admis la possibilité des concepts disjonctifs-moléculaires en Dieu mais qu'il ne leur aurait pas attribué le statut et la fonction des concepts atomiques. Il est à cet égard important de remarquer que dans tout schéma d'ontologie traditionnel *et* possibiliste, dans lequel l'entendement de Dieu joue un rôle, il est impossible d'identifier *tout* ce qui se trouve contenu dans l'entendement Divin et *toutes* les entités auxquelles on accordera le statut d'*entia possibilia* et que, plus généralement, il serait tout à fait impossible de constituer une ontologie traditionnelle *et* possibiliste en accordant exactement le même statut ontologique à tout ce qui est pensé par Dieu. Il ne suffit pas d'avancer que Dieu peut penser tel genre de concept pour qu'aussitôt les entités correspondantes héritent d'un premier rôle. Antoine Arnauld par exemple, celui qui a effectivement existé dans l'histoire, possédait les propriétés relationnelles désignées par les expressions suivantes: « être célibataire » (p_1), « avoir été physiquement situé à tel moment à 30 centimètres sur la droite de Blaise Pascal » (p_2), « faire partie des quelques intellectuels choisis qui ont rédigé des objections aux *Méditations* de Descartes » (p_3). Toutes ces propriétés doivent avoir une réalité en Dieu, toutes sont d'une certaine manière pensées par Dieu, mais elles sont loin d'avoir le même statut. Seule p_1 est strictement qualitative et ne comporte aucune référence à un particulier; p_2 peut être construite par une relation spatio-temporelle externe. Quant à p_3, c'est plutôt la version externaliste de la relation correspondante qu'on a du mal à concevoir. On accordera donc qu'il peut exister en Dieu des notions pour chacune de ces trois propriétés relationnelles, et même que p_1, p_2, et p_3 sont les noms de *ces* notions. Mais cela ne signifie nullement que celles-ci existent telles quelles dans la notion d'Antoine Arnauld. On sait, par exemple, que Leibniz nous invite à faire correspondre à p_2 une relation internalisée[1]. Que pour p_1, qui est le nom d'un universel, il doit y avoir une série d'accidents singuliers d'Antoine Arnauld qui en constituent le fondement. Enfin, que l'appartenance à une classe (p_3) est un fait dérivé et non primitif[2].

On est en droit de se demander si toutes les notions p_n sous lesquelles tombe un individu x et qui sont en Dieu sont aussi *dans* la notion de x. Ceci a été très largement présupposé par la critique leibnizienne alors qu'un exa-

1. « Mais dans la chose elle-même, il faut que ce qui est dans un lieu exprime en soi le lieu. Par suite, la distance et le degré de distance enveloppent dans la chose un degré d'expression de la chose distante, celle-ci affectant ou étant affectée par celle-là » (C 8).

2. Cf. plus bas p. 202.

men attentif fait voir qu'il s'agit d'une question difficile. Selon la formulation canonique du *Discours de Métaphysique*, un individu doit avoir :

[10] […] une notion si accomplie, qu'elle soit suffisante à comprendre et à en faire déduire tous les prédicats du sujet à qui cette notion est attribuée [1].

Ce que, nécessairement, la notion de x contient, c'est quelque chose qui nous permettrait de dire pourquoi x tombe sous telle notion p_n quelle qu'elle soit. Mais ce « quelque chose qui nous permettrait de dire pourquoi » n'est pas la notion elle-même et n'est pas nécessairement différent pour chaque notion. Il convient donc de distinguer d'une part les notions (complètes) proprement dites et, d'autre part, les notions construites comme corrélat des énoncés vrais. Si cx est la notion (complète) de x en Dieu ; P_n désigne les prédicats figurant dans les énoncés vrais portant sur x; les p_n sont les propriétés correspondant aux P_n dans l'entendement de Dieu (des universaux). [10] indique qu'il doit y avoir une séquence de cx – notée $p_n[cx]$ – qui donne la raison pour laquelle p_n s'applique à x, et donc aussi la raison de la vérité d'une classe d'énoncés contenant P_n. En outre, l'argument de la puissance de Dieu permet d'établir que Dieu *peut toujours* penser une notion qui corresponde au prédicat d'une phrase vraie et que, dans le cas des propositions singulières, Il peut toujours penser une notion correspondant au prédicat en tant qu'il s'applique au sujet. En Dieu, le pouvoir de former des notions est au moins égal au pouvoir que nous avons de les désigner. Il doit bien y avoir une relation de un à un entre les prédicats des phrases et les propriétés en Dieu : entre les P_n et les p_n. Mais cet argument *ne dit pas* qu'il y a une relation de un à un entre les P_n et les $p_n[cx]$, de même qu'il *ne dit pas* que les propriétés-universaux p_n *font partie* des notions complètes cx dans les cas où les x exemplifient les propriétés en question. Une même séquence, prise dans la notion complète d'Antoine Arnauld, peut fonder ou contribuer à fonder plusieurs propriétés qui s'appliquent à lui, de même qu'une propriété donnée d'Antoine Arnauld renvoie à des séquences diverses et enchâssées de sa notion; p_1, par exemple, (« être célibataire ») s'applique à Arnauld par le biais d'éléments de sa notion pris dans sa vie sexuelle, dans ses convictions religieuses, dans la nature de ses rencontres successives, etc. Il est certes difficile de savoir s'il faut considérer p_1 comme un élément à part entière de la notion d'Arnauld ou simplement comme survenant sur les éléments de la notion. Mais les conséquences de cette incertitude sont ici assez légères. Ce qui, en revanche, semble s'imposer très clairement, c'est que nous ne devons pas considérer les notions des individus comme les ombres portées en Dieu à partir des ensembles

1. DM § 8.

composés des phrases vraies qui font référence à ces individus. Il y a là un renversement de l'ordre véritable que rien dans l'ontologie leibnizienne ne permet de justifier.

Cette précision permet d'établir que l'existence de concepts disjonctifs-moléculaires dans l'entendement de Dieu n'est pas un argument assez fort pour fonder l'identité contrefactuelle. Il se peut très bien que de tels concepts existent et que, néanmoins, Leibniz ait eu de bonnes raisons pour penser que le même individu n'avait pas des carrières différentes dans différents mondes. En outre, le passage [2] de la lettre de juillet 1686 – « … ou bien je ne sais ce que c'est que la vérité » – donne à penser que ces bonnes raisons doivent être recherchées dans la doctrine de la vérité elle-même, qu'elles ne sont pas seulement le prolongement métaphysique du débat théologique. Si l'on veut que les concepts disjonctifs-moléculaires fondent une identité contrefactuelle, il faut non seulement que ces concepts existent en Dieu ou soient formés par Dieu, non seulement que les individus tombent sous ces concepts, mais encore que ces concepts coïncident avec ce que Leibniz nomme les « notions accomplies » des individus. Or, incontestablement, il n'en est rien. On peut aisément s'en apercevoir en constatant que dans (11) le concept *Ac v Am v …* est potentiellement infini dans un sens inflationniste – tout ce qui est impliqué par *Ac* peut en tenir lieu [1] – alors que les « notions » proprement dites sont infinies dans un sens déflationniste imposé par le cadre nominaliste. Ce trait est souligné dans [10] par le caractère « suffisant » des notions.

Supposons que Leibniz se soit rendu aux arguments de Robert Adams. Il aurait accepté, selon les notations adoptées plus haut pour (9_1)-(9_5), que la notion d'Antoine Arnauld soit quelque chose comme *Ac v Am*. Mais alors il aurait dû accepter aussi, selon (6) :

(12) « Antoine Arnauld est un homme marié » (Φ) est vrai ssi « le concept *Ac v Am* contient *M* » (Φc).

(12) fait voir très clairement que « le concept *Ac v Am* » ne peut pas intervenir dans la restriction conceptuelle d'une proposition singulière si celle-ci est *de inesse*, selon l'expression médiévale, autrement dit sans modalité, et si cette restriction doit fonder l'attribution du prédicat de vérité. Il permet éventuellement de penser les carrières possibles d'un même particulier dans différents mondes. Mais il ne remplit pas la fonction des concepts que Leibniz considère comme première.

On peut objecter que « Antoine Arnauld est un homme marié » ne peut être déclarée vraie sur la base d'une restriction conceptuelle de cette sorte,

1. On se reportera aux arguments donnés par David M. Armstrong contre les états de choses disjonctifs. Par exemple : Armstrong, D. M. (1978), vol. 2, p. 19-21.

non pas parce que ce genre de concept disjonctif doit être rejeté, mais parce que « le concept *Ac v Am* contient *M* » n'en est pas la restriction conceptuelle. Si l'on admet les concepts disjonctifs-moléculaires et le fondement conceptuel de l'attribution du vrai, il faut aussi reconnaître que ces concepts peuvent effectivement servir selon l'usage leibnizien, mais seulement dans le cas des propositions modales. Le concept *Ac v Am* peut ainsi servir de fondement pour :

(13) ◊ (Antoine Arnauld est un homme marié),

alors que seuls des concepts atomiques peuvent figurer dans les restrictions conceptuelles des propositions catégoriques. Cette manière de voir nous ramène sensiblement à la position défendue par Benson Mates. Elle ouvre la voie d'une sémantique des propositions modales, inspirée de la sémantique des mondes possibles mais formulée dans un vocabulaire « noématique » plus adapté aux habitudes héritées de Jungius.

Mais Leibniz n'a pas choisi cette voie. Il a considéré que les notions (complètes) des individus ne pouvaient pas être disjonctives, et qu'elles permettaient de fonder la vérité des propositions *de inesse*. Sans doute exigeait-il du concept de vérité une unité plus forte que celle qui se trouvait enveloppée dans une sémantique de ce genre. On voit mal, en effet, comment justifier que les notions (complètes) impliquées dans la vérité des propositions simples ne puissent être de telle nature donnée (disjonctive), alors que dans le cas des propositions modales elles ne peuvent pas ne pas l'être. Surtout, il était en possession, pour la vérité des propositions modales, d'une solution alternative qui perturbait beaucoup moins son schéma explicatif. En caractérisant les modalités par le progrès de la preuve[1], il se donnait les moyens de conserver aux notions complètes un statut ontologique privilégié, plus fort que celui de tout ce qui peut être également pensé par Dieu mais ne constitue pas véritablement un facteur de vérité.

Ce que nous avons appelé « restriction conceptuelle des énoncés » constitue un complément interprétatif important pour comprendre l'usage logique de la notion d'expression. Ce complément permet de montrer dans le détail que la doctrine leibnizienne de la vérité n'est pas intelligible si l'on donne à ses « notions » ou « concepts » un sens trop large, qui engloberait tout ce qui figure à un titre ou à un autre dans l'entendement Divin; de même qu'elle est tout à fait absurde si on leur donne au contraire un sens étroit étranger à toute dimension ontologique. Le détour par la « restriction conceptuelle des énoncés » fait voir que le seul moyen de comprendre la partie centrale de la doctrine leibnizienne de la vérité consiste à rapprocher

1. GI § 64-67.

ses « notions » ou « concepts » de ce que nous nommons « état de choses ». Une fois ce réglage effectué, une fois qu'on s'est assuré qu'il n'était pas historiquement insensé, la position défendue prend une physionomie moins excessive que celle qu'on lui a en général prêtée. Au regard des textes logiques, on constate donc que Leibniz a adopté une ontologie factualiste. La plupart des difficultés rencontrées dans le traitement de la vérité ne procèdent pas de ce seul aspect de son ontologie. Mais elles trouvent souvent leur origine dans la difficile conciliation de ce factualisme implicite – resté parfois inaperçu – et d'un possibilisme très largement voulu et sur lequel Leibniz n'a jamais rien cédé. Il n'était pas aisé de maintenir à la fois que les concepts sont comme des états de choses, qu'ils donnent la raison des énoncés vrais, et que ces états de choses sont éventuellement inactuels.

CHAPITRE II

CONCEPT ET OBJET

§ 5. INDIFFÉRENCE ONTOLOGIQUE DES CONCEPTS ET DES OBJETS

Argument théologique : unité de la science en Dieu

Compte tenu du postulat d'existence et d'unicité de la restriction conceptuelle d'un énoncé auquel s'ajoute le partage modal des propositions essentielles et des propositions existentielles – de telle sorte que les unes et les autres peuvent, chacune à sa manière, être vraies des concepts ou des individus actuels –, on conçoit aisément que Leibniz s'est donné les moyens d'atténuer considérablement la portée ontologique de la distinction des choses et des notions. Ceci ne signifie pas qu'il aurait négligé complètement cette différence, qui demeure repérable dans le calcul, en particulier dans les développements relatifs aux termes complets. Mais plusieurs indices indiquent que, sous un certain rapport, il la tenait pour secondaire et que, dans la mesure où l'ordre des concepts était correctement conçu, on devait pouvoir considérer l'ordre des existants comme un de ses sous-ensembles[1].

Il est difficile d'instruire entièrement cette question sans y faire jouer rétroactivement l'interdit porté par Frege sur la confusion des concepts et des objets[2]. Il se trouve de plus que ceux qui, récemment, ont tenté de relativiser cette distinction dans la problématique de la prédication se sont en général réclamés de Leibniz plus ou moins explicitement. Fred

1. Ou mieux, qu'il existe une relation de un à un entre l'ensemble des existants et un sous-ensemble de l'ensemble des concepts : GI § 73.

2. Cf. Frege, G. (1892) (trad. *in* : Frege, G (1971), p. 127-140).

Sommers[1], puisque c'est lui qui, dans cette discussion, a pris le plus nettement parti pour le philosophe de Hanovre, a prétendu réhabiliter la forme traditionnelle sujet-copule-prédicat[2] au nom d'une critique du dualisme frégéen et de l'asymétrie des nom propres et des noms de concept. La thèse de Fred Sommers comprend plusieurs aspects qu'il est difficile de maintenir séparés. En particulier, il prétend dénier toute spécificité aux propositions singulières d'une manière qui est peu compatible avec la lettre des textes leibniziens[3]. Toutefois il paraît légitime de se demander jusqu'à quel point le principe d'inhérence conceptuelle a porté Leibniz à atténuer la distinction des concepts et des objets. Il se pourrait, en effet, que l'opposition de Frege à Leibniz ne tienne pas tant à la forme canonique des propositions atomiques (que Leibniz a souvent approchée) qu'à la distinction – traditionnelle – de ce qui est dit de quelque chose – le concept – et de ce à propos de quoi quelque chose est dit – l'objet –, distinction que Frege a posée en principe alors que Leibniz a manifestement tenté de la dépasser.

Avant d'examiner le détail des arguments logiques qui concernent cette question, mentionnons un point de théologie. Leibniz opère une atténuation correspondante de la distinction des sciences de Dieu. La théologie scolastique admettait en général au moins deux Sciences en Dieu – pour ne rien dire ici de la science moyenne – la Science de « simple intelligence », par laquelle Dieu connaissait les futurs contingents par leurs causes, et une science « de vision », dans laquelle les futurs contingents étaient donnés de manière plus absolue, en une sorte d'accointance éternelle[4]. Leibniz mentionne cette distinction à propos de l'*inesse* dans le passage suivant :

[1] C'est pourquoi dans toute proposition affirmative vraie, nécessaire ou contingente, universelle ou singulière, la notion du prédicat est en quelque façon contenue dans la notion du sujet, de sorte que quiconque

1. Sommers, F. (1976), p. 15-16 et Sommers, F. (1980), p. 40 et *sq.* Voir aussi la mise au point de Jacques Bouveresse : Bouveresse, J. (1986).

2. Sommers, F. (1980), p. 4.

3. Les propositions du type « Socrate est mortel » sont considérées comme des propositions quantifiées (« tout Socrate est mortel » ou « quelque Socrate est mortel »). Fred Sommers peut ainsi distinguer le sujet dans les propositions singulières par un critère intralogique (celui-ci est précédé du signe de la quantité), et affirmer que la forme syntaxique des singulières demeure dans les limites admises par la classe des propositions générales. Tout ceci s'appuie sur l'idée que la logique formelle traditionnelle (TFL) peut être complétée par la thèse dite de la « quantité sauvage » dont la paternité est attribuée à Leibniz. Or cette thèse joue chez Leibniz (et *a fortiori* dans la tradition) un rôle beaucoup plus restreint que celui que Sommers voudrait pouvoir lui attribuer.

4. « Bien que les contingents se réalisent successivement, Dieu ne les connaît pas en eux-mêmes successivement comme nous, mais simultanément; car sa connaissance tout autant que son être a pour mesure l'éternité. » Saint Thomas, *Somme Théologique*, Pars I. Quest. 14 art. 13.

> comprendrait parfaitement ces deux notions, comme Dieu les comprend, verrait de ce fait parfaitement que le prédicat est dans le sujet. Il s'ensuit que toute la science des propositions qui est en Dieu, qu'elle soit de simple intelligence et porte sur les essences des choses, ou qu'elle soit de vision et porte sur leurs existences, ou qu'elle soit moyenne et porte sur les existences conditionnelles, résulte immédiatement de l'intelligence parfaite de chaque terme en tant qu'il peut être sujet ou prédicat de quelque proposition ; autrement dit la science *a priori* des termes complexes procède de l'intelligence des termes incomplexes[1].

Confronté aux passages correspondants de saint Thomas[2], ce texte a de quoi surprendre. La *Somme* nous apprend en effet à considérer que les événements contingents, ainsi que les individus qui y prennent part (par exemple que Socrate est assis), sont entièrement connus et déterminés lorsqu'ils sont donnés à la vue. Dieu connaît par la vue les contingents *tota simul*, au présent, et cette connaissance est plus forte que celle qui procède de la cause prochaine. Le passage [1] indique au contraire que c'est l'inclusion des notions qui fait l'objet d'une vision divine, ce qui revient à attribuer à l'une des Sciences les caractères de l'autre. Dans certains textes plus tardifs, Leibniz reconnaît que les deux sciences sont irréductibles, mais c'est toujours dans la mesure où la science de vision inclut le savoir que Dieu a de son propre décret ; selon les autres aspects contentuels, les Sciences sont tenues pour identiques en Dieu[3]. D'une manière approchante les *Recherches générales* distinguent entre deux genres d'analyse. La première a lieu entièrement dans l'esprit et porte sur les concepts ; elle ne requiert aucune expérience, si ce n'est « l'expérience réflexive que nous avons de concevoir ainsi.[4] » La seconde suppose également les données de l'expérience. La résolution des concepts est à elle-même sa propre preuve. La résolution des données de l'expérience suppose, outre l'analyse logique proprement dite, des principes spécifiques[5].

1. TLM 339, (C 16-17).

2. *Somme Théologique*, Prima Pars, Quest. 14 art 13. Cité et commenté *in* : Bouveresse, J. (1994).

3. Théodicée III, § 363 : « [...] que la science divine de vision ne diffère point de la science de simple intelligence, qu'en ce qu'elle ajoute à la première la connaissance du décret effectif de choisir cette suite des choses que la simple intelligence faisait déjà connaître, mais seulement comme possible ; et ce décret fait maintenant l'univers actuel ».

4. GI § 131.

5. « La première n'a pas besoin de preuve, elle ne suppose pas une nouvelle proposition et dans son cas il est vrai que tout ce que je perçois clairement et distinctement est vrai; la seconde suppose la vérité des données de l'expérience. » *Ibid.*

[2] En Dieu n'est requise que la résolution des concepts qui lui sont propres et elle a lieu en lui tout entière conjointement [1].

L'analyse est absolue et *a priori* en Dieu. En outre, le savoir Divin est parfaitement unifié et le modèle optique finit par recouvrir entièrement le modèle discursif d'une connaissance par la vérité des phrases ou par la cause des événements, pour donner lieu à cette vision parfaite des termes ou catégorèmes qui fonde tout à la fois le savoir et la prédétermination des choses.

Il existe une conséquence logique à cette position théologique : la primauté des termes (incomplexes) sur les propositions (complexes). « La science *a priori* des termes complexes procède de l'intelligence des termes incomplexes ». Jungius considérait déjà que l'analyse noématique était absolument première et devait déterminer entièrement la logique des propositions. Mais si Jungius s'est donné la peine d'insister sur ce point, c'est qu'il n'en allait pas toujours ainsi dans la tradition. À bien des égards, la tripartition des manuels de logique s'appuyait en effet sur des divisions toutes relatives et laissait la place, d'une partie à l'autre, à de nombreux entrelacs, de sorte que la logique des propositions pouvait devenir, sinon absolument première, tout au moins très largement indépendante [2]. Il allait par exemple de soi que la valeur de vérité des propositions moléculaires pouvait être déterminée indépendamment des termes [3]. Dans la logique de la *consequentia*, on distinguait à l'époque d'Ockham, selon que la relation de l'antécédent et du conséquent était fondée sur une inhérence des termes ou sur une condition propositionnelle extrinsèque [4] : la *consequentia* était alors dite formelle (non-matérielle) ou accidentelle (non-naturelle). Dans tous ces cas, on ne faisait pas de l'intelligence des termes une condition nécessaire et suffisante pour l'intelligence des propositions. Du point de vue de Leibniz au contraire, le *praedicatum inest subjecto* a eu pour conséquence un renforcement du terminisme théologique, s'il est permis de désigner ainsi, non pas l'étude des propriétés des termes, mais la position moniste de la science de Dieu. Dieu connaît par les termes, c'est-à-dire

1. *Ibid.*

2. La débat sur la priorité de la logique des propositions sur la logique des termes à été inauguré dans Łukasiewicz, J. (1935). Voir aussi Green-Pedersen, N. J. (1984) et le résumé de la question *in* : Schupp, F. (1988), p. 21-30.

3. Voir par exemple, pour la conjonction propositionnelle Albert de Saxe, *Perutilis logica* 19 rv. Jungius lui-même reconnaît certaines propriétés de la conjonction, en particulier $(p \wedge q) \equiv (q \wedge p)$ (cf. *Log. hamb.* p. 102).

4. On distinguait entre la *consequentia naturalis* et la *consequentia accidentalis* : dans la première, dite *per locum intrinsecum*, l'antécédent inclut le conséquent. La seconde est dite *per locum extrinsecum* parce qu'elle vaut en vertu d'une règle logique établie à partir de la valeur de vérité des termes.

(toujours) par l'expérience qu'il a de lui-même. Nous connaissons par l'expérience des choses hors de nous (presque toujours), par les termes (rarement) et le plus souvent par le mixte complexe que la pratique des sciences nous apprend à constituer[1]. Il n'est pas impossible que Leibniz ait voulu par la logique restituer cette position *a priori* de la science de Dieu. Mais il n'est pas nécessaire d'imaginer que la logique devait dans cette mesure nous permettre d'imiter cette science ou d'en formuler les quelques fragments que Dieu aurait bien voulu faire parvenir jusqu'à nous. Leibniz est tout à fait étranger à cet aspect mystique du panlogisme. Il pensait, selon l'usage le plus ordinaire d'une théologie rationnelle, pouvoir dire quelque chose de fondé à propos de la science de Dieu, au moyen de la logique, parce que celle-ci est, ici comme ailleurs, la condition de la précision et de l'exactitude[2]. Toutefois, dans le détail du calcul, Leibniz n'est pas parvenu à conserver une dépendance complète des propositions relativement aux termes. C'est même une contradiction importante qui apparaît lorsqu'on compare le projet de calcul rationnel et ses différentes réalisations effectives : ce qui avait été conçu comme un calcul des termes, en partie par respect de la tradition, en partie pour des raisons théologiques, s'est avéré plutôt un calcul des propositions.

Que nous apprend exactement cette unification des sciences en Dieu relativement au rapport concept/objet ? Elle fournit certes l'indice d'une relativisation de la distinction. Mais dire que la science de simple intelligence et la science de vision sont (presque) les mêmes ne revient pas nécessairement à dénier toute portée ontologique à la distinction des concepts et des objets. Dieu peut en effet connaître toute chose « par les termes » sans qu'on soit en droit d'en conclure que toute chose est un terme. Si l'on admet un postulat d'existence comme celui qui est évoqué au chapitre précédent pour la restriction conceptuelle des énoncés, on peut très bien considérer que pour chaque existant entièrement déterminé, il y a un concept unique tel que quiconque connaîtrait parfaitement le concept connaîtrait aussi parfaitement la chose qui tombe sous lui. C'est un postulat de ce genre qui justifie, aux yeux de Leibniz, l'existence des notions complètes. Et, dans ce cas, la « vision » des termes implique bien une connaissance des choses, mais elle ne signifie nullement que les choses et les termes sont nécessairement identiques.

1. *Sur la synthèse et l'analyse universelles*, TLM 142-143 (GP VII 297-298).

2. « Et l'on peut dire généralement qu'il faut prendre garde de ne jamais abandonner les vérités nécessaires et éternelles pour soutenir les mystères, de peur que les ennemis de la religion ne prennent droit là-dessus de décrier et la religion et les mystères. » *Théodicée, Discours*, § 22.

Il importe peu que Dieu, par la science de vision, connaisse aussi ce qui est l'effet de sa volonté et non seulement ce qui procède de son entendement. Leibniz maintient en effet cette différence mais tout indique qu'elle demeure très relative. Car les concepts des choses contingentes sont des concepts véritables et enveloppent à divers titres des décrets divins. Admettons, en effet, que ce qui dépend du seul entendement de Dieu soit dit « essentiel à Dieu ». On peut décrire en partie, mais en partie seulement, les notions des choses contingentes au moyen des propriétés dites essentielles en ce sens, car :

[3] […] il ne semble pas possible d'établir quelque chose de positif ou d'hypothétique dans les créatures qui n'implique quelque supposition d'une volonté et d'une action libre de Dieu ; c'est pourquoi, si l'on a ces difficultés présentes à l'esprit, il reste à recourir à cette unique chose qui en Dieu n'est pas essentielle, mais libre, c'est-à-dire un décret de la volonté, duquel seul on peut tirer le principe de la contingence des choses [1].

Il y a des volontés particulières de Dieu dans chaque notion et même dans chaque partie de chaque notion. La différence des deux sciences ne saurait se fonder sur la différence totale des facultés de Dieu, mais seulement sur le cas-limite de la volonté, en tant qu'elle est impliquée dans la décision de créer *en général*, autrement dit de créer quelque chose plutôt que rien. Il est donc tout à fait possible d'admettre la quasi-identification des sciences en Dieu sans remettre en question la distinction de ce qui est dit par un concept et de ce qui est subsumé sous lui. Il suffit de conférer au caractère entièrement *a priori* de la science Divine une portée faible, plus épistémique qu'ontologique, en concédant que la différence des existants et des simples possibles vaut aussi bien pour Dieu, mais qu'elle n'a pour lui – et non pour nous – aucune conséquence quant à la *manière de connaître*.

Argument logique : la nature des variables

Un argument plus fort en faveur de la thèse d'une atténuation de la distinction des concepts et des objets peut être tiré des choix opérés par Leibniz dans le symbolisme lui-même. Une revue complète des textes permet en effet d'affirmer qu'il n'utilise aucune variable qui servirait spécifiquement d'argument dans des expressions fonctionnelles et dont les valeurs seraient prises dans un domaine d'objet. Toutes les variables sont pour Leibniz conceptuelles et toutes les expressions fonctionnelles portent

1. *Sur la liberté, le destin, la grâce de Dieu* : Rauzy, J.-B. (éd.) (1994), p. 117-118, (A VI iv 1600).

sur des concepts. Ceci signifie que dans la reconstruction interprétative de son calcul, nous avons le droit d'employer des notations qui ne sont pas les siennes, mais nous devons être attentif au parcours des variables employées.

Ce point est en partie masqué dans le calcul lui-même, principalement pour trois raisons. Premièrement, Leibniz a affirmé avec force que la logique conceptuelle ou intensionnelle pouvait être aisément changée en une logique extensionnelle[1]. Lorsqu'on affirme que toutes les variables sont des variables conceptuelles, il faut donc préciser qu'il s'agit de la version principale – ou intensionnelle – du calcul et que dans la version extensionnelle, la situation doit être entièrement inversée. Tous les noms ou pronoms d'un langage dénotent des entités homogènes et le passage d'un calcul dans l'autre représente une changement intégral quant à la nature des entités par rapport auxquelles le langage se trouve engagé. Deuxièmement, même dans la version intensionnelle du calcul, certains symboles dénotent des individus. Et l'on ne prend pas garde que ces symboles ne sont pas les noms des individus en question mais des concepts sous lesquels ils tombent, qui font également partie du parcours des variables. Enfin, troisièmement, le caractère strictement conceptuel des entités qui figurent sur les parcours des variables a pu passer inaperçu parce que la notation des variables au moyen des termes indéfinis s'est faite progressivement et n'a jamais été totalement systématique. Dans bien des cas, l'emploi traditionnel du pronom latin oblige le commentateur à se risquer dans des distinctions très conjecturales[2].

Il existe un lieu logique qui permet de vérifier très largement que les variables du calcul sont des variables conceptuelles. Il s'agit de la règle, généralement reconnue dans la tradition, qui autorise l'expression des propositions catégoriques par des hypothétiques. Pour PA et avec une quantification sur des variables, la règle s'écrit :

(1_1) tout A est B $\leftrightarrow \forall x\,(Ax \supset Bx)$

où le parcours de *x* est un domaine d'objets. Dans la logique de Leibniz on a :

(1_2) Tout P est M $\leftrightarrow$ si S est P alors S est M pour tout S[3].

1. Cf. plus bas, p. 153.

2. Cf. les *Suppléments à l'Échantillon de calcul universel*, « propositions vraies par soi » (propositions 5 et 6) : TLM 96 (GP VII 224). Leibniz écrit « qui non est a est non a » et l'on a pu supposer (Lenzen, W. (1986), p. 23) que le pronom masculin devait être interprété comme une variable sur des individus. Il est vrai que toute autre interprétation logique de la règle est fausse. Mais l'argument grammatical paraît faible et il est préférable d'admettre que Leibniz s'est trompé.

3. NE IV xi § 13.

Dans certains fragments, l'équivalence (1_2) fait l'objet d'une démonstration. Comme Leibniz y utilise largement les termes indéfinis, cette démonstration donne l'occasion d'apprécier plus précisément leur portée et la nature des variables qu'ils symbolisent. Une des pièces préparatoires aux *Recherches générales* donne ainsi le théorème suivant :

> [4] Dire *A est B* revient à dire : *si L est A il suit que L est B*. Démonstration : supposons la proposition *A est B*, je dis que de là on peut inférer *si L est A il suit que L est B*. Car *A est B* donc *A* = *AB* (par 8). Or si *L est A*, on a aussi *L* = *LA*. Il vient (en substituant à *A* sa valeur *AB*) : *L* = *LAB*. Donc *L est AB*, donc *L est B*. [...] Démontrons maintenant que, à l'inverse, de *si L est A il suit que L est B*, on peut inférer *A est B*. Nous entendons par *L* tout terme au sujet duquel il peut être dit *L est A*. [...] Considérons l'énoncé : *QA est non-B*. Or *QA est A*. Donc *QA est B* (car *QA* est compris sous *L*). Donc *QA est B non-B* ce qui est absurde [1].

La première partie de la démonstration (de gauche à droite) ne pose pas de problème particulier. Elle se fonde sur le point 8 du même texte, c'est-à-dire sur le principe selon lequel il est toujours permis de transformer une inhérence conceptuelle en identité par la formule suivante :

(2) $\text{A est B} \leftrightarrow \text{A} = \text{LB}$

où *L* peut être choisi comme on veut (et peut être pris comme identique à *A*, de sorte que l'on a aussi : *A est B* ↔ *A* = *AB*) [2]. La démonstration de droite à gauche est plus délicate; il s'agit d'une preuve apagogique qui peut être rendue de la manière suivante (où « *Q* » n'est pas un signe de quantité mais un terme indéfini) :

(i)	L est A → L est B	P1
(ii)	A non-est B	P2
(iii)	QA est non-B	par P2 et la règle d'obversion [3]
(iv)	A est A	A1
(v)	QA est A	par A1 et la signification de la conjonction [4]

1. A VI iv 808-809 (C 260).

2. « 8) *A est B* sic exponitur literaliter *A* = *LB* ubi *L* idem quod indefinitum quodam. Postest etiam sic exponi : *A* = *AB* ut non sit opus assumi tertium. » A VI iv 808 (C 259). Cette « *expositio* » est reprise en GI § 16.

3. Voir le § 9 du même texte : « *A non est B* idem est quod *QA est non-B*, demonstrandum. » A VI iv 808 (C 259). La démonstration est donnée au § 19. Voir aussi GI § 186.

4. Cf. GP VII 218 et A VI iv 148 sur la conjonction : « *AB est A* procède de la signification de cette manière de lier les caractères. Car *AB* dit exactement la même chose que ce que dit *A* et ce que dit *B* ».

(vi) QA est B par P1 (avec QA = L)
(vii) QA est B non-B proposition fausse[1]

(ii)-(iii) suppose que *QA est non-B* peut être considérée comme la négation de *A est B*, c'est-à-dire qu'il existe un *transitus* de la négation propositionnelle à la négation prédicative. Plus important pour nous, (v)-(vi) requiert *QA = L*, ce que Leibniz admet dans la mesure où *L* est un indéfini, c'est-à-dire « tout terme au sujet duquel il peut être dit *L est A*. ». S'il est vrai que la proposition qui est ici démontrée n'est pas différente de celle qui, dans les *Nouveaux Essais*, donne la règle de traduction des catégoriques en propositions conditionnelles, cela signifie que le terme-sujet dans l'antécédent et dans le conséquent de la conditionnelle *est exactement de même nature* que le terme-sujet de la proposition catégorique. Ce sont les uns et les autres des caractères qui désignent des concepts. On objectera que ces concepts peuvent être individuels ou complets et que pour cette raison la confusion des concepts et des objets est plus superficielle qu'il n'y paraît. Mais la distinction des concepts généraux et individuels n'abolit pas l'unité des noms du calcul, elle la renforce plutôt, puisque c'est elle qui nous autorise à considérer les noms propres comme une espèce des noms de concept. De plus, cette distinction n'est pas mentionnée dans la procédure qui vient d'être décrite. (1_2) ne requiert pas que le terme-sujet *S* à droite de l'équivalence soit un terme complet. Une UA comme « *tout A est B* » ne dit pas que tout objet qui tombe sous *A* tombe aussi sous *B*[2]. Dans (i), *L* est un terme conceptuel qui ne requiert aucune spécification. Si la vérité de la proposition universelle affirmative doit pouvoir être élucidée à partir du seul principe « *praedicatum inest subjecto* », il est important que sa paraphrase conditionnelle le soit également. D'où l'équivalence suivante, qui donne la version de la restriction conceptuelle d'une PA :

(3) « tout A est B » est vraie si et seulement si tout concept qui contient le concept désigné par « A » contient aussi le concept désigné par « B ».

Le calcul logique que Leibniz a imaginé est un langage contenant des constantes et des variables conceptuelles combinées par la conjonction et hiérarchisées par l'inhérence. Leibniz ne prétend pas, comme on l'a écrit,

1. Leibniz a noté en marge : « Si *A* sit *B non-B A* est non-ens. Propositio falsa est, ex qua sequitur *A est non-A* ».

2. « On pourrait faire valoir contre la nature prédicative du concept qu'on peut parler de concept sujet. Même en ce cas cependant, par exemple dans la proposition « tous les mammifères ont le sang rouge », la nature prédicative du concept n'est pas oblitérée. On pourrait en effet dire « tout ce qui est mammifère a du sang rouge » ou « si quelque être est mammifère, il a du sang rouge (*wenn etwas ein Säugetier ist, hat es rotes Blut*) » ». Frege, G. (1892) (trad. franç. *in* : *Écrits logiques et philosophiques*, (1971) p. 132-133).

faire l'économie d'une règle spécifique portant sur la relation d'identité[1]. Mais il prétend bien rendre toutes les relations ontologiques par la seule inhérence conceptuelle, y compris celles que nous considérerons comme des instances de la subsomption. Qu'un individu existe, qu'il possède telle ou telle propriété, qu'il tombe sous un concept qui est lui-même partie d'un concept plus large ou d'ordre plus élevé, voilà autant de cas que non seulement la philosophie issue de Frege, mais même la tradition qui le précède[2], nous ont appris à distinguer. Leibniz ne nous invite pas à les confondre. Il pense plutôt que des frontières trop franches en ces matières nuiraient à l'intelligence du concept de vérité. Et qu'on doit parvenir à restituer la diversité des relations ontologiques à partir de l'unité d'un rapport logique fondamental.

§ 6. *CONSTANTIA SUBJECTI*

Boèce de Dacie et Ockham

L'usage philosophique des propositions conditionnelles peut sembler en contradiction avec ce qui vient d'être montré. Selon Leibniz, en effet, l'expression des catégoriques par des énoncés du type *si S est P alors S est M* permet de résoudre le problème de la vérité des propositions essentielles dont le sujet est abstrait :

> [5] Pour ce qui est des vérités éternelles, il faut considérer que, dans le fond, elles sont toutes conditionnelles; et disent en effet, telle chose posée, telle autre chose est, par exemple, disant : toute figure qui a trois côtés aura aussi trois angles. Je ne dis autre chose, sinon que supposé qu'il y ait une figure à trois côtés, cette même figure aura trois angles[3].

Plus généralement, la même analyse vaut pour toutes les propositions auxquelles il manque ce qu'on appelait la *constantia subjecti*, c'est-à-dire les propositions dont le terme-sujet ne dénote rien, soit parce qu'il est contradictoire, soit, plus faiblement, parce que sa dénotation possible n'existe pas actuellement. Que faudrait-il penser d'une proposition comme *tout homme est un animal* si aucun homme et aucun animal n'existait ? Est-ce que les propositions catégoriques ont une portée existentielle et si, comme on va le voir, il peut être répondu à cette question par l'équivalence

1. Cf. Sommers, F. (1970).
2. Cf. Angelelli, I. (1967b), p. 175-178.
3. NE IV xi § 13.

(1_2), ne doit-on pas rétablir les termes d'objet que l'on a cru pouvoir éliminer complètement ?

Historiquement, le problème est né de la conviction scolastique très largement partagée que toute proposition affirmative dont le sujet ne suppose pas est fausse, alors que sa négation est vraie. Ce problème a souvent été traité directement, mais il est aussi mentionné par les auteurs dans la preuve de certaines inférences simples. On trouve un exemple du premier genre dans les développements consacrés par Boèce de Dacie à l'analyse de la proposition : *tout homme est nécessairement un animal*[1]. La position de Boèce est que cette proposition est fausse si aucun homme n'existe actuellement. Cette position est largement motivée par le dogme aristotélicien selon lequel la vérité des énoncés est une fonction de la réalité des choses. Tel aurait été en effet l'enseignement d'Aristote (*Catégories*, 5, 4 b 8-10) et celui-ci enveloppe une difficulté, puisque la vérité d'une proposition nécessaire est une « *veritas fixa* », alors que l'homme et l'animal sont des choses matérielles sujettes à la génération et à la corruption[2]. Seule la matière première est incorruptible (*Physique* I 9, 192 a 28-29), mais la proposition en question ne saurait être rendue vraie par la matière première[3] qui n'est pas assez déterminée. Elle ne peut pas l'être davantage par l'essence seule. Car, ajoute Boèce, la vérité du discours enveloppe une combinaison du sujet et du prédicat qui doit avoir son pendant dans les choses. La proposition affirmative signifie la composition d'un être avec un autre, la négation signifie la division (*Métaphysique*, 1011 b 23 -1012 a 28 et 1027 b 20-23). Qu'une proposition ne puisse être vraie et fausse conjointement procède du fait qu'une composition dans les choses ne peut être aussi une division dans les mêmes choses. Par suite, le problème peut être ramené à la question de savoir si la valeur de vérité de « tout homme est nécessairement un animal » doit ou non demeurer la même avant et après une éventuelle génération des hommes et des animaux, car la valeur de vérité n'est rien si elle n'est fondée par une inhérence *de re*.

La détermination de la vérité des énoncés par la supposition des termes a donc pesé très largement sur la question. Mais, à l'inverse, les auteurs les plus inventifs parvenaient à attribuer la vérité à certaines propositions dans lesquelles le sujet ne suppose pas. Dans « *Sortes fuit homo* » par exemple, Ockham reconnaît que, si Socrate n'est pas, le terme suppose pour ses signifiés passés ou possibles, qu'il est alors en supposition personnelle et

1. Boèce de Dacie, *Sophismata*, I : *Omnis homo est de necessitate animal*, (cf. Kretzmann, N. et Stump, E. (éds.) (1988), p. 480-487).

2. *Ibid.* p. 484.

3. *Ibid.* p. 488.

que la proposition peut être considérée comme vraie[1]. D'un point de vue métaphysique, ce genre d'analyse appelait une contrepartie importante afin d'éviter pour certaines propositions un engagement au *possibilia*. La solution consistait à faire porter la temporalité ou la modalité, non pas sur la copule, mais, de manière métalinguistique sur l'attribution du prédicat de vérité. Ainsi *Socrate peut mourir* est vraie si *Socrate est mort* peut être vraie et, plus généralement, une proposition temporalisée ou modale est vraie si le prédicat a été ou peut être vérifié de ce pour quoi le sujet suppose[2]. Qu'une telle tentative se soit pourtant révélée insuffisante ressort de la concession faite en passant, dans le *Commentaire des Sentences*, à l'ontologie des *possibilia*. Ockham écrit :

[6] Il faut savoir que *être* peut être entendu de plusieurs manières : soit pour l'être-exister, soit pour l'être qui se convertit avec l'étant auquel il ne répugne pas d'être dans la nature – mais il n'est guère usité dans ce sens – soit il est pris dans la proposition comme copule pour unir le sujet et le prédicat[3].

On retrouve ici la revue des différents sens de l'*esse* que nous avons déjà mentionnés chez Walter Burleigh. 1) l'*esse* est l'être actuel et signifie l'existence en acte de ce à quoi il est appliqué. 2) L'*ens* comme possible, concédé non sans scrupule par Ockham, sur lequel Leibniz a fondé sa solution au problème *de constantia subjecti* et qu'il a plus généralement considéré comme un des réquisits fondamentaux de toute prédication vraie[4]. Enfin 3) l'*esse* qui signifie *praedicari*, au sens où Ockham l'entend de manière volontairement restreinte dans la *Somme de logique*[5]. Dans le passage [8] cité plus haut (chap. I), Walter Burleigh ne distinguait que deux sens de l'*esse*, correspondant respectivement aux sens 1 et 3 donnés ici. Mais cette différence était signifiée syntaxiquement par la place de la copule dans la proposition. Leibniz reprend et modifie l'une et l'autre de ces classifications. Le travail important effectué sur les propositions *secundi adjecti* dans les *Recherches générales* et dans les textes logiques ultérieurs[6] peut en effet être interprété, non seulement comme une reprise – infidèle – de la classification qui existait traditionnellement sous cette dénomination, mais aussi comme une manière d'identification des sens 2 et 3 de [6]. S'il revient au même de prédiquer quelque chose d'un sujet et de

1. cf. SL II, chap. 72.
2. *In Libr. Periherm.* II, c. 5 § 4 et SL I, 72; II, 10. Cf. Michon, C. (1994), p. 312-315 dont nous nous inspirons.
3. *Opera Theologica*, IV, 538; Cité et traduit *in* : Michon, C, (1994), p. 331.
4. GI § 3, 43 et 45.
5. SL I chap. 32.
6. GI § 144-151, TLM 359-360 (C 233), TLM 368-369 (GP VII 212).

poser que le terme complexe composé de l'un et de l'autre est possible, autrement dit si l'on peut poser :

(4) quelque A est B $\leftrightarrow$ AB est ens [1]

il est devenu inutile de distinguer l'*esse* par lequel est affirmée l'inhérence d'un terme dans un autre et l'*esse possibile* par quoi des termes plus simples conviennent ensemble dans des termes plus composés. C'est principalement sur ce point que Leibniz s'écarte profondément d'Ockham et rejoint les conceptions défendues dans la nouvelle métaphysique jésuite.

Suárez

Dans les *Disputatio* XXXI, Suárez propose une solution au problème *de constantia subjecti* très proche de celle qu'on trouve dans *Recherches générales*. Suárez – comme Leibniz – ramène les trois sens de l'*esse* évoqués dans [6] aux seuls cas 1 et 2. Le débat sur l'existence des *supposita*, dit-il, est en partie obscurci par l'amphibologie du concept d'être, et par les variations correspondantes dans la signification de la copule. Lorsque nous formons une proposition, la copule peut signifier deux choses. Ou bien elle signifie « la conjonction actuelle et réelle des extrêmes dans une chose existante [2] » ou bien elle signifie que le prédicat est « *de ratione subjecti* ». Dans le premier sens, la vérité de la proposition dépend de l'existence des extrêmes et du temps, et les propositions dont la copule est ainsi comprise mais dont le sujet ne suppose pas sont toutes fausses. Mais selon l'autre sens de l'*esse*, la proposition est vraie même si les extrêmes n'existent pas, comme dans les vérités nécessaires et éternelles :

[7] En effet, puisque la copule, dans le sens en question, ne signifie pas l'existence, elle n'attribue pas aux extrêmes la réalité actuelle par soi, et par suite l'existence, c'est-à-dire la réalité actuelle, n'est pas requise pour sa vérité [3].

Certaines propositions universelles (dont la copule est employée dans ce second sens) n'ont pas de portée existentielle. Ce sont celles que l'on peut exposer par des hypothétiques [4]. Si l'on dit *abstrahendo a tempore* que

1. GI § 144-146.

2. « Primo, ut significet actualem et realem conjunctionem extremorum in re ipsa existentem, ita ut, cum dicitur *homo est animal*, significetur reipsa ita esse. » *Disp. met.*, XXXI, s. 12, n. 45.

3. « [...] quia cum copula est, in dicto sensu, non significet existentiam, non attribuit extremis actualem realitatem in seipsis, et ideo ad suam veritatem non requirit existentiam, seu realitatem actualem ». *Ibid.* Voir le commentaire de ce passage *in* : Courtine, J.-F. (1990), p. 243.

4. Selon l'autorité de Fonseca : lib. 5, c 5 q 1 et 2.

« l'homme est un animal », on dit aussi bien qu'il ne peut rien être fait qui soit un homme et qui ne soit pas un animal, ce qui est une variante de l'équivalence (1). Ce type de règle est classique depuis Boèce, qui le présente comme un simple jeu d'écriture :

[8] Il semble que dans certains cas la proposition prédicative et la proposition conditionnelle ne diffèrent que par le mode du discours (*quodam orationis modo*). Si quelqu'un disait : *l'homme est un animal*, il dirait aussi bien : *si c'est un homme, c'est un animal* (*si homo est, animal est*) ; ces propositions sont d'une certaine manière différentes par le discours, mais il semble que ce qu'elles signifient n'est pas différent [1].

En vérité, Boèce n'identifie pas purement et simplement les propositions hypothétiques et catégoriques. Selon les lignes 835 B-D du même texte, les hypothétiques peuvent être de deux sortes : « naturellement consécutives » ou « consécutives par accident ». Les hypothétiques par accident sont les propositions dans lesquelles l'antécédent et le conséquent sont vrais *eodem tempore* sans qu'il soit nécessaire de supposer une liaison plus forte de l'un à l'autre [2]. Dans le cas des hypothétiques consécutives « par nature » il existe au contraire, de l'antécédent au conséquent, une véritable *consequentia*. Ces propositions ont en général la forme « *si S est M, S est P* », ce qui les rapproche des propositions reduplicatives qui procèdent historiquement de l'analyse aristotélicienne du moyen terme [3]. Mais, ajoute Boèce, les hypothétiques consécutives par nature sont à leur tour de deux sortes : ou bien la conséquence est, pour ainsi dire, seulement nécessaire, ou bien elle l'est « par la position des termes ». Une conséquence seulement nécessaire est, par exemple : *Cum homo sit, animal est.* Il s'agit d'une conséquence nécessaire au sens où la chose en question ne peut pas être un homme si elle n'est pas un animal ; mais cette conséquence est *seulement* nécessaire dans la mesure où le fait, par exemple, que Socrate soit un homme, ne donne pas la cause pour laquelle il est aussi un animal [4]. Lorsque le fait que *S* soit *M* donne la cause selon laquelle *S* est *P*, alors Boèce parle d'une nécessité *per terminorum positionem* [5].

1. Boèce, *De syll hyp.*, P.L. 64, 832 C. Boèce ajoute plus bas le commentaire suivant : « In praedicativa igitur id spectabimus quod ipse homo animal sit, id est nomen animalis in se suscipiat. In conditionali vero illud intelligimus, quod si fuerit aliqua res quae homo esse dicatur, necesse sit aliquam rem esse quae animal nuncupetur. » (833 A).

2. L'exemple de Boèce est « cum ignis calidus sit, coelum rontundum est ». Ces hypothétiques accidentelles sont souvent considérées comme des instances du conditionnel matériel.

3. cf. Bäck, A. (1996), p. 113.

4. « Sed non idcirco animal est quia homo est, non enim idcirco genus est quia species est. » Boèce, *De syll hyp.*, *ibid.*

5. L'exemple d'une hypothétique nécessaire *per terminorum positionem* est : « si terrae fuerit objectus, defectio lunae consequitur ».

Le genre des propositions hypothétiques recouvre donc pour Boèce et pour la tradition qui en procède des instances du conditionnel matériel, des instances de l'implication stricte et, finalement aussi, des propositions causales. Que tous ces opérateurs aient été traités ensemble ne signifie pas qu'ils étaient confondus, mais plutôt qu'il partageaient la forme conditionnelle dont il est dit dans [8] qu'elle ne diffère de la forme catégorique que par le « mode du discours ».

Suárez ne semble pas reconnaître les conditionnelles *per terminorum positionem*, c'est-à-dire des propositions dont l'antécédent donne la cause de la liaison affirmée par le conséquent. Mais, d'un autre côté, il affirme que les propositions qui ont une portée existentielle sont celles dans lesquelles il existe une telle liaison causale [1] de sorte que la différence des deux auteurs peut passer pour une différence de mots. On est frappé pourtant par l'originalité et la profondeur des pages de Suárez. Ce qui est en effet visé par l'intrusion de cette question logique dans une *disputatio* métaphysique n'est pas très éloigné de ce par quoi, inversement, Leibniz s'est senti obligé de donner une dimension métaphysique à ses recherches logiques sur l'existence [2]. Car il demeure vrai, et Suárez le rappelle un peu plus haut, que l'essence et l'existence ne peuvent être conservées à part l'une de l'autre (« *disjunctae conservari* ») ou détruites séparément, fût-ce par une puissance infinie [3] et que sur ce point les nominalistes ont raison : entre l'essence actuelle et l'existence « il y a non pas une union mais une identité, qui ne peut être ni divisée ni dissoute. » Toute décision à propos du problème *de constantia subjecti* doit donc faire valoir sa compatibilité avec cette position métaphysique générale.

Concernant les propositions dont la copule signifie l'*esse-existere*, Suárez remarque que leur vérité relève de la causalité, selon la conception générale de l'exister comme « *esse extra causas* ». C'est par la causalité que peut être sauvegardée l'identité de l'essence et de l'existence. On montre en effet que l'essence créée, prise absolument, requiert une cause efficiente, tout comme « l'application » (*applicationem*) de l'essence aux existants singuliers et que, par suite, la vérité d'une proposition existentielle signifie l'identité dans la cause [4].

1. « Et in hoc eodem sensu, optime probant rationes proxime factae, veritatem harum enuntiationum pendere ex causa efficiente a qua pendet existentia extremorum. » *Disp. met.* XXXI, s. 12 n. 44.

2. GI § 73-74.

3. « Loquimur de potentia absoluta; nam secundum rerum naturas res est clarissima. » *Disp. met.* XXXI, s. 12, n. 7 p. 285.

4. « Quamvis enim non sit duplex actio vel efficientia, una, qua fit homo, alia, qua homo fit animal, tamen revera utrumque fit, quando homo generatur; solumque differt quia his verbis *homo est animal* significatur complexe prout a nobis concipitur, re autem

Le problème reste ouvert dans le cas des propositions essentielles. Il faut en effet admettre à leur propos une sorte de « portée essentielle », pour reprendre l'expression de Benson Mates[1], et considérer que le sujet commun de l'antécédent et du conséquent réfère à une essence réelle. Suárez distingue toutefois entre la connexion nécessaire qui peut être établie entre des *possibilia* rapportés à l'existence actuelle (*in ordine ad actualem existentiam*) et celle qu'on énonce entre des êtres de raison ou des fictions. Car, entre les premiers, il existe une connexion nécessaire « selon un rapport intrinsèque des extrêmes » et cette connexion est signifiée par la copule. Lorsqu'on dit par exemple : *l'homme est un animal rationnel*,

> [9] on signifie que l'homme a une essence réelle (*essentia realis*) ainsi définible, c'est-à-dire (ce qui revient au même) *esse tale ens*, ce qui n'est pas fictif mais réel, tout au moins possible, et c'est en cela que la vérité de ces énoncés dépend du pouvoir de rendre effective l'existence des extrêmes[2].

Dans le cas des fictions au contraire, il est possible que la prédication implique une connexion nécessaire, mais cette connexion est sans aucun rapport (même *de possibili*) à l'existant.

La conciliation suarézienne de la thèse nominaliste sur l'existence – ou mieux sur l'identité de l'essence et de l'existence – et du nécessaire engagement des propositions aux *possibilia* passe par le statut ontologique conféré aux *entia* en tant que porteurs d'une « essence réelle ». Que les *entia* soient ce dont parlent les propositions qui n'ont pas de portée existentielle – c'est-à-dire les conditionnelles et toutes celles qui peuvent y être ramenées – ne signifie pas qu'ils puissent être conçus à part de l'existence comme des fictions. Ils désignent ce qui peut être *in ordine ad existentiam*, c'est-à-dire exactement le sens 2 du passage d'Ockham cité en [6]. À cette condition seulement la connexion du sujet et du prédicat peut être conçue avec la force qui lui revient, c'est-à-dire comme une identité. Quelle peut bien être, poursuit en effet Suárez, cette connexion nécessaire entre des extrêmes qui n'existent pas ? Il n'est pas satisfaisant de dire qu'elle dépend d'une connexion correspondante dans l'exemplaire divin. Car la nécessité dépend de l'objet et non de Dieu.

ipsa fit simplici actione, qua in re fit homo et animal, quatenus in tali idem sunt. » *Disp. Met.* XXXI, s. 12 n. 44, p. 297.

1. Mates., B. (1986), p. 57.

2. *Disp. met.* XXXI, s. xii, n. 44, p. 297.

[10] Il semble que cette connexion ne soit rien d'autre que l'identité des extrêmes des propositions essentielles affirmatives [...] Car la vérité de toute proposition affirmative est fondée dans une identité ou unité des extrêmes qui, bien qu'elle soit conçue par nous de manière complexe au moyen de la conjonction du prédicat avec le sujet n'est rien *in re* si ce n'est l'entité de la chose. Or, puisque l'identité est une propriété de l'*ens*, [...] elle se trouve dans tout *ens* ou dans tout état de l'*ens*. Par suite, de même que l'homme existant et l'animal sont les mêmes dans la chose, de même l'homme possible, c'est-à-dire celui qui peut être objet de la science ou l'exemplaire de l'homme, entretient une identité avec l'animal pris selon le même rapport [1].

Il y aurait ainsi deux types de nécessité. L'une concerne l'étant-existant dans le rapport qu'il a avec sa cause, au sens où c'est le propre de l'existant d'être selon une cause. L'autre est conférée à la connexion des *possibilia* par l'identité de l'*ens* comme porteur de l'essence réelle. Ce que fait voir la réduction des catégoriques aux hypothétiques n'est pas autre chose que cela : de quelque manière qu'on la prenne, il faut un fondement à la prédication, c'est-à-dire une forme significative d'engagement ontologique. Leibniz sur ce point est un suarézien conséquent. Le *praedicatum inest subjecto* signifie pour lui qu'il existe une certaine connexion non arbitraire des éléments de la proposition, que celle-ci soit empruntée au cours ordinaire du monde (*necessitas ex hypothesi*) ou à l'identité des termes (*necessitas metaphysica*), de sorte que la vérité a toujours un côté matériel que la logique ne saurait négliger.

Constantia subjecti *et conversion*

Si le problème de *constantia subjecti* aboutit pour ainsi dire métaphysiquement à la problématique suarézienne de l'essence réelle, il a également suscité des solutions logiques nouvelles dont Leibniz pourrait s'être inspiré. Dans la scolastique tardive se sont en effet ajoutés à la question générale de la vérité des propositions comprenant des termes sans supposition, des problèmes plus particuliers relatifs à la conversion qui utilise la négation du prédicat (ou conversion par contraposition). Leibniz en reconnaît deux instances :

(5_1) Tout A est B $\rightarrow$ Tout non-B est non-A [2]

(5_2) Tout C est B $\rightarrow$ Aucun non-B n'est C [1]

1. *Disp. met.* XXXI, s. xii n. 46 p. 298.

2. GI § 99 : « *A est B* est identique à *A est non-non-B* (par 96), qui est identique à *aucun A n'est non-B* (par 87), c'est-à-dire à *aucun non-B n'est A* (par conversion de l'universelle négative), c'est-à-dire (par 87) : *tout non-B est non-A* = *A est B*, ce qu'il fallait démontrer ».

La contraposition était une inférence généralement considérée comme valide, mais on convenait aussi qu'elle devait être utilisée avec précaution dans le cas des propositions comportant un terme transcendant. Par exemple la proposition vraie :

(6) tout homme est un être

donnait (par (5_1) :

(7) tout non-être est un non-homme

qui est fausse, si l'on admet que toutes les propositions dans lesquelles le sujet ne suppose pas sont fausses (il n'y a pas de non-être). Le même genre de remarque était formulé sur les propositions dans lesquelles figurent des termes fictifs. *Quelque chimère n'est pas un animal* était tenue pour vraie – car c'est une proposition négative –, mais on pouvait en inférer la proposition fausse : *quelque non-animal n'est pas une non-chimère.*

Trois types de solutions sont mentionnés dans l'étude classique de Earline Ashworth sur les logiciens postmédiévaux[2]. La première solution consiste à poser en principe que les termes transcendants comme *être* ou les termes fictifs comme *chimère* ne peuvent pas être rendus infinis, c'est-à-dire ne peuvent être précédés du signe de la négation. La seconde possibilité (évoquée et critiquée par Enzinas[3]) consiste à utiliser les principes suivants : premièrement, on concède que les termes infinis peuvent être vérifiés à propos des êtres et des non-êtres. *Une chimère est un non-homme* est alors tout aussi vrai que *un âne est un non-homme*, ce qui signifie que l'on refuse toute portée existentielle aux UA. Deuxièmement, on suppose que l'on peut passer, sans autre forme de procès, de la négation prédicative à la négation propositionnelle, erreur dont Leibniz semble avoir hérité[4]. Enfin, la solution la plus souvent adoptée consistait à ajouter une condition *de constantia subjecti* sous la forme d'une prémisse supplémentaire qui posait l'existence des objets sans lesquels l'inférence en question n'était pas valide[5]. Cette solution était la plus raisonnable. Elle ne revenait pas à poser arbitrairement une référence pour les termes fictifs (ou à imaginer que les termes transcendant infinis supposent), mais à bloquer en quelque sorte l'inférence contestée quand la prémisse en question n'était pas valide[6]. Dans le cas, par exemple, de la conversion par contraposition de

1. *ibid.* et A VI iv 240 (C 91-92).

2. Sur tous ces points, nous suivons principalement cette étude : Ashworth, E. J. (1974).

3. *Primus tractatus,* xlii vo.

4. TLM 359-360 (C 233) et Lenzen, W. (1986).

5. Jean de Saint Thomas, *Cursus*, 194.

6. La même prémisse est utilisée par Leibniz en extension à la fin des *Quelques difficultés logiques* : « [...] il en va autrement si l'on dit : *tous ceux qui rient, s'il y en a, sont dans les hommes* ». TLM 373 (GP VII 216).

UA, on ajoutait une condition d'existence sur l'antécédent du conséquent. De cette manière, la conversion par contraposition de *tout homme est un être* est vraie seulement s'il existe quelque non-être, ce qui est faux. Ashworth note également que cette condition d'existence était tantôt exprimée, comme on peut s'y attendre, sur le mode du *secundi adjecti*[1], mais que tantôt aussi, par exemple chez Enzinas, elle était donnée par ce que Leibniz appelle une identique *tertii adjecti* – par exemple *un homme est un homme*[2] – qui se trouvait alors dotée d'une portée existentielle. Il suffit, pour se persuader de l'importance de ces textes, de constater que les *Recherches générales* proposent *mutatis mutandis* une convention identique, lorsque PA, *quelque A est B* devient *AB = AB* et signifie : *AB est une chose*[3]. On ne peut accorder sa confiance aux propositions, écrit Leibniz, même aux plus sûres d'entre elles, c'est-à-dire aux identiques. Il faut que « la réalité des notions soit établie ». Et cette réalité sera « sinon existentielle, tout au moins essentielle » ; à moins qu'on préfère pouvoir écrire « AB = AB » même quand AB n'est pas une chose, en considérant qu'ils peuvent coïncider « par l'impossible[4] ». Dans tous les cas, la vérité des propositions dépend de l'identité des notions. L'originalité de Leibniz aura été de concevoir cette identité à la manière de Suárez, tout en lui conservant les notations ordinairement reçues pour l'existence (à la manière d'Enzinas). Toute la zone de turbulence repérée par les logiciens sur la frontière de l'existant et du non-existant est donc aussi rencontrée par Leibniz, mais elle s'est entre-temps comme déplacée à la frontière du possible et de l'impossible.

Dans les études leibniziennes, on a rarement relevé que le passage le plus commenté dans lequel il est question de la portée existentielle des propositions évoque principalement la conversion :

[11] Une difficulté plus grande encore : une conversion qu'on accepte d'ordinaire semble parfois induire le faux. Il s'agit de la conversion par accident de l'universelle affirmative, par exemple dans le cas suivant : *tout rieur est un homme*, donc *quelque homme est rieur*. Car la première proposition est vraie même si aucun homme ne rit alors que la seconde n'est pas vraie si aucun homme ne rit actuellement. La première porte sur des possibles, la seconde sur des êtres en acte[5].

1. Par exemple : *quelque non-être est* (c'est-à-dire *existe*).
2. Enzinas, *Primus Tractatus*, xlii vo.
3. GI § 152.
4. GI § 153.
5. TLM 367 (GP VII 211).

L'importance de ces quelques lignes et la solution proposée un peu plus bas a généralement été exagérée[1]. Leibniz se contente en fait de préciser un point déjà évoqué : il n'est signifié par aucune marque du langage si une proposition utilisée porte sur des existants ou sur des possibles. *Est*, en particulier, a la même signification lorsqu'il est *tertium adjacens* et lorsqu'il est *secundum adjacens*. Mais ceci ne doit pas constituer une difficulté dans la syllogistique dans la mesure où les propositions particulières ne requièrent pas davantage que les universelles un sujet existant ; et surtout, parce qu'il est possible de donner à toutes les propositions d'une même séquence logique la même portée. Sur ce que doit être cette portée, Leibniz ne nous dit pas quelle est finalement sa position. Il ne précise pas, tout au moins dans ce texte, ce qu'il faut entendre par « une proposition porte sur des possibles ». Il indique seulement que les termes doivent être pris de la même manière dans les prémisses et dans les conclusions. Autrement dit : qu'elle soit immédiate ou complexe, une inférence ne doit pas modifier l'engagement des propositions.

Or le « *calculus ratiocinator* » permet de montrer que cette règle n'est pas nécessairement enfreinte par la contraposition des propositions dans lesquelles intervient un terme transcendant. Si l'on admet l'usage du terme « *ens* » tel qu'il est décrit dans les *Recherches générales*, la règle de contraposition s'en trouve au contraire clarifiée. Leibniz donne le tableau suivant[2] (où « *est res* » signifie la même chose que « *est ens* ») :

Quelque A est B	donne :	*AB est une chose*
Quelque A n'est pas B	donne :	*A non-B est une chose*
Tout A est B	donne :	*A non-B n'est pas une chose*
Aucun A n'est B	donne :	*AB n'est pas une chose*

L'expression de UA permet alors de prouver (5_1) de la manière suivante[3] :

(i)	Tout A est B	P_1
(ii)	A non-B n'est pas une chose	expression de P_1 en *secundi adjecti*
(iii)	non-B A n'est pas une chose	par la commutativité de la conjonction[4]
(iv)	tout non-B est non-A	par l'équivalence du *secundi* et du *tertii adjecti*

1. Cf. Burkhardt, H. (1980).

2. GI § 151.

3. La démonstration qui suit n'est pas donnée par Leibniz. Nous nous inspirons d'une démonstration analogue pour la conversion simple : TLM 360 (C 233).

4. Cf. par exemple *Suppléments à l'échantillon de calcul universel*, TLM 92 (A VI iv 289, GP VII 222).

La même démonstration peut être donnée pour (5_2)[1]. D'un point de vue leibnizien la difficulté rencontrée dans la contraposition des propositions transcendantes ((6)-(7)) procède donc d'un traitement logique erroné du terme « *ens* ». Ce terme ne peut être considéré comme un prédicat de premier ordre auquel on appliquerait une négation prédicative. Le tableau ci-dessus ne donne pas seulement une expression caractéristique nouvelle des propositions simples. Il fixe aussi le comportement de « *ens* » relativement à la négation. C'est pourquoi Leibniz considère que ce qu'il appelle sa « réduction », c'est-à-dire l'expression des propositions donnée dans ce tableau ou dans une de ses variantes, lève une ambiguïté de la copule importée de la langue naturelle dans la langue formelle[2]. Si la proposition (6) ne peut être convertie comme les UA, c'est qu'elle n'est pas une UA. *Tout homme est un être* ne peut être considérée comme *tout homme est un animal*. La seconde dit l'inhérence d'un terme dans un autre, la première la possibilité du terme sujet. Que cette possibilité puisse elle-même être exprimée par l'inhérence ne justifie nullement une conversion de cette nature ; cela permet au contraire de comprendre la nature de l'erreur qu'elle renferme.

Existence, existence conditionnelle et possibilité

Un objet seulement possible suffit à attribuer la *constantia subjecti* à une proposition. Sont par suite déclarées fausses les propositions dont le terme-sujet n'est pas une *res*, cette *res* étant de son côté définie comme ce qui peut être pensé distinctement sans contradiction[3]. L'impossibilité des termes fournit un caractère ontologique propre à justifier la fausseté d'un énoncé[4] sans engendrer les difficultés liées à l'inexistence des *supposita*.

1. *Tout C est B*, donc *C¬B ¬est ¬ens*, donc *¬BC ¬est ¬ens*, donc *aucun ¬B n'est C*.

2. « Les mots de la langue sont donc ambigus mais notre réduction lève cette ambiguïté. » TLM 371 (GP VII 214).

3. GI § 153 : « Mais ceci présuppose que toute proposition dans laquelle intervient un terme qui n'est pas une chose est niée. Ainsi, il reste que toute proposition est toujours vraie ou fausse, mais désormais toute proposition à laquelle il manque la *constantia subjecti*, c'est-à-dire un terme réel, est fausse ». « *Res* », « *realis* », selon l'usage dans des tables de définitions catégorielles, signifie conjointement possibile et pensable : « Aliquid est quicquid cogitari potest. Nihil est quicquid cogitari non potest. Res est quae distincte cogitari potest » A VI iv 27.

4. GI § 32bis : « *B non-B* est impossible ; si *B non-B* = *C*, alors *C* est impossible. Dans l'ordre des incomplexes, impossible signifie non-être, dans l'ordre des complexes, il signifie faux. » « Par une lettre fausse j'entends soit un terme faux (c'est-à-dire impossible, qui est un non-être), soit une proposition fausse. De même une lettre vraie peut être comprise soit comme un terme possible soit comme une proposition vraie. » GI § 57.

La possibilité est donc clairement apparue comme une condition nécessaire dans la constitution de la norme du vrai. Mais l'analyse du cheminement de pensée lié à la rédaction des *Recherches générales* montre que le statut exact de cette condition n'a pas été réglé d'emblée. La question de savoir s'il faut ou non attribuer une valeur de vérité aux propositions qui contiennent un terme impossible a été une des principales difficultés rencontrées. Leibniz a opté au cours de l'écriture de son texte pour une présomption de possibilité de tous les termes ou de tous les concepts désignés dans le langage. A pesé dans la décision le fait que les principes logiques les plus fondamentaux – par exemple que des contradictoires ne peuvent pas être vrais conjointement – semblaient perdre leur validité lorsque cette condition n'était pas remplie[1].

Un objet seulement possible n'est pas autre chose qu'un concept. Il est difficile de savoir si c'est le principe d'inhérence conceptuelle en tant que principe fondateur de la théorie de la vérité qui a imposé cette vue, ou bien si, au contraire, Leibniz a considéré qu'un tel principe était un moyen sûr de sortir des apories médiévales, quitte à en payer le prix du côté de l'ontologie. Mais dans la logique comme dans l'ontologie, la mutation s'était déjà produite avant lui. L'admission des possibles au rang d'*entia*, le postulat d'existence sur les notions mentionné plus haut, voilà autant d'événements philosophiques solidaires dont le *praedicatum inest subjecto* pourrait être la formule résumée.

Nous savons aussi grâce aux travaux de Earline Ashworth sur la scolastique tardive, que certains fragments logiques anonymes de la fin du XVe siècle présentent une conception conceptualiste de la prédication qui pourrait avoir été conçue par ses auteurs comme la solution aux problèmes évoqués ici. Ashworth a en particulier établi le passage suivant :

[12] [...] Même selon la supposition que Socrate n'est pas, *Socrate est animal* est vrai ; ceci est nié par les modernes au motif que, selon eux, ce verbe *est* a toujours une portée existentielle. Alors le sens de la proposition est *Socrate est animal*, c'est-à-dire *Socrate existe animal*. Mais cela est faux car dans les propositions avec *est tertio adjacente* le verbe *est* ne signifie pas l'existence mais la conformité des extrêmes entre eux[2].

Que le verbe être *tertio adjacente* soit considéré comme un syncatégorème sans portée existentielle, voilà qui est assez traditionnel. Ce qui

1. En marge du § 3 de GI, Leibniz a noté : « Tout ceci s'entend à condition que les termes soient possibles; car, dans le cas contraire, il n'y a ni vrai ni faux dans les propositions où les termes interviennent » ; voir aussi GP I 337 et TLM 188-191.

2. Cologne, c vo, cité et établi *in* : Ashworth, E. J. (1974), p. 257.

l'est moins, c'est l'idée selon laquelle la subjection et la prédication sont de nature tellement conceptuelle, que la vérité d'un énoncé devient totalement indépendante des individus dénotés par les noms propres ou subsumés par les concepts qui y figurent[1]. L'*esse* reçoit ainsi – à nouveau – trois significations différentes. La définition dit l'*esse* au sens où elle donne l'essence ou la nature de la chose. L'*esse secundo adjacente* signifie l'actualité et sur ce point la logique des anciens s'accorde avec celle des modernes[2]. Enfin, l'*esse* dit simplement la composition des extrêmes, compte non tenu d'une hypothétique composition correspondante dans les choses. Lorsqu'on dit : *Adam est un animal*, on dit donc quelque chose de vrai bien que Adam n'existe plus, car le sens de l'énoncé est que le prédicat *animal* « ne répugne pas (*non repugnat*) au concept d'Adam ». La raison de ceci, dit encore le texte, « est que la composition consiste dans quelque accident de la raison convenant aux concepts des choses et non aux choses qui existent en dehors de l'âme. Donc le concept d'homme peut être prédiqué du concept d'Adam avec vérité même si Adam n'existe pas[3] ».

La position de Leibniz n'est pas différente. Tel est en effet le sens qu'il faut donner à l'utilisation de l'équivalence (1_2) selon les *Nouveaux Essais* :

[13] Les scolastiques ont fort disputé *de constantia subjecti*, comme ils l'appelaient, c'est-à-dire, comment la proposition faite sur un sujet peut avoir une vérité réelle, si ce sujet n'existe point. C'est que la vérité n'est que conditionnelle et dit qu'en cas que le sujet existe jamais, on le trouvera tel[4].

Tout homme est nécessairement un animal même si aucun homme n'existe actuellement. Il suffit que la proposition catégorique puisse être transformée en une conditionnelle de la manière suivante :

(8) tout A est B $\leftrightarrow$ s'il existe quelque chose qui est A alors cette chose est B.

Cependant, cette équivalence doit être considérée comme une solution partielle et provisoire, car un certain nombre de questions demeurent en suspens. Comment faut-il comprendre la condition d'existence à droite de (8) ? Est-ce que cette condition ne suppose pas l'usage au moins implicite d'une variable sur un domaine d'objets ?

1. « Et quia res concepte subiiciuntur et praedicantur in enunciationibus et non res ad extra. Et ergo sive sortes sit sive non sit semper est animal et etiam homo. » *Ibid.*

2. « Antiqui concedunt cum modernis. » *Ibid.*

3. « Ratio huius est quia compositio est quoddam accidens rationis conveniens rebus conceptis et non rebus extra animal existentibus. Ergo homo conceptus potest predicari de Adam concepto vere. Licet Adam non existat ad extra. » *Ibid.*

4. NE IV xi § 13.

On notera tout d'abord que (8) ne porte pas sur une existence actuelle. Ceci reviendrait à attribuer une portée existentielle à toutes les universelles affirmatives, ce qui n'est pas la position de Leibniz. On voit mal en effet comment le problème *de constantia subjecti* pourrait être résolu de manière originale par une instance des propositions conditionnelles, si cette solution consiste à imposer une condition d'existence très forte sur toutes les propositions. Leibniz se dirige au contraire vers une solution qui reconnaît au « quelque chose » (*aliquid*) à droite de (8) une référence dans l'ordre de la *res*, c'est-à-dire du possible. Mais, deuxièmement, Leibniz aurait aussi hésité à interpréter (8) comme une condition sur une *existence possible*. Il est vrai que la distinction des propositions essentielles et des propositions existentielles, interprétée comme une distinction modale, n'interdit pas ce genre d'expression. Il est vrai aussi que les possibles sont dans l'entendement de Dieu et que cette manière d'être peut également être visée par l'*existens*. On évitera pourtant de les faire tomber dans l'extension de ce concept. Car, comme il est dit dans les *Recherches générales*, on ne doit admettre pour le terme *existens* qu'une seule signification, celle qui implique l'actualité de la chose et non du seul concept :

> [14] [...] je ne veux pas dire que *quelque chose existe* signifie *est possible*, c'est-à-dire une existence possible, car une telle existence n'est pas autre chose que l'essence. Or nous concevons l'existence comme actuelle, c'est-à-dire comme quelque chose qui est ajouté à la possibilité ou à l'essence et dans ce sens, une existence possible à venir serait une actualité séparée de l'actualité, ce qui est absurde [1].

L'univocité du terme « existence » est un thème ancien que l'on trouve déjà dans les *Notes parisiennes*. En 1676, la spécificité de l'existence résidait dans son caractère assignable par nous, et cette assignation ne pouvait avoir lieu que par un ordre saptio-temporel commun. Supposer un autre *genre* d'existence, remarquait alors Leibniz, revient à faire exister la chose dans un *autre* temps et dans un *autre* espace. Or ce qui est requis pour l'existence ce n'est pas seulement un cadre spatio-temporel quelconque – un monde – c'est aussi que ce qui existe dans ce cadre soit relié à nous d'une manière telle, que nous puissions donner son sens propre à l'expression : « cette chose existe maintenant [2] ». Les expressions indexicales de ce genre ont en effet un sens propre pour nous et un sens seulement analogique

1. GI § 73.

2. « Introduire un autre genre de choses existantes, et comme un autre monde également infini, c'est abuser du nom d'existence, car on ne peut pas dire si ces choses existent ou non maintenant. Or l'existence telle que nous la concevons enveloppe un temps déterminé ; nous disons que quelque chose existe seulement lorsque nous pouvons à un certain moment du temps dire *cette chose existe maintenant*. » TLM 28 (A VI iii 581).

lorsqu'elles sont appliquées à d'autres mondes. Nous comprenons ce que peut être ce sens analogique lorsque nous imaginons d'autres esprits qui ne seraient reliés à nous en aucune manière et pour lesquels il serait vrai de dire « cette chose existe maintenant ». C'est pourquoi il revient au même de se demander s'il peut y avoir d'autres mondes et s'il y a des esprits qui ne communiquent pas avec les nôtres [1].

L'actualité propre à l'existence a donc été conçue originairement par Leibniz comme une propriété relationnelle complexe. Chaque existant est donné à un esprit selon une relation qui se manifeste essentiellement par l'usage des indexicaux dans les phrases qui y réfèrent. Dans le cas d'une existence présente et proche, cette relation suffit. Dans le cas d'une existence éloignée ou passée, deux situations sont possibles. Ou bien la chose est exhumée par un travail présent, lorsque par exemple nous étudions les états antérieurs de la terre et, dans ce cas, la relation directe à un esprit n'est pas donnée mais construite. Ceci signifie que l'existence est une propriété relationnelle *de jure* et non *de facto* puisqu'elle s'étend à tout ce qui pourrait être connu de cette façon et n'est nullement limitée par un état assignable des connaissances humaines [2]. Ou bien l'esprit auquel la chose est donnée directement doit à son tour être relié à nous, mais cette seconde relation a lieu alors sur un mode propre aux esprits. Leibniz n'est pas très disert sur ce point mais on peut imaginer qu'il pensait aux relations établies par le témoignage, l'archive, le récit de voyage, etc. Les limites précises qu'on doit accorder à l'actualité en tant que propriété de l'existence sont donc conçues à partir de la nature et du dégradé des relations de l'esprit aux choses et des esprits entre eux. Si le récit d'un événement passé est parvenu jusqu'à moi, c'est qu'il existe une liaison – causale – entre l'événement en question et ma croyance dans l'existence des choses qui y interviennent. L'actualité n'est pas autre chose que le nom de cette liaison ; et celle-ci n'est pas de même nature – causale – lorsque l'événement est seulement possible et a lieu dans un « autre monde ». C'est la raison pour laquelle on évitera de parler de l'existence des *entia* seulement possibles. Quant aux personnages

1. « Hinc porro sequitur infinita alia saptia mundosque prorsus alios esse posse, ita ut inter hos nostrosque nulla futura sit distantia, si scilicet sint quaedam mentes quibus alia appareant nihil congruentia cum nostris. [...] Quicunque quaerit an alius possit esse mundus, aliud spatium, is hoc tantum quaerit an aliae sint mentes nihil nostris communicantes. » A VI iii 511-512. Ce passage est longuement commenté dans Castañeda, H.-N. (1978).

2. « Bien que les conjectures sur l'enfance du globe paraissent plausibles et contiennent les semences d'une science nouvelle que l'on peut appeler la géographie naturelle, nous n'avons pas la prétention de l'établir mais plutôt d'en donner un essai ; [...] et quoi que *les vestiges du monde primitif* nous offrent *dans l'état présent des choses*, des indications uniformes, nous ne doutons pas que nos descendants n'en jugent encore mieux que nous. » *Protogaea*, § 5, p. 23.

de roman, ils sont également donnés au présent à l'esprit du lecteur, mais on peut supposer que l'actualité – et donc l'existence – qui se trouve par là constituée est celle du livre qui les rapporte comme fictions et non celle des individus particuliers dont le livre contient la biographie.

L'univocité du terme *existant* défendue dans le passage [14] est en partie une survivance des brouillons de 1676. Dans les limites du contexte des années 1680, on comprend bien qu'une « actualité séparée de l'actualité » serait absurde puisqu'elle constituerait une contradiction dans les termes. Mais on ne saurait saisir la raison pour laquelle le trait propre à l'existence elle-même est conçu par l'actualité – alors qu'on se situe dans une ontologie où le possibilisme est largement dominant – si l'on oublie que cette ontologie a été d'abord traversée de considérations relatives aux esprits et aux songes.

Il reste que l'univocité du terme *existant* ainsi déplacée de son site devient curieusement limitative. Elle exclut par soi la réalité formelle des notions telles qu'elles sont en Dieu et auxquelles nous avons accès par les vérités éternelles. L'existence des *necessaria*, en tant que réalités indépendantes de nous, est pourtant reconnue dans de nombreux fragments, surtout à partir de 1677 lorsqu'est évoquée dans le détail la preuve de Dieu par *le fait* de la connaissance *a priori* des vérités éternelles[1]. Plus grave, l'univocité du terme *existant* semble exclure de son extension les concepts eux-mêmes, et, en général, tout ce qui renvoie à l'infinité de la science de Dieu plutôt qu'à la puissance de l'acte créateur. Il y a là quelque chose qui s'accorde mal avec le « terminisme » évoqué plus haut à propos de cette science et qui complique singulièrement la nature de la correspondance requise pour le prédicat de vérité. Si l'on admet que l'existence est plus que l'essence, qu'elle s'en distingue par un caractère d'actualité ainsi défini, alors on voit mal comment on peut encore prétendre que Dieu conçoit toutes choses « dans les termes » au point que la vérité des phrases dépend uniquement de la complexité des notions.

Quel est le contexte logique de la remarque [14] ? Il s'agit de mettre au jour, au moyen du calcul, une différence de l'*ens* comme possible et de l'*esse-existere*. Dans cette partie des *Recherches générales*, Leibniz constate que la possibilité peut être définie dans et par le calcul, alors que l'existence ne le peut pas. Soit la définition :

(9) $P(A) =_{déf} A \neg est \neg A$

1. Il est vrai et même nécessaire que le cercle est la figure isopérimètre dont l'aire est la plus grande. Il en est ainsi même si rien n'existe en dehors du cercle, ni l'homme ni les choses créées, ni le monde. Puisque donc cette vérité ne dépend pas de notre pensée, il est nécessaire qu'il y ait quelque chose de réel en elle. Il faut donc qu'existe un être nécessaire. A VI iv 17-20, (voir Mugnai, M. (1992), p. 20).

où *A* est un terme quelconque et *P(A)* signifie : *A est possible*, ou *A est une chose*, *A est ens*[1], selon l'identification de *ens* et *res*[2]. Au moyen de (9) on peut prouver un ensemble de théorèmes dont l'expression formelle ne requiert que les caractères ordinairement reçus depuis *l'Échantillon de calcul universel*[3]. (9) est ainsi conçu comme une définition, c'est-à-dire comme l'introduction d'un opérateur dans le langage, et, le plus souvent, la notation retenue est : « (...) *est ens* ». Cette définition n'implique pas un élargissement de la langue formelle, car la possibilité est analysable au moyen de l'inhérence conceptuelle et de la négation. Le possible est prédicable et analysable. Nous avons tout loisir de lui faire correspondre un terme quelconque (*¬(A¬A)*). Mais sa symbolisation caractéristique rigoureuse requiert l'usage d'une expression ouverte :

(10) P(...) ↔ (...) ¬est (A¬A)[4]

où (...) désigne une variable conceptuelle. Or Leibniz constate dans les *Recherches générales*, qu'un traitement analogue ne peut être réservé à l'interprétation existentielle de l'*esse*. Lorsqu'on écrit :

(11) Pierre reniant est existant[5]

il n'existe aucune substitution ou modification, aucune introduction dans le langage d'une séquence caractéristique valant comme *definiens* du terme *existant*, de sorte que ce qui est dit par là doit être considéré comme irréductible. Ceci ne signifie pas pour autant que l'existence ne peut être conçue comme une propriété, mais bien que, s'il s'agit d'une propriété, celle-ci est d'une nature différente de la possibilité désignée en (10). C'est pourquoi, dans les *Recherches générales*, l'existence est mentionnée à plusieurs reprises, selon des modalités parfois très différentes, mais toujours comme un terme extra-logique. Dans le prolongement de la doctrine de 1676, il est dit que l'existence doit être conçue comme le corrélat d'un esprit. Est possible ce qui peut être compris, existe ce qui peut être perçu, selon un parallèle hérité des tables prédicamentales de Wilkins[6]. Leibniz accorde de plus que l'essence est composée de réquisits *ad*

1. GI §§ 32, 43, 69, 191.

2. Voir Suárez, *Disp. Met.* III, s. ii, n. 4 et le commentaire *in* : Courtine, J.-F. (1990), p. 254-256.

3. par exemple : A est B → ¬P(A¬B), (C 407).

4. Voir les deux essais successifs A VI iv 807 et 810 (C261) où Leibniz envisage de se passer des termes *possible* et *impossible* au moyen de définitions dans l'usage.

5. GI § 71.

6. « Aliquid est quicquid cogitari potest. Nihil est quicquid cogitari non potest. Res est quae distincte cogitari non potest. Existit quae distincte percipi potest, alioqui erit apparens tantum. [...] (Existentia) est distincta rei perceptibilitas seu sensibilitas distincta. » Cette liste de définitions est empruntée au texte de Wilkins *Essay towards a Real Character and a Philosophical Language* : A VI iv 27-28. Voir aussi TLM 81-83.

existentiam, tout comme l'essence réelle de Suárez[1]. Mais à cette détermination vient s'ajouter un caractère qui procède de la doctrine du choix de Dieu. Si Dieu ne peut choisir que le plus parfait, et si la perfection admet un maximum, l'existence peut être désignée comme le résultat de ce choix. Existe alors : « ce qui est compatible avec plus de choses que tout autre chose incompatible avec lui[2] ». Enfin, si l'on veut donner à tout cela l'unité d'un concept unique, on fera de l'existence une propriété relationnelle dont le terme est Dieu en tant qu'esprit. Et comme le plaisir pris à l'harmonie des choses, c'est-à-dire à la perception d'un maximum, fournit depuis la *Confessio philosophi* l'exemple par excellence d'une relation de ce genre, on écrira :

[15] Existe ce qui plaît à un esprit (existant) (on peut ne pas ajouter *existant* si l'on recherche une définition et non une simple proposition) et qui ne déplaît pas (absolument) à l'esprit le plus puissant[3].

L'existence se trouve ainsi définie selon le triangle harmonique des esprits finis, de l'Esprit Infini et du monde. Comme les transcendantaux, le Vrai et le Bon, elle est apparente pour nous et en soi pour Dieu. Qu'elle soit principalement donnée à la perception[4] n'est pas ontologiquement pertinent; le possible est de la même manière conclu par nous à partir du perçu lorsque l'analyse qui en apporterait la preuve passe notre pouvoir de connaître[5]. Ce qui l'est davantage, c'est le principe d'une actualité qu'une ontologie seulement formelle peine à décrire, par quoi la logique a tendance à se tourner vers un registre spécifique qu'il faut bien appeler celui de son interprétation. Toutefois l'univocité du terme *existant* telle qu'elle est décrite dans le passage [14] ne remet pas fondamentalement en cause le principe d'une doctrine de la vérité fondée sur la correspondance entre les phrases et les concepts. Que l'existence soit une propriété relationnelle complexe, conçue tantôt par la relation de compatibilité, tantôt par une

1. Dans un brouillon de 1689 il utilise systématiquement l'expression « *existiturientia essentiarum* » : « Neque enim si nihil existituret ratio esset existendi. Jam porro ratio reddi non potest cur unum possibile pro alio sit existuriens. Posita vero existiturientia omnium, sequitur existentia quorundam, cur enim omnia coexistere non possint, sequitur existientia eorum per quae plurima coexistunt. » A VI iv 1634.

2. GI TLM 211, (C 360).

3. GI § 73.

4. « Existit quod percipitur consentienter seu ita ut non inferat contradictionem cum aliis quae percipiuntur. [...] A priori aliud principium existentiae est, nempe consentiens perfectissimo, seu quod non posito series rerum non esset perfectissima. » A VI iv 864-865.

5. « [...] il suffit qu'existe un des deux semblables pour que l'être incomplet, c'est-à-dire la dénomination commune, soit dit possible. Cette propriété semble d'ailleurs fort utile : il suffit par exemple qu'il existe une seule sphère pour qu'on puisse à bon droit dire que toute sphère est possible ». GI § 61.

relation à l'esprit en général – et, éventuellement, comme en [15], par un mixte des deux – cela n'interdit nullement de maintenir que la vérité de toutes les propositions dépend de relations conceptuelles. L'existence des objets dont on parle n'ajoute rien aux propriétés qualitatives énoncées par les termes et reliées par la proposition. Pour chaque relation tombant entre des existants il y a une relation correspondante entre des notions [1] et pour cette raison il n'est pas insensé d'affirmer, comme le fait parfois Suárez [2], que l'*esse* copulatif et l'*esse-existere* sont quasi-identiques [3] ou que, tout au moins, ils n'impliquent aucune différence du côté des conditions de vérité.

Doit-on appliquer cette univocité du terme *existant* à la phrase : « en cas que le sujet existe jamais » (dans [13]) et à la condition d'existence posée à droite dans la formule (8) ? Ou bien y a-t-il malgré tout un sens *logique* plus faible du terme ? Dans l'un et l'autre de ces cas, on peut montrer que l'existence *n'est pas* ce qui est visé dans [13] et [14] mais qu'elle désigne l'usage conditionnel d'un concept tautologique. On en trouve un emploi approchant dans le texte *Specimina calculi rationalis*. À propos de l'obversion, c'est-à-dire la négation de l'UA utilisée dans la démonstration de (2) :

(12) $A \neg \text{est } B \leftrightarrow QA \text{ est } \neg B$

Leibniz donne la démonstration suivante (de gauche à droite) [4] :

(i)	$A \neg \text{est } B$	P_1
(ii)	« Φ » est faux $=_{déf}$ Φ est L… B ¬B	D_1 [5]
(iii)	$P(A) =_{déf} A \neg \text{est } B \neg B$	D_2 [6]
(iv)	« A est B » est faux	par P_1 et la signification de « ¬ » [7]
(v)	$P(A \neg B)$	par la signification de « faux »
(vi)	$Q = \neg B$	parce que Q peut être choisi comme on veut

1. Cf. la mise au point *in* : Castañeda, H.-N. (1975).

2. « illa locutio homo existit sempliciter dicta non reddit sensum compositum, id est homo est existens, sed simplicem et absolutum ». Suárez, *Disp. met.*, p. 299.

3. « *Est* de individuis enuntiatum significare solet *existit*, ut Petrus est vivens. Possunt tamen aliqua enuntiari de individuis, quae nec sunt nec erunt nec fuerunt, ut Argenis polyarchi est rationalis; vel Archombrotus homo est animal. In veris individuis existentibus omnes propositiones etiam essentiales sunt simul existentiales. » A VI iv 1633 (C 272)

4. « Plus haut au § 9 nous avons dit qu'il fallait démontrer que *A n'est pas B* et *QA est non-B* coïncident, c'est-à-dire qu'il revient au même de dire *A n'est pas B* et *il existe Q (datur Q) tel que QA est non-B*. S'il est faux que *A est B*, alors *A non-B* est possible (par 6). Qu'on appelle *Q* : *non-B*. Donc *QA* est possible. Donc *QA est non-B*. Donc une fois posé qu'il est faux que *A est B* on montre que *QA est non-B*. On montre au contraire *QA est non-B donc il est faux que A est B*. En effet, s'il était vrai que *A est B*, *B* pourrait être substitué à *A* et l'on aurait *QB est non B* ce qui est absurde. » A VI iv 809-810.

5. « Falsa enuntiatio si inde sequitur *A = L … B non-B*. » A VI iv 807, § 6.

6. « Si *A* explicando prodit *B non-B*, A est impossibile. Vel ecthetice magis si *A = L … B non-B, A est impossibile.* » *Ibid.* § 1.

7. « Idem est dicere : *propositio A est B est falsa* et dicere : *A non est B.* » A VI iv 808, § 10.

(vii) P(QA) par substitution des identiques dans les lignes précédentes
(viii) QA est ¬B par le choix de Q.

Cette démonstration est intéressante pour nous dans la mesure où elle explicite le sens de l'expression logique : « il existe Q tel que … (*datur Q…*) » La ligne (i) est une universelle négative exprimée dans l'algèbre des concepts. Les lignes (ii) et (iii) donnent la réversibilité de l'impossible et du faux, ainsi qu'une réduction métalinguistique de l'impossibilité. On notera que (ii) requiert que la proposition Φ soit traitée comme un terme, afin qu'à son propos on puisse écrire : *Φ est L… B ¬B*, où la copule conserve le sens d'une inhérence conceptuelle[1]. (iv) utilise le principe d'une conception métalinguistique de la négation évoquée au début des *Recherches générales*[2]. (iv) autorise en outre le passage de l'universelle négative au terme complexe modalisé donné à la ligne (v) : *P(A¬B)*. (vii) enfin permet de s'assurer que le choix opéré en (vi) (*Q* = ¬*B*) permet encore d'écrire *QA* et donc la conclusion recherchée *QA est* ¬*B*. Le choix opéré sur *Q* suffit en effet pour la conclusion *à condition que QA soit possible*. Ce que la démonstration établit principalement n'est donc pas l'implication :

(13) $Q = \neg B \rightarrow QA \text{ est } \neg B$

qui semble aller de soi[3], mais plutôt quelque chose comme :

(14) si *Q* = ¬*B*, alors il existe un concept *QA* tel que *QA est* ¬*B*.

Que l'on tienne compte alors de (9) et de (10) et il apparaît que la démonstration qui vient d'être restituée repose sur :

(15) $Q = \neg B \wedge A \neg \text{est } B \rightarrow P(QA)$
$P(QA) \wedge Q = \neg B \rightarrow QA \text{ est } \neg B$

La preuve leibnizienne de l'obversion (que les logiciens avaient l'habitude de considérer comme une inférence simple) est donc en vérité principalement un argument de possibilité. On peut avancer par généralisation que, le plus souvent, lorsque Leibniz écrit dans un texte logique : « il existe

1. La réversibilité des termes et des propositions est une des thèses fondamentales de GI. Voir par exemple le passage suivant, où elle est appliquée à l'impossibilité : « Je dis que quelque chose est impossible, c'est-à-dire contient une contradiction, soit s'il s'agit d'un terme incomplexe qui contient *A non-A*, soit s'il s'agit d'une proposition qui énonce la coïncidence entre des termes dont l'un contient le contradictoire de l'autre, ou bien contient un terme incomplexe impossible. » GI § 4 (note marginale).

2. GI § 1.

3. Leibniz n'en donne pas de démonstration. On peut ajouter, en s'inspirant de fragments apparentés : *Q* = ¬*B*, donc *Q est* ¬*B* (par la définition de la coïncidence), donc *QA est* ¬*BA* (par *B est C* → *AB est AC*, donné en TLM 94 (GP VII 223)), donc *QA est* ¬*B* (par la « proposition fondamentale de la caractéristique » : *A est BC* → *A est B* (A VI iv 154), ou par : *A est B* ∧ *A est C* ↔ *A est BC* (GI § 35)).

Q tel que» (ou tout autre caractère désignant un terme indéfini), il veut simplement préciser que le théorème comporte une condition de possibilité dont la démonstration doit tenir compte[1]. On peut même faire un pas de plus. Nous pensons en effet que dans le passage [13] des *Nouveaux Essais*, l'expression «en cas que le sujet existe jamais» doit être comprise de manière analogue. Ceci signifie que le problème *de constantia subjecti* peut être résolu par le biais des propositions conditionnelles, pourvu qu'il soit conçu comme un problème *de possibilitate terminorum*. Autrement dit, lorsque Leibniz écrit *potentialiter*: «si quelque chose existe jamais, qui tombe sous *A*...» il pense aussi bien: «s'il existe un concept *A*...», c'est-à-dire, dans le calcul: *P(A)*, *A est ens*. Que *A* subsume un individu unique ou une multiplicité, qu'il soit un concept complet ou incomplet, qu'il ait même une extension nulle, dans tous les cas la condition *P(A)* suffit pour que *Si A est S alors A est M* ait la même valeur de vérité que *S est M*, ce qui est requis dans l'équivalence (1_2)[2].

Si l'actualité, conçue comme une propriété relationnelle, fonde l'uni-

1. Fred Sommers affirme qu'un des avantages non négligeable de la logique de Leibniz consiste dans le fait que celle-ci n'a pas besoin de règle d'inférence particulière pour la généralisation existentielle et pour l'instantiation universelle. L'une comme l'autre peuvent être prouvées, selon lui, par des syllogismes ordinaires au moyen de la quantité sauvage (Sommers, F. (1976)). Cette position néglige les preuves de possibilité comme celle qui est isolée ici.

2. S'il fallait rapprocher davantage l'expression leibnizienne de son pendant quantificationnel (1_1) (*tout A est B* $\leftrightarrow \forall x\, (Ax \supset Bx)$), il faudrait ajouter dans [13] une condition de complétude du terme sujet de sorte que *X est M* puisse être interprétée comme une proposition atomique. C'est ce que propose Lenzen *in*: Lenzen, W. (1991). Dans l'algèbre de Leibniz, l'équivalent conditionnel de UA serait alors: *P est M* $\leftrightarrow \exists X$ *(X est P* $\supset$ *X est M)*; où X est une variable sur les concepts individuels complets. Il faut bien reconnaître qu'il est tentant d'interpréter certaines tournures de Leibniz de cette manière. Par exemple ce passage des *Quelques difficultés logiques* (TLM 368, GP VII 212): «J'interprétais *tout homme est animal* de la manière suivante: *homme animal* et *homme* sont équivalents c'est-à-dire: si quelqu'un dit *tu es un homme* il dit aussi *tu es un animal*.» C'est une généralisation de ce genre qu'adopte finalement B. Mates: «'Every A is_t B' is true if and only if, for every complete individual concept C belonging to the actual world, if the t-stage of C contains A, then it contains B.» Mates, B. (1986), p. 93.

Considérée de cette manière, la traduction des propositions catégoriques en conditionnelles serait pour nous particulièrement heureuse, car elle reviendrait à donner à toutes les propositions générales portant sur des concepts une expression équivalente sous la forme d'une série de propositions atomiques. Toutefois rien, dans les textes, si ce n'est une surinterprétation de la fin du § 71 des *Recherches générales*, ne permet d'imaginer que Leibniz ait voulu imposer au concept de vérité une condition aussi forte. Car ceci reviendrait à faire de la caractéristique logique un calcul des individus et à poser une de ses interprétations possibles comme son interprétation unique. Leibniz lui-même ne précise-t-il pas que l'on peut interpréter les termes comme des substances ou comme des phénomènes (TLM 201 (C 356))? N'a-t-il pas également envisagé d'en étendre l'usage à la mise en ordre et à la clarification des concepts mathématiques fondamentaux (Schneider, M. (1988) et Rauzy, J.-B. (1995))?

vocité métaphysique du terme *existant*, elle ne saurait s'appliquer de la même manière au sens logique, surtout quand celui-ci s'inscrit principalement dans le contexte des phrases conditionnelles. L'existence d'un concept n'est pas autre chose que son caractère non-contradictoire, qui permet d'affirmer que ce qui est représenté par lui *est res* ou *est ens*. L'existence tout court ou métaphysique désigne au contraire l'actualité de la chose : la chose dont il est vrai de dire qu'elle existe peut en droit être perçue et fait partie de la classe des choses choisies par Dieu. Une conséquence importante de cet usage double concerne le sens des expressions qui se rapprochent le plus de nos habitudes quantificationnelles. Lorsque Leibniz écrit : « il existe quelque chose tel que … », il ne vise rien de plus que la possibilité de penser distinctement un concept. Ce qui se trouve sur le parcours des variables peut être déclaré possible.

§ 7. CALCUL DES TERMES OU CALCUL DES PROPOSITIONS ?

Solidarité des thèses

Selon la présente interprétation du principe *praedicatum inest subjecto*, la vérité des énoncés repose sur leur restriction conceptuelle. Nous avons également souligné que certaines des controverses métaphysiques parmi les plus célèbres portaient au moins implicitement sur un postulat propre à la doctrine leibnizienne de la vérité, à savoir que pour toute proposition Φ, il existe une proposition Φ_c unique qui en est la restriction conceptuelle. La solution au problème *de constantia subjecti* proposée dans les *Recherches générales* repose aussi sur ce postulat. En effet, la thèse soutenue dans le passage [13] des *Nouveaux Essais* et au § 153-154 des *Recherches générales* signifie que la vérité des propositions ne dépend pas des référents actuels des termes qui y interviennent, mais de leur possibilité, pris un à un, et du fait qu'ils peuvent être ensemble dans un même sujet, c'est-à-dire qu'ils sont compatibles[1]. Selon cette thèse donc, le « vrai » est l'autre nom du « possible ». D'un autre côté, le fait que la vérité d'une proposition Φ dépende de sa restriction à la forme conceptuelle Φ_c, signifie que, considérant Φ, nous avons la possibilité de penser distinctement ses termes comme des notions. Car « une notion, écrit Leibniz, est un concept distinct. On l'appelle parfois un concept vrai »[2]. Le principe d'une restriction des propositions à leur forme conceptuelle est le corrélat d'une conception

1. GI § 68-69.
2. « Notio est conceptus distinctus, aliquando dicitur verus. » A VI iv 28.

profonde, selon laquelle « vrai » signifie « pensable ». La solidarité des deux thèses doit ainsi être établie sur le fond d'une assimilation entre l'*ens* comme possible (ce qui prétend à l'existence[1]) et comme pensable (ce dont la notion distincte existe en nous ou dans l'entendement divin).

Pour toute proposition Φ de la forme *A est B*, l'existence de Φ_c requiert : 1) que tous les catégorèmes « (...) » de Φ puissent être remplacés par « le concept de (...) » et 2) que la copule puisse être interprétée comme une relation d'inhérence conceptuelle. La première condition implique que les concepts exprimés par les termes de Φ sont possibles. Car pour les impossibles nous n'avons pas de concept, autrement dit *nous ne pouvons les penser distinctement*[2]. La seconde condition, quant à elle, implique deux choses : que les concepts exprimés par les termes de Φ sont compatibles et qu'ils sont entre eux comme Φ_c dit qu'ils sont. La vérité d'une proposition comporte ainsi trois réquisits :

(16) « Φ » est vraie si et seulement si :
(1) tous les concepts exprimés par les termes de Φ sont possibles
(2) tous les concepts exprimés par les termes de Φ sont compatibles
(3) les concepts exprimés par les termes de Φ ont entre eux la relation exprimée par Φ.

On a vu que la condition de possibilité des termes avait été ajoutée au cours de la rédaction des *Recherches générales*. La condition de compatibilité est conçue de la manière suivante : les concepts exprimés par les termes de Φ sont compatibles s'ils peuvent être ensemble dans un même sujet[3] ce qui revient à généraliser l'usage d'une prémisse *de constantia subjecti*. Pour Φ de la forme *A est B* l'existence de Φ_c requiert ainsi un concept (désigné par *Q*) tel que *A* et *B* lui sont inhérents *simul*. *Q* peut être choisi comme on veut. Il peut par exemple exprimer un concept très général comme *ens*, de sorte que cette condition ne restreint pas la signification propre de *B est dans A*. L'important reste que cette condition soit formulable dans le calcul. C'est en effet grâce à elle qu'est résolue la difficulté rencontrée dans les textes de 1676 à propos du parallélisme des idées et des caractères. On se souvient de la remarque selon laquelle la juxtaposition des caractères ne garantit pas la possibilité de la chose[4]. Dans la doctrine de 1686, cette difficulté impose que les règles de composition des caractères soient motivées par la compatibilité des notions qu'ils expriment, de sorte que le calcul semble venir au secours du projet caractéristique qui en est

1. TLM 448-449 (A VI iv 1442-1443, GP VII 194-195).

2. « Est pensé distinctement ce dont la possibilité peut être démontrée. » *De affectibus*, version G, A VI iv 1429.

3. Depuis 1676 : TLM 27-28 (A VI iii 578) et GI § 69.

4. TLM 16 (A VI iii 462), plus haut p. 71.

pourtant l'origine véritable. Lorsque les conditions (1) et (2) ont été pleinement déterminées et sont remplies, la condition (3) peut être considérée comme la plus fondamentale. Mais celle-ci est éventuellement devenue superflue lorsque les relations désignées par Φ peuvent être décrites au moyen de la seule compatibilité, c'est-à-dire dans les limites de la langue logique des *Recherches générales*. C'est ainsi qu'on doit interpréter la mutation survenue dans la présentation générale de la logique et l'importance accordée aux « relations » :

[16] Le CALCUL ou OPÉRATION consiste à produire des relations par des transformations de formules, elles-mêmes accomplies selon certaines lois prescrites au préalable. Or, plus les lois et les conditions prescrites au calculateur sont nombreuses, plus le calcul est composé et moins la caractéristique, quant à elle, est simple. Il est donc manifeste que les formules (parmi lesquelles on peut comprendre les caractères eux-mêmes comme les plus simples d'entre elles), les relations et les opérations sont entre elles comme les notions, les énoncés et les syllogismes[1].

La visée principale des *Recherches générales* aura été de trouver un symbolisme adéquat pour que tous les réquisits du vrai – rencontrés pas à pas à mesure que l'algèbre se précisait – soient convenablement exprimés. Concernant l'universelle affirmative *A est B*, Leibniz a ainsi hésité entre des expressions multiples, exploitant chacune les différentes possibilités du calcul : $A = YB$[2], $A = AB$[3], $A \neg B \neg ens$[4]. Toutes ces expressions avaient en commun de contenir les conditions (1) et (2) dans l'énoncé de la relation (3), la dernière tentant même d'énoncer cette relation par la seule compatibilité. Au fil du temps, la relation d'inhérence n'est plus apparue comme la seule relation propre à garantir la condition (3). Elle a de plus en plus été définie à partir de l'identité[5] et a cédé la place aux inclusions, similitudes, déterminations[6], etc. que la *mathesis universalis* tentait de ramener à différentes variantes d'une relation unique.

1. TLM 169 (A VI iv 921, GP VII 206), cf. plus haut p. 78.
2. GI § 52-54, § 158-161, § 190.
3. GI § 83-89, § 164-167, C 306.
4. GI § 147. Voir les tableaux récapitulatifs *in* : Schupp, F. (1982), p. 194 et 218.
5. TLM 424 (A VI iv 846, GP VII 228). Voir aussi Swoyer, C. (1994).
6. « Outre les équipollences, il existe de très nombreuses autres relations que la pratique nous montrera, telles que les inclusions, similitudes, déterminations, dont on parlera en leur lieu. Ces relations sont donc aux caractères et aux formules ce que sont les énoncés pour les notions, c'est-à-dire ce qu'est la seconde opération de l'esprit pour la première. » TLM 169 (A VI iv 920).

Transparence du prédicat « vrai »

Outre l'inhérence conceptuelle, une autre thèse est clairement attestée dans les *Recherches générales* à propos du prédicat de vérité. À plusieurs reprises celui-ci semble en effet avoir été considéré par Leibniz comme un prédicat sans contenu substantiel ou transparent[1]. On lit par exemple au début du texte :

[17] L'énoncé (direct) *L* et l'énoncé (réflexif) *L est vrai* coïncident. Par suite *"L est vrai" est vrai (faux)* et *L est vrai (faux)* coïncident[2].

La distinction des deux types d'énoncé – « direct » et « réflexif » – est utilisée par Leibniz de préférence aux premières et secondes intentions de la tradition. On la rencontre en général dans l'analyse des énoncés en contexte intentionnel pour lesquels ne vaut ni la substituabilité des identiques ni la généralisation existentielle[3]. Elle est plus spécifiquement employée, comme ici, lorsqu'il s'agit d'attirer l'attention sur ce que nous avons l'habitude d'appeler la « mention » d'un terme (ou d'une proposition) de préférence à son « usage ». Ce qui est dit dans ce passage à propos du prédicat « vrai » est plus fort que ce que l'on trouve dans les lignes ordinairement consacrées au principe de contradiction, dans lesquelles Leibniz précise le plus souvent que *« Φ » est vraie* est sous-entendu dans l'usage de toutes les propositions Φ[4]. Selon les *Recherches générales* au contraire, *« Φ » est vraie* n'a pas à être tenu pour une implicitation des phrases du langage (et rétabli dans le processus de l'analyse), mais doit être considéré comme identique à Φ.

Cette distinction a son importance, si l'on cherche à évaluer la position de Leibniz relativement à la tradition. Dans la plupart des traités de logique, y compris dans la *Logica hamburgensis* de Jungius, on appelait les pro-

1. La thèse de la transparence du prédicat « vrai » est défendue par Frege *in* : Frege, G. (1918). Voir Dummett, M. (1973), chap. 13 et Blackburn, S. (1984), p. 226-229.

2. GI § 1. Dans un des brouillons préparatoires, Leibniz écrit notamment : « Aequipollent (seu se mutuo inferunt) : Enuntiatio est vera et Enuntiatio potest poni [...] Affirmatio est enuntiatio de enuntiatione, dicens eam esse veram [...] Enuntiatio et affirmatio enuntiationis aequipollent seu ipsa per se enuntiatio jubet affirmari sui veritatem. [...] Aequivalet enuntiatio vera, et enuntiatio quae potest affirmari. » A VI iv 737.

3. I. Angelelli est le premier à avoir insisté sur ce point de la doctrine leibnizienne : cf. Angelelli, I. (1967_a) et (1976). Voir les indications bibliographiques *in* : TLM, chap. v, n. 117. Il faut ajouter à cette liste une étude récente : « Leibniz : Reduplication, Identity and Relations » *in* : Bäck, A. (1996), p. 450-459.

4. « Porro quotiescunque adhibetur aliqua propositio, censetur esse vera, nisi aliud admoneatur. » A VI iv 670 (C 401). Voir aussi *Sur les critères pour distinguer le vrai du faux* TLM 456 (A VI iv 804, GP VII 299).

positions catégoriques ordinaires des propositions « *de inesse* »[1]. Cette dénomination peut être trompeuse, car elle n'implique nullement une conception du rapport sujet/prédicat analogue à celle qui est défendue par Leibniz et elle ne signifie en rien pour les auteurs qui l'emploient que la vérité des propositions dépend de l'inhérence – de quelque manière qu'on la prenne – du prédicat dans le sujet[2]. Les propositions « *de inesse* » étaient opposées aux propositions « *de modo* ». Ainsi, pouvait être dite « *de inesse* » toute proposition qui n'a pas de mode et qui énonce ce qu'Aristote appelle une « attribution pure[3] ». Dans les propositions modales, le mode était attribué à la proposition simple (*de inesse*) dans sa forme nominalisée – le « *dictum* » – ou par un signe anaphorique. On disait, par exemple : *que tout homme est animal est nécessaire*, où : *que tout homme est animal* est le « *dictum* » tiré de la *propositio de inesse* : *tout homme est animal* et où : *est nécessaire* signifie l'attribution du mode. Dans les conceptions les plus sophistiquées, en particulier dans celle d'Ockham, on distinguait entre les propositions modales avec *dictum* et les propositions modales sans *dictum*. Dans les premières, la modalité était énoncée sous la forme d'un prédicat attribué à une proposition nominalisée; dans les secondes, elle était signifiée par un adverbe présent dans la proposition simple, par exemple : *quatre est nécessairement plus grand que trois*. Les modales avec *dictum* étaient soit *in sensu compositionis* soit *in sensu divisionis* selon que la modalité était ou non attribuable à la proposition désignée par le *dictum*, c'est-à-dire selon qu'on avait le droit de conclure de *il est nécessaire (ou tout autre modalité) que p* à : *p est une proposition nécessaire (ou tout autre modalité)*. Enfin, les propositions modales sans *dictum* étaient ramenées à des propositions modales avec *dictum* par le biais des propositions singulières[4].

Dans tous les cas, Ockham considérait comme modalités tout ce qui peut être attribué à une proposition (c'est-à-dire, aussi bien, qu'elle est connue ou ignorée, qu'elle est vraie ou qu'elle est fausse) et pas seulement

1. Boèce, *De int.* II 424, Abélard, *Dialectica* Tract. II (*De categoricis*) p. 190 : « quoniam autem propositionum proprietates in his ostendimus propositionibus quae de puro inesse proponuntur et sine modo aliquid enuntiat [...] ad eas quas modales appellant, descendamus; quae quidem non simpliciter, sed cum modo et determinatione aliquid praedicant, modales nominantur. » Voir aussi Ockham, SL II, ii : « Et primo de propositionibus singularibus de inesse et de praesenti et de recto [...] ». Jungius considère que toute proposition a un mode, mais que celui-ci est caché dans les propositions simples *de inesse*. (*LH*, II, iii § 3).

2. « [...] il n'est pas requis que le sujet et le prédicat soient réellement identiques, ni que le prédicat, du côté des choses, soit dans le sujet ou inhère réellement au sujet [...] » Ockham, *SL*. (trad. Biard, J. (1996), p. 11).

3. *Premiers analytiques*, I chap. 2, 25 a1-5.

4. Voir le résumé très synthétique de cette doctrine *in* : Panaccio, C. (1991), p. 50-52.

les quatre modalités propositionnelles ordinaires (le nécessaire, le possible, l'impossible et le contingent)[1]. On voit que la distinction des propositions *de inesse* et des propositions *de modo* reposait dans la logique traditionnelle sur une conscience tout à fait claire du caractère métalinguistique de certains énoncés.

Dans le passage [17], *L* désigne un énoncé. La distinction de l'énoncé direct *L* et de l'énoncé réflexif *« L » est vrai* peut également être rendue dans le vocabulaire traditionnel comme distinction d'un énoncé *de inesse* (*L*) et d'un énoncé de *modo* dans lequel le mode en question est la vérité. La thèse faible – de l'implicitation du prédicat de vérité – peut être considérée comme une règle d'inférence : Leibniz affirme qu'un énoncé *de modo* dans lequel le mode est la vérité peut être inféré de tout énoncé *de inesse* formé à partir du *dictum*. La thèse forte – celle qui est soutenue dans [17] – revient au contraire à considérer que les deux genres d'énoncés coïncident et que l'inférence dont il vient d'être question est une occurrence de la substituabilité des identiques. La différence de ces deux thèses peut sembler négligeable. Elle est pourtant riche de conséquences philosophiques. Car la thèse faible maintient une distinction entre le langage et le métalangage, alors que la thèse forte nie cette distinction. Si, comme nous le pensons, le passage [17] n'est pas une simple remarque en passant, appelée à disparaître dans la version définitive, mais constitue au contraire un des points fondamentaux des *Recherches générales*, alors on voit que la thèse selon laquelle la doctrine leibnizienne de la vérité serait une doctrine « antisémantique » a quelques fondements dans les textes, mêmes si ce ne sont pas ceux qui ont en général été mentionnés par la critique.

Le texte des *Recherches générales* n'est pas d'un seul tenant. Leibniz l'a rédigé en plusieurs fois, et certaines reprises ont donné lieu à des variations importantes dans la problématique de l'ensemble. Les principaux développements de la partie centrale et des derniers paragraphes sont souvent précédés par une note ajoutée dans la première partie du texte. C'est le cas, on l'a vu, de la condition de possibilité des termes, qui est posée sous forme présomptive en marge du § 3 et qui donne lieu par la suite à des analyses détaillées[2]. Leibniz relisait tout ou partie de ce qu'il avait écrit avant de poursuivre la rédaction. Certaines idées lui venaient au cours de cette relecture et donnaient lieu d'abord à une note marginale ou à une simple remarque, puis à un développement plus conséquent situé le plus souvent à l'endroit même où la rédaction reprenait. Le § 1 [17] n'échappe pas à cette règle. Et si l'on étudie attentivement sa postérité dans le corps du

1. *SL* II 9-10.
2. Voir notre introduction : TLM 188-190.

texte, on s'aperçoit que l'affirmation selon laquelle *L* et *L est vrai* coïncident a été principalement employée pour mener à bien le projet général d'une *reductio* des termes aux propositions, c'est-à-dire dans la perspective d'un monisme logique extrême dont les conséquences anti-sémantiques ne vont nullement de soi.

Le vrai se dit d'un complexe, le possible d'un incomplexe[1]. Même si le vrai ne peut pas être entièrement assimilé au possible, même si, pour mieux dire, il ne peut l'être que dans les – rares – cas où le contenu des concepts désignés dans la phrase est entièrement épuisable par la relation de possibilité, il reste que les réquisits du vrai – les conditions (1)-(3) de (16) – ont amené Leibniz à rechercher un calcul dans lequel les termes (possibles) et les propositions (vraies) auraient été traités de la même manière. Selon le § 75 des *Recherches générales*, cette réduction s'inscrit dans un très vaste projet de simplification de la logique, dans lequel la distinction des hypothétiques et des catégoriques aurait également disparu :

[18] Si, comme je l'espère, je peux concevoir toutes les propositions comme des termes et toutes les propositions hypothétiques comme des propositions catégoriques, et si je peux toutes les traiter universellement, cela promet une admirable facilité pour ma caractéristique et pour mon analyse des notions et cela constituera une invention d'une très grande importance.

Le texte des *Recherches générales* comporte une tentative de réduction dans les deux sens, des termes aux propositions et des propositions aux termes. On se doute qu'un tel projet ne pouvait pas aboutir entièrement. Cependant, Leibniz ne semble pas y avoir renoncé, et les *Nouveaux Essais* y font explicitement allusion[2].

La réduction des propositions aux termes est entreprise deux fois dans les *Recherches générales*. Elle est conçue une première fois à l'aide des « abstraits logiques », c'est-à-dire précisément par la logique du *dictum*, selon une transformation qui peut être résumée dans le tableau suivant[3] :

1. GI § 32 : « Dans l'ordre des incomplexes, l'impossible est le non-être, dans l'ordre des complexes il est le faux ».

2. Cf. plus haut p. 38-39.

3. Voir GI § 138-139. Nous avons donné le détail de la procédure ainsi que les problèmes soulevés *in* : Rauzy, J.-B. (1993), p. 112-115. Peu de commentateurs se sont intéressés à cet aspect des recherches logiques de Leibniz qui est pourtant central dans GI. On trouvera cependant des suggestions très éclairantes fondées sur l'approche algébrique *in* : Swoyer, C. (1995_2), p. 108-111. Notons enfin que la distinction entre la proposition et son *dictum* est encore faite par Jungius : *Logica hamburgensis*, II x § 8.

terme complexe (proposition)	terme complexe ouvert	terme incomplexe	abstrait logique entier	terme abstrait
A est B	*Y est B*	$\overline{Y\ esse\ B}$	*Beitas ipsi Y*	*Beitas*

Considérée dans son détail, cette transformation soulevait plus de difficultés qu'elle ne permettait d'en résoudre et, en raison du comportement logique des abstraits, elle ne s'accordait pas avec la simplicité du *praedicatum inest subjecto*. Une seconde transformation a donc été tentée, dans laquelle Leibniz avait recours cette fois aux propositions *secundi adjecti*[1]. Il s'agissait de changer les propositions en termes à l'aide du prédicat de possibilité, selon une méthode qui s'est révélée plus satisfaisante :

(17)	UA : A non-B *non-ens*	$\neg$P(A$\neg$B)
	UN : AB *non-ens*	$\neg$P(AB)
	PA : AB *ens*	P(AB)
	PN : A non-B *ens*.	P(A$\neg$B).

Le tableau (17) réalise-t-il effectivement le programme envisagé ? Il est incontestable que Leibniz est parvenu à exprimer la quantité et la qualité des propositions de manière entièrement algébrique, à l'aide du seul marqueur de possibilité. Plutôt que *tout A est B*, on dira que *A non-B* n'est pas un être ou n'est pas possible. Plutôt que *quelque A est B*, que *AB* est possible. Mais cela ne signifie pas que la proposition peut, pour cette raison, être considérée comme un terme. Car il reste vrai, pour chacune des expressions qui figurent dans le tableau, qu'elles ne sont pas des noms de concepts, mais qu'elles *disent quelque chose* à propos des concepts composés *AB* et *A*$\neg$*B*. C'est sans doute la raison pour laquelle Leibniz a conservé, voire amélioré[2], cette réduction dans les textes ultérieurs, mais qu'il ne lui a plus donné exactement le même sens. Dans les *Nouveaux Essais,* il précise que la vérité des idées ou des concepts désigne à proprement parler la vérité des propositions qui disent la possibilité des idées ou des concepts en question[3].

La réduction inverse – des termes vers les propositions – est envisagée aux § 107-108 des *Recherches générales*. Leibniz se propose de considérer tous les termes comme s'ils étaient des propositions, en exploitant une remarque portée en marge de [17] :

[19] D'une manière générale, même si *A* est un terme, on peut toujours dire *A est vrai*, *coïncide avec quelque chose de vrai*.

1. Cf. GI § 151.
2. TLM 359-360 (C 232).
3. Cf. p. 39.

Le prédicat *vrai* est une sorte d'élément neutre, « comme l'unité en arithmétique[1] ». En appliquant à *A est vrai* l'équivalence (2) (*A est B* ↔ *A* = *LB*, où *L* est un terme indéfini), Leibniz obtient :

(18) A est vrai ↔ A = YV

où *A*, *vrai*, et *Y* et *V* sont tous des caractères exprimant des concepts. La transformation des termes en propositions est possible *salva veritate* grâce à (18). En effet, si à tout catégorème incomplexe « (...) » on substitue « (...) est ce vrai », (où « est » signifie l'identité et « ce vrai » est interprété comme « vrai... », c'est-à-dire : *YV* conformément à ce qu'enseigne le § 16[2]) on obtient une proposition (complexe) qui n'a pas davantage de contenu substantiel que le catégorème dont on est parti. Considérée dans son entier, la transformation comporte donc les étapes suivantes :

Terme incomplexe	principe d'identité	terme complexe (proposition)
A	A = YV	A est ce vrai

De même qu'on s'est demandé plus haut si la réduction inverse avait effectivement réussi – dans la mesure où la prédication en *secundi adjecti*, même dans sa version leibnizienne, est encore une forme de la proposition – de même on peut se demander si la transformation donnée au § 108 peut être tenue pour une réduction véritable, et si elle n'ajoute aucun contenu substantiel. Il semble qu'on peut en douter, en particulier si l'on prend en compte l'étape intermédiaire. Il est vrai que celle-ci peut être justifiée, d'un point de vue strictement calculatoire, par la règle d'introduction des termes indéfinis. Cette règle stipule que l'on peut toujours poser *A* = *Y*, pourvu qu'*Y* n'ait pas encore été utilisée dans la séquence de calcul[3]. Et puisque *V* est un élément neutre relativement à la valeur de vérité des phrases – puisqu'il peut partout être ajouté ou retranché *salva veritate* –, il suit : *A* = *YV*. Mais Leibniz avait certainement en vue aussi une condition de possibilité sur *A*. En effet, selon ce qui a été dit de la condition *de constantia subjecti*, on peut poser *A* = *A* si et seulement si *A* est possible[4] et ceci est vrai

1. « [...] ou, plus généralement, ce sera comme si l'on avait ajouté le *'vrai'* ; par exemple : *l'homme est vrai*, *l'homme est animal est ce vrai*. Et le *'ce vrai'* a ici la même fonction que l'unité dans l'arithmétique qui sert à remplir les places, c'est-à-dire les dimensions » GI § 108.

2. GI § 16 : « Car au moyen de la marque *Y* je désigne quelque chose d'indéterminé, de sorte que *BY* est identique à *quelque B*, par exemple : *animal...*, (où *rationnel* est sous-entendu, si du moins nous savons ce qui doit être sous-entendu) [...] ».

3. « À toute lettre définie on peut substituer une lettre indéfinie qui n'a pas encore été utilisée. On peut donc le faire pour autant de lettres indéfinies qu'on veut et pour des lettres définies comme pour des lettres indéfinies ; autrement dit, on peut poser *A* = *Y*. » GI § 20.

4. « Et comme on ne peut accorder sa confiance, même aux propositions identiques, seulement dans le cas des notions réelles, de sorte qu'on ne peut affirmer aucune vérité sans

a fortiori pour $A = YV$. Il s'ensuit que la transformation de l'incomplexe en complexe contient au moins une affirmation de possibilité[1], et cette affirmation ne peut pas ne pas être considérée comme un contenu substantiel.

C'est cette conséquence indésirable que Leibniz a cherché à éviter en posant systématiquement $A = A$, même quand A n'est pas possible :

> [20] Mais si l'on préfère, dans l'usage des signes, supposer que $AB = AB$, qu'il s'agisse ou non d'une chose et supposer également que, dans le cas où AB n'est pas une chose, *B et non-B* peuvent coïncider, à savoir par l'impossible, je n'y vois aucune objection. Mais l'on devra alors distinguer entre un terme et une chose, c'est-à-dire un être[2].

On obtient alors une transformation des termes en propositions qui est valable dans tous les cas, y compris lorsque le terme de départ contient une contradiction et l'on peut dans ces conditions considérer que la réduction n'ajoute aucun contenu substantiel au terme incomplexe. Mais le prix à payer est très élevé, puisqu'il s'agit en fait de revenir sur le sens qu'il faut donner au principe d'identité. Certains commentateurs n'ont pas hésité à prétendre sur la base de ce passage que Leibniz avait soutenu deux versions du principe d'identité, l'une faible, l'autre forte[3]. Il est peu probable qu'il ait effectivement soutenu une position de ce genre, car cela revenait à remettre en cause ce qu'il considérait comme le plus solide et le plus fermement établi dans une recherche strictement exploratoire. Or la solution envisagée dans [20] n'a pas été retenue, puisqu'elle allait contre une conséquence fondamentale du *praedicatum inest subjecto*, à savoir l'engagement des propositions aux *possibilia*.

La conception qui se fait jour au sortir des développements qui viennent d'être évoqués n'est pas fondamentalement différente de celle qui est présentée dans le fragment *Fondements du calcul rationnel* ([16]). Si l'on appelle « formules » ce que la tradition nomme « notions » – compte tenu de leur mode d'expression dans le nouveau calcul –, « relations » et « opérations » ce qu'elle nomme respectivement « propositions » et « conséquences », si l'on considère de plus que les « caractères » sont des formules dont le degré de composition est relativement faible, alors il doit y avoir moyen de rassembler toutes ces distinctions pour qu'elles ne désignent plus

s'inquiéter de son opposée si la réalité, sinon existentielle, tout au moins essentielle des notions n'est pas établie. » GI § 152.

1. Ce point est particulièrement net dans les dernières pages de GI, en particulier au § 198 : « 5- Une proposition est ce qui ajoute à un terme qu'il est vrai ou faux ; si par exemple A est un terme et qu'à son propos on écrit que *A est vrai* ou que *A est faux*. On peut aussi dire plus simplement *A est*, *A n'est pas*. » TLM 299 (C 397-398).

2. § 154

3. Cf. Schupp, F. (1981), p. XII.

que des différences de degré. Tel est le sens de ce que Leibniz appelle la « *complicatio* » (emboîtement) aux §§ 107-108 des *Recherches générales*[1].

La *complicatio* implique que toutes les expressions du calcul sont de même nature. Leibniz semble avoir considéré de plus que, en raison du caractère biunivoque de la correspondance établie par sa *reductio*, on pouvait toutes les considérer indifféremment comme des termes ou comme des propositions. Si l'on admet une exigence de ce genre, tout en maintenant que la réduction envisagée n'a pas abouti complètement, on doit conclure que le calcul effectivement constitué est un calcul des propositions et, mieux, des « relations », selon le sens technique qui est désormais attribué à ce terme : le résultat d'une transformation de formule opérée par les règles propres à un « calcul » particulier. Ceci est une conséquence de l'usage qui est fait du terme *ce vrai* dans ce passage – qui a la même fonction que l'unité en arithmétique et sert à « remplir les places » – et, plus généralement, de la présomption de possibilité sur les termes. Cette manière de voir présente l'inconvénient de ne pas s'accorder avec certaines déclarations de Leibniz lui-même et avec ce qui était désigné plus haut comme son « terminisme extrême ». Que Leibniz n'ait pas trouvé exactement ce qu'il avait entrepris de chercher[2] n'est pas entièrement étonnant. Qu'il ait développé autre chose qu'une *logica de notionibus* ne fait aucun doute. Quant au terminisme théologique, il n'est nullement incompatible avec le présent constat. Dire que Dieu connaît par « l'intelligence des incomplexes » non seulement les essences, mais aussi les existences actuelles et les existences conditionnelles, cela n'a pas nécessairement de signification relativement à la nature du calcul logique. Cela signifie plutôt que le savoir de Dieu est fondé uniformément sur ce qui, pour nous, constitue le terme le plus éloigné dans la relation d'expression, c'est-à-dire les concepts ou notions.

Cette manière de voir présente aussi des avantages. Elle permet de comprendre en particulier pourquoi Leibniz a eu tant de mal à intégrer la

1. Voir le commentaire de ce passage *in* : Rauzy, J.-B. (1995).

2. La portée de la présomption de possibilité sur la nature du calcul a pu être sous-estimée par Leibniz lui-même. L'idée selon laquelle le calcul des *Recherches générales* est un calcul des concepts est largement dominante. Cf. le passage suivant des *Aufzeichnungen für Ludwig Darmstaedter* de Frege : « Das eigenartige meiner Auffasung der Logik wird zunächst dadurch Kenntlich, dass ich den Inhalt des Wortes 'Wahr' an die Spitze stelle, und dann dadurch, dass ich den Gedanken sogleich folgen lasse als dasjenige, bei dem Wahrsein überhaupt in Frage kommen kann. Ich gehe also nicht von den Begriffen aus und setze aus ihnen den Gedanken oder das Urteil zusammen, sondern ich gewinne die Gedankenteile durch Zerfällung des Gedankens. Hierdurch unterscheidet sich meine Begriffsschrift von ähnlichen Schöpfungen Leibnizens und seiner Nachfolger trotz des von mir vielleicht nicht glücklich gewählten Namens. » Frege, G. (1919), p. 273.

syllogistique dans son algèbre nouvelle, puisque l'exercice revenait à mettre en correspondance des langages par principe différents. Elle indique aussi en quel sens il a cru pouvoir affirmer que le concept de vérité n'avait pas de contenu propre. Son monisme logique était l'exact reflet de son monisme métaphysique : la vérité est *index sui*, elle s'affirme par soi, *si nihil impediat*. Surtout, si toutes les expressions du calcul sont des noms de propositions, la réduction si bruyamment annoncée se conçoit plus aisément comme théorie de l'anaphore.

Si l'on admet, en effet, que la théorie des abstraits logiques présentée aux § 138-143 des *Recherches générales* est une version renouvelée de l'ancienne logique du *dictum*, on est frappé par la différence suivante. Chez les logiciens médiévaux, le *dictum*, autrement dit la forme nominalisée de la proposition, était toujours employé en vue de dire quelque chose de la proposition elle-même, par exemple qu'elle est vraie ou qu'elle est nécessaire. C'est la raison pour laquelle la logique du *dictum* a été principalement développée pour résoudre les problèmes relatifs aux propositions modales, ou pour instruire la question de la dénotation des termes complexes, c'est-à-dire dans tous les lieux logiques qui requièrent très naturellement une distinction dans les niveaux de langage. Chez les médiévaux donc, le *dictum* est presque toujours la marque d'un contexte sémantique ou de seconde intention. Chez Leibniz au contraire, le *dictum*, devenu « abstrait logique » – *τὸ* $\overline{A\ esse\ B}$ = *Beitas ipsi A* – est employé pour désigner une proposition dans une autre, lorsqu'il s'agit de trouver les noms appropriés ou les expressions caractéristiques pour les propositions moléculaires. Le passage [18] indique très clairement qu'est visée ici l'expression des conditionnelles au moyen de l'inhérence conceptuelle :

(18) Si A est B alors C est D <=> La Béité de A est la Déité de C[1].

L'abstrait logique offre le moyen de parler d'une proposition tout en demeurant dans le même langage. Il est aux complexes ce que les pronoms sont aux incomplexes, ou bien encore, comme on dit aujourd'hui, une « prophrase ».

Conclusion des Chapitres I et II

Le principe d'inhérence conceptuelle, selon toute son ampleur, comprend un ensemble de thèses relatives au concept de vérité. La première de ces thèses indique qu'un catégorème qui intervient dans un énoncé susceptible d'être vrai est l'expression d'un concept. La seconde que la vérité d'un énoncé suppose bien la possibilité des concepts exprimés

1. GI § 138 et *De abstracto et concreto* : A VI iv 992.

par les termes qui y interviennent mais non l'existence des choses que ces concepts subsument. Enfin, troisième thèse, un énoncé est vrai si les concepts qui y sont désignés par des termes ont entre eux la relation énoncée. Cette relation est, sous sa forme la plus générale, conçue comme une inhérence, sous réserve que tous les concepts de la science puissent être paraphrasés au moyen de cette relation fondamentale. Leibniz envisage d'ailleurs une version élargie de la relation logique[1] ainsi qu'une détermination extra-logique empruntant aux différents domaines d'objets étudiés. Il convient de se demander dans quelle mesure ces thèses s'accordent les unes avec les autres et dans quelle mesure elles résument ensemble une conception correspondantiste de la vérité.

Que le prédicat de vérité ne soit pas toujours exactement analysé de la même manière n'est pas en soi inquiétant. On peut tout à fait prétendre que le terme *vrai* peut en général être ôté et ajouté parce qu'il n'a pas de contenu substantiel, tout en reconnaissant qu'il existe des cas où cette opération n'est pas immédiate et requiert pour le moins une transformation préalable[2]. On peut aussi considérer qu'il existe une correspondance d'un certain type entre les phrases vraies et des entités extralinguistiques et que l'analyse de cette correspondance constitue la pièce maîtresse de la doctrine tout en ménageant pour le prédicat de vérité une emploi anaphorique dans le langage.

Leibniz lui-même a assez nettement marqué la frontière entre les analyses pré-logiques d'une part, grâce auxquelles les phrases du langage ordinaire ou savant sont rendues congruentes avec la forme générale des porteurs de vérité, et, d'autre part, les *propositiones* telles qu'elles sont admises dans le calcul. Le caractère gratuit ou transparent du prédicat de vérité ne vaut que de manière intra-logique. Il suppose que l'énoncé a été ramené au préalable à une forme canonique à laquelle on peut appliquer la condition de possibilité donnée plus haut en (16). C'est à ce problème qu'est principalement consacré l'avant-propos des *Recherches générales*, ainsi que les fragments apparentés[3]. Il s'agit de s'assurer, selon l'expression du texte, que tous les termes ont été « rendus entiers[4] », c'est-à-dire que

1. Plus bas p. 209-210 et 236.

2. On mentionne aujourd'hui classiquement les *blind ascriptions* comme : « tout ce qu'il dit est vrai ». Dans les phrases de ce genre, ce dont on affirme la vérité n'est pas cité comme dans : « il est vrai que *p* » et par suite la thèse générale *« p » est vrai ssi p*, (où « ssi » est éventuellement une équivalence intensionnelle) ne peut s'appliquer immédiatement. Voir Ramsey, F. P. (1990), p. 38-39, Davidson, D. 1990 et Kirkham, R. (1992), p. 318-320.

3. Cf. TLM 184-185.

4. « Un terme est ENTIER (*integralis*) ou parfait (comme *être*, *savant*, *identique à A* ou *semblable à A*), quand il peut être sujet ou prédicat d'une proposition sans que rien ne lui soit adjoint; il est au contraire PARTIEL ou imparfait (comme *identique* ou *semblable*) quand

tous les noms figurant au cas droit dans la phrase sont des noms de catégorèmes et à l'inverse, que tous les catégorèmes impliqués dans l'imputation de vérité sont exprimés dans la phrase sans désinence grammaticale. Les seules fonctions grammaticales admises dans la langue logique sont en effet celles du sujet et du prédicat. Il s'ensuit que toutes les expressions des langues naturelles et des langues savantes qui ne tombent pas immédiatement sous ces deux catégories générales – qui sont largement majoritaires – doivent être paraphrasées et résorbées de part et d'autre de la copule dans les expressions catégorèmatiques. Leibniz nomme « *lingua philosophica*[1] » la constitution préalable des règles de cette paraphrase, dans laquelle il faut chercher l'ensemble des conditions qui doivent être réunies pour qu'on puisse affirmer que « *L* et *L* est vrai coïncident ».

Soit Φ une variable sur les porteurs de vérité tels qu'ils sont donnés par cette *lingua philosophica*. La doctrine leibnizienne peut être comptée parmi les doctrines de la vérité-correspondance parce qu'elle requiert l'existence d'un complexe conceptuel (*cc*) avec lequel Φ doit être en relation. Ce complexe conceptuel est constitué par les concepts dont les noms sont les catégorèmes de Φ et par les liaisons conceptuelles désignées dans Φ. Le schéma expliquant la vérité de Φ dans le cas le plus général ne contient rien de plus que la condition de possibilité sur les concepts donnée plus haut en (16) ainsi que la relation d'expression.

(19_1) C : (Φ) (Φ est vraie ssi [(cc est possible) & (Φ exprime cc)])

cc est possible signifie que les concepts de *cc* sont possibles un à un, compatibles entre eux, et qu'ils entretiennent éventuellement une ou plusieurs autres relations qui ne peuvent être définies par la seule compatibilité. Dans l'esprit de la solution retenue pour le problème *de constantia subjecti*, on a aussi le droit de considérer que *cc est possible* est une condition d'existence d'un complexe conceptuel en Dieu :

(19_2) C : (Φ) (Φ est vraie ssi ∃(cc) [(cc est possible) & (Ex.(Φ, cc)])

où *Ex.(...)* est la relation d'expression caractéristique, c'est-à-dire une ressemblance structurelle.

(19_2) fait voir nettement la parenté de la doctrine leibnizienne et des théories de la vérité-correspondance, si l'on admet qu'il s'agit d'une instance du schéma qui, selon Richard Kirkham, donne « l'essence » des théories de ce genre[2]. Dans le cas où Φ énoncerait une proposition existen-

quelque chose doit lui être ajouté (ici : *à A*) pour qu'il en résulte un terme entier. » TLM 203 (C 357). Le caractère « entier » des termes n'a rien à voir avec le caractère éventuellement « complet » des notions qu'ils expriment.

1. A VI iv 881-906.
2. Kirkham, R. (1992), p. 132.

tielle, le schéma comporterait le même genre de condition de possibilité et le quantificateur existentiel aurait la même signification, à ceci près que *cc* serait pris dans un sous-ensemble de l'ensemble des complexes conceptuels en Dieu, correspondant au monde actuel. Le fait que l'acte créateur n'ajoute rien à la nature des choses existantes – ce fait qu'exprime profondément l'unité de la science en Dieu – est donc une des conditions ontologiques fondamentales pour l'unité de la doctrine de la vérité.

L'explication (19_2) permet aussi d'isoler la part métaphysique de la doctrine en désignant ce qui, lorsque nous utilisons le concept de vérité, demeure indépendant de notre manière de concevoir et étranger à tout élément épistémique et pragmatique. Quant à la question de savoir si Leibniz a défendu une doctrine strictement métaphysique ou réaliste en ce sens, on peut à présent lui apporter un élément de réponse. Il est bien clair qu'il entendait mettre au jour un ensemble de conditions nécessaires et suffisantes qui auraient été *les conditions de* la vérité d'un énoncé. Il s'est opposé aux doctrines visant à établir uniquement les conditions dans lesquelles un énoncé peut être accepté ou accordé, parce qu'il pensait que celles-ci ne pouvaient valoir *comme doctrines de la vérité* que dans certains cas particuliers, de même que la « doctrine statique » ne vaut que pour certaines situations de la physique concrète et ne saurait tenir lieu de théorie générale que par « abus de la doctrine statique ». Lorsque le complexe conceptuel *cc* figurant en (19_2) entretient avec les concepts correspondant dans notre esprit une relation telle que l'expression devient en l'occurrence une ressemblance très forte, la vérité comme correspondance est aussi bien établie par l'analyse *a priori* des idées et des rapports d'idées qui sont en nous [1]. Dans ce cas précis une analyse de ce qui est pensé par nous rend effectivement raison d'une imputation de vérité, mais cela ne fait nullement de la vérité elle-même un concept épistémique, de même que l'existence des balances ne justifie nullement l'identification de la force et de la quantité de mouvement. Dans tous les autres cas, c'est-à-dire le plus souvent, la relation de nos concepts aux concepts en soi est une ressemblance faible, de sorte que nous pouvons tout à fait admettre que le schéma (19_2) décrit convenablement le genre de correspondance désigné par le concept de vérité tout en maintenant que cela ne nous rend pas nécessairement capables de produire des instances de ce schéma. Il y a par suite une dimension intrinsèquement pragmatique de la vérité dans la mesure où celle-ci n'est pas seulement une notion mais aussi un usage. Mais nous ne saurions pas « ce que c'est que la vérité » que nous devons établir dans l'usage s'il n'y avait pas moyen d'en donner un aperçu « dans la rigueur métaphysique ».

1. GI § 68-70.

CHAPITRE III

INTENSION ET EXTENSION

§ 8. INHÉRENCE ET INTENSION

Intension, extension et interprétation

Les choses qui existent tombent sous des concepts et sont décrites par des phrases. Il en va de même pour celles qui existeront ou ont existé et pour celles qui n'existeront pas mais sont seulement possibles. Leibniz a installé sa doctrine de la vérité dans cette relation triangulaire tout à fait traditionnelle – les mots, les concepts, les choses – et a choisi de privilégier l'aspect conceptuel. L'attitude normale ou, pour mieux dire, dominante chez le logicien doit consister à assigner les valeurs des variables du calcul dans l'ensemble des concepts. C'est cette attitude qui est généralement désignée lorsqu'on évoque le caractère « intensionnel[1] » de ce qui est proposé dans les *Recherches générales*.

Leibniz lui-même a présenté cet aspect de sa conception de la vérité comme un retour à Aristote. Abordant la syllogistique selon une « méthode par les idées », il entendait s'opposer à la méthode traditionnelle – scolastique – dite « par les individus ». Couturat, le premier, a attiré l'attention sur ce point. Il était convaincu qu'il y avait là une des rares faiblesses du génie de son auteur, et l'origine de ses principales erreurs en matière de calcul formel. Leibniz, selon Couturat, aurait ainsi manqué de peu une (pré-) constitution complète de l'algèbre de Boole et de Schröder. En privilégiant l'intension, il aurait négligé certains opérateurs – la disjonction – et certaines relations – par exemple la loi de de Morgan – qui ne pouvaient être

1. Sur l'origine du terme « intension », voir Geach, P. T. (1962), p. 157, corrigé *in* : Spencer, M. (1971), p. 114-115 et repris *in* : Thiel, C. (1975) et (1979).

mises au jour que dans le cadre d'un calcul portant sur des classes[1]. Une conviction si entière, formulée avec autant d'aplomb par un correspondant estimé de Russell (c'est seulement par la suite que Couturat a pu passer, selon le mot de Quine, pour un « petit préprincipien »), devait avoir un impact considérable sur la tradition du commentaire. Et Russell lui-même ne l'a pas démentie. Dans la première édition de son étude sur Leibniz, il s'est davantage intéressé à la forme de la prédication qu'à son interprétation. Il n'est revenu par la suite, ni dans le long compte-rendu de 1903, ni dans la préface de 1937, sur le jugement de Couturat quant à la possibilité d'une approche intensionnelle de la logique[2]. C'est sans doute la raison pour laquelle la légitimité théorique du projet leibnizien n'a été reconnue par Rescher qu'à partir de 1954[3]. Par la suite, lorsque Raili Kauppi a entrepris de revenir en 1960 sur la logique de Leibniz, avec, comme il est dit dans le titre du livre : « une attention particulière portée sur le problème de l'intension et de l'extension », elle a considéré que la question de la justification du projet n'avait plus à être posée, et qu'il s'agissait désormais d'entrer dans le détail d'un calcul dont on admettait le principe[4]. Cette position a, en général, prévalu. Elle a été confirmée par les commentateurs récents et par le développement de la logique intensionnelle[5]. Mais, dans un cas comme dans l'autre, dans le refus initial comme dans l'acceptation générale qui prévaut aujourd'hui, la littérature secondaire a eu du mal à se départir d'une lecture normative dans laquelle l'histoire de la logique et l'exercice de la pensée critique semblent difficilement conciliables.

La seule fausse note dans ce consensus étonnant est venue de Dummett[6]. Dans le compte-rendu qu'il a consacré à l'article fondateur de Rescher, Dummett a posé les questions suivantes : qu'est-ce que l'intension

1. CL 30-32 et 385-387. Sur les rapports de la conjonction et de la disjonction : Boehner, Ph. (1951) et un passage de Leibniz : C 425.

2. Dès les *Principles of Mathematics* (1903), Russell reconnaît l'importance, dans certains cas, d'une approche intensionnelle des relations mathématiques. La question est évoquée dans la correspondance avec Couturat indépendamment de la discussion sur Leibniz : « [...] les relations fondamentales de notre calcul sont des relations en intension; telles sont $\supset$, $\in$, $=$, etc., c'est-à-dire : *on définit ces relations par leur signification, non pas par leur extension.* » Schmid, A.-F. (1983), p. 80-81, souligné par nous.

3. Cf. Rescher, N. (1954). Voir aussi Dürr, K. (1949).

4. « Es ist also nicht mehr nötig, die Rechtfertigung des Leibnizschen Standpunktes zu versuchen. Es bleibt aber noch die Aufgabe, die Problematik der Intension und der Extension bei Leibniz im Einzelnen zu verfolgen, und mit den grundlegenden Ideen seiner Logik in Zusammenhang zu bringen. » Kauppi, R. (1960), p. 12. Cf. aussi p. 243-267, Ishiguro, I. (1972), Castañeda, H.-N. (1976) et Lenzen, W. (1983).

5. Voir les actes du Congrès de novembre 1978 : *Die intensionale Logik bei Leibniz und in der Gegenwart, Stud. Leibn.* Sonderheft 18 (1979).

6. Dummett, M. (1956).

d'un concept? Qu'est-ce qu'un système intensionnel? Ces questions intéressent d'autant plus l'historien que le terme « intension » lui-même n'est attesté dans le corpus que très rarement, et d'une manière légèrement différente de celle qui nous est familière, puisque Leibniz parle, au pluriel, des « intensions d'un concept[1] ».

Dans un système extensionnel les valeur des variables sont des classes, alors que le domaine des variables d'un système intensionnel est constitué par des propriétés[2]. Dummett remarque que le système logique mis au point par Leibniz a finalement le même contenu qu'un calcul des classes (ce que Rescher accorderait). Il propose donc de renoncer à la distinction des interprétations et soutient que « la situation serait mieux décrite si l'on disait que Leibniz utilise toujours une interprétation de son système en termes de classes; que parfois, il considère que chaque classe est spécifiée comme la classe des choses qui possèdent une propriété donnée, et dans ce cas il considère que « *est* » signifie « est contenu dans » et que « *non-ens* » désigne la classe nulle (c'est l'interprétation extensionnelle); mais que, le plus souvent, il considère que chaque classe est la classe des propriétés possédées en commun par toutes les choses qui possèdent une propriété donnée et dans ce cas « *est* » signifie « contient » et « *non-ens* » désigne la classe des propriétés possédées par toutes les choses (c'est l'interprétation intensionnelle)[3] ».

Plusieurs remarques peuvent être faites sur ce commentaire, dont la base textuelle est assez faible, mais dont le résultat essentiel semble finalement assez peu éloigné de ce que Leibniz avait en tête. Commençons par écarter le dernier point, relatif au terme *non-ens*. Pour Leibniz, ce qui est désigné par *non-ens* ne peut être tenu pour une propriété commune à toutes les choses, car c'est plutôt le propre de l'*ens*[4]. Il est donc impossible de considérer *non-ens* selon la coutume inaugurée ici et reprise par certains auteurs[5], comme le nom d'un concept tautologique dans le calcul en intension et d'un concept contradictoire dans la version extensionnelle. Il est vrai que certains passages des textes techniques donnent à penser qu'il en

1. Cf. plus bas le passage [6] (NE IV vii § 8).

2. Rescher définit ainsi la composition intensionnelle des termes: « The result of operating on a 'term' (property) by *non* is the property of not having the property in question – *non* represents the *negatio* or negation of properties. The result of juxtaposing two 'terms' is the property of possessing both of the properties in question – juxtaposition represents the *additio* or *conjunctio*, the joining of properties. » Rescher, N. (1954), p. 5.

3. Dummett, M. (1956), p. 198.

4. « Ens est id quod intelligi potest de *a*, *b*, *c*, quibuscunque. » A VI iv 153 (1679). « Ens est quod concipitur consentienter seu ita ut non implicet contradictionem. » A VI iv 864.

5. Cf. Lenzen, W. (1990).

est ainsi, en particulier dans les essais de calcul fondés sur l'addition réelle, dans lesquels Leibniz formule le plus souvent les lois suivantes :

(1_1) A + Nihil = A

(1_2) A – A = Nihil [1]

où « *Nihil* » est employé en remplacement du terme « V » des § 107-108 des *Recherches générales*, comme élément neutre pour une loi de composition du calcul. Mais ces textes demeurent assez particuliers, dans la mesure où il s'agit alors de mettre au point le calcul de l'addition, en modifiant les axiomes reçus dans l'arithmétique et, comme dans (1_2), en utilisant éventuellement un opérateur de soustraction [2]. Le *nihil* qui est ainsi introduit dans le langage ne saurait être confondu avec le *non-ens*, tel qu'il est défini, par exemple au début des *Recherches générales* :

[1] Le NON- ÊTRE est ce qui est purement privatif, c'est-à-dire privatif de toutes choses : *non-Y*, c'est-à-dire *non-A*, *non-B*, *non-C* etc. C'est ce qu'on exprime communément lorsqu'on dit que le néant n'a aucune propriété [3].

Le « *nihil omnium privativum* » pose à Leibniz un problème de notation bien plus important. « Le *non-ens* est ce dont on ne peut rien dire ». La transcription symbolique de cette phrase suppose à la fois une quantification sur l'ensemble des prédicats et l'usage clair de la négation propositionnelle.

(1_3) $\text{Non-ens} =_{\text{déf}} \{X/\forall Y\,(X \neg \text{est } Y\}$

Dans le passage [1], Leibniz exprime la quantité par un terme indéfini, lui-même paraphrasé par un *descendus* conjonctif sur des propriétés négatives,

1. « Nihilum sive ponatur sive non nihil refert. seu *A + Nih. = A.* » A VI iv 819 (C 267). « Differunt *Non* sive negatio a – sive *Minus* sive detractione, quod non repetitum tollit se ipsum, at vero detractio repetita non seipsam tollit, sed terminimum qui praefigitur. Sic *non-non B* est *B*, sed – – *B* idem est quod *Nihilum*. Verbi gratia *A non non B* est *A.B*, sed *A* – – *B* est *A* et *A* – *A* est *Nihilum*; Sed *A non A* est *absurdum.* » A VI iv 878-879 (C 275). Voir les textes analogues traduits, en particulier TLM 425-426 (GP VII 229-230).

2. Cf. TLM 403-406.

3. GI TLM 201 (C 356). « Aliquid ce qui peut être pensé ; nihil ce qui ne peut être pensé » (A VI iv 27). Et, en général, les fragments préparatoires à GI, par exemple : « RIEN : ce à quoi ne convient qu'un terme purement négatif. Si *N* n'est ni *A*, ni *B*, ni *C*, ni *D* etc., de telle sorte qu'il soit impossible de trouver un terme positif qui soit son prédicat, alors on dit que *N n'est* RIEN. C'est pourquoi l'axiome bien connu : *non entis nulla sunt attributa*, contient la définition de RIEN, c'est-à-dire de NON-ÊTRE. » A VI iv 625 et A VI iv 930 : « *Aliquid* : tout terme qui peut être pensé comme possible ou comme impossible, *A, B, C* et généralement *X*. *Nihil* : *non-A*, *non-B*, *non-C* et généralement *non-X*. Il s'ensuit que le néant n'a aucune propriété. *Non-Ens*, c'est-à-dire impossible : ce dans la définition de quoi intervient *A non-A*, c'est-à-dire ce qui implique contradiction. *Ens seu possibile* : ce dont la résolution aussi loin qu'on la poursuive ne contient pas *A non-A* c'est-à-dire une contradiction ».

ou, selon l'expression consacrée, comme une conjonction ouverte de « termes infinis ». Les deux définitions de « *non-ens* » ne sauraient par suite être considérées comme successives, (1_1) et (1_2) venant exprimer plus rigoureusement ce que (1_3) aurait visé de manière confuse (scolastique). Dans (1_2), « *nihil* » est le résultat de la *detractio* d'un terme par lui-même. S'il fallait exprimer le *non-ens* de manière analogue, il faudrait le poser comme le résultat de la *detractio* de tous les termes. « *Nihil* » est tantôt le zéro de l'addition réelle, tantôt la position leibnizienne du néant, il n'est jamais les deux à la fois.

Le sens des termes *ens* et *non-ens* reste cependant assez marginal dans la remarque de Dummett. Plus importante est la question de savoir si les points de vue de l'intension et de l'extension doivent être considérés comme deux « interprétations » d'un même calcul, ou si, au contraire, il faut abandonner cette manière de voir. Dummett soutient, c'est pour le moins ainsi qu'on peut comprendre sa remarque, que la différence des deux « méthodes » ne porte pas sur les classes en tant qu'elles sont admises ou écartées – comme s'il fallait choisir les classes *ou* les propriétés –, mais sur les classes *en tant qu'elles sont individualisées d'une certaine manière*. Selon la manière habituelle (l'extension) on considère une classe comme l'ensemble des choses qui possèdent une propriété donnée :

(2) $\text{Ext}(A) = \{x/Ax\}$

où l'on admet, selon l'usage du passage [1], qu'une propriété est spécifiée par un prédicat. Selon la manière « leibnizienne » (« intensionnelle »), une classe est au contraire un ensemble de propriétés, c'est-à-dire tout ce qui peut être dit de toutes les choses qui possèdent une propriété donnée, ou encore, selon (2), les propriétés communes à tous les éléments d'une extension donnée :

(3) $\text{Int}(A) = \{F/\forall x\,(Ax \supset Fx)\}$ [1]

L'avantage de cette reconstitution est, aux yeux de Dummett, qu'elle préserve à la fois la distinction leibnizienne et l'unité du concept d'interprétation. Il est en effet possible de déterminer une certaine classe à partir de l'intension d'un concept *A* définie dans (3) : à savoir la classe de toutes les choses qui possèdent une des propriétés communes à toutes les choses possédant une propriété donnée. Mais il va de soi que cette classe n'est pas identique à l'extension de *A*. Or il faut qu'il en soit ainsi, si l'on veut conserver l'esprit de la distinction leibnizienne. Si, par exemple, *A* est le terme général *homme*, l'extension de *A* est l'ensemble des choses dont il est vrai de dire qu'elles sont des hommes. L'intension de *A* est l'ensemble de ce

1. Nous empruntons (2) et (3) à Wolfgang Lenzen ; cf. Lenzen, W. (1983), p. 141-142.

qui peut être dit avec vérité de *toutes* les choses dont on peut dire également qu'elles sont des hommes. Dans ce cas, l'intension de *A* contient *bipède*, *rationnel*, *capable de rire*, etc., mais elle ne contient pas les propriétés contingentes comme *philosophe* ou *cycliste* qui ne s'appliquent pas à tous les hommes. Chacune de ces propriétés peut spécifier une classe selon le procédé décrit dans (2). La classe de toutes ces classes est la classe des choses ayant une propriété – nécessaire – commune avec les hommes. La classe des hommes, l'extension de *A*, fait partie de cette classe de classes. Elle est la classe de toutes les choses ayant *toutes* leurs propriétés communes avec les choses dont on peut dire avec vérité qu'elles sont des hommes. Ou encore : la classe des hommes est la plus petite classe de cette classe de classes déterminée par l'intension du concept *homme*.

La difficulté que nous avons à penser comme on le faisait à l'époque de Leibniz la « formalité », c'est-à-dire l'aspect contentuel d'une idée en tant qu'elle est dans notre esprit, cette difficulté est en partie levée, mais la spécificité de l'algèbre des concepts semble respectée. La proposition de Dummett s'appuie entièrement sur le fait qu'il est possible de décrire une classe de deux manières, soit directement à partir d'un concept (comme son extension), soit indirectement à partir d'autres classes déterminées de cette manière et dont on forme alors l'intersection. Soit X la classe de toutes les classes spécifiées par les concepts contenus dans l'intension de *homme* : *bipède*, *rationnel*, *capable de rire*, etc. L'intersection de toutes les classes de X (notée Π(X)) est la classe :

(4) $\Pi(X) = \{x / \forall Y (Y \in X \supset x \in Y)\}$ [1]

La classe des hommes est identiquement individuée par le prédicat *homme* et par la partie commune à toutes les classes individuées par les prédicats communs des hommes. Pourvu qu'on puisse former l'intersection de toutes les classes d'une classe, alors c'est le même ensemble qui est décrit tantôt d'une manière et tantôt d'une autre, et les concepts conservent la même dénotation, qu'ils soient conçus en intension ou en extension[2]. L'idée que Leibniz ait pu procéder ainsi et choisir le chemin le plus complexe paraît bien entendu très étrange. Ce qui paraît en revanche probable, c'est que tel

1. Lenzen, W. (1983), p. 143.

2. C'est sur ce point que nous nous séparons de Lenzen. Celui-ci considère en effet que l'intension d'un concept est une classe de classes, et qu'elle contient son extension (la plus petite de ces classes). Ceci revient à admettre qu'un concept n'a pas la même dénotation selon qu'il est considéré en intension ou en extension, ce qui nous paraît absurde. Il est très improbable que l'intension du concept *homme* puisse dénoter les autruches (dont on peut dire qu'elles sont *bipèdes* et les anges (qui, comme on sait, sont *rationnels*). De quelque manière qu'on la prenne, la classe dénotée par l'intension de *A* doit être l'extension de *A*.

aurait été le procédé de Leibniz, si l'on tente d'exprimer celui-ci dans le cadre strict de la logique des classes, ce que Leibniz ne faisait pas.

La remarque de Dummett a été développée par Wolfang Lenzen dans le but de montrer qu'on pouvait dégager deux interprétations de la langue logique des *Recherches générales*, l'une extensionnelle, l'autre intensionnelle, pourvu qu'on définisse l'intension « à la Dummett » et qu'on prenne garde de poser correctement l'interprétation des termes composés et des phrases[1]. Une « interprétation » pour un langage est une application qui associe à tous les termes certaines entités et à chaque phrase une valeur de vérité de manière récursive, à partir de la valeur de vérité des phrases atomiques. Nous avons tellement l'habitude d'utiliser cette démarche dans l'usage du concept de vérité que nous la prêtons rétroactivement à des auteurs qui pouvaient très bien avoir en vue quelque chose d'approchant, mais ne disposaient certainement pas du luxe de détails formels de la théorie. Il est vrai qu'on a pu montrer de manière rigoureuse que les essais de caractéristique numérique d'avril 1679 fournissaient un modèle arithmétique acceptable pour la syllogistique[2]. Mais cela ne signifie pas nécessairement qu'ils ont été pensés comme tels par leur auteur. La notion leibnizienne « d'expression » désignant elle-même une application d'un ensemble sur un autre, il est plus conforme à la méthode historique de procéder algébriquement à partir de cette notion. Nous disposons, grâce à Chris Swoyer, d'une reconstitution rigoureuse de la ressemblance structurelle que la notion d'expression permet d'établir entre l'intension et l'extension[3]. Mais cette reconstitution ne dispense pas de s'interroger sur le sens que Leibniz attribuait à ce que nous appelons la différence de l'intension et de l'extension et qu'il convient de débarrasser autant que possible de nos intuitions post-frégéennes.

Deux « méthodes » dans l'art de démontrer

Pour Leibniz, la différence des deux méthodes appartient à la syntaxe logique et concerne, au premier chef, le comportement du syncatégorème « *inest* ». Les *Quelques difficultés logiques* sont particulièrement appropriées pour vérifier ce point. Leibniz envisage dans ce texte la conversion de l'universelle affirmative successivement dans les deux versions du calcul. Le raisonnement selon l'intension est donné deux fois. Une

1. L'interprétation intensionnelle d'un terme composé n'est pas l'intersection des intensions respectives de ses composants. De même l'interprétation intensionnelle de la négation de *A* n'est pas le complément de l'interprétation de *A* ; Lenzen, W. (1983), p. 143-144.

2. Łukasiewicz (1951), p. 126.

3. Swoyer, C. (1995).

première fois grâce à l'algèbre nouvelle, par ce que Leibniz appelle alors la « réduction d'autrefois », c'est-à-dire un mixte de propositions en *secundi adjecti* et de calcul des coïncidents. Puis par un enchaînement strictement syllogistique dans lequel il insère, selon la coutume qu'il a trouvée chez Hobbes[1], des propositions identiques. Enfin le raisonnement en mode extensionnel est donné comme une transformation du syllogisme retenu. Commençons par la démonstration en intension[2] :

(i)	tout rieur est un homme	P (UA)
(ii)	homme rieur = rieur	P *post reductionem*
(iii)	le rieur est un être	par l'hypothèse *de constantia subjecti.*
(iv)	homme rieur est un être	par P
(v)	quelque homme est rieur	par l'expression *post reductionem* de PA.

Cette démonstration confirme que les inférences simples supposent, dans l'algèbre nouvelle, la possibilité des termes, puisque la possibilité de *rieur* est requise à la ligne (iii) pour la subalternation. Elle indique aussi que Leibniz se réservait le droit de choisir entre différentes expressions caractéristiques des propositions, selon son intention de démontrer. Le calcul n'est pas une « pensée aveugle », si l'on entend par là l'application mécanique de formules données une fois pour toutes. Il suppose un choix dans les instances expressives, c'est-à-dire dans le symbolisme : ici, l'expression de UA : *tout A est B* par $AB = A$ a été préférée à $A\neg B$ $\neg$*ens* mentionnée dans le passage parallèle des *Recherches générales*[3].

La même démonstration est donnée laconiquement dans sa forme syllogistique :

[2] tout rieur est rieur, tout rieur est un homme, donc quelque homme est rieur[4].

Si l'on admet qu'une proposition identique peut servir de prémisse, [2] décrit une occurrence du mode *Darapti* de la troisième figure. Or il est rappelé dans le texte même des *Quelques difficultés logiques* que ce mode peut être validé au moyen de la subalternation et du « *regressus* », c'est-à-dire au moyen d'une variante de la démonstration apagogique[5].

(5) Sub : $\underline{E}(A, B) \rightarrow \underline{O}(A, B)$

1. Cf. le *Demonstratio propositionum primarum*, A VI ii 482-483.
2. Cf. TLM 369 (GP VII 213).
3. GI § 151.
4. TLM 373 (GP VII 216).
5. « Dans la RÉGRESSION nous utilisons ce principe : si la conclusion est fausse (c'est-à-dire si sa contradictoire est vraie) et si l'une des prémisses est vraie, l'autre prémisse doit nécessairement être fausse, c'est-à-dire que sa contradictoire doit être vraie. » A VI iv 499 (C 412) (voir aussi VE 509 (GP VII 208)).

Par (5) le mode *Celarent* de la première figure – considéré comme valide – implique le mode *Celaro* dont la conclusion est particulière. Le *regressus* de *Celaro* à *Darapti* s'effectue comme suit[1] :

celaro	E(C, D),	A(B, C) →	O(B, D)
regressus		A(B, C)	A(B, D)
donc	I(C, D)		
soit *Darapti* :	A(B, D),	A(B, C) →	I(C, D)

Concernant l'extension, Leibniz ajoute :

> [3] Passons au syllogisme par lequel nous avons démontré la conversion par accident : *tout rieur est rieur, tout rieur est un homme*, donc *quelque homme est rieur*. En appliquant l'interprétation en question [extensionnelle] : *tous les rieurs sont dans les rieurs, tous les rieurs sont dans les hommes*, donc *quelques hommes sont dans les rieurs*.[2]

La validité de ce syllogisme ne donne pas lieu à une nouvelle démonstration. Il est seulement rappelé qu'une précaution doit être prise dans cette version extensionnelle, qui puisse servir de pendant à la condition *de constantia subjecti* utilisée dans la démonstration « selon la réduction d'autrefois ». C'est cette précaution qui conduit Leibniz à énoncer les prémisses de manière conditionnelle[3], selon un moyen éprouvé. Dans ce texte comme dans les essais plus détaillés, l'intension et l'extension ne sont pas conçues comme deux manières d'associer différemment les termes à des choses et les phrases à des valeurs de vérité. Mieux encore, il va de soi que les deux séries de formules mentionnées dans [3] sont deux descriptions linguistiques *pour le même syllogisme*. Les propositions ici et là doivent avoir exactement les mêmes valeurs de vérité et les deux ensembles de propositions bien liées doivent être identiquement déclarés valides ou invalides. Le seul moyen de comprendre la différence consiste par suite à supposer que celle-ci ne relève pas de *l'ars significandi* mais que ce sont deux manières de démontrer (*ars demonstrandi*) qui se trouvent par là exposées.

La mise au point de la représentation des propositions par des diagrammes constitue un autre lieu logique où la différence de l'intension et de l'extension est largement thématisée. Leibniz considère que cette

1. Nous suivons A VI iv 502-503 (C 416).

2. TLM 373 (GP VII 216)

3. « *tous les rieurs supposés sont dans les rieurs supposés, tous les rieurs supposés sont dans les hommes* (à savoir dans les hommes supposés), donc *quelques hommes supposés* (c'est-à-dire certains de ceux qui sont dans les hommes supposés) *sont dans les rieurs supposés* ». *Ibid.*

représentation a le même statut que la représentation par les nombres et que l'une et l'autre peuvent être choisies à volonté pour des raisons de simples commodité. La différence principale réside dans le fait que la théorie des nombres caractéristiques suppose la conception intensionnelle – puisque la relation fondamentale de divisibilité est conçue comme le pendant arithmétique de l'inhérence conceptuelle[1] – alors que la représentation par les diagrammes a été conçue à l'origine pour s'appliquer aussi bien à la méthode par les idées qu'à la méthode par les individus. Dans les *Recherches générales*, Leibniz découvre que les mêmes syllogismes ne peuvent être représentés par les mêmes diagrammes selon les deux méthodes. Par exemple l'universelle négative « Aucun A n'est B » est représentée au § 120 de la manière suivante :

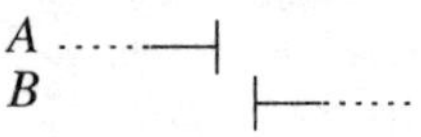

Or ce diagramme, considéré en intension, signifie que *A* et *B* n'ont aucun ingrédient en commun, ce qui est visiblement une condition trop forte. On peut affirmer qu'aucun homme n'est un cheval sans que cela implique qu'il n'y a rien dans l'intension du concept *homme* qui ne soit également dans l'intension du concept *cheval*, par exemple la propriété d'être un mammifère[2]. Plus tard, au moment de la rédaction du *De formae logicae comprobatione per linearum ductus*, Leibniz s'aperçoit que le diagramme en question convient à la représentation extensionnelle de UN[3]. La représentation en intension est alors obtenue à partir de celle de UA[4] :

Soit *A* = *homme* et *B* = *animal*. L'homme est « un certain animal (*animal tale*) ». La partie droite du tiret de *A* correspond au « *tale* », c'est-à-dire à tout ce qui, dans l'intension de *homme*, n'est pas compris dans l'intension de *animal* (et qui peut être noté par un terme indéfini). Le tiret de *B* correspond à l'intension de *animal* : c'est la représentation de UA. Si

1. Le nombre caractéristique d'un terme est le produit des nombres caractéristiques de ses ingrédients. Cette règle vaut d'un bout à l'autre des recherches d'avril 79 et elle est rappelée dans chacun des fragments. Cf. A VI iv 182 (C 42-43), TLM 51 § 14 (C 54) : « Tout ce que nous avons dit à propos des termes qui, de manières variées, se contiennent ou ne se contiennent pas, nous pouvons maintenant l'appliquer à leurs nombres caractéristiques. [...] le nombre caractéristique du terme qu'il s'agit de constituer (le contenant) est divisible par celui du terme constituant (qui est contenu). »

2. Cf. TLM, chap. v n. 147.

3. C 293.

4. GI § 113 et C 300.

maintenant on pose pour *A* : *non-lapis talis* (*homo*) et pour *B* : *non-lapis*, le même diagramme peut être lu comme : *Omnis homo est non-lapis*, c'est-à-dire comme l'expression de UN au moyen des termes infinis [1].

Dans les essais de caractéristique numérique, l'effort portait principalement sur l'expression adéquate des propositions du carré logique en vue d'une démonstration des inférences simples ou immédiates : conversion et subalternation. Les nombres caractéristiques assuraient le moyen d'une sorte de détour. Car les preuves, qu'il était presqu'impossible de donner dans la théorie ordinaire de la *propositio*, étaient alors déduites des propriétés des nombres, selon un mode de démonstration qu'on peut appeler « démonstration par l'instance expressive » ou plus simplement « par l'expression ». Dans le *De formae logicae comprobatione*, c'est la théorie des modes du syllogisme qui est visée, et le même type de démonstration est effectué dans l'ordre de la *consequentia*. Les diagrammes sont des expressions des syllogismes, qui sont eux-mêmes des représentations de nos inférences. Dans l'économie du texte, la méthode « par les idées » et la méthode « par les individus » correspondent à deux séries de diagrammes différents. Le syllogisme en *Darapti* de la troisième figure – celui qui est utilisé dans la preuve de la conversion par accident de UA – fait ainsi l'objet de deux démonstrations, l'une selon l'extension, l'autre selon l'intension, ces deux démonstrations étant figurées par deux diagrammes symétriques [2]. Il est donc permis de conclure que la différence des deux méthodes porte sur l'expression du raisonnement. Si l'on appelle « preuve » les actes de l'esprit qui sont requis dans l'établissement de la certitude, on dira que l'intension et l'extension délimitent deux types de « preuves » pour une inférence donnée. L'intension et l'extension diffèrent sensiblement si l'on considère les actes par lesquels un énoncé donné peut être tenu pour vrai, c'est-à-dire dérivé des énoncés vrais et des données de l'expérience. Leibniz n'a pas préféré l'intension parce qu'il se méfiait des problèmes logiques relatifs à l'existence. Il a préféré la « méthode par les idées » parce qu'il a pensé qu'elle permettait de produire davantage de preuves au niveau de la *propositio* – démonstration des inférences immédiates – et ceci pour un coût presque nul au niveau de la *consequentia* – démonstration des modes valides du syllogisme –, ce que le *De formae logicae comprobatione* devait établir.

1. Cf. Thiel, C. (1979), où tout ceci est établi dans le détail.
2. Cf. C 296 et C 314. La figure en intension n'est pas reproduite par Couturat.

Intension et compréhension

Nous avons noté que la reconstitution donnée par Dummett de la distinction leibnizienne des deux méthodes avait contre elle une excessive complexité. Il est parfois utile d'élucider une distinction simple par une autre plus complexe, lorsque la simplicité de la première s'avère seulement apparente quand on la confronte à la seconde. Dans le cas qui nous intéresse, cet effet s'explique davantage par l'éloignement historique. Lorsqu'on demande à Dummett d'expliquer la distinction de l'intension et de l'extension, il répond en considérant que la seconde va de soi et que tout l'effort d'explication doit porter sur la première. Il considère de plus que son travail est achevé lorsqu'il est parvenu à trouver une fonction de l'extension qui donne l'intension. Pour un philosophe de l'âge classique, la situation est exactement inverse. Dans la mesure où l'extension – ou « l'étendue » – d'une idée est encore pensée dans la problématique de l'arbre de Porphyre, il s'ensuit que celle-ci peut comporter, non pas tout ce qui tombe sous l'idée ou tout ce qu'elle subsume, mais tout ce qui lui est « inférieur », c'est-à-dire éventuellement des entités que nous considérons comme intensionnelles, par exemple des espèces, ainsi que d'autres entités qui sont pour nous des classes ou membres de classes, en particulier les individus. En revanche, la compréhension paraît plus claire, non qu'elle puisse se passer d'un critère d'individuation suffisant, mais parce que dans son cas notre philosophe de l'âge classique est sûr de n'avoir affaire qu'à des entités homogènes, c'est-à-dire à des idées prises formellement ou objectivement.

Ce point est particulièrement net dans les passages de *La Logique* de Port-Royal consacrés à cette distinction. Selon les Messieurs, « l'extension » ou « étendue » d'une idée est l'ensemble des sujets « à qui cette idée convient[1] ». Cette extension peut être réduite ou « restreinte », et la restriction d'une idée générale s'obtient soit par l'adjonction d'une autre idée – lorsque, par exemple, on considère les triangles qui ont un angle droit –, soit par le signe de la quantité : lorsqu'on dit, par exemple, « quelque triangle ». Le rapprochement de ces deux types de restrictions, (ou, pour mieux dire, de la restriction et de la particularisation) dont on trouve le pendant chez Leibniz dans l'usage des termes indéfinis[2], implique que, dans la conception généralement reçue, on ne faisait pas de différence de principe entre la

1. *La logique*, I vii, p. 59.

2. Rappelons que, dans les *Recherches générales*, *quelque A* s'écrit *YA*, où *Y* désigne une notion quelconque.

quantification sur les termes et la composition des concepts ou des idées [1]. Toujours selon les logiciens de Port-Royal, la restriction par le signe de la quantité concerne principalement le sujet, car l'extension du prédicat est déterminée par celle du sujet. Lorsqu'on dit par exemple : *tous les lions sont des animaux*, il va de soi qu'on ne considère pas tous les animaux mais seulement ceux qui sont des lions, si bien qu'une restriction se fait presque naturellement et que son expression précise doit être tenue pour un axiome [2]. Enfin, le texte confirme que « l'extension » d'une idée telle qu'elle est définie dans *La logique* n'est pas le parcours d'une variable d'objet mais la multitude des entités « inférieures [3] ». Il suit qu'un universel, par exemple une espèce, peut appartenir à l'extension d'une idée, aussi bien qu'un individu substantiel, pourvu que cette idée soit d'ordre supérieur, par exemple un genre [4]. C'est là une différence importante avec ce que Leibniz appelle l'extension d'un terme qui, tout au moins dans les textes de la maturité, est toujours considérée comme une classe d'individus subsumés et non comme un ensemble de concepts hiérarchisés. Leibniz a donc sur ce point une position qui ne peut être assimilée purement et simplement à celle de Port-Royal [5] et qui semble plus avancée : il s'agit d'une conséquence de son nominalisme de jeunesse et de la lecture critique de Nizolius.

1. Jean-Claude Pariente voit là une difficulté propre à la théorie de Port-Royal. Il est en effet possible de considérer la restriction à partir d'une relation sur les compréhensions, dite de « domination »; on pose qu'une idée en domine une autre si la compréhension de la seconde contient celle de la première, cette relation tombant entre des classes d'attributs. Ainsi, il va de soi que l'idée de *triangle* domine l'idée restreinte *triangle rectangle*, mais il est difficile d'admettre qu'elle domine également l'idée associée à l'expression « quelque triangle », dans la mesure où le signe de la particularité n'a pas de compréhension. (cf. Pariente, J.C. (1985), p. 254-255). Cette difficulté est levée dans l'algèbre des *Recherches générales*, puisque le signe de la particularité y est exprimé par un concept quelconque. Il y a là une unité profonde des deux doctrines, qui s'explique par la conception traditionnelle d'une quantification sur les termes.

2. Axiome 1 : « l'attribut est mis dans le sujet par la proposition affirmative selon toute l'extension que le sujet a dans la proposition ». Axiome 3 : « l'attribut d'une proposition affirmative n'est point attribué selon toute son extension, si elle est de soi-même plus grande que celle du sujet ». Axiome 4 : « l'extension de l'attribut est resserrée par celle du sujet, en sorte qu'il ne signifie plus que la partie de son extension qui convient au sujet ». *La logique*, II xvii, p. 170.

3. « [...] ce qu'on appelle aussi les inférieurs d'un terme général, qui à leur égard est appelé supérieur, comme l'idée du triangle s'étend à toutes les diverses espèces de triangle ». *Ibid.* I vii p. 59.

4. Jean-Claude Pariente insiste longuement sur ce point, soulignant que les « sujets » de l'étendue d'une idée doivent être conçus au sens scolastique comme les parties d'un *totum universale*. Cf. Pariente, J.-C., p. 230-233. Nous abordons ces distinctions méréologiques plus bas, à propos du débat avec Nizolius.

5. Cette assimilation est ordinaire dans le commentaire leibnizien. Cf. par exemple Knecht, H. (1979), p. 27-28.

La « compréhension » telle que la conçoivent les Messieurs soulève également certaines difficultés. La compréhension d'une idée est en effet définie comme « les attributs qu'elle enferme en soi, et qu'on ne lui peut ôter sans la détruire[1]. » Par exemple, la compréhension de l'idée du triangle enferme : « extension, figure, trois lignes, trois angles, et l'égalité de ses trois angles à deux droits, etc. ». Puisque tous les éléments qui font partie de la compréhension de l'idée ne peuvent en être séparés, il suit qu'il n'y a pas de restriction dans la compréhension, ou que toute restriction de la compréhension est aussi bien l'adoption d'une autre idée[2]. L'idée, comme le note Jean-Claude Pariente, est ainsi plus dépendante de sa compréhension que de son étendue. On détruit l'idée si on lui retire un élément de sa compréhension, on ne la détruit pas en ne l'appliquant qu'à une partie de son étendue.

Cette définition de la compréhension contient ce qu'on peut appeler un « essentialisme logique ». On se souvient que l'intension « à la Dummett » était l'ensemble de ce qui peut être dit de *tous* les individus qui possèdent une propriété *F* donnée. Il convenait d'exclure de cet ensemble les propriétés qui ne s'appliquent qu'à certains individus qui sont des *F*, et qui sont par suite contingentes par rapport à *F*. Tout bien considéré, cette précision était elle-même insuffisante, dans la mesure où il peut très bien arriver qu'une propriété *accompagne F* dans tous les individus qui sont des *F* sans pour autant faire partie de l'intension de *F*. On peut imaginer que tous les philosophes pratiquent la bicyclette tout en admettant qu'il est peu probable que *cycliste* fasse partie de l'intension de *philosophe*. Les exemples de ce genre montrent que, d'une manière générale, le fait d'appartenir à une classe est plus contingent que le fait de se trouver dans la portée de telle entité intensionnelle[3] et que, par suite, et ce point est moins souvent souligné, les entités intensionnelles ont tendance à renforcer le caractère nécessitariste de l'ontologie. Dans la définition de la compréhension, les logiciens de Port-Royal ne se sentent pas obligés de passer par les individus et prétendent rester entièrement au niveau idéel des attributs. L'essentialisme de l'idée est la conséquence de cette démarche, puisqu'il convient alors de faire le partage entre ce qui fait et ce qui ne fait pas partie de la compréhension par une sorte de nécessité interne et à part de toute donnée

1. *La logique*, I vii p. 59.

2. Axiome 2 : « l'attribut d'une proposition affirmative est affirmé selon toute sa compréhension ». *La logique*, II, xvii, p. 170.

3. Ce point est généralement reconnu depuis Carnap, R. (1947) : l'identité intensionnelle de deux désignateurs (quel qu'en soit le type) est fondée sur l'équivalence logique (L-équivalence) alors que le fondement d'une identité extensionnelle admet une équivalence seulement factuelle.

de l'expérience. La compréhension de l'idée du triangle comprend non seulement les éléments de sa définition, mais également tout ce qui peut être démontré à propos du triangle, par exemple que ses angles sont égaux à deux droits. La « notion » au sens de Leibniz s'accorde ici très exactement avec la compréhension de l'idée au sens de Port-Royal. Leibniz fait même un pas de plus, puisqu'il considère que toutes ces propriétés doivent être envisagées successivement selon leur degré de complexité et « selon qu'elles dépendent les unes des autres [1] », de sorte que son projet encyclopédique, tel qu'il est décrit à l'époque du *Sur la synthèse et l'analyse universelles,* prend appui principalement sur une approche ordonnée de la compréhension.

Leibniz s'écarte en revanche des Messieurs pour ce qui concerne l'individuation de la compréhension, c'est-à-dire sur la nature de ce qui peut être ôté sans que l'idée n'en souffre. On a vu que, dans la correspondance avec Arnauld, la querelle *de inesse* portait sur le rapport de l'identité et de l'inhérence, Arnauld acceptant une identité contrefactuelle que Leibniz récusait au nom de l'inhérence. Le même débat peut être reformulé à présent car la compréhension de l'idée au sens de Port-Royal suppose que certains attributs – c'est-à-dire les parties constitutives de cette compréhension – puissent être considérés comme nécessaires alors que d'autres, qui peuvent être ôtés, sont des accidents de l'idée ou, mieux, des « dénominations externes [2] ». Le critère de Port-Royal est aisément exprimé à l'aide du calcul leibnizien de l'addition réelle avec soustraction. On a alors pour la compréhension de *A* :

(6) $\text{Comp}(A) =_{\text{déf}} \{Y / A\text{-}Y = A\}$

où *Y* et *A* sont des notions ou des idées. On ne trouve pas d'expression approchante pour (6) dans le corpus des fragments logiques. Leibniz préfère poser en principe que le prédicat d'un prédicat est un prédicat du sujet [3], de sorte que la même définition serait donnée de préférence par :

(7) $\text{Comp}(A) =_{\text{déf}} \{Y / X \text{ est } A \rightarrow X \text{ est } Y\}$ [4]

où la conditionalité doit être considérée relativement aux concepts selon les précisions données au chapitre précédent.

Les raisons pour lesquelles Leibniz ne donne pas la définition (6) peuvent être aisément reconstituées. À l'époque des *Recherches générales*, le langage utilisé par Leibniz comprend un marqueur d'inhérence concep-

1. *Sur la synthèse et l'analyse universelles*, TLM 135-136 (GP VII 292-293).
2. *La logique*, I, iii, p. 49.
3. Cf. A VI iv 145-150 (un morceau en C 252) axiome 6 et GI § 19.
4. Ceci revient à définir la compréhension de *A* comme tout ce qui est dans *A* ; cf. A VI iv 808 (C 260).

tuelle (*est* ou *inest*), mais l'inhérence n'est pas exprimée par une addition selon la formule plus tardive :

(8) $\text{L est B} \leftrightarrow \text{A} + \text{B} = \text{L}$[1]

Leibniz ne dispose donc pas de la soustraction réelle. De plus, la définition (6) suppose que les *Y* peuvent être tenus pour des prédicats nécessaires relativement à *A*. Or nous avons des raisons de penser que, dans les *Recherches générales*, la nécessité appliquée à des termes – et non à des propositions – a posé à Leibniz certains problèmes. On trouve au début du texte un passage dans lequel est reprise de manière traditionnelle la notion d'*ens necessarium* ou d'*ens a se*, mais ce passage reste sans postérité dans la suite[2]. L'application d'une modalité aux notions est pourtant une conséquence presqu'inévitable de la réduction des propositions aux termes : puisqu'il est permis de dire qu'une proposition est nécessaire quand son opposée implique contradiction, on ne voit pas pourquoi on ne pourrait pas dire de même qu'un terme *A* est nécessaire quand $\neg A$ est impossible. Un fragment ultérieur, publié par Couturat, donne sur ce point des indications précises.

Admettons que l'on s'exprime comme il vient d'être dit. Puisque tous les hommes pieux qui existent réellement sont tourmentés, on dira, par exemple : *le pieux existant non-tourmenté (non-tribulatus) est un non-être*, ou bien, ce qui revient au même : *le pieux existant tourmenté est un être nécessaire*[3]. Mais s'exprimer ainsi, n'est-ce pas introduire subrepticement de la nécessité dans la création ? On dira volontiers que le cercle isopérimètre maximum est un être nécessaire, car la propriété d'être la plus grande figure isopérimètre est une propriété du cercle, qui fait partie, selon le vocabulaire de Port-Royal, de la compréhension de son idée. Mais on ne dira pas pour autant que l'homme pécheur est un être nécessaire, alors que le péché fait partie de la notion de tous ceux qui sont des hommes. La possibilité d'attribuer la nécessité aux termes ou aux *entia* qu'ils expriment nuit à l'intelligence des modalités. Elle ne permet pas de faire la part entre la nécessité du conséquent – qui est le fait d'une liaison avec la série des choses – et la nécessité absolue, entre la connexion réelle mais infinie et la liaison finie. Il a donc fallu choisir. Ou bien on lève ce genre de difficulté

1. TLM 410 (GP VII 237, def. 3 et 4).

2. « Un être est par soi ou par accident, c'est-à-dire qu'un terme est nécessaire ou susceptible de changer. Ainsi *homme* est un être par soi, mais *homme savant, roi,* sont des êtres par accident. Car ce que l'on appelle *homme* ne peut cesser d'être homme sans cesser d'être, alors que quelqu'un peut commencer ou cesser d'être roi ou savant bien qu'il demeure lui-même identique. » TLM 203 (C 356-357). On dira aussi bien que « roi » ou « savant » ne font pas partie de l'intension de « homme ».

3. A VI iv 1632 (C 271). Se rattache également à cette problématique : A VI iv 997-1000 (1689-1690).

par l'instance classique de la nécessité du conséquent[1], et dans ce cas on évitera d'appliquer la nécessité aux termes, ou bien on généralise l'usage de l'*ens necessarium*, mais alors il faut renoncer à la solution qui a la faveur de Leibniz.

Cette difficulté n'est pas insurmontable. Il y a moyen, par exemple, d'ajouter systématiquement le terme *existant* à tous les termes composés que l'on hésite à dire nécessaires pour les raisons qui viennent d'être mentionnées. *Existant* sera alors, au niveau des termes, un marqueur de la nécessité hypothétique généralement attribuée aux propositions correspondantes[2]. Cette solution serait suffisante si une seconde difficulté ne se présentait aussitôt :

[4] Si à partir de *tout animal est animal* il vient : *animal animal est un être nécessaire*, il ne s'ensuit pas pour autant : *animal est un être nécessaire*. On voit par là qu'on ne peut pas toujours poser un seul terme pour plusieurs termes équivalents[3].

La répétition d'un même terme est redondante. *AA* est identique à *A*. C'est là un axiome constant des fragments logiques, sur lequel Leibniz n'est jamais revenu.[4] Si l'on admet dans le calcul une expression comme « *Y* est nécessaire », où *Y* est un catégorème, comme on utilise, depuis les *Recherches générales*, « *Y* est possible », alors il faut renoncer à cet axiome. Sinon, toute proposition identique impliquera la nécessité du terme qu'elle réplique, et l'on devra conclure que tous les êtres désignés par les termes sont nécessaires[5].

Telle est donc la situation au milieu des années 1680. Leibniz pourrait éventuellement accepter de définir l'intension d'une notion comme un ensemble de « comprédicats » nécessaires, mais l'expression algébrique de cette nécessité viendrait compliquer singulièrement le calcul. Elle ajouterait également à *l'inesse* une connotation métaphysique que Leibniz a

1. « Sed inquies, ita introducetur necessitas. [...] Sed intellige necessitate consequentis, scilicet posita semel hac rerum serie, et hoc semper notat τὸ existens adjectum, facit enim propositionem existentialem, quae involvit rerum statum. » A VI iv 1632 (C 271). Voir TLM 323.

2. « Verum cum dico Homo peccator existens est necessarium, quid intelligo; tunc τὸ existens addit aliquid nempe Hominem peccatorem intelligi qualis in mundo nunc reperitur, qui cum ex hypothesi sit peccator, utique homo peccator est necessarius. » A VI iv 1633 (C 272).

3. *Ibid.*

4. TLM 92 (GP VII 222), GI § 18, A VI iv 817 § 11 (C 264-270).

5. Une note, ajoutée postérieurement à la rédaction primitive, prévoit qu'on remplacera *ens necessarium* par une des expressions algébriques de l'impossible afin d'éviter ce genre de conséquence : « Imo non dicendum animal animal est Ens necessar. sed : non animal non animal » A VI iv 1633 (C 272).

toujours tenté de repousser, parfois en vain[1]. Elle risquerait enfin d'ouvrir la porte aux excès des « derniers novateurs », par quoi Leibniz désigne ce qu'il considère comme la partie commune des philosophies de Descartes, de Hobbes et de Spinoza, qu'il posait au même moment comme une sorte d'exutoire[2]. Plus tard, lorsque le calcul de l'addition réelle a pris (provisoirement) le relais de l'algèbre des *Recherches générales*, d'autres problèmes techniques se sont présentés, qui ont à nouveau interdit de considérer (6) comme une définition de l'intension[3].

En raison du caractère enchevêtré des notions, par quoi toute notion est toujours un emboîtement (*complicatio*) de notions plus simples qui parfois ont entre elles des parties communes, parfois au contraire sont disparates, la soustraction logique est une opération infiniment plus délicate que l'addition. Contrairement à ce que prétend Couturat, ceci n'est pas une conséquence de l'approche intensionnelle adoptée par Leibniz, mais vaut également dans les deux méthodes. Il est plus facile de savoir ce qu'on ajoute que de savoir exactement ce que l'on doit retrancher. Si l'on admet, par exemple, selon une doctrine dominante dans les fragments logiques, que le conséquent d'une proposition hypothétique est dans l'antécédent comme un terme est dans un autre[4], alors il faut prendre garde que la soustraction d'un terme doit être également la soustraction de tout ce qui suit logiquement de ce terme. De même si l'on considère que certains termes ont entre eux des parties communes, le retranchement d'un terme B peut impliquer le retranchement de A si certains constituants de B sont aussi des constituants de A, et ceci demeure vrai quel que soit le degré d'éloignement des ces termes « cointégrants » et des termes retranchés dans le processus de l'analyse.

Les difficultés relatives à la soustraction sont systématiquement étudiées dans l'*Échantillon élégant de démonstration dans les abstraits*[5]. Nous pouvons aisément savoir si un terme est dans un autre à partir de la formule suivante :

1. TLM 322-323.

2. A II i 501 et DM § 2.

3. Tout ce qui est ici établi à partir des essais d'un calcul de l'addition réel pourrait l'être aussi bien à partir de GI. On lit par exemple dans une note marginale du § 18 : « Cela montre également que, à partir de $AC = ABD$, on ne peut inférer $C = BD$, puisqu'il est apparu que dans $A = AB$ il est impossible de supprimer A de part et d'autre. Si l'on pouvait inférer $C = BD$ à partir de $AC = ABD$, il faudrait présupposer que rien de ce qui est contenu dans A n'est aussi contenu dans C sans l'être aussi dans BD et inversement. » Voir aussi le passage de C 309 f. : « Sunt et in omissione difficultates… ».

4. GI § 198 et GP II 472-473, A VI iv 863.

5. TLM 424-434 (GP VII 228-235).

(9) A est B $\leftrightarrow$ A + B = A [1]

Nous pouvons également postuler que le retranchement est possible lorsque le reste est donné :

(10) Postulat : A + B = L $\rightarrow$ L – B = A [2]

Les autres règles de la soustraction concernent la « compensation » et la « destruction ». La « destruction » correspond à notre formule (1_2) (*A-A = Nihil*). La « compensation » est plus délicate. Leibniz indique tout d'abord que, en raison de la nature de l'addition réelle, pour laquelle on a toujours le droit de poser $A + A = A$, une destruction peut avoir lieu même dans le cas où le nombre des occurrences d'un terme positif n'est pas le même que celui des occurrences du terme négatif correspondant :

(11) A – A + A = nihil [3].

La compensation, de plus, n'est pas possible dans tous les cas. On a le droit d'écrire :

(12) A + N - M - N = A – M

si et seulement si *A*, *M* et *N* n'ont pas de partie commune ou sont « incommunicants ». Dans le cas contraire, il faut chercher à ramener la compensation à une addition de termes qui ne communiquent pas. Ceci est possible, dit Leibniz, si, dans l'exemple (12), ce qui est commun à *A* et *N* est identique à ce qui est commun à *N* et *M*, autrement dit si les parties communes sont les mêmes de part et d'autre du terme compensé. Si ce n'est pas le cas, alors la règle de la compensation ne s'applique pas [4].

À l'essentialisme logique de Port-Royal, selon lequel fait partie de la compréhension d'une idée tout ce qui est essentiel à cette idée ou ne peut lui être ôté, Leibniz oppose un critère *de continente et contento* : une notion implique logiquement tout ce qu'elle contient. Il suit que l'intension d'une notion est identique à son explicitation ou à sa clôture logique. Une notion est son intension *virtualiter*. Quel lien y a-t-il entre cette position logique de l'intension et le débat métaphysique sur l'essentialisme ? Dans la confrontation avec Arnauld, Leibniz refuse l'identité contrefactuelle au nom du principe d'inhérence. S'il n'est pas essentiel à l'idée d'Antoine Arnauld

1. « Si un terme est ajouté au terme dans lequel il est, rien de nouveau n'est constitué » TLM 429 th. VII (GP VII 232) Ce théorème a son pendant dans GI : *A est B* $\leftrightarrow$ $A = AB$ § 83. Notons qu'il peut être posé comme le pendant leibnizien de (6).

2. « Postulat 2. On peut retrancher quelque chose (*A*) de ce dans quoi il est (de $A + B$ c'est-à-dire *L*), si sont donnés les termes qui restent (par exemple *B*) qui avec *A* constituent le contenant *L*. Autrement dit, et avec les mêmes termes, on peut trouver le reste *L-A*. » TLM 427 (GP VII 230).

3. « Scolie. Par suite, $A - A$, ou $A + A - A$, ou $A - A + A \infty$ *rien*. Car tout ceci (par l'ax. 1.) revient à $A - A$. » *Ibid.*

4. Théorème IX, TLM 430, (GP VII 233).

que celui-ci soit marié ou célibataire, on dira aussi bien, dans le vocabulaire des Messieurs, que l'idée du mariage ne fait pas partie de la compréhension de l'idée d'Antoine Arnauld. Mais cette idée existe-t-elle autrement que dans l'expérience qu'Antoine Arnauld a de lui-même lorsqu'il pense ? S'il existe une idée d'Antoine Arnauld « éminemment » ou en Dieu et s'il est possible de lui retrancher *salva identitate* l'idée du mariage comme celle du célibat, cela signifie qu'on peut dire quelque chose d'Antoine Arnauld qui ne fait pas partie de la compréhension de son idée, comme si, dans le vocabulaire leibnizien, on pouvait poser une conséquence à part de son antécédent. L'argument le plus fort qu'on puisse donner contre cette position se fonde sur les conditions de possibilité d'un tel retranchement. Comment pourrions-nous savoir qu'un tel retranchement est bien tel que nous le pensons ? Plus probablement, en retranchant l'idée du mariage, ou l'idée complémentaire du célibat, nous retranchons aussi d'autres idées entrelacées qui ne nous sont pas actuellement présentes à l'esprit mais dont l'absence dans la notion d'Antoine Arnauld nuirait à sa personne. Par exemple, le fait qu'il a choisi l'étude de préférence à la charge d'une famille, qu'il a choisi selon sa foi. La foi ne fait-elle par partie de l'intension de la notion d'Arnauld ?

Le test qui permet de s'assurer que la différence de l'intension et de l'extension a été convenablement établie réside non seulement dans les ressources de la logique mais aussi dans la possibilité d'appliquer cette distinction aux notions individuelles. Ce que Leibniz reproche à l'essentialisme, ce ne sont pas ses conséquences métaphysiques moyennes, qui, au contraire, s'accorderaient assez bien avec son idéal de modération. C'est que celui-ci ne se donne pas de critère d'individuation suffisant. Le traité *de principio individui* doit porter non seulement sur les individus eux-mêmes mais aussi sur les prédicats de leur notion et sur leurs propriétés. Qui peut dire, en raison de la liaison des choses entre elles, si le mariage d'Antoine Arnauld n'enveloppe pas tout l'univers ?

Le critère extensionnel dans la détermination des propriétés est trop faible si l'on admet que l'appartenance d'un individu à des classes est un fait contingent qui repose sur une simple stipulation ou sur un ensemble de données empiriques. Dans ce cas, le fait qu'une classe de propriétés $\{F_1, F_2 \ldots F_n\}$ constitue l'intension de F signifie seulement que tous les individus qui sont des F sont aussi des F_1, des F_2, etc. et la nature exacte du lien entre les F_i perd sa pertinence. En particulier, il n'y a pas moyen de savoir à quelles conditions une propriété donne la raison pour laquelle un individu est tel et tel, c'est-à-dire possède telle et telle propriétés. *A fortiori*, il n'y a aucun moyen de penser qu'une des propriétés en question – qu'on nommera l'haeccéité – donne la raison de toutes les autres en tant qu'elles s'appliquent à un individu donné. Mais, d'un autre côté, le critère intensionnel ordinaire, celui de la « compréhension », est à l'inverse trop fort, puisque selon ce critère toute propriété qui fait partie de la portée intensionnelle d'une autre entretient avec elle un lien nécessaire. Même en admettant qu'on passe sur cette conséquence indésirable – qu'on espère, par exemple, lui trouver une solution *ad hoc* – on voit bien que notre ontologie doit ménager, entre les différentes propriétés d'un individu concret, la possibilité d'une liaison qui n'est pas tout à fait celle qu'un triangle entretient avec la somme exacte de ses trois angles et qui n'est pas non plus analogue au simple compagnonnage extensionnel. C'est pourquoi le principe selon lequel la différence de l'intension et de l'extension doit pouvoir s'appliquer à des notions individuelles est devenu crucial : il permettait d'ouvrir cette voie moyenne qui caractérise la conception leibnizienne de l'intension. Contre la compréhension à la manière d'Arnauld, Leibniz maintient que la liaison entre les différents éléments qui constituent ensemble une intension n'est pas nécessairement assignable *par nous* mais que l'appartenance commune à une intension donnée constitue ce qu'on pourrait appeler *une présomption de liaison*. Cette position présomptive autorise l'affaiblissement du principe d'identité des propriétés en intension selon une méthode qu'on s'attendrait plutôt à voir appliquée dans la perspective de l'extension. On dira que l'intension de *F* est l'ensemble des propriétés qui peuvent être dans le même sujet qui, d'autre part, est un *F*. Et ce « qui peuvent être … » ne signifie pas autre chose que la donnée possible d'un exemple[1]. Le refus de l'essentialisme logique, l'usage très large de la relation de compatibilité et, finalement, ce qu'on a pu appeler « l'essentialisme extrême » de Leibniz sont ainsi autant d'aspects de la doctrine qui s'enracinent dans une articulation originale de l'intension et de l'extension.

1. Le point est nettement établi au § 69 des *Recherches générales* : « Mais il faut encore examiner comment je peux savoir que je procède correctement lorsque je pose les définitions ; car si je dis *A* = *EFG*, je dois non seulement savoir que *E*, *F*, et *G* sont possibles un à un, mais encore qu'ils sont compatibles entre eux. Or il semble que nous ne pouvons savoir cela que dans l'expérience de la chose, ou dans l'expérience d'une autre chose qui est au moins semblable à la première sous le rapport qui est en question. […] Chaque fois que je joins plusieurs choses qui ne sont pas conçues par soi, je dois savoir par expérience, non pas seulement qu'elles sont conçues par moi conjointement dans le même sujet, car un tel concept est confus, mais qu'elles existent réellement dans le même sujet. »

§ 9. GENÈSE DU CALCUL EN INTENSION [1] : LA RÉFORME DE LA SYLLOGISTIQUE

Raisons logiques et raisons métaphysiques

L'étendue d'une idée n'est pas exactement l'extension d'un concept, son intension n'est pas exactement sa compréhension. Leibniz n'est ni Arnauld ni un logicien d'aujourd'hui. Ce qu'il appelle « méthode par les idées » est incontestablement très proche de ce qu'est pour nous une conception intensionnelle de la logique. Pourtant cette expression devait avoir, dans l'esprit de son auteur, des connotations polémiques et philosophiques que le seul débat technique – calcul des classes/calcul des concepts – ne permet pas toujours de saisir. Une des raisons principales pour laquelle Leibniz a préféré le calcul des concepts tient à la réponse qu'il entendait apporter au problème *de constantia subjecti* [1]. C'est en tout cas ce qu'il indique clairement dans une note ajoutée au § 12 des *Éléments de calcul,* dans laquelle le point de vue de l'extension est nettement présenté comme celui de l'École :

[5] On s'exprime autrement dans les écoles, car on n'y considère pas les notions mais les exemples qui tombent sous les notions universelles. C'est la raison pour laquelle on dit que *métal* est plus large que *or* puisqu'il contient plus d'espèces. [...] En suivant cette manière de voir et en adaptant les caractères, nous pourrions démontrer toutes les règles de la logique par un calcul qui ne diffère en rien de celui que nous développons ici. Il suffit pour cela d'effectuer une espèce d'inversion du calcul. Mais j'ai préféré mettre l'accent sur les notions universelles (sur les idées) et sur leur composition, dans la mesure où elles ne dépendent pas de l'existence des individus [2].

Il est bien sûr tentant de considérer que Leibniz a choisi l'intension parce qu'elle s'accorde mieux avec l'importance donnée aux *possibilia*. Il aurait ainsi mis au point la logique qu'attendait une métaphysique déjà faite (suarézienne) et qui était largement répandue dans l'horizon intellectuel qui était le sien. Mais cette raison est insuffisante. Le texte des *Difficultés logiques* montre qu'on peut tout à fait imaginer un calcul des classes tout en conservant l'engagement des propositions aux *possibilia*, pourvu qu'on distingue l'existence actuelle et l'existence conditionnelle [3]. La décision

1. Cette thèse est défendue avec vigueur *in* : Ishiguro, H. (1972), et elle semble avoir prévalu depuis lors.

2. TLM 49 (C 53).

3. « On voit bien que dans une objection comme celle-ci on conçoit ordinairement que la proposition universelle porte sur un rieur supposé, alors que la particulière porte sur un rieur

pourrait s'être jouée autour de l'héritage de la méréologie scolastique. Car la querelle des universaux, à laquelle Nizolius prétendait mettre un point final par la notion de « tout collectif », c'est-à-dire par une interprétation strictement extensionnelle des termes de la logique, requérait davantage qu'une simple prise de position sur la manière de calculer. La « méthode par les idées » aurait ainsi été conçue, non seulement comme un retour aux sources de l'aristotélisme, mais aussi comme le commencement d'une vaste réforme de la logique qui aurait permis, parce qu'elle était compatible avec l'enseignement des modernes, de restaurer les fondements de l'ancienne métaphysique que le jeune étudiant de Leipzig avait trouvés considérablement ébranlés.

Concernant les motifs de la conception intensionnelle du calcul, le texte le plus célèbre se trouve au Livre IV des *Nouveaux Essais*[1]. Leibniz distingue entre une « disposition vulgaire » et la manière aristotélicienne d'énoncer les propositions, « qui en renverse les termes ». Celle-ci présente par rapport à la disposition habituelle un avantage technique important; elle permet de concevoir plus aisément la validité d'une inférence fondamentale, « fondement de la syllogistique » ou « *consequentia per se vera* » : *Si A est B et B est C alors A est C.*[2] Et Leibniz ajoute encore un argument plus général qui a fait la fortune de ce passage parce qu'il semble reprendre la thèse défendue en [5] :

> [6] La manière d'énoncer vulgaire regarde plutôt les individus, mais celle d'Aristote a plus d'égard aux idées ou universaux. Car disant : tout homme est animal, je veux dire que tous les hommes sont compris dans tous les animaux; mais j'entends en même temps que l'idée de l'animal est comprise dans l'idée de l'homme. L'animal comprend plus d'individus que l'homme, mais l'homme comprend plus d'idées ou plus de formalités; l'un a plus d'exemples, l'autre plus de degrés de réalité; l'un a plus d'extension, l'autre plus d'intension[3].

Ce texte ne porte pas seulement sur le rapport de la vérité à l'existence. Il contient différentes affirmations qui, quoique solidaires, doivent être analysées séparément. 1) Leibniz prétend, ici comme ailleurs, que l'on peut attribuer à Aristote une version intensionnelle de la prédication. Il affirme

actuel. C'est pourquoi lorsqu'on dit : *tout rieur est un homme donc quelque rieur est un homme*, le sens de l'énoncé est : *tout rieur supposé est un homme donc quelque rieur supposé est un homme*, d'où l'on conclut à bon droit : *quelque homme* (à savoir quelque homme supposé) *est un rieur supposé.* » TLM 373 (GP VII 216).

1. NE IV xvii § 8 « J'ai remarqué autrefois qu'Aristote peut avoir eu une raison particulière pour la disposition vulgaire. Car au lieu de dire A est B, il a coutume de dire B est en A ».

2. *Échantillon de calcul universel*, TLM 84 (GP VII 218).

3. NE IV xvii § 8.

que cette manière d'énoncer concerne précisément la syllogistique et non, par exemple, la théorie des prédicaments, mais il ne dit pas avoir trouvé dans l'*Organon* un développement complet relatif aux figures et aux modes qui prolongerait cette analyse. 2) Il est convaincu que le calcul des classes et le calcul des concepts s'obtiennent l'un à partir de l'autre, mécaniquement, par la règle d'inversion donnée en [5], dans la mesure où leurs fondements respectifs s'obtiennent par cette même règle. 3) Il affirme que la version intensionnelle du calcul est préférable pour des raisons philosophiques (parce que dans ces conditions le calcul porte sur des idées et non sur des individus). Enfin 4) il considère que l'algèbre des concepts rend possible une vaste *reductio*, par laquelle la syllogistique traditionnelle serait intégrée dans l'algèbre nouvelle ou « spécieuse générale[1] », et celle-ci à son tour serait ramenée à un calcul de l'inclusion, de sorte que l'art de penser dans son ensemble pourrait être fondé sur les règles fondamentales d'une méréologie revisitée :

[7] Aussi peut-on dire véritablement que toute la doctrine syllogistique pourrait être démontrée par celle de *Continente et Contento*, du comprenant et du compris, qui est différente de celle du tout et de la partie; car le tout excède toujours la partie, mais le comprenant et le compris sont quelquefois égaux, comme il arrive dans les propositions réciproques[2].

La justification du choix des règles intensionnelles dans les *Nouveaux Essais* renvoie donc à un projet dont l'envergure considérable dépasse de beaucoup la seule question de l'engagement aux *possibilia* ou de la vérité des propositions dont les termes n'admettent aucune référence actuelle. Ce sont les différents aspects d'une réforme tout à la fois scientifique et philosophique qui sont rassemblés dans la thèse de la réversibilité et dans le choix de l'intension. Que les termes soient entre eux comme le contenant et le contenu signifie qu'on peut leur appliquer le langage et les facilités du calcul que les essais successifs ont progressivement mis au jour. Mais qu'il soit également possible, « en renversant les termes » de retrouver les résultats habituels de la syllogistique permet de s'assurer que la logique nouvelle n'est ni une chimère ni une branche particulière et restreinte de la logique, mais au moins une version nouvelle et préférable de ce qui est décrit dans les livres des anciens. Enfin, puisque les termes ont entre eux des relations méréologiques qu'il est possible de connaître *vi formae*, il y a moyen non seulement de considérer le concept de vérité comme une suite du principe *praedicatum inest subjecto* selon les articulations qui ont été

1. TLM 412 (GP VII 237).
2. NE IV xvii § 8.

décrites dans les chapitres précédents, mais surtout de concilier cette espèce de conceptualisme et une philosophie du savoir qui fait la part belle à la forme. Car, et ceci va tout à fait à l'encontre des critiques de Couturat, les premières intuitions relatives à l'intension sont nées dans le voisinage des essais combinatoires visant à promouvoir une approche computationnelle de la pensée, et le « *calculemus* » est demeuré, à l'inverse, un passage obligé des présentations populaires de l'algèbre des concepts[1].

Praedicatio *et* subjectio

Le premier embryon d'une approche intensionnelle du calcul remonte en effet à l'époque du *De Arte combinatoria.* Au § 23 de sa *Dissertatio*[2], Leibniz répond à ceux qui contestent la validité des modes de la quatrième figure en remarquant que ceux-ci coïncident avec les modes de la première figure pourvu qu'on change la « *praedicatio* » en « *subjectio* » :

> [8] Aux opposants à la IVe figure je réponds ceci : la quatrième figure est aussi bonne que la première ; qu'on l'énonce seulement, non pas sur le mode de la prédication (*modo praedicationis*), comme on a l'habitude de le faire, mais sur le mode de la subjection (*subjectionis*), comme Aristote, et il vient la première figure à partir de la quatrième et inversement[3].

Cette remarque n'est pas originale, si l'on considère seulement la question de la validité des modes de la quatrième figure, puisque nous savons que ceux-ci étaient largement admis à l'époque de Leibniz[4]. Elle est en revanche très éclairante quant à la manière leibnizienne d'aborder la syllogistique en 1666, surtout si l'on perçoit le changement de signification que le jeune homme fait subir, peut-être sans y prendre garde, à la *subjectio*.

Traditionnellement en effet, la *subjectio* et la *praedicatio* indiquaient la fonction d'un terme dans une proposition. On disait par exemple que dans *tout homme est mortel*, « mortel » est « dit de » ou prédiqué, alors que « homme » est « subjecté » (*subjicitur*). Ce jeu de la *subjectio* et de la *praedicatio* servait à caractériser les places successives d'un même terme dans

1. TLM 162 (GP VII 200) et TLM 167 (GP VII 205).

2. A VI i 183. Raili Kauppi a attiré l'attention sur ce passage (cf. Kauppi, R, (1960), p. 66-67). Le texte est également évoqué dans : Burkhardt, H. (1980) et dans : Öffenberger, N. & Moriconi, E. (1984).

3. A VI i 183.

4. La quatrième figure est admise dans *La logique* de Port-Royal (III, viii p. 200-202). L'historique de cette question est abordé par Leibniz lui-même dans une lettre à Koch de 1708 (GP VII 477-478). Voir l'étude de Nicolas Rescher : Rescher, N. (1966) et l'état de la question dressé dans Burkhardt, H. (1980), p. 47-51.

les prémisses et éventuellement dans les conclusions; il était donc particulièrement utile dans la théorie des figures fondée (dans la traduction et/ou le commentaire des lignes 40b30-41a13 des *Premiers analytiques*) sur les places successives du moyen. On trouve par exemple une classification des syllogismes qui utilise la *subjectio* dans le *De natura syllogismorum*, un des opuscules logiques souvent réédité dans la première moitié du XVIIe siècle et attribué alors à saint Thomas. L'auteur de ce texte rappelle tout d'abord que le syllogisme est un acte de la raison (*actus rationis*) dont la matière lointaine est constituée de trois termes et la matière prochaine de deux propositions. La forme du syllogisme est donnée par les figures et les modes. La figure est « la disposition du moyen selon la prédication et la subjection[1] ». La première figure est celle dans laquelle le moyen est à la fois subjecté et prédiqué, alors qu'il est deux fois prédiqué dans la deuxième et deux fois subjecté dans la troisième. Si l'on pose, avec Leibniz, que *B* est le petit terme, *C* le moyen et *D* le grand[2], on obtient le tableau suivant :

(13_1)	Figure I	CD	BC	BD
	Figure II	DC	BC	BD
	Figure III	CD	CB	BD

L'auteur du *De natura syllogismorum* est obligé de recourir à certaines subtilités pour justifier complètement cette classification[3]. Et même ainsi, il ne dit pas pourquoi le moyen est sujet dans la première prémisse de la première figure et prédicat dans celle de la seconde. Surtout, il ne donne pas la raison pour laquelle la quatrième figure n'est pas reconnue[4] alors qu'elle

1. « Figura enim est dispositio medii secundum subjectionem et praedicationem, quae scilicet dispositio tripliciter variatur, quia aut medius terminus subjicitur et praedicatur semel in praemissis, et sic est prima figura » (Pseudo-Thomas d'Aquin, *Opuscules*, T. V, p. 89). Cette description n'est pas originale. Cf. par exemple Fonseca, *Inst. dial.* VI, xii, p. 164.

2. « Quatuor sunt figurae syllogismorum categoricorum simplicium discriminatione ex Medii termini situ. Sit enim minor terminus B, medius C major D. Conclusion semper est BD. In praemissis potest Medius esse subjectum in priore praemissa et praedicatum in posteriore, vel praedicatum in utraque, vel subjectum in utraque, vel praedicatum in priore, subjectum in posteriore. » C 196 (22). Le *De arte* utilise une notation différente : une lettre grecque pour le grand terme, une lettre latine pour le petit et une lettre germanique pour le moyen. (A VI i 183).

3. « Dicitur autem haec dispositio prima figura quia medium habet perfectionem rationem medii, quod participat naturam extremorum in subjiciendo minoris extremitatis et majoris in praedicando. Aut praedicatur bis, et sic est secunda figura, quae secunda dicitur, quia deficit a perfectione medii. Aut subjicitur bis et sic est tertia figura, quae dicitur tertia, quia medium est tertium secundum positionem » (Pseudo-Thomas d'Aquin, *Opuscules*, T. V, p. 89).

4. La quatrième figure n'est pas mentionnée dans le passage cité des *Premiers Analytiques*. Aristote pourtant l'utilise implicitement dans certains raisonnements, cf. Łukasiewicz, J. (1951), I, § 9 et Prior, A. N. (1962), p. 120-121 qui donne le procédé de

est exigée pour que le tableau (13_1) soit complet si l'on considère qu'il est engendré de manière strictement combinatoire :

(13_2) Figure IV DC CB BD

On remarque également que rien, dans tout ce passage, ne permet d'avancer que la distinction *praedicatio / subjectio* affecte la nature du lien logique en tant que tel ou le mode de son interprétation. Ce sont toujours les différentes places d'un terme dans le syllogisme qui se trouvent indiquées et, surtout, la place d'un terme est toujours le reflet exact de sa fonction propositionnelle comme sujet ou comme prédicat. Selon Leibniz au contraire – et c'est bien ce qui fait l'originalité de la remarque du *De arte* –, la distinction *praedicatio / subjectio* n'est pas le résultat d'une variation de la fonction respective des termes qui correspondrait à une variation dans les places. C'est le lien logique qui est modifié. Au lieu de dire : *tout A est B* Aristote a l'habitude de dire : *B est dans tout A*, de sorte que ce qui est considéré comme prédicat selon la manière ordinaire de s'exprimer doit désormais occuper la place du sujet[1]. La subjection correspond à une inversion des places pour une fonction propositionnelle constante ou, aussi bien, une inversion des fonctions *salva positione*. Pour parler comme Jungius, on dira que la *praedicatio* et la *subjectio* ne procèdent pas l'une de l'autre par simple *inversio relationis*, mais que c'est bien une relation différente qui est posée ici et là[2]. Voilà qui convient tout à fait à la problématique du *De arte*. Commençons par poser l'invariance de la conclusion (BD), ce qui est classique, puisque ce sont les figures *d'un même syllogisme* qui sont recherchées[3]. Leibniz constate que, pour une conclusion donnée, le tableau des prémisses possibles présente deux fois deux lignes qui sont comme le reflet l'une de l'autre. S'il existe donc une application sur les propositions qui inverse les places des termes tout en conservant leur fonction propositionnelle, alors il est possible d'obtenir la

Leibniz. Les auteurs du XVIIe siècle reconnaissent en général la validité des modes de la quatrième figure et il ne reste souvent de l'interdit traditionnel qu'une simple réserve; Arnauld et Nicole précisent par exemple « qu'on ne peut conclure de cette quatrième manière qu'en une façon qui n'est nullement naturelle et où l'esprit ne se porte jamais ». *La logique*, III, iv.

1. « Nam Arist. ita solet hanc v. g. propositionem : omne a est b, enunciare, b inest omni a. IV tae igitur figurae designatio orietur talis m inest $\tau\hat{\omega}$ μ. M inest $\tau\hat{\omega}$m. E. M est μ. » A VI i 183.

2. Sur l'inhérence considérée comme relation, Jungius, *Log. hamb.* I, ix, 14-15. Le passage d'un mode de calcul à l'autre requiert une règle plus forte que la simple *inversio relationis*. Sur l'*inversio relationis* : Jungius, *Log. hamb.* II, x, Leibniz, *à Vagetius*, janvier 1687, Dutens VI, I 38-39 (Parkinson, G.H.R (1966), p. 88-89).

3. On lit par exemple sous la plume d'Arnauld et Nicole dans un contexte analogue : « Or, pour cette disposition des trois termes, elle ne peut regarder que les deux premières propositions, parce que la conclusion est supposée avant qu'on fasse le syllogisme pour la prouver. » *La logique*, III, iv.

troisième ligne à partir de la seconde et la quatrième à partir de la première. Il est également possible, cette fois par simple *inversio relationis,* d'effectuer l'opération inverse. Soit par exemple le mode Ferio de la première figure :

(14) $\underline{E}(C,D),\ \underline{I}(B,C) \rightarrow \underline{O}(B,D)$

On obtient, par transformation de la *praedicatio* en *subjectio* dans les prémisses, un mode valide correspondant dans la quatrième figure :

(15) $\underline{E}(D,C),\ \underline{I}(C,B) \rightarrow \underline{O}(B,D)$,

le passage de (14) à (15) s'effectuant de manière strictement combinatoire.

L'argument proposé par Leibniz en 1666 consiste à soutenir qu'il est impossible d'admettre la validité des modes de la première figure sans admettre également ceux de la quatrième, pourvu qu'on reconnaisse une transformation du genre de celle qui vient d'être décrite. Cette transformation est une application IP (pour *inversio praedicationis*) sur les propositions qui peut être définie de la manière suivante :

(16) IP: $\underline{X}(A,B)_{praed.} \leftrightarrow \underline{X}(B,A)_{subj.}$

où $\underline{X}$ est une variable sur les quatre valeurs ($\underline{A}$, $\underline{E}$, $\underline{I}$, $\underline{O}$) de la syllogistique et où *A* et *B* sont des termes ordonnés. « $(\ldots)_{praed.}$ » et « $(\ldots)_{subj.}$ » indiquent que IP ne désigne pas un simple changement de place au sens traditionnel de la conversion, mais un changement *salva logica significatione*, ce qui n'est possible que si la copule est interprétée à gauche et à droite de manière différente. Un simple changement dans l'interprétation de la copule (sans changement de place) coïnciderait avec la conversion :

(17) CONV: $\underline{X}(A,B)_{praed.} \rightarrow \underline{X}(A,B)_{subj.}$

qui n'est valide que pour certaines valeurs de $\underline{X}$.

À l'époque du *De arte*, alors qu'il pensait pouvoir reconstruire la syllogistique par l'étude systématique des combinaisons, Leibniz a ainsi introduit – et prêté à Aristote – une *subjectio* des termes qui devait par la suite demeurer pour lui la relation logique fondamantale. D'un point de vue génétique, l'approche intensionnelle du calcul a été une conséquence des premiers essais visant à engendrer les raisonnements d'une manière strictement computationnelle ou mécanique. Leibniz n'a pas abandonné ce projet. Il a seulement renoncé à utiliser à cette fin la distinction de la *subjectio* et de la *praedicatio*. Dans les textes plus tardifs dans lesquels le problème est traité, les modes valides sont engendrés les uns à partir des autres au moyen du principe de contradiction et du *regressus*. Soit, par exemple, le mode Barbara de la première figure dont on pose que la majeure est vraie et la conclusion fausse : il vient par *regressus* sur la mineure (qui doit être fausse), un nouveau mode, dont la conclusion est la négation de la mineure du syllogisme de départ. D'où le mode Baroco de la deuxième figure :

Barbara	$\underline{A}(C, D)$,	$\underline{A}(B, C) \rightarrow$	$\underline{A}(B, D)$
regressus	$\underline{A}(C, D)$		$\underline{O}(B, D)$
donc		$\underline{O}(B, C)$	
soit Baroco :	$\underline{A}(C, D)$,	$\underline{O}(B, D) \rightarrow$	$\underline{O}(B, C)$

On peut de cette manière, selon le *De formis syllogismorum mathematice definiendis*[1], engendrer systématiquement tous les modes valides des trois premières figures. Les modes de la quatrième devaient être traités à part parce que leur engendrement suppose en outre la conversion. Malheureusement Leibniz ne nous dit pas dans ce fragment comment il entendait s'y prendre et les passages éclairant des fragments apparentés ont été négligés ou coupés dans l'édition de Couturat[2]. Pour reprendre l'exemple ci-dessus, il semble qu'il obtenait le mode $\underline{E}$-$\underline{I}$-$\underline{O}$ de la quatrième figure par simple conversion de la majeure et de la mineure[3] :

(i)	$\underline{E}(C, D)$,	$\underline{I}(B, C) \rightarrow$	$\underline{O}(B, D)$	Ferio
(ii)	$\underline{E}(C, D) \rightarrow$	$\underline{E}(D, C)$		par CONV
(iii)	$\underline{I}(B, C) \rightarrow$	$\underline{I}(C, B)$		par CONV
(iv)	$\underline{E}(D, C)$,	$\underline{I}(C, B) \rightarrow$	$\underline{O}(B, D)$	« Fesiso »

Ce type de procédé est beaucoup plus classique que celui qui est proposé dans le *De arte*, puisqu'il repose seulement sur la conversion simple de l'universelle négative et de la particulière affirmative[4]. Pourquoi Leibniz a-t-il abandonné la première méthode, qui utilisait la transformation de la *predicatio* en *subjectio* ? Peut-être est-ce parce que les méthodes ultérieures présentaient l'avantage de s'accorder pleinement avec le principe d'invariance de la conclusion, alors que ce n'est pas le cas de la première. Au § 26 du *De arte*, Leibniz note qu'il est possible d'utiliser la transposition *praedicatio / subjectio* pour toutes les combinaisons (et pas seulement pour la transposition des prémisses) et que, par exemple, il est possible d'obtenir (13_2) à partir la première ligne de (13_1) *par transposition de la conclusion*. Mais, ajoute-t-il, il s'agit alors d'un autre syllogisme, et c'est la raison pour laquelle les modes de la quatrième figure sont désignés en général comme

1. A VI iv 498 (C 413).
2. Par exemple dans le fragment postérieur LH IV VI, 14, f. 3, dans une partie du texte que Couturat n'a pas publiée. Voir C 204 et Lenzen, W. (1990), p. 12.
3. Cf. les passages traduits *in* : Lenzen, W. (1990), p. 11-12.
4. GI § 52-54.

les modes indirects de la première[1]. Mais cette remarque ne vaut-elle pas aussi bien pour le passage de (14) à (15)? Si la transposition de la prédication en subjection affecte le lien logique, alors cette transposition doit être menée intégralement, y compris dans la conclusion. Tel qu'il est présenté, le raisonnement du § 25 des *problemata* du *De arte combinatoria* suppose l'application de (17), la conversion simple de la dernière proposition du syllogisme, ce qui n'est pas possible dans le cas (14), puisque la particulière négative n'est pas convertible[2].

Pour cette raison, Leibniz aurait été amené à abandonner l'usage qu'il faisait de la *subjectio* en 1666. Toutefois, la distinction est toujours demeurée pour lui la marque d'une différence dans le mode du raisonnement. Il a de plus toujours considéré que ces modes n'étaient pas exclusifs l'un de l'autre, et que ce qui pouvait être déduit par la subjection devait l'être aussi bien par la prédication. Sur ce point comme sur d'autres, et quels que soient les changements introduits par la suite, on peut considérer qu'il est resté très largement fidèle à ses premières intuitions.

L'autorité d'Aristote

Dans tous les textes qui viennent d'être cités, l'autorité d'Aristote est alléguée pour justifier l'introduction de la subjection, c'est-à-dire du mode intensionnel de la prédication. Elle l'est aussi, dans les textes plus techniques, chaque fois qu'il est question de préciser le sens de l'*inesse*[3]. Si l'on examine attentivement le texte [8], on constate toutefois que l'argument d'autorité porte sur un point précis qui ne vise ni la totalité du raisonnement ni l'existence de l'application que nous avons nommée IP. Qu'Aristote ait ou non reconnu quatre figures dans la syllogistique n'est pas ici en question. Ne l'est pas davantage l'existence dans l'*Organon* d'un mode de transformation des propositions *salva logica significatione*. D'une manière plus générale, et bien qu'il s'y réfère toujours à ce propos, Leibniz ne prétend pas avoir trouvé dans les textes logiques du Stagirite un calcul intensionnel en forme qu'il n'aurait eu qu'à rappeler ou à citer, comme il le fait par exemple, dans le *Discours de métaphysique*, pour le « passage remarquable de Socrate chez Platon contre les philosophes trop matériels[4] ». Curieusement aussi, dans les quelques témoignages explicites

1. « Unde modi hujus 4tae sunt designandi modis indirectis primae figurae, ut vulgo vocant [...] » A VI i 184.
2. C 293.
3. GI § 16, § 132, TLM 460 (C 519), GP VII 215.
4. DM §XX, *À C. Philipp*, décembre 1679 (A II i 495), A VI iv 1386-1388 (GP VII 335-336).

qu'il a laissés sur l'histoire de la logique, la question du mode de la prédication (intensionnel ou extensionnel) n'est pas évoquée. Dans la grande lettre à Gabriel Wagner[1], il cite Aristote dans les deux compartiments de la logique, (l'art d'inventer et l'art de démontrer), mais il ne fait aucune allusion à la *subjectio* qu'il entend restaurer. De même dans la correspondance avec Koch des années 1708-1710, au moment où il envisage une évaluation précise de la contribution d'Aristote : la forme du syllogisme intervient, ainsi que la question des modes et des règles de la quantité des termes, mais l'*inesse* lui-même n'est pas devenu l'objet d'une enquête historique[2].

La référence à Aristote en matière d'inclusion conceptuelle s'appuie toujours exclusivement sur un argument terminologique emprunté au vocabulaire de la syllogistique. Lorsqu'il formule un syllogisme avec des lettres, Aristote place toujours le prédicat et le sujet respectivement en première et en seconde position : « τὸ Α κατηγορεῖται κατὰ παντὸς τοῦ Β » ou « τὸ Α ὑπάρχει παντὶ τῷ Β ». La copule « *inest* », couramment employée dans l'*Aristoteles latinus*, traduit le grec « ὑπάρχει » tel qu'il est employé dans les *Analytiques*. Il est vrai que cette manière de traduire tire la prédication du côté d'une appartenance ou d'une inclusion[3]. Cet argument demeure toutefois très insuffisant pour justifier par soi le projet d'un calcul intensionnel fondé sur la *subjectio*. On trouve par exemple une remarque analogue dans l'étude de Łukasiewicz consacrée à la syllogistique d'Aristote, mais dépouillée de toutes les implications que Leibniz a voulu lui donner[4]. Et de nombreux logiciens médiévaux ont employé le terme « *inesse* » de manière neutre. Il fallait donc quelque chose de plus, et cet argument complémentaire a pu varier avec le temps. En 1666, il consiste à prétendre qu'un retour au vocabulaire grec modifie le rapport des places et des fonctions propositionnelles – *est/inest*; *praedicatio/subjectio* – d'une manière telle qu'il est possible d'engendrer par là de nouvelles figures. Par

1. GP VII 514-527.

2. GP VII 477 (1708) : « Indagare operae pretium esset, annon aliquid certi de formis syllogisticis ante Aristoteles innotuerit. Vix enim verisimile puto Aristotelem simul invenisse et adeo provexisse hanc doctrinam. » Un passage postérieur montre qu'il connaissait assez les textes pour être à même de juger de ce qu'on n'y trouve pas : « Velim etiam scire, quis primus excogitaverit doctrinam quae praedicatorum quantitatem ex propositionum qualitate deduci, ostenditque omne praedicatum propositionis negativae esse universale, et omne praedicatum propositionis affirmativae (vi formae) esse particulare, quae consideratio, jam nota quibusdam Scholasticis, insigne demonstrandorum modorum compedium praebet et tamen ni fallor apud Aristotelem haud extat. » GP VI 481 (31 août 1710).

3. Par exemple : « In toto autem esse alterum altero et de omni praedicari altero alterum idem esse » *Analytica priora, translatio Boethii*, 24b27 (*Aristoteles latinus*, III 1-4 p. 6 et le commentaire : PL 64, 639D-640B).

4. Cf. Łukasiewicz, (1951), I, § 1.

la suite, le même scrupule lexical permet d'affirmer que ce qui est ainsi inclus dans autre chose est de nature conceptuelle et que c'est l'inclusion proprement dite qui constitue la dénotation du concept de vérité :

[9] UNE PROPOSITION SIMPLE EST VRAIE, si le prédicat est contenu dans le sujet, c'est-à-dire si, en résolvant les termes *A* et *B* (ce qui se fait en substituant d'autres termes équipollents plus distincts), il apparaît que la valeur, c'est-à-dire le concept du prédicat, est contenu dans le concept du sujet. C'est pourquoi même Aristote dit souvent que le prédicat est dans le sujet[1].

Ainsi conçue, la *mutatio* introduite dans la théorie de la prédication par la référence à Aristote porte au moins autant sur la nature des termes que sur le sens de la copule. Traditionnellement en effet, on considérait que les termes étaient obtenus par résolution à partir de la proposition, ce qui excluait les syncatégorèmes – et donc la copule – qui n'en sont pas, à proprement parler, des parties[2]. Pour Leibniz, cette définition est devenue insuffisante car elle ne permet pas de rendre compte de la solidarité des deux questions. De même que le syncatégorème *est* (ou *inest*) marque l'inhérence d'un terme dans un autre, de même le *terminus* est ce qui peut être sujet ou prédicat d'une proposition, c'est-à-dire, ce qui est susceptible « d'inhérer[3] ». C'est ce changement dans le sens du *terminus* que Leibniz aimerait pouvoir prêter à Aristote. Il est donc étonnant de constater que les passages dans lesquels on trouve la référence à Aristote dans ce contexte ne renvoient pas au carré ontologique tel qu'il est présenté dans les *Catégories*[4]. Tout se passe comme si Leibniz avait posé la distinction de ce qui « est dans » et de ce qui « est dit de » à part de la logique elle-même, consi-

1. *Remarques générales*, TLM 449 (A VI IV 551).

2. Cf. par exemple Pierre d'Espagne, *Tractatus*, « Une proposition est un discours (*oratio*) affirmatif ou négatif de quelque chose *de aliquo* ou *ab aliquo*. Le terme est ce dans quoi la proposition est résolue comme le sujet et le prédicat » *Tractatus* IV, *de syllogismis*. Cf. aussi Fonseca, *Inst. dial.* VI, ix, p. 160-161 : « Nam verbum est, cum sit forma propositionis, non est pars, in quam propositio resolvatur, nulla siquidem res artificiosa resolvitur in materiam et formam, sed solum in partes materiae, quae quidem remanent post resolutionem : ut domus non resoluunt in materiam et figuram, sed solum in partes materiae, hoc est in lapides, calcem, signa et regulas, quae permanent dissoluta domo. Sic igitu cum verbum, est, qua ratione copulat praedicatum cum subjecto, seu adsignificat eorum compositionem et coniunctionem, non maneat dissoluta propositione, seu nequeat intelligi, ut ait Aristoteles, efficitur ut non sit pars in quam proposition resolvatur, ac proinde non sit terminus. »

3. « UN TERME est le sujet ou le prédicat d'une proposition catégorique. Je n'entends donc pas terme ni le signe ni la copule. Lorsqu'on dit par exemple *le sage croit*, le terme n'est pas *croit* mais *croyant* et tout se passe comme si j'avais dit : *le sage est croyant*. » TLM 45 (C 49). Voir aussi la définition des termes complets au début de GI, TLM p. 201-203.

4. *Catégories* 1 a 20-b 9, 2 a 11-14, 2 a 27 b 6, 2 b 15-17, 3 a 7-32, 9 b 22-24; voir aussi *Topiques* 127 b 1-4.

dérant le calcul comme la région d'une identité complète de ces deux relations.

Ce sont encore les thèses issues de la tradition ockhamiste qui par là se trouvent renversées. Dans la *Somme de logique* en effet, Ockham prend soin de ramener l'ensemble des expressions au voisinage de *praedicari* (« *esse in* », « *inesse* », « *convenire* ») à la seule prédication logique :

[10] De même que le prédicat se prédique du sujet, de même nous disons que le prédicat est dans le sujet (*esse in subjecto*), que le prédicat convient (*convenire*) au sujet et que le prédicat inhère (*inhaerere*) au sujet. Par là, il ne s'agit pas de considérer le prédicat comme inhérent réellement au sujet, à la manière dont la blancheur est inhérente au mur, mais toutes ces expressions signifient la même chose qu'être prédiqué (*praedicari*) et ne sont pas à comprendre autrement. En ce sens, on peut dire que les accidents qui constituent les neuf catégories autres que la substance sont dans la substance comme dans un sujet, non pas certes grâce à une inhérence réelle, comme beaucoup le pensent, mais grâce à une prédication vraie[1].

Dans le cadre du nominalisme, « *inesse* » veut dire « *praedicari* ». Pour Leibniz, au contraire, « *praedicari* » veut dire « *inesse* ». Il est vrai que la remarque d'Ockham vaut principalement contre les doctrines platonisantes, qui fondent la prédication vraie sur la participation des formes[2]. Mais elle est aussi une conséquence naturelle d'un choix fondamental, selon lequel les termes signifient principalement les choses pour lesquelles ils supposent. L'expression qui tombe entre les termes d'une proposition, quelle qu'elle soit, marque la vérité ou la fausseté de cette proposition, c'est-à-dire un rapport des suppositions, qui ne saurait se réduire à un rapport d'inclusion[3]. Pour Leibniz, elle marque également la vérité ou la fausseté, mais cette fois sous la forme d'un rapport des concepts, et c'est ce rapport et lui seul qui peut être décrit par le calcul *de continente et contento*. Sur l'interprétation de la copule comme sur la question de la signification des termes, l'opposition de Leibniz au nominalisme d'Ockham se joue ainsi principalement sur le terrain de la théorie de la connaissance. Il est tout à fait prêt à admettre pour l'ontologie un principe d'économie très fort, selon lequel n'existent que des substances individuelles à propos desquelles nous formons des propositions vraies[4]. Il est même prêt également à présenter les fonctions de vérité des propositions de manière

1. SL I 32, Traduction Biard p. 98.
2. Voir sur ce point la position de Boèce décrite plus loin.
3. SL II chap. 2 et 3.
4. Leibniz écrit de son côté : « Sufficit solas substantias tanquam res poni, et de ipsis enuntiari veritates » A VI iv 996 (Grua 547).

extensionnelle, comme un rapport de classes. Mais il considère que ce rapport est seulement dérivé, et qu'il n'aurait pas été possible de l'établir si nous ne l'avions primitivement conçu dans l'ordre des concepts.

Il y aurait ainsi, quant à la référence à Aristote relative à l'*inesse*, le résultat d'une stratégie de la citation relativement complexe. Leibniz a appris à connaître la philosophie et la logique au sein d'un milieu dans lequel la nécessité d'un retour aux sources aristotéliciennes était devenue une sorte de lieu commun. Inauguré par Mélanchton[1], ce mouvement hostile à la scolastique est allé s'amplifiant dans toutes les parties de la philosophie et Thomasius s'en est fait puissamment l'écho dans son enseignement. Il n'est donc pas étonnant que Leibniz ait souhaité présenter ce qui devait devenir la marque de son invention propre comme une contribution à ce mouvement général : un retour à Aristote *fondé sur la logique*. Mais; d'un autre côté, ce retour n'en était pas un. Pour des raisons qui tiennent aux aléas d'une biographie intellectuelle – Leibniz citant presque toujours ses textes antérieurs dans ses textes nouveaux – la *subjectio* introduite en 1666 est devenue la pierre de touche d'une conception intensionnelle, faisant rétroactivement d'Aristote le précurseur de la logique nouvelle. La référence au Stagirite, pragmatiquement motivée par le climat du temps, serait ainsi restée philosophiquement accidentelle – la rémanence de développements anciens dans les textes de la maturité – si elle n'avait eu aussi une justification polémique vis-à-vis du nominalisme. Ce que la *subjectio* devait alors signifier devenait plus qu'une simple fidélité lexicale : l'orthodoxie d'une intuition profonde, selon laquelle le langage nous permet de connaître les choses parce qu'il exprime fidèlement les *noemata*. C'est un simple terme technique que Leibniz emprunte à Aristote, mais c'est une position philosophique qu'il voudrait lui prêter en retour, un conceptualisme extrême, que l'algèbre des *Recherches générales* portait avec elle et que les emprunts ultérieurs de la métaphysique à la dynamique nouvelle viendront sensiblement modérer.

1. Cf. Ashworth, E. J. (1974) et Risse, W. (1964), p. 79-120.

§ 10. GENÈSE DU CALCUL EN INTENSION [2] : LEIBNIZ LECTEUR DE NIZOLIUS

Le cadre conceptuel de la réception de Nizolius en 1670

La réédition, en 1670[1], du *De veris principiis* de Nizolius s'inscrit de manière paradoxale dans cette problématique générale. Nous savons par exemple, Leibniz ne s'en est pas caché, qu'elle a été l'expression d'un zèle de disciple à l'égard d'un maître révéré (Thomasius) et de ce souci de poursuivre le retour à Aristote (prôné par le maître) dans l'ordre de la logique jusqu'ici négligée[2]. Il est vrai que Nizolius fait de la pratique du grec (et non seulement du latin) une des conditions nécessaires de la philosophie[3]. Il se veut aussi le défenseur d'une nouvelle langue philosophique, ou d'un nouveau « style », selon le mot retenu par Leibniz, débarrassée des néologismes savants que l'École a aimés à l'excès. Voilà qui ne déplaît pas à Thomasius, surtout quand son jeune élève fait consister l'analyse et la clarté des phrases dans la possibilité de remplacer un néologisme par une paraphrase plus complexe dans laquelle tous les mots appartiennent à la langue populaire. Pour autant, Nizolius n'est ni aristotélicien ni logicien. C'est un cicéronien qui regrette le divorce de la rhétorique et de la philosophie. Le *De veris principiis* comporte ainsi autant de chapitres polémiques qu'il y a de livres dans l'*Organon*, et il considère que le plus mauvais Aristote est celui qui symbolise la logique en employant des lettres pour les termes, comme s'il se consacrait à des théorèmes et à des problèmes mathématiques.

Surtout, Nizolius se veut nominaliste[4]. Mais qu'est-ce que le nominalisme ? Au moment où il rédige sa Préface, le nominalisme est pour Leibniz la position du « plus profond des courants scolastiques », celui qui s'accorde le mieux avec la nouvelle philosophie réformée[5]. Ce courant, poursuit-il, aurait été inauguré par un certain Rucelin puis développé et

1. La première édition de l'ouvrage de Nizolius date de 1553.

2. « Qui tamen terminos in scholis receptos sic ad vivum in caeteris philosophiae partibus resecuerit, ut fecit in logica Nizolius noster, nondum comperi. Nizolium igitur, quo hactenus fuit ignoratior, hoc magis dignum putavi, qui in exemplum dictionis philosophicae reformatae proponatur. » A VI ii 423.

3. Voir le troisième des cinq principes de la vraie philosophie, *De veris principiis*, Ii, TI p. 26-30.

4. « Car nous nous affirmons sans aucun doute avec les *nominalistes* (souligné par Leibniz) que les universaux consistent dans les mots et dans les noms, qu'ils sont en vérité des noms communs et universaux dans le sens qu'on a indiqué plus haut. » *De veris principiis* Ivi, TI p. 65.

5. « [...] documento esse potest secta Nominalium, omnium inter Scholasticas profundissima, et hodiernae reformatae philosophandi rationi congruentissima ». A VI ii 427.

accompli par Guillaume d'Ockham, enfin repris par Grégoire de Rimini et Gabriel Biel. Leibniz avait-il lu ces auteurs? Sans doute ont-ils tous fait l'objet de citations plus ou moins précises dans l'enseignement de Thomasius [1]. C'est le cas de Rucelin, dont Leibniz ne dit et ne sait presque rien, si ce n'est que Thomasius le considérait comme la source véritable du nominalisme. Quant à Grégoire de Rimini et Gabriel Biel, ils prennent place dans la *Disputatio de principio individui*, parmi les figures tutélaires de la thèse retenue par le jeune prétendant à la carrière académique, la thèse de « l'entité totale » [2]. Mais aucun détail n'est donné quant à leur contribution respective. Enfin, pour ce qui concerne les textes d'Ockham, plusieurs indices montrent que Leibniz les a très mal connus et qu'en tout état de cause il n'avait pas lu la *Somme de logique* à l'époque où il rédigeait sa préface [3].

Pour le jeune Leibniz, le débat sur le nominalisme renvoie aux positions respectives de Thomasius et de Hobbes. Du premier, il retient que l'universel n'est pas un simple mot mais un concept dont le contenu est entièrement distribué dans les individus : *totum distributivum* [4]. L'usage d'un tel concept dans l'élucidation du statut ontologique des universaux est classique. On en trouve une exposition détaillée dans la *Dialectica* d'Abélard [5]. Le tout « universel » ou « distributif » est relatif à la substance et s'oppose au tout « intégral ». Un moyen aisé de savoir qu'on a affaire à un tout distributif est d'en tenter la prédication sur des sujets particuliers. Il est en effet possible de dire « ceci est un homme, ceci en est un autre... » alors qu'il est impossible de dire, par exemple, de Socrate, qu'il est chacun de ses membres et chacune des parties de son corps, ou de dire de la maison qu'elle est le mur ou les fondations, à moins de considérer toutes ces parties « intégralement ». Pour cette raison, le tout intégral était également appelé « *totum secundum conjunctionem* [6] ». Quant au « *totum distributivum* », Abélard le nomme aussi : « *secundum diffusionem* », parce qu'il exprime la diffusion complète d'une essence, qu'il s'agisse d'un genre dans chacune de ses espèces ou d'une espèce dans les individus qu'elle subsume [7].

1. Le nominalisme a fait l'objet d'un enseignement de Thomasius en 1654. Richard Bodéüs a établi que cet enseignement constituait la source principale de la préface à la nouvelle édition de Nizolius ; cf. Bodéüs 232-233.

2. A VI i 11.

3. Leibniz n'aurait pas pu formuler ses arguments logiques contre Nizolius s'il avait mieux connu la théorie de la supposition et son engagement dans la solution des *sophismata*.

4. Cf. Bodéüs, p. 232-235.

5. Abélard, *Dialectica* p. 546-555. Voir Henry, D. P. (1991), p. 65-69.

6. *Dialectica*, p. 546.26, p. 547.27, p. 339.32.

7. « Totum autem secundum substantiam, aliud secundum comprehensionem quantitatis, quod dicitur integrum, aliud secundum diffusionem communis essentiae, quod universale est,

Le fait d'accepter le « *totum distributivum* » et surtout de l'indentifier, à la manière de Thomasius, avec le concept, n'est pas incompatible avec un respect scrupuleux du principe d'économie des entités. Mais il conduit le maître, puis le disciple également, à lutter contre ceux qui vont trop loin dans cette voie, au point de vider les concepts de toute réalité objective. Telle pourrait être l'origine de la critique du nominalisme extrême incarné par Hobbes qui revient, selon Leibniz, à renoncer complètement au concept de vérité[1]. La conception du calcul comme *computatio* n'est pas touchée par cette critique; elle est au contraire reprise, dès 1666, dans le *De arte combinatoria*[2], puis elle est devenue une sorte d'invariant de la philosophie leibnizienne[3]. La définition du signe n'est pas non plus en cause, puisque c'est à un passage du *De corpore* que Leibniz a toujours fait référence sur ce point, alors même que sa théorie de l'expression était largement arrêtée[4]. En distinguant entre un nominalisme moyen et la position de Hobbes, Leibniz fait valoir que le principe d'économie des entités doit lui-même être soumis à un principe plus haut qui exige la consistance conjointe des caractères et des notions. En déclarant que Hobbes est « plus que nominaliste », il se réserve le droit d'appliquer cette dénomination à la mode – le nominalisme – à ses propres vues, tout en soulignant la parenté de celles-ci avec ce qu'il y a de bon dans la pensée du philosophe anglais. Mais cette stratégie polémique n'a pas entamé l'essentiel : la fidélité profonde et durable au conceptualisme de son maître.

À bien des égards pourtant, le nominalisme de Nizolius est plus proche de celui de Hobbes que de celui de Thomasius. Tout comme Hobbes, Nizolius pose que les universaux sont purement et simplement des noms et que la croyance dans la réalité des prédicables est pour ainsi dire un effet

ut cum species suis distribuitur individuis hoc modo : 'homo alius hic, alius ille'. [...] Hoc autem totum universale esse apparet quod de singulis praedicatur partibus, integrum autem minime, sed de omnibus simul collectis, ut haec domus de his parietibus et hoc tecto et hoc fundamento simul acceptis. Hoc autem quod integrum est, quippe partes in quantitate universalitas non habet, sed in suae communitatis diffusione permulta de quibus singulis praedicatur. » *Dialectica* 546-547. Cf. aussi Ockham, *SL* I, ch 35; Ockham précise que le second sens de *totum*, le tout distributif qu'il appelle quant à lui « commun », est le plus fréquent dans l'usage des logiciens.

1. Voir le *Dialogus* de 1677, A VI iv n° 8 (GP VII 190-193). En particulier : « Peut-on s'écarter du bon sens au point de se persuader que la vérité est arbitraire et qu'elle dépend des noms, puisqu'on ne peut contester qu'il y a une même géométrie pour les Grecs, les Latins ou les Allemands ? » (Gaudin, C. (1993), p. 105).

2. A Vi i 194.

3. Voir, par exemple, TLM 162 (GP VII 200), et NE IV xvii § 4.

4. Voir plus bas p. 220.

parasite de notre usage du langage[1]. Le caractère paradoxal de cette réédition ne doit toutefois pas être exagéré. En proposant au monde savant la lecture d'un texte si radical, dont les principes étaient plus forts que les siens – et donc aussi plus contestables –, Leibniz se donnait les moyens de passer pour un esprit modéré. De plus, Nizolius était un grammairien. Qu'il soit possible de débarrasser son propos de cette charge excessive contre les dialecticiens ou « pseudo-philosophes » scolastiques, et ce sont des pans entiers de l'analyse du langage ordinaire qui se découvraient à la vue. Jungius lui-même n'avait-il pas fait de l'analyse grammaticale un souci constant de son œuvre de logicien ?

L'ontologie grammaticale de Nizolius.

Si l'on considère comme une sorte d'avant-propos la présentation des préceptes généraux relatifs à la pratique de la philosophie, le *De veris principiis* s'ouvre sur une version revisitée du carré ontologique :

[11] Les premiers genres et les premiers modes d'être des choses sont, selon nous, au nombre de quatre. Car tout ce qui existe dans toute la nature des choses et dans l'immensité entière du monde est, selon une première division, soit substance soit qualité et, selon la seconde, les substances aussi bien que les qualités sont soit des particuliers (*singularia*) soit des pluralités de particuliers (*multitudines singularium*)[2].

Le carré traditionnel donné dans les *Catégories*[3] était, dans sa version latine issue de Boèce[4], demeuré presque intact jusqu'à Jungius[5]. L'originalité de la version de Nizolius consiste dans la substitution des « qualités » aux « accidents » et surtout des « *multitudines singularium* » aux « *universalia* » de la tradition. L'abandon des deux relations (« être dans », « être dit de ») qui étaient diversement distribuées sur les termes du carré pris deux à deux, au profit d'une relation unique (« être dans » pour « être partie d'une collection ») est présenté comme la conséquence de cette transformation majeure qu'est le refus des universaux réels (*universalia reales*). Tout ce

1. « Afin de mieux me faire comprendre de chacun, lorsque je parle du genre des animaux ou de l'espèce des hommes, je veux qu'on comprenne bien que je ne désigne pas cet animal universel ou cet homme universel que les dialecticiens et les philosophastres s'imaginent vainement mais tous les animaux singuliers et tous les hommes singuliers, c'est-à-dire la pluralité de tous les hommes singuliers et de tous les animaux singuliers qui existent dans le monde. » *De veris principiis*, Iiv, T. I, p. 43 Pour la discussion de ces points chez Hobbes, cf. par exemple Hübener, W. (1977).

2. *De veris principiis* Iiii, T. I, p. 38.

3. *Catégories*, 1 a 20-1 b 10.

4. Boèce, *In Cat. Ar. Libr. I*, 169-170.

5. *Log. hamb.* I ii § 37-41, p. 16. Cf. plus bas chapitre v texte [4], p. 249.

qui est, est ou bien une chose singulière ou une multitude de choses singulières. Dans le premier cas, on dira qu'il s'agit d'un tout continu, dans le second d'un tout discret[1] de sorte que le tout collectif (avec son corrélat) peut être considéré comme l'unique prédicable dont nous ayons réellement besoin, les autres conceptions du tout étant mises hors circuit ou réduites. Nizolius dresse donc la liste des distinctions de la tradition et montre qu'elles peuvent toutes se ramener à la distinction du tout continu et du tout discret. Nous avons 1) le *totum essentiale* : l'homme ou la pierre et tout autre particulier qui consiste en une âme et un corps. 2) Le *Totum potentiale* : l'âme sentante, intelligente, etc., en tant donc qu'elle consiste dans la somme de parties qui sont ses vertus. 3) Le *Totum integrale* : l'homme en tant qu'il est composé de tous ses organes. Enfin 4) Le *totum universale* : celui qui est divisé ou bien par sa différence (animal rationnel ou brute) soit dans ses individus (comme *homme* qui est divisé dans Socrate, Platon et les autres individus singuliers). Selon Nizolius, dans le cas 1) on a affaire à un tout « quasi-continu », dans le cas 2) à un tout « quasi-discret ». 3) peut être ramené à l'un ou à l'autre mais il est en vérité superflu, car un tout est toujours la somme de ses parties. Enfin le tout 4) que Leibniz appelle *totum disjunctivum* n'existe pas[2].

Selon cette version du carré ontologique, la *collectio* n'est rien d'autre que la place laissée libre pour la catégorie du *tout collectif discret*. L'originalité de l'analyse de Nizolius consiste ainsi dans le remplacement explicite des subtilités de la théorie de la supposition par un carré ontologique suffisant, lui-même complété *de dicto* par la théorie des tropes. Il est en effet persuadé que l'origine commune de toutes les « pseudophilosophies », c'est-à-dire de toute une tradition de philosophie erronée, dont font partie au premier chef Platon et Aristote et dont il convient de n'exclure que quelques nominalistes, réside dans la confusion persistante des mots et des choses. Parmi les choses qui sont effectivement ou qui existent, il n'est absolument rien d'universel ou de général ; rien d'unique qui soit dans la pluralité par participation ; rien qui soit à la fois réel et indéterminé : suffisamment réel pour pouvoir être compté dans l'ordre de la nature, suf-

1. La distinction du tout continu et du tout discret est chez Abélard, *Dialectica*, p. 547 : « horum autem totorum quae integra sive constitutiva dicuntur, alia sunt continua, ut haec linea quae continuas habet partes, alia non, ut hic populus, cujus partes disgregatae sunt. » Saint Thomas considère que le tout continu est celui dont les parties sont virtuelles. Il est davantage un tout que le tout discret, mais les parties actuelles d'un tout discret sont davantage des parties ; cf. *In XII Libros Metaphysicorum Aristotelis comment.*, p. 1102-1103. L'identification pure et simple du tout continu et de la substance n'est pas orthodoxe. Abélard, par exemple, considère qu'un tout collectif n'est jamais continu (cf. *Dialectica* p. 431-432).

2. *De veris principiis*, Ix, T. I, p. 101 112.

fisamment indéterminé pour pouvoir faire communiquer les choses entre elles[1]. Si ce principe fondamental de l'ontologie semble entrer en contradiction avec la dialectique, il est entièrement confirmé par la grammaire.

La réforme de l'ontologie traditionnelle proposée par Nizolius serait en effet restée très largement arbitraire – et assez simpliste pour ce qui concerne les problèmes liés à l'individuation – si elle n'avait été soutenue par des développements puisant dans l'usage des langues ordinaires et, plus profondément, dans la grammaire rationnelle. Un des arguments favoris de Nizolius en faveur du tout collectif est ainsi emprunté au sens des mots latins. « *Universale* », rappelle-t-il, vient de « *universum* » comme « *transversale* » vient de « *transversum* ». Pour un locuteur latin placé dans des conditions normales, c'est-à-dire ignorant tout du jargon philosophique, « *universum* » est toujours dit d'un tout continu ou discret[2], c'est-à-dire d'un individu pris en tant qu'il contient ses propriétés, ou d'une pluralité considérée en tant qu'elle contient les individus.

Ce rapport de l'ontologie à la grammaire n'est pas fortuit. « Dieu ou la nature, a fait autant de divisions dans les choses que l'inventeur des noms a fait d'impositions[3] ». Au carré ontologique correspondra donc un carré grammatical de la manière suivante :

catégories ontologiques	catégories grammaticales
substantias	nomina substantiva
qualitates	nomina adjectiva
res singulares singulatim sumptas	nomina propria
unversa sive multitudines	nomina appellativa

Dans ses développements les plus polémiques, Nizolius dénonce presque toujours la perte de cette correspondance ontologico-grammaticale fondamentale. Il fustige ceux qui l'ont laissé échapper : ce sont les dialecticiens. Il cherche aussi pourquoi ils l'ont fait. L'origine de la confusion philosophique qui règne en particulier dans la querelle des universaux doit être recherchée principalement dans la catégorie grammaticale des appellatifs. Il existe trois types de noms : les noms propres (comme « Socrate »), les appellatifs simples (comme « l'homme ») et les appellatifs collectifs (comme « le peuple ou l'armée »). Mais seuls les noms propres et les appellatifs collectifs admettent comme tels une référence. Les noms propres ne peuvent faire référence qu'à une chose unique et ils n'admettent pas le

1. *De veris principiis*, lviii, T. I, p. 89-92.

2. *De veris principiis*, lvi, T. I, p. 60 et p. 61 : « Et chez les latins 'universel' est opposé à 'singulier', lorsque ce qu'on considère est pris et entendu un à un et non collectivement, comme lorsque Cicéron écrit dans le *De natura deorum* : 'Quae si singula vos forte non moveant, universa tamen inter se connexa movere debebunt' ».

3. *Ibid.*, T. I, p. 59.

pluriel, si ce n'est dans les figures de l'accumulation ou de l'ironisation qui sont mentionnées comme autant de confirmations de la règle. L'appellatif collectif ne peut faire référence qu'à une collection d'individus et il n'admet pas le singulier. Entre ces deux usages propres des noms prend place un troisième usage, qu'on peut dire hybride ou mixte, et que Nizolius appelle « figuré ».

La distinction du propre et du figuré telle que Nizolius la conçoit n'est pas correctement conçue si l'on ne considère que son aspect morphologique. Elle s'enracine aussi dans le mode de la référence. Nizolius distingue à la fois, parmi les catégories des noms, selon que ceux-ci admettent le pluriel et selon qu'ils s'appliquent ou non à plusieurs *supposita*. Bien qu'ils soient effectivement très proches, ces deux critères ne sont pas absolument identiques. Un même *nomen* peut en effet figurer au singulier pour plusieurs *supposita* – par exemple lorsqu'on dit : « l'armée romaine » – ou bien figurer pour un seul *suppositum* dans chacune de ses occurrences mais admettre une pluralité de *supposita* par la répétition des énoncés congruents. La théorie des modes de la supposition est ainsi présente, sous une forme volontairement cachée – ou comme une survivance – comme théorie de la référence propre ou figurée des noms généraux. Le caractère conjonctif de la *collectio* de Nizolius – par quoi Leibniz a pu lui opposer un « *totum disjunctivum* » – s'explique ainsi non seulement par l'analyse traditionnelle du tout collectif, mais aussi par les rappels du *descendus* scolastique. Un appellatif simple, par exemple « homme », s'il est pris de manière propre, désigne toujours un homme particulier, par exemple Socrate. S'il désigne une pluralité d'individus, deux cas sont possibles. Ou bien le nom en question est répété dans plusieurs énoncés successifs, ou bien il n'est employé qu'une seule fois. S'il est répété, et, mieux, s'il l'est autant de fois que l'exige le nombre des *designata*, alors on peut dire qu'il désigne légitimement une pluralité. Dans ce cas, il convient, ou bien de s'assurer que la répétition des énoncés est explicite (le nom général précédé d'un signe de la quantité est alors remplacé par une forme conjonctive de propositions singulières[1]), ou bien d'employer le pluriel, qui signifie que la procédure précédente est possible, c'est-à-dire que l'appellatif simple est employé pour désigner un *totum collectivum*. Ou bien le nom en question n'est pas répété et ne peut l'être *salva significatione enuntiationis*. Dans ce

1. « Dans l'exemple du nom 'animal' : si je le prononce plusieurs fois et lui donne différentes suppositions de la manière suivante : *l'homme est un animal, le bœuf est un animal, le lion est un animal* ; dans ces trois énoncés le nom 'animal', bien qu'il soit au singulier et pris de manière propre et parce qu'il est énoncé trois fois et qu'on lui donne trois suppositions différentes, signifie, sans aucun doute, non pas une chose mais trois : l'homme, le bœuf et le lion. » T. I, p. 51-52.

cas, dit Nizolius, deux attitudes sont encore possibles. Ou bien l'on fait des noms en question un usage littéral; on est alors amené à placer dans l'ontologie des genres de l'être qui leur conviennent et à admettre les universaux réels de la tradition. Ou bien, au contraire, on considère que l'emploi non réitérable des appellatifs simples au singulier est un emploi rhétorique ou « figuré ». Il suffit alors que soit rétablie la liaison avec les appellatifs collectifs au moyen d'une figure, la synecdoque, et c'est l'ensemble des noms communs qui peut être ramené à celui des noms propres et des noms de collections.

Sur la base des deux critères, la distinction des noms propres et des appellatifs peut donc être rendue par le tableau suivant :

Nomen	suppose pour une chose	suppose pour plusieurs choses
toujours singulier	1) nom propre (Socrate)	3) appellatif simple propre à référence multiple (l'homme = cet homme + cet homme ...)
admet le pluriel	2) appellatif simple figuré (l'homme = la nature humaine)	4) appellatif collectif (le genre humain = la collection de tous les hommes)

Du point de vue ontologique, l'important ne réside pas seulement dans l'usage de la collection d'une manière strictement extensionnelle et dans le nouveau sens de l'*esse in* qui en procède, puisque, après tout, la collection est également reconnue par les dialecticiens. On note aussi que Nizolius ne se soucie pas de la complétude de sa taxinomie. Il ne dit rien, par exemple, des noms qui ne supposent pour aucune chose – les « fictions » – et qui, dans la mesure où l'on en fait un usage non-référentiel, ne peuvent être ramenés à aucun des cas cités. C'est seulement l'analyse des appellatifs qui semble retenir son attention. Le fait que la catégorie des appellatifs simples soit distribuée sur deux colonnes dit toute l'ambiguïté de ces noms, dans laquelle Nizolius voit l'origine et la faiblesse des universaux de la tradition. Les appellatifs ont naturellement tendance à fonctionner comme des noms propres. Les appellatifs collectifs sont des noms propres de collection (case 4). Les appellatifs simples sont soit des noms propres d'entités abstraites (case 2), soit des noms d'individus répétés ou réitérables (case 3). La réification des universaux, c'est-à-dire l'invention du *totum distributivum*, a lieu parce qu'on utilise les noms figurés *sans tenir compte de la figure*, ce qui montre que le métaphysicien est une victime de la grammaire.

La critique de Nizolius

Dans une courte note adressée au *Notre Dame Journal of Formal Logic*, Ignazio Angelelli a défendu la thèse selon laquelle Leibniz aurait mal compris Nizolius[1]. Le *De veris principiis* est un texte peu dense mais très riche, et ses analyses linguistiques sont souvent subtiles. En négligeant par exemple la distinction de l'usage propre et figuré des noms appellatifs, Leibniz serait passé à côté des aspects les plus novateurs de l'ouvrage. Angelelli pense que le concept de *multitudo* que Nizolius emploie avec emphase aurait pu donner au nouveau calcul un fondement rigoureux. Il suggère ainsi – et en cela il rejoint Couturat – que s'il avait entièrement suivi Nizolius, Leibniz aurait dû donner à l'*inesse* un sens strictement extensionnel qui aurait été compatible avec le plus pur nominalisme. Il aurait pu alors développer un calcul assez semblable à celui qui a été le sien, au moins dans les essais de syllogistique; et, d'un autre côté, il aurait débarrassé sa philosophie d'une de ses tensions majeures, selon laquelle la réalité des universaux est requise d'un point de vue épistémique parce que, par exemple, nous avons besoin des relations dans la pratique ordinaire des sciences, mais demeure suspecte du côté de l'ontologie, parce que, comme on sait, on ne saurait y faire figurer quelque chose qui a un pied dans chaque étant.

La thèse d'Angelelli est contestable. Il est vrai que certains arguments avancés contre Nizolius sont assez faibles, en particulier les arguments logiques. Mais d'autres aspects de la critique le sont moins et le sens de l'ensemble est non seulement recevable, mais même déterminant dans l'évolution ultérieure de la philosophie de Leibniz. L'idée selon laquelle Leibniz serait passé à côté de quelque chose d'important dans l'histoire de la logique procède d'une sorte de mouvement rétrograde, par quoi l'on considère que la *multitudo* de Nizolius préfigure notre concept moderne de classe. On peut soutenir qu'il n'en est rien et que c'est non pas dans le *De veris principiis* lui-même, mais bien dans le regard critique que Leibniz a porté sur ce texte que peut être assignée l'émergence historique de ce concept.

Leibniz n'a pas pu ignorer la distinction du propre et du figuré et l'analyse proposée par Nizolius pour la référence multiple. Certes, celle-ci n'est pas reprise dans la dissertation qui tient lieu de préface à la nouvelle édition. Mais les passages dans lesquels elle est présentée sont souvent soulignés et annotés. Leibniz accorde par exemple que le signe de l'univer-

1. « Leibniz's misunderstanding seems to concern not only a detail, but the very basic conception of the book he was editing for the second time, as is suggested by the fact that Leibniz's account of Nizolius' universals begins with a quite misleading formulation. » Angelelli, I. (1966), p. 319. Ignazio Angelelli pense principalement au passage suivant de Leibniz : « Omnis homo est animal sensum esse : omnes homines sunt animalia. » Cette formule ne rend pas compte de la position exacte de Nizolius : « namely that the class of men is included in the class of animals » (*ibid.* p. 322 n. 11).

salité (*omnis*) devrait toujours être suivi du pluriel, et que toutes les phrases dans lesquelles ce n'est pas le cas sont l'occasion d'un emploi figuré de l'expression qui suit le signe[1]. Ceci marque une concession importante, puisque le précepte de Nizolius va tout à fait contre l'habitude ordinaire des logiciens à laquelle Leibniz s'est toujours rangé par la suite. Mais sans doute fallait-il accepter la distinction du propre et du figuré pour mieux en contester l'usage dans la querelle des universaux. Car c'est là que Nizolius fait preuve de la plus grande audace.

La stratégie de Nizolius est double, positive et négative. Elle consiste, premièrement, à poser un carré ontologique simplifié, puis à confirmer cette simplification par la grammaire, par la distinction des noms propres et des appellatifs collectifs ; deuxièmement, Nizolius explique – et conteste – le carré ontologique traditionnel où figurent des universaux réels, par l'usage figuré des noms communs ou appellatifs simples. Selon le versant positif, il se donne une interprétation forte du principe nominaliste qui veut que les universaux soient seulement « dans les noms[2] ». Selon le versant négatif, cette interprétation se trouve placée au centre d'un mouvement général de contestation de la « dialectique », c'est-à-dire non seulement de la logique ordinaire, mais aussi de l'ontologie que, depuis Platon et Aristote, la logique aurait imposée. Leibniz conteste cette stratégie d'ensemble. Lorsque, au début du chapitre VII du Livre I, Nizolius prétend avoir détruit toute la dialectique au moyen de la seule critique des universaux réels[3], il précise en note :

[12] Ceci est faux. Car les nominalistes n'ont pas moins utilisé la dialectique d'Aristote que les autres, et ils ont eu raison. En effet, même si tout ce qu'on attribue d'ordinaire aux choses n'est vrai que dans l'ordre des noms, cela ne change rien à la question, dès lors que nous utilisons ces noms dans l'explication des choses[4].

Non seulement il ne sera pas dit qu'Aristote a donné dans le réalisme que Nizolius voudrait pouvoir lui attribuer[5] mais, mieux, il est impossible de

1. « Cum vox : *omnis* adjicitur nomini in singulari, propositio est figurata. v. g. *omnis homo est animal*, est propositio figurata. Sed omnes omines sunt animalia, est propositio propria. Universalium igitur imaginaria realitas extra singularia a sermone figurata orta. » *De veris principiis*, I iv, n. 15, T. I p. 54 et A VI ii 448 (n. 8).

2. *De veris principiis*, I vi, T. I p. 65.

3. « Si, comme nous sommes sur le point de le dire et de le prouver, ces universaux sont faux, alors c'est presque toute la dialectique qui s'effondre avec eux, car ils la soutiennent entièrement, et avec la dialectique une part considérable de la philosophie qui est en usage actuellement. » *De veris principiis*, I vii, T. I p. 69.

4. *Op. cit.* p. 87 (A VI iii 451, n. 17).

5. « Imo Aristoteles et veteres ejus interpretes idem rursus volunt, quod Nizolius : *τὸ καθ' ὅλου* enim quid aliud quam *secundum totum* ? Universale igitur ex mente Aristotelis, est totum

considérer, pour ainsi dire, que l'incident est clos et qu'en localisant les collections dans les noms et les singuliers parmi les choses on a mis un point final à toute la querelle. Si la solution au problème du statut ontologique des universaux avait été aussi simple, il y a fort à parier qu'elle aurait non seulement été prônée par une des multiples écoles scolastiques – ce qui est le cas –, mais qu'elle aurait aussi été proposée par les auteurs les plus fins qui ont agité cette question, en particulier par Abélard[1]. Or rien de tel ne s'est produit. La raison de cela est contenue dans la remarque de Leibniz. Il ne suffit pas d'affirmer que les collections ne sont pas parmi les choses mais parmi les mots pour être quitte de toute justification supplémentaire quant à l'usage des termes généraux et abstraits. Il ne suffit pas de distinguer entre des particuliers qui existeraient par soi et des pluralités de particuliers *simul sumpta* qui seraient produites par le discours, encore faut-il savoir pourquoi telle multitude est requise dans « l'explication des choses » plutôt que telle autre, pourquoi elle est légitime et, corrélativement, pourquoi telle proposition simple ou tel ensemble de propositions sont vrais. Le nominalisme de Nizolius ne supprime aucune difficulté métaphysique si l'on prend garde qu'il lui reste à donner, sur la base de ses principes, un critère de la vérité. Nizolius, en ce sens, est demeuré trop grammairien. On sait qu'Abélard distinguait entre les conjonctions par construction des grammairiens et les prédications des logiciens[2]. La construction grammaticale est susceptible d'être bien formée ou congruente, la prédication doit être vraie. Nizolius montre que nous n'avons nullement besoin des universaux de la tradition pour fonder notre usage des noms communs. Mais en négligeant l'autre question – à savoir : si nous n'avons pas besoin des universaux de la tradition pour fonder notre usage du concept de vérité – il n'a fait que déplacer une difficulté, depuis le cadre strict de l'ontologie, vers la théorie de la connaissance.

Les distinctions proposées par David Armstrong[3] invitent à se demander à quel genre de nominalisme se rattache la position de Nizolius. Il y a au moins trois bons candidats. Il est une forme du « nominalisme méréologique », puisque Nizolius emploie constamment le vocabulaire de la méréologie, et puisque c'est par un genre du *totum* que l'on peut, selon lui, justifier ou invalider l'usage des universaux. Mais il relève aussi du « nominalisme de la classe », dans la mesure où il prétend qu'il faut penser

collectum ex singularibus, seu universa singularia. » *De veris principiis*, T. I, p. 66 (A VI ii 450, n. 13).

1. Abélard admet que les universaux sont des *sermones* (*Glossae*, 10). Mais cette position n'implique pas la thèse relative à la *multitudo*.

2. *Glossulae* sur Porphyre, 16-18.

3. Armstrong, D. M. (1978) T. I.

ce tout d'une manière strictement extensionnelle et c'est un des aspects par lequel il a le plus retenu l'attention de Leibniz. Enfin, par son réductionnisme, la position de Nizolius relève du nominalisme des prédicats. Il pense, en effet, qu'une fois qu'on a donné un statut correct aux universaux, on ne doit pas justifier le fait que *x* possède la propriété *F* autrement que par le fait que *x* appartient au genre de *totum* désigné par le nom de *F*. Le fait que Socrate possède la propriété d'être un homme n'est pas autre chose que ceci : Socrate appartient au tout continu discret qu'on désigne par le nom « homme ». C'est là très profondément ce que Leibniz n'a pas accepté. Il n'a pas accepté cela parce que ce n'était pas compatible avec le principe de raison. Nous avons encore le droit de demander une explication supplémentaire, et de considérer cette position nominaliste, non pas comme une réponse à la question des universaux, mais comme une simple manière, en partie clarifiée, de poser de nouveau la question.

Le nominalisme de Nizolius semble ainsi s'appuyer sur une décision métaphysique tronquée et débarrassée de ses contraintes les plus fortes. Faut-il, cette fois historiquement, la ranger dans l'école nominaliste? Leibniz ne semble pas en douter. On peut toutefois se poser la question, dans la mesure où des positions analogues ont été comptées dans le débat médiéval parmi les positions réalistes. C'est le cas, par exemple, dans la *Logica ingredientibus* d'Abélard :

[13] Car certains prétendent que l'universel n'est pas autre chose que la collection de plusieurs choses. Ils n'appellent pas Socrate ou Platon une espèce mais disent que tous les hommes une fois rassemblés (*simul collectos*) sont l'espèce *homme* et que tous les animaux pris ensemble (*simul accepta*) sont le genre *animal*, etc.[1].

On objectera que les tenants de cette position semblent avoir considéré les collections comme des entités réelles alors que Nizolius insiste pour que soit évitée toute réification et pour que les pluralités de particuliers soient toujours tenues pour des réalités strictement *de dicto*. Mais la remarque de Leibniz citée dans [8] vaut aussi contre cette objection. Que les pluralités réifient ou remplacent les universaux, elles doivent dans les deux cas permettre une prédication vraie. C'est pourquoi Leibniz retrouve naturellement contre Nizolius certains arguments anciens contre le réalisme de la collection. Dans ce qui suit, nous distinguons deux types d'arguments

1. *Logica ingredientibus*, p. 14, (7-11). Cf. Tweedale, M. (1976), p. 113. Sur la critique du réalisme de la *collectio* chez Abélard, voir aussi les *Glossae* sur Porphyre (10-17, en particulier 10, 9-15)) et les *Glossulae* (515-522) ainsi que les commentaires de Jean Jolivet et Alain de Libera : « Abélard et Guillaume d'Ockham lecteurs de Porphyre », repris dans : Jolivet, J. (1987) et Libéra, A. (de) (1996), p. 150-153.

qu'on trouve chez Abélard et envisageons leur fonctionnement dans la polémique Leibniz-Nizolius. Le premier (a) souligne les difficultés relatives au caractère prédicable de la collection envisagée comme un universel, le second (b), les difficultés relatives à son fondement.

(a) L'un des arguments d'Abélard contre le réalisme de la collection est emprunté à l'analyse du comportement logique du *totum collectivum*. Un universel est un prédicable *de pluribus*. Or une collection ne peut être prédiquée dans son entier des individus qui la composent. On ne dira pas par exemple que *Socrate est un homme* signifie que Socrate est toute la collection des hommes qui constitue l'espèce. Si l'on concède, en revanche, que la collection est prédicable par partie, alors ce prédicable perd le caractère commun qui doit être celui d'un universel, selon quoi celui-ci est entièrement dans chaque particulier[1].

Leibniz se jette un peu naïvement dans ce débat souvent traité dans les *Sophismata*[2]. Les trois arguments logiques qu'il avance contre Nizolius tendent à montrer que l'assimilation du genre et du tout collectif conduisent à des absurdités :

(18) De *tout homme est animal* il suit, en substituant le tout collectif au genre : *tout le genre humain est animal*[3].

(19) *Le genre légué* : De *je lègue à Titius mon cheval* il suit, puisque *cheval* est le nom d'une collection : *je lègue à Titius tous mes chevaux*, ce qui constitue un cas unique de jurisprudence[4].

(20) *L'homme est animal* : si le genre est un universel et l'universel un genre formé d'êtres singuliers, substituons à *animal* tous les animaux pris ensemble, il vient *l'homme est tous les animaux pris ensemble*[5].

Sans doute est-ce en lisant ces lignes qu'Ignazio Angelelli s'est persuadé que Leibniz n'avait pas compris Nizolius. Toutes ces remarques jouent

1. « Quod si per partes de diversis praedicari concedatur, in eo scilicet quod singulae eius partes sibi ipsis aptentur, nihil ad communitatem universalis, quod totum in singulis teste Boethio esse debet atque in hoc ab illo communi dividitur quod per partes commune est sicut ager cujus partes sunt diversorum. » *Logica ingredientibus* p. 14 (32-40).

2. Sur *homo est species* (par exemple Buridan, *Sophismata*, III iii p. 49), cf. Libera, A. (de) (1996), p. 374-380.

3. « Omnis homo est animal vel omnes homines sunt animalia, substituamus totum genus humanum : orietur haec propositio plus quam inepta : totum genus humanum est animal. » A VI ii 430.

4. « J^cti veteres quos Nizolius opinor non negavit latine simul et accurate locutos, genus legatum ajunt, si quis sic leget : Titio equum meum do lego. Jam Nizolii sensu, cum genus sit totum ex singularibus collectum, erit idem ac si dixisset : Titio omnes equos meos do lego. » A VI ii 431.

5. « Cum dico : omnis homo est animal, si genus de specie dicitur, et genus est universale, universale totum genus ex singularibus collectum, substituamus voci animalis omnia animalia simul sumta orietur haec propositio : Homo est omnia animalia simul sumta. » *Ibid.*

en effet sur les possibilités de l'interprétation des termes à l'intérieur d'une même *consequentia*, tantôt par la supposition simple, tantôt par la supposition personnelle. Et Nizolius, bon connaisseur des grands lieux de cette dialectique qu'il critique, répond à Leibniz par avance. On peut éviter, dit-il par exemple, les inférences malheureuses du type : *l'homme est un animal, l'animal est un genre, donc l'homme est un genre*, en ne prédiquant que des termes propres et en refusant d'attribuer le genre ou l'espèce au cas droit. Les dialecticiens, qui se donnent plus de liberté, distinguent une prédication *signata* et une prédication *exercita* selon que les termes qui supposent sont en seconde ou en première intention[1]. Ils acceptent la prédication du genre au cas droit si elle est *signata*. Et il poursuit :

[14] [...] Je réponds que cette inférence est fausse, non parce que *animal* dans le premier énoncé serait en première intention et en seconde intention dans le second, selon les inepties des dialecticiens – car ces premières et secondes intentions ne sont que des fictions et des mots barbares – mais parce que le nom « animal » dans le premier énoncé : *homo est animal* est employé dans l'usage propre et signifie un seul animal alors que dans le second : *animal est genus*, il est employé de manière impropre et figurée et signifie tous les animaux ou tout le genre des animaux[2].

Sur la base de ce passage, des réponses analogues peuvent être imaginées contre la critique de Leibniz. Contre l'argument (18), Nizolius soutiendrait que dans le premier énoncé : *tout homme est animal*, si les noms appellatifs sont employés de manière propre – *tous les hommes sont des animaux* –, alors il faut comprendre la quantité et le pluriel par la réitération des propositions, c'est-à-dire par un double *descendus* conjonctif :

(21) l'homme est un animal $\leftrightarrow$ l'homme$_1$ est l'animal$_1$ & l'homme$_2$ est l'animal$_2$ & etc.

où les noms généraux indiciés fonctionnent comme des noms propres et où la copule signifie une identité. De même il faut comprendre le deuxième énoncé, faussement établi par Leibniz, comme étant la simple reprise du premier au niveau de la *multitudo*, c'est-à-dire formulé au moyen d'appellatifs collectifs : *la collection de tous les hommes est contenue dans celle des animaux*. Dans ce cas il y a bien, de l'un à l'autre, une *consequentia* valide. Dans l'argument (19), si *cheval* est employé de manière propre, il n'est pas le nom d'une collection mais le nom d'un particulier et il n'y a pas de genre légué. Enfin dans l'exemple (20), on dira que *tel* homme est *tel* animal, qui fait partie de la collection des animaux et l'on expliquera

1. Voir plus haut p. 42 pour la distinction. Le passage de Nizolius est relevé en note dans Nuchelman, G. (1988), comme un exemple d'usage « fantaisiste » de la distinction.

2. *De veris principiis*, I vii, t. I p. 86.

l'embarras de Leibniz par la confusion de deux genres d'inclusion différents : l'inclusion d'un particulier dans une collection et celle d'une collection dans une autre. Tout ceci va bien dans le sens de la remarque d'Angelelli. Il semble bien que Leibniz a pu ignorer ces réponses ou simplement les négliger parce qu'il n'a pas compris l'entreprise de clarification à laquelle Nizolius entendait soumettre l'*inesse* et le sens nouveau qu'il donnait à la prédication en prétendant en ramener toutes les formes à ce schème extensionnel unique. Selon Nizolius en effet, « est » signifie l'identité entre des particuliers – *l'homme*$_n$ *est l'animal*$_n$ ou l'appartenance d'un particulier à une collection – *l'homme*$_n$ *est dans le tout collectif des animaux* – ou l'inclusion d'une collection dans une autre : *le tout collectif des hommes est dans le tout collectif des animaux*. Quant à l'identité des collections, elle se conçoit par l'identité des parties singulières qui les composent : *l'homme*$_a$ *est l'animal*$_a$, *l'homme*$_b$ *est l'animal*$_b$... *l'homme*$_n$ *est l'animal*$_n$[1].

Il est cependant difficile d'admettre que Leibniz, même jeune homme, et même s'il ignorait tout – ce qui est peu probable – de la distinction des premières et des secondes intentions, se soit contenté d'arguments aussi faibles dans un texte qui, de plus, est en général de très bonne qualité. Il est difficile aussi d'admettre qu'il soit passé purement et simplement à côté de l'analyse la plus remarquable de l'ouvrage de Nizolius. C'est pourquoi on doit encore ajouter ceci. Si le jeune homme, dans les arguments (18)-(20), passe si légèrement des intentions premières aux intentions secondes, c'est pour mieux montrer ce qui, dans la *reductio* de Nizolius, demeure insatisfaisant. L'universel est un prédicable *de pluribus*. En l'assimilant à la *collectio*, Nizolius est contraint d'abandonner sa fonction la plus haute, selon laquelle il est un tout partagé ou commun[2]. S'il faut, comme Abélard l'a si bien dit, que la *collectio* tienne lieu de genre, il faut qu'elle hérite de tous les caractères du genre, ou bien qu'on nous montre que certains de ses caractères peuvent être purement et simplement abandonnés. Or l'un de ces

1. Les différents genres d'inclusion et d'identité sont clairement distingués dans l'ontologie de Lesniewski. Cf. Henry, D. P. (1972), p. 20-23. L'appartenance d'un individu à une classe est dite inclusion singulière (*singular inclusion*), mais c'est une autre relation, l'inclusion forte, qui correspond à l'inclusion d'une classe dans une autre. On distingue de même une identité singulière et une identité forte, ainsi qu'une identité faible, qui peut être posée entre des noms propres ou communs dans l'usage non-référentiel. Les cas d'identité sont en général comptés aussi parmi les cas d'inclusion, alors que l'inverse est vrai chez Nizolius comme chez Leibniz.

2. Cf. Buridan, *Sophismata*, III *quart. soph.*, : « [...] quod praedicatur de altero vere et universaliter et non convertibiliter, illud est in plus sive communius. Ut animal est in plus quam homo sive communius, quia verum est dicere quod omnis homo sit animal et non est verum divere converso, scilicet quod omne animal sit homo » (*op. cit.* p. 49).

caractères est précisément que le genre est tout entier dans chacune de ses espèces prise *singulatim*, de sorte qu'on peut dire en un sens, avec Boèce, que l'espèce est identique au genre[1]. L'idée sous-jacente aux arguments (18)-(20) serait alors la suivante : il est vrai qu'on ne peut pas, dans la logique ordinaire de l'École, conclure de *l'homme est un animal* à *l'homme est un genre* parce que *l'animal est un genre*. Mais on ne peut pas ne pas être tenté de le faire dans la logique de la *collectio*. Ce qui bloque en effet ce genre d'inférence selon la tradition, c'est que le genre est toujours prédicable de l'espèce, et qu'on peut *dire* du genre qu'il est prédiqué de l'espèce (seconde intention). Et ceci n'est possible que si le genre est un tout intégral ou distributif. Dans la logique de Nizolius au contraire, la collection n'est pas prédicable au sens fort. Elle est, comme le dit Abélard, « prédicable par ses parties ». Leibniz a donc très bien pu comprendre le sens nouveau que Nizolius donne à la prédication tout en maintenant les arguments cités. N'est-ce pas, *mutatis mutandis*, le sens qu'il conservera dans le « calcul de la raison », lorsque celui-ci procède « par les exemples » ? Les paralogismes de la *Préface* seraient ainsi autant de manières de montrer que Nizolius n'a fait que la moitié du chemin, qu'on peut bien admettre l'importance des *multitudines*, mais qu'il n'est pas possible de les assimiler entièrement aux prédicables. En refusant la prédication du genre au cas droit ou en posant des interdits analogues pour les autres prédicables[2], Nizolius n'a pas identifié la source d'une série de difficultés scolastiques, il a voulu faire disparaître les universaux de l'horizon de la philosophie. Peut-on se passer des universaux ?

(b) Cette question est sous-jacente dans toute la deuxième ligne d'arguments développée par Abélard. Si l'on admet que l'universel est une collection, écrit-il, on doit également préciser ce qui distingue un universel d'une collection quelconque. Ou bien il faudra aussi avouer que toute collection peut prétendre à ce statut et que, par exemple, toute collection d'homme est un universel, que Socrate, qui est le tout collectif de ses

1. « Amplius quoque species idem semper quod genus est, ut homo idem est quod animal, et virtus idem est quod habitus. Pars vero non semper idem est quod totum; Neque enim idem est manus quod homo, nec idem paries quod domus » et ceci est vrai aussi des touts dont les parties sont semblables et continues ; Boèce, *Lib. de div.*, PL 64, 879 D, cité par Abélard, *Log. ingred.* 14-15 arg 3.

2. Pour Nizolius, dans la prédication au cas droit tous les termes supposent pour des particuliers. L'inclusion d'un particulier dans une collection est au contraire signifiée par un cas oblique. « Lorsqu'on dit, par exemple : 'Homo est animal' ou 'Homo non est animal', dans ces deux énoncés 'homo' n'est pas l'espèce et 'animal' n'est pas le genre ; c'est plutôt comme si l'on avait dit : 'unus homo est unus animal' ou 'unus homo non est unus animal'. Mais lorsqu'on dit : 'homo est in genere animalium' ou 'homo non est in genere animalium', dans les deux cas le nom du genre est prédiqué de son espèce *in obliquo*. » *De veris principiis*, IVi (T. 2, p. 113).

parties, est un universel, etc. À cela, Abélard oppose que l'universel est antérieur par nature, alors que la collection est postérieure :

> [15] Mieux, tout universel est antérieur par nature à ses propres individus alors qu'une collection de quoi que ce soit est le tout intégral des particuliers dont elle est constituée et est postérieure par nature par rapport à [ces particuliers] qui la composent[1].

Abélard admet que ce qui est dit par une proposition n'est pas une chose mais une « manière d'être » des choses les unes par rapport aux autres[2]. Mais, d'un autre côté, il est contraint de reconnaître qu'il faut qu'il y ait quelque raison pour qu'un nom universel soit imposé à une chose. Il est vrai, par exemple, que les hommes diffèrent les uns des autres en soi et par la forme. Mais il faut aussi qu'ils conviennent en quelque manière, puisqu'ils sont des hommes. Les espèces d'un même genre ont entre elles un *esse* commun qui a motivé l'imposition du nom. Les hommes conviennent par exemple dans un « *esse hominem* » qu'on appellera leur « *status*[3] ».

Leibniz ne conteste pas qu'on puisse imaginer des collections de choses diverses ou disparates. Dans certains passages des textes logiques, dans lesquels l'interprétation extensionnelle des prédicats ne semble pas l'emporter, il reconnaît qu'on peut former des termes conjoints à partir de termes qui ne sont pas entre eux compatibles – par exemple : *trilatère-quadrilatère* – de sorte que les particuliers ainsi désignés peuvent être rassemblés ou compris dans une définition unique mais ne sont jamais dans un même sujet[4]. Pourtant, des collections de cette sorte restent des constructions après coup qui supposent l'intellection des termes définitionnels qui les composent, ici : *trilatère* et *quadrilatère*. Ce caractère d'antériorité est encore plus net dans le cas de la classe vide. Leibniz reconnaît qu'un nom universel qui ne désigne rien actuellement, « comme une

1. *Logica ingredientibus*, p. 15 (15-18), cité *in* : Tweedale, M. (1976), p. 115.

2. Cf. l'entrée « res » de la « Lexicologie abélardienne » de Jean Jolivet, repris *in* : Jolivet, J. (1987).

3. « Statum quoque hominis res ipsas in natura hominis statutas possumus appellare, quarum communem similitudinem ille concepit, qui vocabulum imposuit. » (*Op. cit.*, 19-20).

4. *Essai de calcul des coïncidents*, prop. 22, TLM 421 (GP VII 243) : « Soient par exemple *A trilatère* et *B quadrilatère*, on ne peut inventer une notion dans laquelle seraient à la fois *A* et *B*, on n'a donc pas un *B⊕C* dans lequel serait *A⊕C*, car *A* et *B* sont incompatibles. Je réponds que notre construction générale s'appuie sur le second postulat, dans lequel est contenu que tous les termes peuvent être composés les uns avec les autres. *Dieu*, *l'âme*, *le corps*, *le point* et *la chaleur* : ils composent tous les cinq un agrégat. [...] Mais si l'on veut appliquer ce calcul général (qui vaut pour toutes les compositions) à un mode de composition particulier, si l'on veut par exemple que *trilatère* et *cercle* (ou *quadrilatère*) ne composent pas seulement un agrégat, mais que les deux notions soient ensemble dans un même sujet, alors il faut vérifier qu'elles sont compatibles. » Voir notre introduction : TLM 404-405.

rose en hiver[1] », n'est pas pour autant dépourvu de signification, puisqu'on peut lui faire correspondre, non seulement un *ens possibile*, mais aussi un acte d'intellection dans l'esprit. Aussi donne-t-il plusieurs définitions du *rien*: l'impossible, qui contient une contradiction, l'impensable, qui correspond à la modalité épistémique du précédent et, enfin, le non-être, privatif de toute chose[2]. Dans l'ontologie grammaticale de Nizolius au contraire, on peut se demander ce que serait le pendant de ce qu'est pour nous la classe vide, puisque la *collectio*, déterminée par ses parties, disparaît aussi avec elle. Il est vrai qu'une collection peut demeurer identique alors que ses parties sont changées. Par exemple, les individus qui composent le genre humain ne sont pas les mêmes à deux instants différents. Mais Nizolius ne nous dit jamais ce qui fait dans ce cas l'identité du tout, de même qu'il ne nous dit pas si une collection pourrait encore demeurer identique, chacune de ses parties ayant disparu[3]. La classification des noms donnée au début du *De veris principiis* repose sur la distinction de la référence singulière et de la référence multiple, mais on a dit que Nizolius ne réservait aucun traitement particulier à l'usage non-référentiel. Cette remarque revêt ici toute son importance. La *collectio*, considérée comme donnée, c'est-à-dire antérieure à sa nomination et à l'acte par lequel elle est conçue, ne saurait être vide : on ne sait plus très bien dans quelle case du carré grammatical on doit chercher à ranger « Bucéphale », de même qu'on ne sait où ranger dans le carré ontologique Bucéphale, ceux qui lui sont semblables et les propriétés qui le caractérisent.

Le cas de la classe vide est pour nous tout à fait fondamental, puisque celle-ci est un des réquisits importants du calcul formel. C'est aussi le cas chez Leibniz. Pour lui, le fait de pouvoir désigner la possibilité et l'impossibilité des termes par un symbolisme approprié a constitué un des progrès constatés dans les *Recherches générales*. Mais, plus profondément, ce progrès renvoie à l'antériorité du concept sur la chose réellement existante et au type d'engagement ontologique de la *lingua philosophica*. Leibniz ne tient pas à maintenir l'antériorité de l'universel *en tant qu'il s'oppose au particulier*. En revanche, il tient à conserver cette antériorité *en tant qu'antériorité conceptuelle*, puisque celle-ci est au fondement de la prédication vraie. Or, de quelque manière qu'on la prenne, l'antériorité de l'universel se perd dans le tout collectif de Nizolius.

Leibniz entend rétablir cette antériorité grâce au *totum disjunctivum*. Il ne s'agit pas, en introduisant cette notion, de contester le principe d'une

1. Abélard, *Glossae* 27-30. Leibniz *Sur la synthèse et l'analyse universelles* TLM 138 (GP VII 294).

2. Cf. plus haut p. 146, n. 3.

3. *De veris principiis*, IIi, T. I, p. 131.

interprétation méréologique des universaux, mais de contester, à l'intérieur de cette interprétation, le choix de Nizolius qui s'est porté sur le tout collectif. La position de Leibniz n'est donc pas plus orthodoxe que celle de Nizolius. L'un et l'autre rejettent par exemple la définition traditionnelle selon laquelle le genre est un prédicable *in quid*[1], alors que cette définition est encore celle que propose Jungius[2]. Nizolius n'admet pas la prédication du genre. Il rejette donc *a fortiori* la prédication du genre *in quid*[3]. Il affirme également que, en admettant cette prédication, on peut toujours montrer que le genre est aussi prédicable *in quale quid*[4] dans sa forme adjective[5]. Qu'en est-il chez Leibniz? C'est en 1679, dans l'*Échantillon de calcul universel*, qu'il s'est principalement penché sur le problème des prédicables. Mais dès 1670, il entendait le genre, l'espèce, la différence, comme autant de manières de distribuer le terme-prédicat sur le terme-sujet. Si l'on convient que l'espèce est le domaine du terme-sujet, on appellera « genre », « différence » et « propre » le domaine du prédicat, si celui-ci est attribué nécessairement et s'il est respectivement plus large, égal ou plus étroit. On appellera accident le prédicat attribué de manière contingente quel qu'il soit[6]. Il suit de cette manière de distinguer que Leibniz, comme Nizolius, accepterait de considérer comme un genre ce qui est prédiqué selon la question *quale quid*, c'est-à-dire la différence, pourvu que le prédicat soit plus large que le sujet. La querelle a donc bien lieu à l'intérieur d'une réforme des prédicables. Mais le principe d'une réforme est accepté de part et d'autre.

Si la substitution du tout disjonctif au tout collectif laisse inchangé le principe d'une interprétation méréologique des universaux, elle en modifie toutefois profondément le sens. Considérons le texte le plus précis des

1. Aristote, *Topiques*, I, 5, 102a31 et *sq.*, Porphyre *Isag.* 2, 1a36, Pierre d'Espagne, *Tractatus* II, 5rb.

2. Jungius, *Log. hamb.*, I i § 11 p. 6.

3. « [...] le genre – prochain ou éloigné – non seulement ne se prédique pas de ses inférieurs *in quid*, mais, mieux, il ne se prédique pas du tout ». *De veris principiis*, IV i (T. II p. 119).

4. C'est-à-dire selon le mode réservé à la différence : Aristote, *Topiques*, I, 4, 101b18, Porphyre, *Isag.*, 3, 3b32. Cf. Jungius, *Logica hamburgensis*, p. 8.

5. « [...] quid est homo ? Respondebo : est animal. Et rursus quaerenti, qualis est homo ? Dicam, est animalis : cum tamen aeque genus hominis sit animalis quam animal : est enim revera homo tam in genere animalium ab eo quod est animalis adjective, quam ab eo quod est animal substantive ». *De veris principiis*, T. II p. 119.

6. « Nam Nomen Universale est vel subjectum, quod dicitur *species* vel praedicatum. Praedicatum vel necessarium vel contingens. Necessarium Praedicatum vel est species Totius, et dicitur *genus*, vel ei aequale, et dicitur *differentia* ; vel arctius, et dicitur *proprium*. Contingens dicitur *accidens*. » A VI ii 453, n. 23. On comparera ces définitions avec celles qui sont données en TLM 98 100 (GP VII 226-227).

marginalia. Nizolius prétend établir qu'il n'existe que deux genres de tout, le tout continu et le tout discret. Leibniz note :

[16] Il existe aussi un troisième genre : le tout disjonctif. Par exemple : *l'animal est soit homme soit brute*. Non pas *l'homme et la brute*. Non pas : *tous les animaux sont les hommes et les brutes* mais : *soit les hommes soit les brutes*. Mais la multiplicité de tous les animaux est formée des hommes et des brutes. Par suite tous les animaux sont une chose, la multiplicité de tous les animaux en est une autre. Une chose le genre, une autre le tout. Une chose le tout distributif, une autre le tout collectif[1].

Selon la tradition, on distinguait entre le tout intégral *secundum comprehensionem quantitatis*, et le tout distributif *secundum diffusionem*, lorsqu'une essence commune était attribuée à des espèces ou à des individus différents. Si l'on s'en tient à cette distinction, on peut penser que l'intervention de Leibniz est une simple profession de foi en faveur de l'orthodoxie scolastique, puisque c'est en général le tout distributif qui était considéré comme pertinent dans l'analyse des universaux[2]. Mais le tout disjonctif de Leibniz coïncide-t-il exactement avec le tout distributif de la tradition ? La question se complique davantage encore, si l'on tient compte d'une autre distinction traditionnelle, que l'on trouve également chez Abélard. Selon cette distinction, le tout est tantôt un catégorème, tantôt un syncatégorème. Dans le second emploi, le latin « *totum* » était considéré, non pas comme un terme à part entière, mais comme une occurrence du signe de la quantité des propositions, au même titre que « *omnis* » ou « *quoddam* »[3]. Une des règles données par Abélard à propos de cet emploi syncatégorématique de « *totum* » est qu'il permet toujours de descendre à la partie, c'est-à-dire d'affirmer que ce qui est vrai du tout l'est également de chacune des parties[4]. La même distinction est reprise avec plus de détails dans le *De puritate artis logicae* à propos du sophisme :

1. A Vi ii 453 (Nizolius, *op. cit.* I x p. 112 n. 1). Il s'agit d'une note marginale. Le texte correspondant dans la préface est le suivant : « At erras Nizoli. Datur enim aliud totius discreti genus praeter collectivum, nimirum : distributivum. Cum igitur dicimus : 'omnis homo est animal', seu 'omnes homines sunt animalia', sensus est distributivus : sive illum (Titium), sive hunc (Cajum) etc sumeris, reperies, esse animal, seu sentire. » (A VI ii 430).

2. On pense en particulier au passage suivant : « Et quod quidem in diffusione totum est, generale vocamus. Generalis enim substantia tota simul et eadem in omnibus suis speciebus, veluti animal in homine et in equo, aut homo in Socrate vel in Platone. » Abélard, *Dialectica*, p. 339.

3. Cf. Henry, D. P. (1987), p. 68-69.

4. « Si tota domus est alba, id est si album convenit domui circa singulas ejus partes, tunc paries est albus. » Abélard, *Dialectica* p. 344.

(22) Totus Sortes est minor Sorte[1].

Burleigh affirme que (22) est un énoncé faux, si l'on entend « *totum* » comme un catégorème, car dans ce cas « tout Socrate » signifie « Socrate tout entier » (*perfectus*), ou, tout simplement, « Socrate ». En revanche, si « *totum* » est un syncatégorème, il est appliqué aux entités discrètes et distribue le terme dont il est le préfixe sur toutes ses parties, qu'elles soient matérielles ou formelles[2]. « Tout (...) » signifie alors « toutes les parties de (...) prises une à une » et dans ce cas (22) n'est plus singulier mais universel et signifie que toutes les parties de Socrate prises une à une sont moins que Socrate, ce qui est vrai.

La distinction du tout-catégorème et du tout-syncatégorème est éclairante dans le débat Leibniz-Nizolius, même si elle n'est mentionnée explicitement ni par l'un ni par l'autre. Lorsque Nizolius parle du tout collectif – continu ou discret – il entend trouver un candidat permettant de répondre à la question suivante : quel statut ontologique faut-il attribuer aux référents des noms partagés ou généraux, une fois qu'on a laissé de côté leur usage figuré qui est le plus souvent celui des philosophes ? Lorsqu'il s'interroge sur les universaux et leur utilité, il se demande par exemple : que signifie le genre *animal* ou l'espèce *homme* dans la phrase « tout homme est un animal » ? Et lorsqu'il répond : l'espèce *homme* est la collection de tous les hommes, c'est-à-dire un tout intégral ou quantitatif, il utilise « *totum* » comme un catégorème, au sens où « tout Socrate » signifie « Socrate tout entier » (le tout continu) et « tout homme » signifie « le genre humain tout entier » (le tout discret). Qu'en est-il chez Leibniz ? En 1670, lorsqu'il définit certains prédicables, il dit : le genre est le prédicat plus large quand le sujet est l'espèce. Quel que soit le devenir de cette définition par la suite, elle montre assez qu'il entendait clarifier la doctrine des universaux par la distribution des termes de la prédication, et que, par suite, il a lu Nizolius en logicien, interprétant le « *totum collectivum* » comme un syncatégorème.

S'il en est ainsi, il est bien clair que le troisième genre de tout proposé dans le texte [16], le *totum disjunctivum*, ne doit pas être interprété comme un retour pur et simple au tout distributif, avec toutes les connotations platoniciennes qui seraient nécessairement impliquées par une telle

1. « Solutio. Prima est multiplex secundum aequivocationem, eo quod totus potest teneri categorematice, et sic est falsa, quia denotatur, quod perfectus Sortes ex suis partibus est minor Sorte. Si autem intelligatur syncategorematice, sic est verum, quia denotatur, quod quaelibet pars Sortis est minor Sorte. » Burleigh, *De puritate artis logicae*, p. 256. Voir Henry, D. P. (1991), p. 415 et *sq.*

2. Dans « tout Socrate est une partie de Socrate », la distribution se fait selon n'importe quelle partie, la matière ou la forme, dit Ockham, aussi bien que les mains et les pieds. Ockham, *SL* II vi. Trad. Biard, J. p. 31.

démarche. Leibniz n'est pas Abélard. Il ne prétend pas dans [16] qu'il existe un « *esse* » commun ou un « *status* » à toutes les espèces d'un genre ou à tous les individus d'une espèce. Il prétend seulement qu'on peut distribuer de deux manières le terme qui suit le syncatégorème « le tout (...) » et qu'on obtient ainsi respectivement le tout collectif et le tout disjonctif, de sorte que nous pouvons – au moins provisoirement – poser les définitions suivantes :

(23*) $\text{Tout}_{\text{col.}}(A) =_{\text{déf}} P_1 \wedge P_2 \wedge \ldots \wedge P_n$

(24) $\text{Tout}_{\text{disj.}}(A) =_{\text{déf}} P_1 \vee P_2 \vee \ldots \vee P_n$

Ces deux définitions appellent plusieurs remarques. On notera premièrement que, P_1, P_2, ... P_n désignent les termes qui peuvent être dits de *A*, c'est-à-dire, les prédicables de *A*. Dans l'exemple de [16] (*l'animal est homme et/ou brute*), Leibniz s'en tient aux deux espèces prochaines, mais il n'est pas impossible d'imaginer une caractérisation analogue avec des prédicables plus éloignés. En revanche, P_1, P_2, ... P_n ne sont pas les individus qui tombent sous *A*. Ceci implique en particulier que les définitions en question n'utilisent pas, contrairement à ce qui semble au premier abord, le *descendus* traditionnellement employé pour déterminer le mode de la supposition d'un terme. Le *descendus* consiste en effet à désigner une à une toutes les valeurs possibles d'un terme quantifié, c'est-à-dire toutes les choses pour lesquelles il peut supposer, et à chercher quelles inférences peuvent être établies entre la proposition où figure ce terme qui suppose et la proposition moléculaire, conjonctive ou disjonctive, dans laquelle le terme a été remplacé par ses valeurs. Il faut donc qu'il y ait une différence de nature entre le terme général dont on part et les noms d'objets particuliers utilisés dans les propositions une fois la descente effectuée. Dans les définitions (23*) et (24) au contraire, les termes utilisés à droite dans le *definiens* (les parties) conservent un certain degré de généralité et sont eux-mêmes des touts sous un certain rapport. On peut dire que l'animal est l'homme et/ou la brute. On peut dire aussi bien que l'homme au sens générique est l'homme proprement dit et/ou la femme et/ou l'enfant. Si les définitions en question concernent effectivement le tout comme syncatégorème, elles ne déterminent pas comment il faut distribuer le terme à droite de « *totum* » sur des individus, mais comment le tout est distribué sur ses parties.

Reprenons maintenant l'argumentation donnée dans [16]. « Tous (*omnis*) les animaux sont les hommes et les brutes ; tous les animaux sont ou des hommes ou des brutes. » Que le « ou » donné dans la détermination du tout disjonctif soit un « ou » exclusif (« *aut* ... *aut*... ») est sans grande importance. Cela correspond au fait que, dans l'exemple choisi, les parties du tout sont « non-communicantes », c'est-à-dire qu'elles n'ont pas de partie commune[1]. Rien n'interdit d'imaginer un exemple analogue dans lequel cette condition ne serait pas respectée, par exemple si l'on dit : « tout animal est bipède ou brute ». En revanche, les collections dont il est question dans [16] sont des collections complètes. Il est donc important que dans les définitions données par (23*) et (24), les éléments du *definiens* épuisent le *definitum*. Autrement dit, si $<P_1, P_2 \dots P_n>$ sont les termes du *definiens*, et si *A* est le *definitum*, il faut que tout ce qui n'est pas dans P_1 mais est dans *A* soit désigné au moins une fois dans $<P_2 \dots P_n>$, et ainsi de suite pour tous les éléments figurant dans la collection. Enfin, sur la base de ces deux schémas définitionnels, Leibniz prétend que ce qui est visé par (24) – le « tout disjonctif » est ce que la tradition appelle le « genre », que le tout collectif donné en (23*) est la *multitudo* de Nizolius et que, puisque (23*) et (24) n'ont évidemment par le même sens, la prétendue *reductio* du *De veris principiis* n'est pas recevable.

Le problème est le suivant : peut-on poser (23*) et (24) comme des définitions homogènes, comme le suggère Leibniz, ou faut-il tenir compte de la différence de l'intension et de l'extension dans leur formulation. Ce problème se pose plus spécifiquement pour (23*), qui est une définition intensionnelle, alors que le contexte du *De veris principiis* imposerait plutôt une approche extensionnelle. Selon Nizolius, la prédication dans son sens propre est une relation de un à un entre des particuliers, de sorte que si l'on dit « l'homme est un animal », on pose en vérité une relation d'identité entre des individus qui sont tantôt nommés comme ceci (« tel homme ») tantôt comme cela (« tel animal ») mais qui demeurent toujours par soi identiques. Il suit que Nizolius n'accepterait pas la définition (24) – dont il dirait qu'elle suppose la réalité des universaux par la simple position des termes–, mais qu'il n'accepterait pas davantage (23*) à moins qu'elle soit adaptée au contexte extensionnel. Soient $p_1, p_2, \dots, p_n$ les domaines d'individus dont on peut dire respectivement qu'ils sont $P_1, P_2, \dots, P_n$. La définition (26*) corrigée revient à définir le tout collectif de Nizolius comme une classe de classe de la manière suivante :

(23) $\quad \text{Tout}_{\text{col.}}(A) =_{\text{déf}} p_1 \cup p_2 \cup \dots \cup p_n$

Il y aurait alors une confusion de Leibniz, qui aurait fait comme si les deux définitions concurrentes, celle de Nizolius et la sienne, utilisaient les termes dans le même sens. Or ceci est tout à fait impossible, puisque l'expression *l'animal est l'homme et la brute* est contradictoire si l'on entend *animal*, *homme* et *brute* comme des noms de concept. En revanche, si l'on pose qu'ils sont des noms de collection, alors (23) et (27) définissent

1. Cf. *Échantillon élégant de démonstration dans les abstraits*, déf. 4 TLM 425 (GP VII 229).

la même chose, puisque « homme ou brute » est un nom acceptable pour la classe composée de tous les hommes et de tous les animaux. Parce qu'il aurait été peu au clair avec ce qui devait devenir sa propre règle d'inversion, Leibniz aurait donc cru introduire une nouvelle catégorie méréologique, alors qu'il n'aurait fait que désigner d'une autre manière – intensionnelle – celle que Nizolius avait déjà proposée. S'il en est ainsi, on lira le texte sur Nizolius comme une étape certes importante dans la constitution d'une logique intensionnelle, mais non décisive, puisque Leibniz aurait posé pour ainsi dire par accident une distinction souvent exploitée par la suite, mais dont l'émergence en 1670 serait demeurée largement inconsciente. Surtout, au regard des définitions (23) et (24) et même en tenant compte des quelques distorsions historiques que nous avons indiquées, la critique d'Ignazio Angelelli semble recevable, et Leibniz semble sortir perdant d'un débat qu'il a pourtant lui-même provoqué.

Le tout et l'individuation des parties

Mais ce débat n'est pas clos. Comme nous l'avons noté à propos des arguments (18)-(20), les faiblesses ou les imprécisions du jeune homme ne doivent pas nous faire ignorer les intuitions profondes du philosophe. Il est possible d'admettre que les définitions (23) et (24) ne sont pas homogènes, que l'une est extensionnelle et l'autre intensionnelle, sans pour autant faire comme si elles étaient, prises ensemble, des définitions *de* l'intension et *de* l'extension. Il est encore possible que Leibniz ait visé autre chose, et que ce soit précisément cela qui manque à la critique d'Angelelli. Considérons donc encore une fois l'hypothèse selon laquelle, en proposant la définition (24), Leibniz aurait cherché à sauver l'antériorité des universaux.

Cette hypothèse est étayée par l'arrière-plan épistémologique de la remarque [16]. Car la raison principale pour laquelle Leibniz refuse l'usage généralisé du tout collectif n'appartient pas à la logique, mais concerne la possibilité d'une connaissance *a priori*. Si l'on admet la réduction proposée par Nizolius, alors il n'y a plus de connaissance par démonstration, mais toute connaissance est par induction[1]. Que toute connaissance fondée sur l'expérience soit en partie une procédure inductive, Leibniz ne le conteste pas, et il ne le contestera jamais. Mais il considère que l'induction est elle-même fondée sur des principes qui ne peuvent en aucun cas être à leur tour établis par induction. Dans la préface au *De veris principiis*, il affirme que la « certitude morale » – c'est ainsi qu'il caractérisera désormais le statut

1. « Nam si universalia nihil aliud sunt quam singularium collectiones, sequetur, scientiam nullam haberi per demonstrationem (quod et infra colligit Nizolius), sed collectionem singularium seu inductionem. » A VI ii 431.

épistémique des propositions empiriques[1] – requiert, outre l'induction, l'ajout ou « l'appui » (*adminiculum*) de trois propositions universelles relatives à la présomption :

(25_1) Si la cause est identique ou absolument semblable l'effet est identique ou absolument semblable.

(25_2) L'existence d'une chose qui n'est pas sentie ne peut être présumée.

(25_3) Tout ce qui n'est pas présumé doit être tenu dans la pratique pour nul tant que cela n'a pas fait l'objet d'une preuve[2].

Nous pouvons, par exemple, affirmer avec certitude que le feu brûle. Mais cette proposition universelle est établie par induction à l'aide des principes cités[3]. Comment sont établies les collections de Nizolius ? Est-ce que toutes les collections existent parce que nous pouvons les nommer ? Et si c'est le cas, ont-elles toutes la même valeur épistémique ?

Nizolius entend le tout collectif comme un catégorème. Par exemple, « la collection entière des hommes ». Mais il ne précise pas en quoi consiste cette collection, c'est-à-dire quelle doit être la nature de ses parties propres. C'est ce qui a rendu possible la mésinterprétation de Leibniz et, tout à la fois, le caractère positif de sa critique. Si nous supposons à bon droit que les parties de la collection entière des hommes sont des hommes individuels, ce que nous avons fait dans la correction (23*)-(23), c'est parce que nous faisons fonctionner dans la méréologie des présupposés qui nous ont été enseignés dans l'ontologie, à savoir que tout ce qui existe est, en général, individuel. Mais rien n'interdit, dans la définition de la *multitudo* proprement dite, de considérer comme partie du tout désigné comme « la collection entière des hommes », non seulement telle sous-collection, par exemple les femmes, mais même tel infra-élément, par exemple une main ou un pied. Cette difficulté ne s'explique pas seulement par le fait que Nizolius a désigné par le même concept (*multitudo*) le rapport des individus aux classes et les rapports des parties du corps au corps lui-même. Si les collections du *De veris principiis* semblent pouvoir être divisées à l'infini

1. *Introduction à l'Encyclopédie secrète*, TLM 133 (C 514), NE IV x § 10.

2. « Sed ex additione seu adminiculo harum propositionum universalium non ab inductione singularium, sed idea universali seu definitione terminorum pendentium : (1) si eadem vel per omnia similis est causa, idem vel per omnia similis est effectus. Et hujus (2) Existentia rei, quae non sentitur, non praesumitur; et denique hujus (3) Quicquid non praesumitur, in praxi habendum est pro nullo, antequam probatur. » A VI ii 431.

3. « Nam esto ignis ille talis quicunque qui mihi nunc offeratur; aio esse per omnia (quantum ad rem pertinet) similem prioribus, quia, per hypothesin, non sentio dissimilitudinem ad rem facientem. Jam quod non sentitur, non praesumitur, per adminiculum 2. Quod non praesumitur, est in praxi tenendum [pro nullo] per adminiculum 2. Ergo per omnia similem esse (quantum ad rem pertinet), est in praxi tenendum. Jam per omnia similis causae, erit per omnia similis effectus, per adminiculum 1. Nimirum ustio, per hypothesin. » A VI ii 431-432.

et apparaissent pour ainsi dire sans fond, c'est que la détermination exacte de ce qui doit être tenu pour une partie n'est jamais donnée. On conçoit aisément l'inclusion d'un régiment dans un corps d'armée comme l'inclusion d'une classe dans une autre[1]. On admet aussi facilement que cette inclusion peut être entièrement décrite par l'appartenance d'une série d'individus – les militaires – à l'une et/ou à l'autre de ces classes. Mais imaginons que la guerre ait produit dans les esprits un tel degré d'égarement que bon nombre de militaires aient choisi de déserter alors que, dans le même temps, des civils auraient pris les armes massivement. Dans ce cas n'importe quel général soucieux de l'organisation de ses troupes sera en droit de réclamer un critère supplémentaire pour savoir si, oui ou non, son régiment est au complet, s'il a été rejoint par tel autre régiment ou inclus dans tel corps d'armée. Toute théorie de la *collectio* suppose un critère d'individuation des parties. Si ce critère est lui-même empirique – lorsque, selon l'exemple de Leibniz, nous tentons de former une *multitudo* à partir de l'expérience que nous avons du feu – il faut au moins qu'il soit établi sur la base de principes qui débordent largement le cadre de la logique des multiplicités.

Leibniz n'est donc pas entièrement responsable de sa mésinterprétation. Peut-être a-t-il cherché à établir par la notion de « tout disjonctif » ce critère que Nizolius a manqué et qui est pourtant requis pour le concept extensionnel de classe tel que nous l'utilisons aujourd'hui. Desmond Henry a insisté sur le fait que les médiévaux, dans leur ensemble, ne font pas la différence entre une « collection complète », qui contient non seulement ses parties, mais aussi les parties de ses parties, quelle qu'en soit la nature, autrement dit une totalité littérale d'éléments éventuellement disparates, et la « classe » telle que nous l'entendons aujourd'hui, dans laquelle n'est contenue qu'une sorte de choses, qui sont d'une manière ou d'une autre désignées dans la dénomination de la classe[2]. Dans ce second cas, on dira encore bien entendu que la classe contient les parties de ses parties, mais on ne comptera comme partie que ce qui tombe sous la dénomination en question. En ce sens, la classe de toutes les lignes d'un plan contient les droites, les courbes, les segments et les arcs, mais elle ne contient pas les points, pas plus que la classe de tous les verres demeurés sur une table ne contient le vin qu'on y a laissé. Par suite, la définition (24) n'est pas seulement la version intensionnelle de (23). Elle en est aussi une version précisée, à l'aide d'un principe d'individuation conceptuel des parties. Si l'on s'en tient donc à l'idéal d'économie des entités, la

1. Il s'agit d'un exemple récurrent chez Nizolius.
2. Cf. Henry, D. P. (1972) et (1991), p. 34-35.

définition (24), qui suppose l'unité conceptuelle des termes, peut sembler moins satisfaisante que la définition (23) prêtée à Nizolius. Mais si l'on se rappelle que, selon ce principe même, nous ne devons admettre dans notre ontologie que des entités que nous pouvons distinguer les unes des autres, alors c'est l'autre définition qui est préférable. Cette conclusion peut paraître surprenante. Nous avons l'habitude de considérer que l'intension est philosophiquement plus difficile que l'extension. Nous associons même ces difficultés aux exemples favoris de Leibniz : « triangle » et « trilatère », « Alexandre » et « le roi de Macédoine vainqueur de Darius[1] ». Mais la définition de Leibniz n'est pas exclusive de toute considération des classes. Elle en est même le préalable. Elle indique que la notion extensionnelle de classe est une notion abstraite, et qu'une classe ne peut être pensée, si ce n'est comme l'extension d'un concept.

§ 11. Genèse du calcul en intension [3] : *inesse* et méréologie

Postérité du totum disjunctivum

Le *totum disjunctivum* n'est pas devenu, dans les textes de la maturité, une expression ordinaire du vocabulaire leibnizien. Il réapparaît ici et là de manière épisodique, mais dans un sens qui n'est plus exactement le même. On en trouve une survivance dans une remarque des *Suppléments à l'Échantillon de calcul universel*. Dans un passage qui semble avoir un rapport assez lointain avec l'économie du texte, Leibniz précise que toutes les propositions mentionnées peuvent être prouvées de deux manières, selon que le sujet est le contenant ou le contenu et que le prédicat est conjonctif ou disjonctif[2]. Curieusement la relation décrite dans les *Supplementa* de 1679 n'est pas celle à laquelle on s'attend après avoir lu les textes antérieurs. À la *subjectio*, c'est-à-dire la perspective intensionnelle du *De arte combinatoria*, correspond désormais le prédicat conjonctif et à la *praedicatio* le prédicat disjonctif, alors qu'auparavant Leibniz opposait le tout disjonctif à la problématique extensionnelle de Nizolius. Il pourrait s'agir d'une simple étourderie de Leibniz qui aurait échappé aux éditeurs.

1. GI TLM 215 (C 362).

2. « On démontre tout cela facilement en posant seulement que le sujet est comme le contenant et le prédicat comme le contenu conjoint c'est-à-dire conjonctif, ou bien en posant au contraire que le sujet est comme le contenu et le prédicat comme le contenant alternatif c'est-à-dire disjonctif » TLM 95 (GP VII 223). Voir aussi le morceau rétabli en C 249.

Mais la même distinction est donnée dans les mêmes termes dans un texte de 1687 :

[17] Si l'on considérait les universaux comme des agrégats disjonctifs d'individus (*aggregata individuorum disjunctiva*), on pourrait également de cette manière prouver des propositions [1].

Comme ces lignes sont suivies d'une notation de l'inhérence au moyen de l'addition réelle dans des termes que Leibniz réserve incontestablement à « la méthode par les individus », on est tenté de penser qu'il y a, entre les textes évoqués jusqu'ici et ceux de la maturité, une sorte de chiasme qui viendrait invalider les définitions (23) et (24).

En vérité, cette difficulté est plus apparente que réelle. Mais elle permet de comprendre combien la question de l'intension a été obscurcie par Couturat et combien le débat sur ce point est demeuré sensible à ses conditions initiales. Sur la base du texte [17] et des passages analogues [2], Couturat a en effet pris l'habitude d'identifier le mode de la prédication employé dans chaque fragment – intensionnel ou extensionnel – grâce aux opérations logiques qui y sont mentionnées, la disjonction étant en général conçue comme le signe d'une problématique extensionnelle [3]. Cette habitude était justifiée, non seulement par le contenu précis des textes de la famille de [17], mais surtout par une conviction indépendante de Leibniz : Couturat pensait que le rapport des deux opérations logiques fondamentales n'était concevable qu'en extension et que Leibniz, pour cette raison, avait construit un calcul fondé sur une opération unique. La concaténation des caractères, autorisée par le *transitus* dans l'algèbre des concepts, était naturellement identifiée à la conjonction, de sorte que la disjonction devenait une sorte d'avant-goût de la modernité, elle qui, pourtant, avait fait l'objet d'études détaillées chez les logiciens médiévaux [4].

1. A VI iv 1631 (C 270).
2. En particulier C 556-557 (CL 343-344).
3. Couturat, CL 387.
4. L'étude de la disjonction est un passage obligé des traités sur les propositions moléculaires (qu'on appelait « hypothétiques »). Paul de Venise distingue nettement les propositions dans lesquelles la disjonction porte sur des termes : *tu es homo vel asinus*, et celles dans lesquelles elle porte sur des propositions : tu es homo vel tu es asinus. La première est dite *divisive* ou *collective*. Dans le premier cas, l'inférence de la disjonction prédicative à la disjonction propositionnelle est autorisée dans les deux sens; on peut dire : *tu es homo. Igitur tu es homo vel asinus.* De même on peut dire : *Sortes vel Plato currit. Igitur Sortes currit vel Plato currit.* Quand la disjonction est au contraire prise *collective*, ce genre d'inférence n'est pas possible. On ne peut pas dire par exemple : *Ego differo a te. Ergo ego differo a te vel a me.* Ou encore : *Tu scis regem sedere vel nullum regem sedere. Igitur tu scis regem sedere vel scis nullum regem sedere. Logica magna* II, *De hypotheticis*, chap. 8, (Part II, Fasc. 3, p. 119-120). Sur les conditions de vérité des propositions disjonctives : Broadie, A. (1987), p. 41-45.

On constate au contraire que les rapports de la conjonction et de la disjonction sont parfois étudiés indépendamment de toute considération sur la nature de la prédication. À propos de l'*inversio relationis* de Jungius, Leibniz se demande, par exemple, ce que doit être la négation d'une relation données $\overline{\text{A>-B}}$. Il note :

[18] Non et A et B. Neque A neque B. Vel A vel B, hoc est non et A et B. *Sive A sive B, hoc est non neque A neque B.* Aut A aut B hoc est $\left\{ \begin{array}{l} \text{non et A et B} \\ \text{non neque A neque B} \end{array} \right\}$ [1].

Ceci revient à reconnaître que la disjonction est la négation de la conjonction des négations et que cette règle ne dépend pas du mode de la prédication et ne permet pas davantage de l'établir. S'il en est ainsi, il convient de distinguer nettement les deux questions que Couturat a confondues.

Comment faut-il comprendre alors l'inversion de la distinction donnée dans la Préface au *De veris principiis* ? À l'époque, Leibniz n'a pas considéré que les définitions (23) et (24) portaient respectivement sur l'extension et sur l'intension, mais qu'elles représentaient, à l'intérieur du débat sur la nature des universaux, un moyen sûr de distinguer entre une simple pluralité (*multitudo*) et un genre. On peut faire l'hypothèse que, par la suite, les distinctions antérieures ont servi indirectement à l'expression d'une différence que Leibniz avait tout d'abord mal cernée. On conçoit mieux dans ces conditions comment un « agrégat disjonctif d'individus » a pu sembler tenir lieu de tout collectif. Ce qui importe dans la distinction des deux méthodes, c'est avant tout de savoir de quoi l'on parle. Ou bien les termes sont des noms d'individus, ou bien ils sont des noms de faisceaux de propriétés. S'ils sont des noms pour des individus, alors la composition des termes décrit bien des « agrégats *d'individus* » qui ne peuvent être que disjoints, puisqu'ils ne sauraient se confondre dans un sujet comme les prédicats d'un être. Si au contraire on considère les propriétés, alors chaque propriété est susceptible d'être posée avec tous les « *compraedicata* » qui inhèrent dans un même sujet[2]. Selon l'esprit de la remarque de Dummett, puisque la distinction de l'intension et de l'extension ne porte pas sur les différentes interprétations possibles du calcul, puisqu'elle ne permet pas davantage de distinguer le langage d'un côté (l'intension), son interpré-

1. C 425 souligné par nous. Couturat-éditeur admet en note ce que Couturat commentateur refuse : qu'il s'agit de la loi de *De Morgan*. Sur ce passage cf. Knecht, H. (1981), p. 173 (qui insiste sur les différents types de disjonction) et Lenzen, W. (1983), p. 132-133.

2. A VI iv 572 « At omnis terminus, quia omnia praedicata sui subiecti seu omnia sua compraedicata involvit [...] substantiam singularem exprimet ».

tation de l'autre (l'extension), il suit que les définitions (23) et (24) doivent l'une et l'autre décrire les termes selon les deux perspectives, la première mettant plutôt l'accent sur les choses ou sur des faisceaux de propriétés, l'autre sur notre manière de les concevoir.

Relation méréologique et relation prédicative en 1679: quantité, inhérence et identité

Dans l'œuvre de la maturité, on peut également considérer comme un prolongement plus général de la *Préface* aux *Quatre livres* de Nizolius la conception selon laquelle toute la logique doit pouvoir être contenue dans un calcul *de continente et contento*. Il est vrai que cette conception semble avoir été par la suite abandonnée, et que Leibniz semble de plus en plus avoir tenu à séparer les relations méréologiques et les préoccupations prédicamentales. N'est-ce pas en ce sens qu'il note, dans le passage des *Nouveaux Essais* cité en [7], que toute la doctrine syllogistique peut être ramenée à celle « du contenant et du compris » (*de continente et contento*), mais que celle-ci ne doit pas être confondue avec la doctrine du tout et des parties? Bien que nous soyons assez pauvre pour ce qui concerne les recherches logiques contemporaines des *Nouveaux Essais*, on conçoit aisément le sens de cette distinction. Car la doctrine *de continente et contento* renvoie à *l'inesse* dans son sens le plus général et sert de fondement à la prédication, alors que le rapport du tout à la partie n'en est éventuellement qu'un cas particulier qui peut être développé par le calcul. Ceci suppose que la définition intra-logique du contenant et du contenu est antérieure à la distinction du tout et des parties, ce que Leibniz note effectivement dans l'*Essai de calcul des coïncidents* : le rapport du tout à la partie, est-il écrit dans le scolie des premières définitions, n'est rien d'autre que *l'inesse* appliqué aux homogènes [1].

La réserve que Leibniz semble s'imposer dans les *Nouveaux Essais* ne signifie pas que *l'inesse* lui-même aurait perdu peu à peu toutes les connotations méréologiques qu'on a pu relever à l'époque de la préface au *De veris principiis*. Il y a eu incontestablement sur ce point une clarification progressive. Mais l'on constate aussi que les résultats des recherches d'avril 1679 – qui supposent une identification quasi-complète des deux relations – ont été intégralement reversés dans les versions ultérieures du calcul, surtout pour ce qui concerne la doctrine de la quantité.

Dans la mesure où Leibniz ne conçoit pas, comme le fait par exemple Fred Sommers, qu'un couple de caractères arithmétiques puisse servir à

1. Cf. *Essai de calcul des coïncidents*, Scolie aux premières définitions, TLM 410 (GP VII 237).

exprimer univoquement la quantité des termes[1], il est contraint d'envisager une version caractéristique de la syllogistique dans laquelle le signe de la quantité est pour ainsi dire résorbé dans l'expression du rapport sujet-prédicat. Cette recherche d'une expression numérique des phrases et, plus généralement, les tentatives pour ramener les règles d'opposition et de conversion à un ensemble de procédés calculatoires ont amené Leibniz à utiliser le rapport méréologique pour l'expression de la quantité. On lit par exemple dans la seconde tentative d'avril 1679 :

[19] Pour faire voir de quel usage sont les nombres caractéristiques lorsqu'on a affaire aux propositions, il faut remarquer que, lorsqu'elle est au cas droit, puisque c'est toujours de ce cas qu'il est question ici, toute proposition catégorique universelle affirmative vraie ne signifie rien d'autre qu'une certaine liaison entre le prédicat et le sujet, à savoir que le prédicat est dans le sujet ou est contenu dans le sujet, que celui-ci soit considéré absolument et en soi ou bien d'une manière déterminée, c'est-à-dire dans un exemple. Autrement dit, que le sujet contient le prédicat d'une certaine manière : que la notion du sujet enveloppe la notion du prédicat par elle-même ou bien quand on lui ajoute quelque chose, de telle sorte que le sujet et le prédicat soient l'un à l'autre comme le tout et la partie ou comme deux touts coïncidents, ou enfin comme la partie et le tout[2].

Le texte donne une détermination de la quantité des propositions affirmatives par le rapport tout/partie de la manière suivante :

	Sujet	prédicat	quantité de la proposition
1)	tout	partie	universelle
2)	tout	tout	universelle
3)	partie	tout	particulière
4)	partie	partie	...

Tout or est un métal est une UA dans la mesure où la notion désignée par le prédicat est une partie de celle que désigne le sujet. À l'inverse *Quelque métal est or* est une PA parce que c'est cette fois la notion du sujet qui semble contenue dans celle du prédicat. Leibniz ne considère pas que la quantité du prédicat est indifférente dans la détermination de la quantité de

1. Dans la constitution du « calcul des termes », Sommers précise que nous ne disposons pas de l'intuition qui nous permettrait de décider quel couple de signes opposés doit représenter les expressions « tout » et « quelque » du jargon semi-formel de la syllogistique. S'il choisit finalement « - » pour l'universel et « + » pour le particulier, c'est essentiellement pour des raisons de cohérence des notations. Cf. Sommers, F. (1970), p. 10 et 13-14.

2. TLM 47-48 (C 51, § 7). GI § 184 : « Toute proposition que l'on utilise dans un discours revient à dire quel terme contient quel autre terme. On examine même si le terme contenant est absolu, ou si quelque chose lui est ajouté, et l'on dit de lui qu'il contient un contenu absolu. » TLM 295 (C 395).

la proposition. Il ne pense pas, comme les Messieurs de Port-Royal, que « l'étendue » du prédicat se règle pour ainsi dire d'elle-même sur celle de l'idée exprimée par le terme-sujet. En revanche il maintient, selon la doctrine des Messieurs, que la restriction du sujet peut s'obtenir par une espèce de détermination, de sorte qu'il est toujours possible de ramener la relation prédicative à celle de deux touts identiques et de transformer une proposition quelconque en une identité. Au lieu de dire, par exemple, *quelque métal est l'or* on dira : *le métal qui compose en majorité le ducat hongrois est l'or*[1] – où *le métal qui compose en majorité le ducat hongrois* est une description qui ne convient qu'à l'or – et ainsi de suite pour toutes les propositions.

Ce qui est décrit dans [19] a plusieurs conséquences importantes. La première concerne le principe d'inhérence conceptuelle telle que nous l'avons présenté jusqu'à présent. Le texte [19] permet d'affirmer que ce principe doit être intégré dans le processus de l'analyse, afin qu'il soit possible *d'identifier* les parties du prédicat et certaines parties du sujet. S'inaugure ainsi, sous la plume de Leibniz, une nouvelle version de la relation d'identité, conçue par la coïncidence expresse des ingrédients et non, comme c'est le cas le plus souvent depuis l'époque des *Notes parisiennes*, par la substituabilité[2]. On lit par exemple en marge du quatrième essai de caractéristique numérique (mai 1679) :

[20] Une proposition vraie est une proposition dont le prédicat est contenu dans le sujet, c'est-à-dire que si à la place de tous les termes on substitue les équipollents (c'est-à-dire les termes par lesquels ils sont composés) on voit que tous les termes équipollents du prédicat peuvent être repérés parmi les termes équipollents du sujet[3].

Dans les *Recherches générales*, la relation d'identité (ou de substituabilité) s'est finalement révélée antérieure à toutes les autres[4]. Dans les textes écrit avant 1679 au contraire, en particulier dans les *Notes parisiennes*, l'identité n'est pas encore thématisée comme telle, et Leibniz préfère à cette époque parler d'une substitution de la définition au défini. Ce qui s'est joué dans les *Éléments de calcul* est donc tout à fait fondamental d'un point de vue génétique : le calcul de l'identité, d'abord envisagé de manière très

1. TLM 46 (C 50).

2. TLM 21-24 (A VI iii 504-507). Les deux versions sont simplement juxtaposées au début de GI : TLM 215-217 (C 362).

3. A VI iv 219 (C 68).

4. L'analyse de la coïncidence occupe les § 5-15. La *propositio* proprement dite, c'est-à-dire l'énoncé d'une inhérence, est introduite au § 16 comme un cas particulier de la relation précédente grâce à la procédure mise en place dans [19].

générale[1], s'est constitué à partir d'une réflexion sur l'expression de la quantité des propositions.

La relation décrite dans [19] concerne à la fois l'expression de l'inhérence par l'identité et la détermination de la quantité. Pour ce qui concerne le premier point, Leibniz imagine la procédure suivante. Soit une proposition Φ donnée de la forme *A est B*. On exprime Φ par une identité au moyen de :

(26) A est B ↔ (...) A = (...) B

où « (...) » désigne un ou plusieurs catégorèmes qui constituent le complémentaire de *A* dans *B* ou de *B* dans *A*. Si le complémentaire en question est connu, il suffit de l'expliciter. S'il ne l'est pas, on le désignera présomptivement par un signe : un nombre quelconque en 1679[2], un terme indéfini en 1686 et, dans les deux cas, un caractère pris dans les dernières lettres de notre alphabet. Si la transformation selon (26) requiert un complément à gauche du signe d'identité, alors la proposition est particulière. Si elle requiert un complément à droite, ou si elle n'en requiert aucun, elle est universelle, par quoi l'on retrouve le tableau donné plus haut.

En vérité, l'équivalence (26) a considérablement embarrassé Leibniz car elle ne s'accordait pas entièrement avec le *praedicatum inest subjecto*. Il est incontestable par exemple que, selon (26) et les développements qu'elle résume, il existe des énoncés vrais qui ont la forme canonique requise *A est B* mais pour lesquels il n'est pas vrai que le concept exprimé par le prédicat est contenu dans le concept exprimé par le sujet : ce sont, pour le moins, toutes les propositions particulières affirmatives. Il a donc fallu modifier sensiblement l'énoncé du principe. Selon la nouvelle version, il doit exister, entre le sujet et le prédicat d'une proposition vraie, sinon une inhérence expresse, tout au moins une certaine « liaison » (texte [19]) ou « connexion », c'est-à-dire, selon l'exacte intuition suarézienne, un rapport congruent à l'identité. La version amendée du principe peut

1. Voir par exemple ce passage de septembre 1678 : « [...] puisque toutes les sciences qui sont démonstratives n'enseignent que les équipollences des pensées c'est-à-dire les substitutions (elles montrent en effet que dans toute proposition nécessaire le prédicat peut sans danger être substitué au sujet, que dans toute proposition convertible le sujet peut aussi être substitué au prédicat et que, dans l'ordre des démonstrations, à n'importe quelle vérité qu'on appelle prémisse peut être substituée sans danger une autre vérité qu'on appellera conclusion), tout ceci fait voir que ces vérités doivent être montrées avec ordre sur une page au moyen de la seule analyse des caractères c'est-à-dire par une substitution continue et ordonnée ». A VI iv 102-103 (C 352).

2. « (4) Itaque observandum est in omni aequatione seu propositione simpliciter convertibili, ut litera aliqua absolute posita significet terminum universaliter ut *n omnis nix*, multiplicata autem per literam incognitam *s* ut *sm*, significet terminum cum signo particulari, ut *aliquod meteorum*. » A VI iv 209 (C 60-61).

alors être formulée d'une manière qui met en évidence le caractère identitaire du prédicat de vérité :

(27) Une proposition Φ est vraie si et seulement si a) elle peut être exprimée par la suite de caractères « S est P » et b) si cette suite de caractères peut, au moyen des règles d'inférence reconnues et, éventuellement, des données de l'expérience, être écrite sous la forme « (...)S = (...)P », où (...) désigne une série de caractères exprimant des catégorèmes.

Dans cette formulation, plusieurs difficultés demeurent. Le texte [19] indique ce qui se passe du côté de la quantité lorsqu'on doit compléter le terme à droite ou à gauche du signe de l'identité. Il ne dit rien, dans un premier temps, du cas plus général – la ligne n°4 du tableau ci-dessus – où des catégorèmes doivent être ajoutés de part et d'autre lorsque le sujet et le prédicat sont tous les deux des parties. Ce problème ne concerne qu'indirectement la quantité. On peut admettre, selon la tradition, que c'est le sujet qui donne la quantité, et considérer analogiquement que les propositions pour lesquelles un complément est requis à droite et à gauche sont des particulières. C'est plutôt l'inhérence elle-même qui semble par là s'échapper. En effet, il est incontestable que Leibniz a dans un premier temps privilégié les trois cas mentionnés dans le tableau, parce que ce sont tous les cas pour lesquels le principe d'inhérence conceptuelle semble pouvoir s'appliquer, à condition tout au moins de distinguer entre le sujet « considéré par soi » – lignes 1 et 2 – et le sujet considéré « avec un ajout[1] » – ligne 3 –. Assez rapidement, il s'est aperçu que le privilège concédé à ces trois cas, qui, en vérité, ne couvrent qu'une petite minorité de propositions, s'explique par cette sorte de confiance extrême que lui-même et la tradition conféraient au rapport genre/espèce. Tout se passe comme si l'arbre de Porphyre devait circonscrire par avance le champ des énoncés possibles. Peut-on à la fois conserver le principe d'inhérence et une valeur de vérité aux énoncés qui échappent à cette manière de voir[2] ?

L'exemple des « disparates » est sur ce point très éclairant. On appelle « disparates » les termes qui ne sont pas l'un dans l'autre. Les disparates, dit Leibniz, sont de deux types. Ou bien ils ont quelque chose de commun qui leur est inhérent (un genre) et dans ce cas on dira que ce sont des

1. « 19) De plus, si la notion du sujet considérée en soi contient celle du prédicat, alors la notion du sujet avec une addition, c'est-à-dire la notion d'une espèce du sujet, contient aussi la notion du prédicat. Et cela nous suffit, car nous ne nions pas que le prédicat soit dans le sujet lorsque nous affirmons qu'il est dans une de ses espèces. » TLM 54 (C 57).

2. Cette question peut être rapprochée de l'analyse de l'antériorité logique que l'on trouve dans l'*Echantillon de calcul universel*. Il s'agit dans un cas comme dans l'autre d'élargir le modèle linéaire de l'intelligibilité imposé par le couple analyse/synthèse et d'autoriser une prédication transversale par rapport aux « lignes prédicamentales » établies. Voir Rauzy, J.-B. (1995).

« *conspecies* »[1]. Ou bien ce genre n'existe pas ou est très éloigné et ce sont des « hétérogènes ». Concernant les hétérogènes, la solution à laquelle Leibniz pense en premier lieu consiste à rétablir une forme d'inhérence grâce aux termes très généraux comme *être*, *substance*, etc.[2]. On pourra, par exemple, énoncer quelque chose de vrai à propos des hétérogènes que sont le corps et l'esprit, grâce à leur genre commun qu'est la substance. Mais cette solution est insuffisante. Il existe incontestablement des propositions particulières qui ne peuvent être décrites par la relation méréologique sujet-partie/prédicat-tout ou ramenées à une identité selon la procédure proposée. Si l'on dit :

(28_1) Φ_1 : quelque animal est rationnel

On peut résorber le signe de la quantité grâce à un ajout à gauche :

(28_2) Φ_2 : (l'homme) animal est rationnel

Poursuivons l'analyse afin d'appliquer le critère d'inhérence donné en [20] – tous les termes équipollents du prédicats peuvent être repérés parmi les termes équipollents du sujet – :

(28_3) Φ_3 : (l'animal rationnel) animal est rationnel

Que penser de cette transformation ? Il est vrai qu'on peut repérer le prédicat parmi les termes qui constituent le sujet. Mais cette vérification est largement fictive, puisque c'est nous-mêmes qui avons ajouté les termes requis en posant Φ_2. Ce que nous avons démontré de cette manière, c'est, directement, que tous les hommes sont rationnels, c'est-à-dire une universelle affirmative. Indirectement, nous avons aussi montré quelque chose sur la particulière, à savoir que *animal* et *rationnel* peuvent être ensemble dans un même sujet (*homme*), ou encore qu'ils sont compatibles. Le principe d'inhérence conceptuelle est donc un principe trop fort si on l'entend de manière stricte, à partir du couple genre/espèce. Il ne permet pas de rendre compte de la totalité des propositions. Les particulières dont les termes sont hétérogènes – comme (28_1) – requièrent un principe plus faible. C'est ce que Leibniz note lui-même à la fin des *Éléments de calcul* :

[21] […] je m'aperçois qu'il existe des propositions particulières dont ni le sujet ni le prédicat n'est un genre ou une espèce ; par exemple : *quelque*

1. « Ainsi *homme* et *bête sauvage* ont en commun le concept d'*animal*, *or* et *argent* celui de *métal*, *or* et *vitriol* celui de *minéral*. Ceci fait voir également que les termes ont plus ou moins en commun selon que leur genre est plus ou moins éloigné. » TLM 50 § 13 (C 53).

2. « Si en effet le genre est très éloigné, alors ce en quoi les espèces symbolisent est très restreint ; et si le genre est le plus éloigné on dit par exemple que des choses sont HÉTÉRO-GÈNES, c'est-à-dire qu'elles sont d'un genre tout différent, comme le corps et l'esprit ; non certes que rien ne leur soit commun, car tous les deux sont au moins des substances, mais parce que ce genre commun est très éloigné. » *Ibid.*

> *animal est rationnel*; il suffit que les termes soient compatibles. Il est donc clair également qu'il n'est pas nécessaire que le sujet soit divisible par le prédicat ou le prédicat par le sujet [1].

La formulation (27) du principe d'inhérence conceptuelle représente un tournant important dans la conception leibnizienne de la vérité. La formule « (...)S = (...)P » signifie exactement que le sujet et le prédicat sont, soit l'un comme le tout et l'autre comme la partie (dans ce cas l'un des deux catégorèmes « (...) » est l'élément neutre), soit comme deux touts identiques (les deux catégorèmes « (...) » sont l'élément neutre), soit deux concepts hétérogènes (dans ce cas Leibniz abandonne le vocabulaire méréologique et il suppose que les deux catégorèmes « (...) » sont différents de l'élément neutre). D'un point de vue génétique ce tournant a eu lieu très tôt dans le calcul lui-même – dès 1679 –, mais ses effets dans la doctrine philosophique ont été d'abord silencieux et se sont fait jour peu à peu.

Sur trois points au moins, cette formulation du principe d'inhérence paraît décisive. Elle permet, premièrement, de libérer définitivement le calcul logique de ce qui, dans la tradition, le liait pour ainsi dire à une ontologie déjà faite : celle de la subordination des genres et des espèces. En ce sens, le principe *praedicatum inest subjecto* doit être rattaché à la réforme des définitions catégoriales entreprises très tôt et poursuivie tout au long de l'œuvre. De même que Leibniz a tenté d'élargir la relation logique fondamentale, de même il a multiplié les relations prédicamentales, ménageant des sauts, des passages, des entrées multiples, et considérant le traité des catégories comme le noyau d'une encyclopédie ouverte [2].

Deuxièmement, le rapport de la logique à son usage s'est trouvé par là établi. Les textes relatifs à la « science générale » [3] indiquent qu'il entendait utiliser la logique dans un processus de concrétisation progressive. Depuis le faîte de cette construction gigantesque – tout le savoir humain – on serait descendu par paliers jusqu'aux sciences empiriques et « utiles », en passant par l'intermédiaire considérable qu'est la science des réalités imaginables ou « *mathesis universalis* ». Les concepts de la science ainsi que les règles qui permettent de relier entre eux ses énoncés auraient été à chaque fois précisés et comme déterminés par le contexte empirique, mais d'une manière qui devait rester toujours compatible avec les principes intangibles de la logique, de sorte que chaque science peut être considérée comme une de ses « expressions [4] ». C'est bien la formulation ouverte (27) du principe d'inhérence conceptuelle qui ménage cette possibilité plutôt que, comme

1. TLM 54 (C 57).
2. Cf. TLM 81-83.
3. Voir par exemple C 218-222, corrigé et daté (fin 1689) en : A VI iv 871-980.
4. Cf. Duchesneau, F. (1993), p. 313.

l'a écrit François Duchesneau, l'analyse infinie des contingents ou le principe « pragmatique » d'une analyse comme « anticipation programmatique de démonstrations potentielles [1] ».

Enfin, au niveau même de la doctrine de la vérité, la formulation (27) permet de comprendre l'importance prise dès 1679 par la logique de la *consequentia* et par les problèmes liés à la substituabilité. Si l'on doit considérer comme vrai tout énoncé congruent à *(...) S* = *(...) P*, alors la notion même d'inhérence conceptuelle doit être entendue dans un sens assez large pour englober toute relation du sujet au prédicat qui peut être établie par la preuve comme une occurrence de *(...) S* = *(...) P*. La preuve devient le point essentiel de la doctrine. Elle ne consiste pas seulement dans l'analyse des concepts qui interviennent de part et d'autre. Elle passe aussi par des « ajouts » ou « additions » (tirés de l'expérience) et par des dérivations, elles-mêmes autorisées par des principes explicites (non-formels) qui doivent figurer dans le symbolisme.

Relatio insita

Reste encore ouverte la question de la traduction publique de cette doctrine. Il est très significatif que Leibniz ait présenté le concept de vérité pour Arnauld au moyen d'une inhérence conceptuelle prise au sens strict, alors qu'il eût été plus juste de mettre l'accent sur l'identité et sur la compatibilité. La version élargie du principe était déjà largement établie à l'époque. Leibniz a pris l'habitude, pour des raisons qui tiennent à l'isolement et au caractère privé de ses recherches, d'utiliser dans le débat avec le monde intellectuel des expressions abrégées qui tendaient à rendre ses positions moins fines qu'elle ne l'étaient en vérité. Sans doute a-t-il tiré profit de cette habitude du point de vue de l'efficacité polémique, d'autant plus qu'il avait peu de chances de pouvoir faire connaître ses conceptions avec précision. Celles-ci étaient encore incertaines sur bien des points et lui-même n'avait pas encore trouvé la forme littéraire de leur présentation. Il reste que son conceptualisme extrême était moins dogmatique qu'il n'y parait au premier abord, et que sa reconstitution à l'aide des textes logiques le rend philosophiquement plus intéressant.

L'hypothèse que nous formulons maintenant se veut strictement exploratoire. Elle voudrait expliquer pourquoi le modèle méréologique a conservé dans la philosophie de la logique une importance plus grande que celle que lui réservait la logique elle-même. C'est que Leibniz a cherché,

1. *Op. cit.* p. 166 et 103. Voir notre compte-rendu, in : *Revue de métaphysique et de morale*, 1, 1995.

avec le *praedicatum inest subjecto*, non seulement à répondre à la question : qu'est-ce qu'un énoncé vrai ? mais aussi à résoudre le problème de l'individuation. Ces deux problématiques se sont souvent rencontrées, mais pas toujours. Et l'*inesse* a permis de préciser une métaphysique de l'individu que Leibniz recherchait depuis ses années de formation.

Dans la première partie de la *Logica* (*De notionibus*), Jungius a inséré un court traité sur la relation. Nous savons aujourd'hui que ce passage fait partie des points qui ont retenu l'attention de Leibniz lors de sa première lecture critique du texte, antérieure à 1679[1]. Or Jungius thématise très nettement dans ces lignes la parenté des deux relations – le tout et la partie, le substrat et l'accident – que Leibniz a par la suite exploitée. Dans la relation prise de la manière la plus générale, Jungius distingue, entre « relation adventice » (*relatio adventitia*) selon laquelle les choses reliées sont des *relata secundum esse*, et, d'autre part, la relation dite « *insita* », par laquelle on a des *relata secundum dici*. Contrairement à ce qu'on pourrait croire, le second type de relation n'est pas moins fort que le premier. Les *relata* d'une relation adventice peuvent exister en dehors de la relation. Celle-ci requiert par suite le *fundamentum relationis*, c'est-à-dire « la cause ou l'occasion pour laquelle la relation a lieu dans le sujet[2] ». Au contraire, dans le cas d'une *relatio insita*, le fondement n'est pas séparé des *relata* et ceux-ci, par suite, ne peuvent pas davantage exister séparément[3]. Jungius précise encore que la *relatio insita* est soit propre soit commune. La « *relatio insita communis* » est antérieure aux prédicaments alors que la « *relatio insita propria* » convient à un certain prédicament. Enfin, sous ce rapport, la « *relatio adventitia* » est celle qui constitue un prédicament particulier, par exemple l'égalité pour la quantité ou la similitude pour la qualité[4]. Dans la *Logica Hamburgensis*, la relation tout-partie est, comme la relation du sujet et de ce qui lui est inhérent, une *relatio insita communis*, autrement dit une relation antéprédicamentale dont dépendent les *relata*[5].

Leibniz a ainsi pu trouver chez Jungius, alors qu'il commençait d'imaginer sa caractéristique numérique, une analyse de la relation tout-partie qui convenait tout à fait à son entreprise. En identifiant, grâce au principe *praedicatum inest subjecto*, cette relation avec celle du sujet et du prédicat,

1. Cf. A VI iv 1067-1068.

2. *Log. hamb.* : I x 3.

3. « Relatio insita est, quae rei secundum ipsam relatae ita intima est, ut ab ea separari nequeat, sive ut res relata absque ea relatione nunquam reperiatur ; estque vel *Communis* vel *Propria*. » *Log. hamb.* I, ix, § 1.

4. « Relatio adventitia est quae certum praedicamentum ipsa constituit. »

5. « Communis est quae nulli praedicamento astricta est, sed per plura quasi vagatur. Talis relatio est inter totum et partem, inter subjectum et inhaerens, inter causam internam et ejus causatum. » *Log. hamb.* I ix § 2.

il s'aventurait sur un terrain où Jungius ne s'était pas risqué. Mais d'une certaine manière, il ne faisait que traduire, sous la forme d'un calcul des termes, un ensemble de liens que Jungius avait essentiellement imaginé entre des notions ou concepts. C'est une seconde lecture, plus large, englobant les *Addimenta*, qui confirma plus tard cette première intuition[1]. Pour l'heure, l'important était de pouvoir donner une interprétation algorithmique cohérente au principe de l'inhérence conceptuelle et que cette interprétation s'accordât avec les grandes convictions philosophiques héritées de Thomasius et présentées en partie dans la *Préface* à Nizolius.

Que la relation prédicative fondamentale soit *commune* permettait de préserver une architecture philosophique du savoir dont la *scientia generalis* devait dresser le plan. À ce titre la logique, en tant que « science du pensable[2] », devait correspondre au plus haut degré de généralité et la notation caractéristique exprimant la prédication ne devait pas la limiter à une relation adventice particulière. En revanche la géométrie des sites, la science du mouvement et toutes les sciences dérivées ou particulières auraient à rendre propre cette relation commune, c'est-à-dire à la faire vivre dans une région particulière de l'être où elles trouveraient chaque fois des réquisits (matériels ou formels) spécifiques[3]. On peut à ce propos remarquer que les distinctions dans la relation, présentées par Jungius selon le procédé habituel de la dichotomie, deviennent très significativement, dans les notes de Leibniz, un ensemble hiérarchisé, dont la limite supérieure n'a pas encore de nom, mais qui décrit exactement ce qui doit être l'objet d'un calcul de la raison.

Enfin, que cette relation soit *insita* au sens de Jungius n'allait pas de soi. Cela impliquait en effet que le terme sujet et le terme-prédicat soient dépendants de leur relation mutuelle. Or, cette dépendance des termes à la relation – et non de la relation aux termes – revenait à donner au verbe « être » dans sa fonction de syncatégorème une force beaucoup plus grande que celle qu'Aristote et la tradition lui avait en général reconnue. On

1. Jungius, *Disputationes noematica*, Disp. 4ta, *in* : *Addimenta ad Log. hamb.*, p. 32-36. Cf. les *marginalia* de Leibniz : A VI iv n° 241 (1685).

2. TLM 131 (C 511).

3. On notera, par exemple, les variantes de l'identité, différentes à chaque étage de la « science générale » : GM VII 19. La vocation de la logique à se particulariser est soulignée par l'appellation : « spécieuse générale » : « Sed est in eam rem opus novis quibusdam ex Speciosa illa Generali repetitis artibus, quam et Combinatoriam vocare possis, non quantitatibus alligatam, sed in universum rerum formas seu qualitates tractantem, quando et quantitatum notitiam per qualitates ac similitudines ipsius Geometriae exemplo dirigi necesse est. Ipsa quoque Logica, hoc est generalissima Ars Cogitandi, nova nobis subsidia suppeditare debet tum pro inventione universalium ex specialibus et inductione quadam scientifica, tum pro nova quadam analysi gradaria, ubi vulgaris illa per saltum incedens difficultatem habet, ut alia taceam verae ac realis Logicae parum vulgo cognitae arcana. » GM VII 51.

admettait en général que le verbe « être » est ambigu, qu'il peut signifier l'existence ou bien la composition du sujet et du prédicat. Mais dans ce cas, on précisait qu'il s'agissait d'un syncatégorème qui dit ce qui est signifié par le prédicat et non ce qui est par soi : « *esse* » signifie alors une certaine composition *qui ne peut être comprise sans les composés*[1]. Faire de la prédication une *relatio insita*, c'est renverser l'ordre traditionnel de la dépendance. C'est se condamner à affirmer un jour ou l'autre, non seulement que le prédicat énonce une vérité *à propos* d'un sujet et doit à ce titre être déduit de sa notion – ce que Leibniz a toujours prétendu –, mais encore que le sujet ne serait pas ce qu'il est sans l'exacte série des prédicats qui peuvent être affirmés de lui : ce qu'on a appelé l'essentialisme extrême. Il est difficile de savoir si Leibniz a eu clairement conscience de ce renversement, si celui-ci est un effet de la constitution du calcul ou s'il puise son origine dans une autre source. On peut seulement affirmer, d'une part, que la *relatio insita* doit avoir une conséquence sur la nature des étants et que, d'autre part Leibniz n'a pas considéré la logique comme la source unique de son ontologie mais plutôt comme l'épreuve d'une doctrine de la vérité dont on avait à tenir compte dans tous les compartiments de la philosophie : ni plus ni moins dans la science de l'être que dans les autres parties du savoir.

1. Par exemple : « [...] dicit Aristoteles Primo Perihermeneias, quod hoc verbum « est » significat quandam compositionem *quam sine compositis non est intelligere* » (*De puritate artis logicae*, I, iii, 54). Burleigh fait allusion au passage du *De l'interprétation*, III, 16b25.

CHAPITRE IV

SUBSTITUTIONS

§ 12. LES FONDEMENTS CONVERSATIONNELS DE LA LOGIQUE

Le rapport à Hobbes : signes et notes

S'il est en général admis que, dans la période pré-parisienne, Leibniz a emprunté à Hobbes les concepts fondamentaux de sa physique, la question des emprunts logiques, et en particulier de l'importance qu'il convient d'attribuer à la lecture du *De corpore* dans la première constitution du calcul, est encore aujourd'hui largement ouverte. En 1901, Couturat a cru pouvoir établir, sous la forme d'une mise au point[1], que l'influence de Hobbes dans ce domaine avait été limitée et qu'en tout état de cause elle demeurait très inférieure à celle d'Hospinianus, de Jungius, et même de Descartes et Clauberg. Bien que, dans le *De arte combinatoria*, Leibniz ait attribué à Hobbes l'idée d'une *computatio* par addition et soustraction[2], cette idée n'aurait été effectivement développée que par Leibniz lui-même et la référence au *De corpore* serait l'effet d'une « manie de citations érudites ». Dépouillée – s'il est possible – de sa prévention dogmatique contre l'empirisme du philosophe anglais, la thèse de Couturat reste soutenue par un argument assez fort : l'algèbre des concepts, élaborée par Leibniz à partir de 1678, est entièrement différente dans son détail de la logique du *De corpore*, parce qu'elle ne s'accorde pas avec les principes

1. CL, Appendice II, p. 457-472.

2. « Profundissimus principiorum in omnibus rebus scrutator Th. Hobbes merito posuit omne opus mentis nostrae esse COMPUTATIONEM, sed hac vel summam ADDENDO, vel SUBTRAHENDO differentiam colligi : El. de Corp., p. I, C. I art. 2. » (*De arte combinatoria*, pbl. II, § 63, A VI i 194).

d'un nominalisme extrême. Elle requiert en effet que les opérations logiques s'effectuent sur des concepts et non pas sur des choses ou sur les noms qui leur sont appliqués [1].

Plusieurs remarques peuvent pourtant être opposées à cette thèse. Il est vrai que Leibniz n'a pas suivi Hobbes dans le détail de son calcul et que, dès 1679, lorsqu'il aborde la syllogistique par la caractéristique numérique, il va beaucoup plus loin dans la constitution d'une langue formelle. Du *De corpore* il retient pourtant le principe de certaines démonstrations en forme. C'est par exemple de la lecture de ce texte qu'il tire la preuve de la proposition *le tout est plus grand que la partie* [2]. La démonstration apparaît dès 1671, avec la référence à Hobbes, dans le *Demonstratio propositionum primarum* [3]. Elle est évoquée plusieurs fois dans les années 1680 [4] pour faire voir l'usage des identiques. Elle est peut-être aussi à l'origine de certains développements techniques dans les essais postérieurs à 1690 [5].

Si, de plus, Leibniz s'est effectivement opposé à ce qu'il considérait comme une forme extrême du nominalisme, sa lecture des textes de Hobbes relatifs aux abstraits pourrait avoir été plus décisive que Couturat ne le pensait. Dans la Préface aux *Quatre livres* de Nizolius, il se souvient que Hobbes leur attribuait une certaine utilité, en particulier dans les énoncés qui expriment la grandeur ou la mesure d'une qualité. Une chose est, par exemple, de dire *duplicare calida*, autre chose de dire *duplicare calorem* : dans le premier cas, l'énoncé porte sur le sujet, dans le second sur un de ses attributs. Tout en reconnaissant la pertinence de ce genre d'arguments, le jeune Leibniz maintient que les abstraits doivent être totalement exclus de la langue philosophique, car il est plus facile d'inventer des paraphrases satisfaisantes pour exprimer la mesure des qualités [6] que d'éviter la reduplication à l'infini et surtout la contradiction que l'usage systématique de ces termes introduit dans l'identité :

1. *De corpore* I iv § 6.

2. « Posons la définition : *le plus petit est ce qui est égal à une partie de l'autre (le plus grand)*. La déduction est alors la suivante : *la partie est égale à une partie du tout* (à savoir à elle-même, par l'axiome des identiques); *ce qui est égal à une partie du tout est plus petit que le tout* (par la définition du plus petit); donc *la partie est plus petite que le tout*, C.Q.F.D. » TLM 456-457 (GP VII 300). Cf. Fichant, M. (1998), p. 329-373.

3. A VI ii 482-483. Ce sont les définitions de *plus grand* et de *plus petit* qui sont empruntées à Hobbes (*De corpore* II, viii § 13 et § 25).

4. Par exemple : A VI iv 1644 (C 518).

5. C'est en effet par le même type de démonstration, dans laquelle une proposition identique est insérée dans un syllogisme, que Leibniz prouve la subalternation et la conversion « par accident » de l'universelle affirmative : cf. par exemple C 233-237 et GP VII 211-217.

6. « Mais cette multiplication de la chaleur peut être exprimée par des termes concrets; si je dis que la même chose est rendue deux fois plus chaude, on comprend bien que c'est la chaleur et non la chose chaude qui est doublée. » A VI ii 417.

[1] En effet, si l'*entitas* est un *ens*, si la *realitas* est une *res*, si l'*aliquidditas* est un *aliquid*, chacun sera aussi sa propre forme c'est-à-dire une partie de son propre concept ce qui est contradictoire [1].

Dans les textes de la maturité, sa position sur ce point semble avoir été plus nuancée. D'une part, Leibniz revient à plusieurs reprises sur l'expression de la mesure des qualités physiques qui suppose, comme il est dit dans les *Recherches générales*, « beaucoup de circonspection » [2]. D'autre part, le souvenir du *De corpore* pourrait avoir été déterminant dans la constitution de la théorie des « abstraits logiques », développée à partir de 1686. On a dit que Leibniz avait en effet envisagé de substituer à la forme canonique de la prédication une forme dérivée semblable à celle que, dans la *Préface* de 1676, il attribue à Hobbes : plutôt que *S est P*, on peut dire aussi : *S possède la Péité* ou encore : *la Péité de S* [3]. Et l'on peut envisager une transformation analogue pour le terme-sujet qu'au terme-prédicat : *L'être-Lentulius* est la *lentuléité*, selon l'expression que l'on trouve dans un fragment des années 1680 ainsi que dans la première partie du *De corpore* [4].

Qu'on ajoute à ces considérations les critiques bien connues relatives au lien de la vérité des propositions – qui ne dépend pas de nous – et des signes – qui sont arbitraires –, on voit que le débat que Leibniz a établi avec le nominalisme de Hobbes est plus complexe qu'il n'y paraît, et qu'il ne saurait être réduit, comme le voulait Couturat, à une série de références polies cachant une opposition de principe [5]. Il semble au contraire que, dans tous les compartiments de sa philosophie, Leibniz ait considéré que les positions de Hobbes méritaient au moins un examen sérieux [6].

1 « Nam si Entitas Ens est, si Realitas res est, si aliquidditas aliquid est, idem erit forma sui ipsius seu pars conceptus sui quod implicat. » A VI ii 417.

2. GI § 141 et *Sur l'abstrait et le concret* : « Dire que la chaleur est grande est une chose, dire que le chaud est grand en est une autre; et la chaleur peut être doublée sans que le chaud soit doublé, comme la vitesse est doublée même quand le corps véloce ne l'est pas. » TLM 386 (A VI iv 988). On évitera ces abstraits en les remplaçant par la description des phénomènes physiques qu'ils dénotent. Car la « quantité dans les abstraits » n'est pas autre chose que l'application d'une métrique à une série de phénomènes physiques réguliers : « On dit que quelque chose est deux fois plus chaud si l'effet semblable par lequel on reconnaît le chaud est double. Cet effet est la raréfaction; ou, si l'on préfère, l'élasticité de l'air est augmentée au point de soutenir un poids deux ou trois fois plus grand. » *Ibid.*

3. GI § 138-143. Voir Rauzy, J.-B. (1993).

4. A VI iv 400 et *De corpore* : I chap. 3, § 3. Cf. Pécharman, M. (1989) et (1995_2).

5. C'est pourtant cette thèse qui a prévalu. Elle est par exemple admise par Paolo Rossi dans *Clavis universalis* (traduction française (1993), p. 203).

6. La « science générale » et le projet encyclopédique n'ont pas échappé à cette règle. La théorie des catégories, qui était un passage obligé de tous les traités de logique classique, prend chez Leibniz, comme chez Wilkins et Dalgarno, une importance particulière, puisqu'elle est au fondement de la constitution des « caractères réels ». Leibniz a retenu les passages correspondants dans le *De corpore* (I chap. 2 § 15-16) et surtout les critiques de

Il se trouve qu'un aspect important de cette influence concerne la genèse de la conception leibnizienne des définitions et de la substitution *salva veritate*. En 1676, au moment où il envisage la rédaction d'un *De summa rerum*, Leibniz emprunte au philosophe anglais certains aspects importants de sa théorie du signe. En intégrant cette théorie dans la problématique de l'*ars obligatoria* médiévale, il a cherché à justifier les premières règles logiques de substitution, jetant ainsi les bases, dans un même mouvement, d'une philosophie de la communication et de ce qui allait devenir une théorie très élaborée de la démonstration.

La définition hobbienne du signe a très tôt retenu l'attention de Leibniz. Sur un exemplaire du *Compendium metaphysicum* de Daniel Stahl, consulté en 1663 ou 1664, il note en marge :

[2] Le signe est l'antécédent du conséquent ou le conséquent de l'antécédent à propos duquel nous avons eu plusieurs fois l'expérience qu'il a été un antécédent ou un conséquent. Hobbes, *De corpore*, P. I. c. 2. n. 2. Les signes sont soit naturels soit arbitraires. Une note est une chose sensible choisie arbitrairement, par laquelle nous nous rappelons les pensées que nous avons eues ou celles qui leur sont semblables[1].

Dans la *Préface à Nizolius* on peut lire aussi :

[3] Les noms sont des notes pour moi-même, pour ma mémoire, ils sont des signes pour les autres, pour leur information. *(ad docendum)*[2].

Et deux ans plus tard, en 1672, dans un texte préparatoire à la caractéristique universelle dont l'architecture est inspirée de L'*Essay* de Wilkins :

[4] Un signe est ce que nous sentons en ce moment et que, en outre, nous jugeons être lié à une autre chose, en vertu d'une expérience antérieure, nôtre ou d'autrui. [...] Une note est un signe de notre pensée antérieure c'est-à-dire un signe de mémoire[3].

D'autres références analogues prouvent que cette distinction est encore très présente dans les textes des années 1690-1700. On la retrouve par exemple

Hobbes par rapport à l'entreprise elle-même : les séries de prédicaments ne disent rien relativement à la nature des choses et aux espèces naturelles. Ces critiques sont discrètement évoquées dans les *marginalia* à *l'Ars signorum* de Dalgarno : A VI iii 173.

1. A VI i 25. La référence donnée dans Hobbes correspond au passage suivant : « Signa autem vocari solent antecedentia consequentium et consequentia antecedentium quoties plerumque ea simili modo praecedere et consequi experti sumus. Exempli gratia, nubes densa signum est consequuturae pluviae, et pluvia signum antecedentis nubis, ob eam causam, quod raro nubem densam sine sequente pluvia, pluviam autem sine antecedente nube nunquam experti sumus. » Cf. Dascal M. (1978), p. 101 ; cf. aussi Pécharman M. (1995_2) et (1995_3).

2. A VI ii 447.

3. A VI ii 500.

dans les notes marginales que Leibniz a portées sur son exemplaire de la *Nova methodus discendae docendaeque jurisprudentiae*[1], ainsi que dans les *Nouveaux Essais*[2].

Comme l'a montré Marcelo Dascal[3], Leibniz a trouvé chez Hobbes une articulation originale de la fonction mnémonique des mots et de leur fonction communicationnelle. Hobbes distingue en effet les « marques sensibles » (*notae*) par lesquelles nous nous souvenons de nos pensées antérieures et luttons contre leur caractère fluctuant et incertain (*fluxae et caducae*), et les « signes » proprement dits, par lesquels nous communiquons au moyen d'énoncés. Les marques sont suffisantes dans la perspective d'un langage strictement privé, dont Hobbes a, semble-t-il, accepté la possibilité. Les signes sont requis pour l'enseignement et l'avancement des sciences. Mais Dascal souligne également que cette distinction est nettement hiérarchisée. Si l'on peut en effet concevoir des notes qui ne sont pas des signes – c'est le cas, par exemple, de tous les noms considérés en soi et indépendamment de leur fonction dans une phrase – l'inverse n'est pas vrai. Car l'interprétation des signes n'est pas autre chose que la réactivation des pensées correspondantes, de sorte que tous les signes doivent aussi être des notes sous un certain rapport. On aurait ainsi, chez Hobbes, une conception « inspectionniste » de la pensée, dans le cadre de laquelle « l'exercice de la fonction informative présuppose celui de la fonction mnémonique[4] ». Si la pensée préexiste à son expression langagière, il revient aux mots de la langue d'en assurer telle ou telle présentification dans un but déterminé et, éventuellement, d'y opérer certaines abréviations commodes.

L'analyse de Dascal a le mérite de replacer la distinction de Hobbes dans la tradition des arts de la mémoire. Elle engage aussi le lecteur de Leibniz à retrouver, au moins dans les premiers écrits, les traces des présupposés inspectionnistes dont il vient d'être question, autrement dit l'idée d'une pensée tacite, « *sine verbis* », qui pourrait s'effectuer selon ses règles propres et dans laquelle les signes n'interviendraient que de manière dérivée. L'importation de la distinction des signes et des notes aurait ainsi amené Leibniz à poser pour lui-même le problème de la fonction cognitive des caractères et à s'engager de plus en plus dans une critique de la

1. « Les mots ne sont pas seulement des signes de mes pensées présentes pour les autres mais aussi des notes de mes pensées présentes pour moi-même, comme l'a montré Thomas Hobbes dans le *De corpore*. » A VI i 278.

2. « Les paroles ne sont pas moins des marques (*notae*) pour nous (comme pourraient être les caractères des nombres ou de l'algèbre) que des signes pour les autres. » NE III ix § 4.

3. Dascal, M. (1978), p. 138-150.

4. *Ibid.* p. 140.

conception inspectionniste[1]. Toutefois, même en admettant une évolution de ce genre, on n'explique pas pourquoi Leibniz s'est arrêté à la distinction du *De corpore* plutôt, par exemple, qu'à la définition du signe qu'il pouvait trouver dans les textes augustiniens de Port-Royal[2]. Car la conception d'une pensée procédant par les idées et à laquelle pourrait correspondre un processus parallèle par les caractères était si largement partagée qu'elle ne saurait constituer le principe d'un choix et expliquer pourquoi l'attention du jeune Leibniz s'est portée vers Hobbes plutôt que vers Descartes ou Arnauld. De même les considérations chronologiques relatives à l'ordre de ses lectures – le fait, par exemple, qu'il ait très mal connu les auteurs français dans la période pré-parisienne – n'expliquent pas la rémanence de la référence à Hobbes et ne donnent pas la raison pour laquelle la distinction des signes et des notes est demeurée valide alors que la caractéristique était largement constituée. Enfin, pour ce qui concerne la formation du calcul logique, l'analyse de Dascal rejoint singulièrement la thèse de Couturat. En admettant que Hobbes n'accordait pas une fonction strictement « cognitive » à la manipulation des signes, Dascal reconnaît également qu'il n'a donné aucun contenu à son titre fameux (*logica sive computatio*) et que l'approche computationnelle de la pensée n'a été développée que par Leibniz lui-même.

Il semble par suite qu'il faut chercher ailleurs. Dans la communication et la transmission des savoirs, les signes nous permettent de disposer d'un code commun que nous partageons avec nos différents interlocuteurs. Mais la définition citée plus haut indique aussi que la publicité des signes est avant tout une conséquence de leur caractère *rationnel*, par quoi autrui est capable d'inférer ce que nous pensons à partir de ce que nous disons. Les *nuages* sont le signe du conséquent *pluie*, parce que nous savons par expérience que le plus souvent les nuages annoncent la pluie. De même les mots d'une phrase sont les signes de nos pensées dans la mesure où autrui peut concevoir le contenu d'information que nous avons l'intention de lui communiquer en utilisant ces signes dans un processus inductif. Avec la définition hobbienne du signe, Leibniz hérite donc d'un modèle de la communication nettement inférentiel[3]. Nous comprenons ce qu'autrui veut dire lorsque nous parlons sa langue et lorsque les mots qu'il emploie nous

1. Cf. le brouillon de décembre 1675 traduit en TLM 15-20 où le statut des signes est clairement envisagé dans cette perspective et le commentaire de M. Dascal *in* : Dascal M. (1977), repris in : Dascal, M. (1987), p. 47-60.

2. Cf. *La logique ou l'art de penser*, I, iv (V[e] édition), Arnauld et Lancelot, *Grammaire générale et raisonnée*, II i.

3. Sur le modèle inférentiel de la communication, opposé au modèle du code, cf. Sperber D. et Wilson D. (1989), p. 15-31.

permettent d'opérer certaines inductions suffisantes. L'usage correct des langues ordinaires implique d'emblée un usage commun de la raison. Ce que Leibniz a donc trouvé chez Hobbes, c'est moins le principe d'une « sémiologie » que celui d'une analyse conjointe des inférences logiques et des principales opérations de l'esprit qui sont implicitement engagées dans la communication ordinaire.

Substitution et déclaration

Cette thèse peut être défendue à partir du fragment d'avril 1676 : *Les éléments de pensée*[1]. On sait qu'à cette époque, Leibniz prétend avoir complété la preuve *a priori* de l'existence de Dieu au moyen d'un argument de possibilité. Si Dieu est possible, alors il existe, mais sa possibilité doit être établie et prouvée. Dans le fragment *L'Être tout-parfait existe*, la possibilité de la notion de Dieu fait l'objet d'une démonstration indirecte : on montre qu'il est impossible de démontrer que deux formes simples sont incompatibles. L'argument est le suivant : 1) il est impossible de démontrer que l'énoncé « deux formes simples sont incompatibles » est vrai. 2) Ce dont on ne peut démontrer la vérité est faux. 3) Par suite toutes les formes absolument simples sont compatibles entre elles et 4) le sujet de toutes les formes simples est possible.

Dès 1676, Leibniz s'est aperçu que cette démonstration n'était pas absolument valide, puisqu'elle suppose qu'on puisse inférer la fausseté d'un énoncé à partir de son indémontrabilité. Il a donc fallu, dans les *Notes parisiennes* elles-mêmes, se pencher sur la théorie de la preuve, et en particulier sur le rapport de la démontrabilité, de la vérité, et des termes simples. Le problème qui ouvre le fragment *Les éléments de pensée* est le suivant : la possibilité générale d'une démonstration parfaite ne permet pas d'inférer l'existence des simples, car on peut parfaitement avoir prouvé une proposition sans avoir résolu tous les termes qui y interviennent, pourvu qu'à un certain moment on soit parvenu à une identité *in terminis*[2]. Pour cette raison, Leibniz a déplacé, dans les textes de cette période, les fondements de l'analyse logique, depuis la considération des termes simples vers les questions relatives à la substituabilité.

1. TLM 21-28.

2. « Il est très difficile de venir à bout de l'analyse des choses, écrivait-il en relisant un texte plus ancien, mais il n'est pas si difficile d'achever l'analyse des vérités dont on a besoin. Parce que l'analyse d'une vérité est achevée quand on en a trouvé la démonstration et il n'est pas toujours nécessaire d'achever l'analyse du sujet ou prédicat pour trouver la démonstration de la proposition. Le plus souvent, le commencement de l'analyse de la chose suffit à l'analyse ou connaissance parfaite de la vérité qu'on connaît de la chose. » GP VII 83-84.

Dans le fragment *Les Éléments de pensée*, le principe de substituabilité est présenté comme une règle relative tout à la fois aux implicitations du langage ordinaire et aux formes logiques que sont la *definitio*, et la *propositio* :

[5] Les hommes dialoguent avec eux-mêmes et entre eux tantôt tacitement, tantôt oralement, tantôt par écrit, tantôt encore si l'on veut par des gestes et d'autres signes. Les signes dont la signification n'apparaît pas sans déclaration doivent faire l'objet d'une déclaration. La déclaration se fait soit par d'autres signes déjà connus, soit en montrant les choses mêmes qui doivent être signifiées ou des exemples de ces choses. Celui qui formule une déclaration à propos d'un signe s'engage à l'utiliser un certain temps dans le sens qu'il a expliqué. Lorsque cette déclaration est faite avec des mots, c'est une DÉFINITION. En outre, l'usage des mots ne se réduit pas à leur signification, mais consiste aussi dans le fait qu'ils ont une signification à l'intention de quelqu'un. Et comme nous expérimentons que nous-mêmes et les autres associons d'une certaine manière les mots reçus par l'usage, et que nous les substituons les uns aux autres (ce que nous appelons proposition, car dire *A est B* signifie seulement : *je permets que B soit substitué à A*), pour cette raison nous nous efforçons de faire en sorte que dans le futur les autres et nous-mêmes (en cela nous considérons les autres comme s'ils étaient nous-mêmes) associions toujours les mots de la même manière [1].

Trois points doivent en premier lieu retenir l'attention. Premièrement, la « déclaration » désigne l'ensemble des procédures par lesquelles une signification est explicitement associée à un signe. On notera qu'est ici reprise l'analyse de la définition nominale que l'on trouve, par exemple, chez Ockham [2], mais que cette analyse est augmentée de la distinction ostension/description. Le caractère ostensif de certaines déclarations renvoie à la manière traditionnelle de désigner les particuliers dans la philosophie en latin – et en grec – au moyen des démonstratifs. La définition est une déclaration non-ostensive dans la mesure où elle précise l'usage d'un mot mais ne l'associe pas nécessairement à un particulier qui en serait le référent. Deuxièmement, la déclaration, sous l'espèce de la définition, est considérée comme un acte de langage qui autorise une série de substitutions (de la définition au défini). Enfin troisièmement, la prédication est présentée comme une déclaration implicite [3], autrement dit : la validité d'un

1. TLM 23-24 (A VI iii 506).

2. Ockham, *SL*, I 26 : « Definitio autem exprimens quid nominis est oratio explicite declarans quid per unam dictionem importatur ».

3. Sur ce point Leibniz se sépare nettement d'Ockham. Celui-ci considère en effet que la définition nominale n'autorise pas dans tous les cas la prédication de la définition, si ce n'est bien entendu lorsque les termes sont pris *materialiter* et non *significative*. Il est essentiel à

énoncé de la forme *A est B* doit être recherchée dans le fait que le locuteur est – ou n'est pas – autorisé à substituer *B* à *A*.

Le dispositif ainsi mis en place est résumé par (1) et (2) :

(1) *A est BC* est une *définition*, par quoi le locuteur déclare qu'il s'autorisera toujours à substituer *BC* à *A* [1].

« Toujours » signifie ici, non pas : « dans toutes les occurrences de *A* » mais plutôt : « chaque fois que le locuteur aura décidé d'opérer une substitution sur *A* ».

(2) *A est B* est une *proposition*, par quoi le locuteur permet que *B* soit substitué à *A* [2].

Considérés d'un point de vue logique, (1) et (2) ont de quoi surprendre. Il est aisé tout d'abord de constater que, selon (2), l'énoncé *A est B* permet d'obtenir des conclusions que Leibniz n'aurait certainement pas souhaitées. Par exemple : *tout A est C* et *tout A est B* donnent, par remplacement de *B* à *A* dans la première prémisse : *tout B est C*, ce qui va contre une des règles reconnues des syllogismes de la troisième figure [3]. Le point sera corrigé en 1686, mais cette correction suppose que soit établi avec précision le rapport de l'identité et de l'inclusion conceptuelle. Pour *A est B* on dira alors *A est identique à BA* c'est-à-dire *BA peut partout être substitué à A* [4]. La portée de cette correction est évidemment déterminante pour ce qui concerne la genèse du calcul. Dans les limites du passage [5], l'important reste toutefois de pouvoir encore considérer l'énoncé d'une proposition comme un acte par lequel est autorisée une série de substitutions à l'exclusion de toutes les autres. (2) doit donc être amendé sur la base des textes ultérieurs, mais peut l'être en conservant l'intention principale de Leibniz en 1675 :

l'analyse de Leibniz que la prédication de la définition soit toujours possible – y compris lorsque le sujet est une chimère et qu'il lui manque la *constantia subjecti* – et que s'estompe ainsi toute solution de continuité entre la définition seulement nominale et la définition proprement dite.

1. « Définition : *A est BC*, le locuteur déclarant qu'il s'autorisera toujours à substituer *BC* à *A*. » TLM 23.

2. « [...] nous expérimentons que nous-même et les autres associons d'une certaine manière les mots reçus par l'usage, et [...] nous les substituons les uns aux autres (ce que nous appelons proposition, car dire *A est B* signifie seulement : *je permets que B soit substitué à A*. » TLM 23-24.

3. Dans la troisième figure la conclusion est toujours particulière (*De arte combinatoria*, A VI i 184).

4. GI § 16 et 83.

(2*) *A est B* est une *proposition*, par quoi le locuteur permet que *AB* soit substitué à *A* [1].

Le cas de (1) est plus délicat. Dans les textes plus tardifs [2], la substituabilité est en effet présentée comme une propriété des identiques, et la substitution de la définition au défini est alors régie par une règle dont la portée est plus générale. Le principe de substituabilité autorise le passage d'une paire d'énoncés $\Phi(\alpha)$ et $\alpha = \beta$ – où α et β sont des variables sur les caractères du langage, $\Phi(\alpha)$ une phrase du langage qui contient au moins une occurrence du caractère α, enfin $\alpha = \beta$ une identité dans le langage – à l'énoncé $\Phi(^{\alpha}_{\beta})$, le résultat de $\Phi(\alpha)$ lorsqu'au moins une des occurrences du caractère α dans Φ a été remplacée par le caractère β [3]. Il est vrai que Leibniz ne fait pas toujours la différence entre le métalangage et le langage-objet. Mais, quel que soit le statut que l'on voudra bien accorder à la substituabilité des identiques, il reste que celle-ci a été considérée et manipulée comme une procédure permettant d'engendrer des énoncés vrais à partir d'autres énoncés indubitablement vrais ou tenus pour tels.

La théorie de la définition requiert de plus un postulat relatif à la formation des caractères et une relation d'ordre [4]. Le postulat indique que si α et β sont des caractères du langage, alors $\alpha\beta$ est également un caractère du langage. Ce postulat est en général formulé comme un aspect d'une règle plus générale relative au *transitus* d'une expression caractéristique à l'autre :

[6] Le passage (*transitus*) d'une expression à une autre signifie que lorsqu'une expression est posée l'autre peut l'être également. En procèdent les formules qui enveloppent le passage, c'est-à-dire des énoncés; et le passage d'un énoncé à un autre, c'est-à-dire les *consequentiae*. L'espèce la plus simple du passage est la substitution et parmi les substitutions la substitution mutuelle c'est-à-dire l'équivalence. Considéré d'une manière générale, le *transitus* signifie que lorsque *A* et *B* sont posés on a le droit de dire *AB*, à moins que parmi les règles

1. Sur la base d'autres fragments on peut imaginer une correction différente. Cf. A VI IV 154 : le sujet peut être substitué au prédicat. Car celui qui dit *b est c* ne dit rien d'autre que : *tout sujet dont le prédicat est b est c*, ce qui est le cas de *a* si *a est b*. Donc si *a est b et b est c* alors *a est c*. On aurait alors (2**) : *A est B* est une *proposition*, par quoi le locuteur permet que *A* soit substitué à *B*.

2. Les aspects techniques de la théorie de la définition sont abordés en 1679 dans l'*Échantillon de calcul universel* : TLM 84-100.

3. Nous suivons ici Swoyer, C. (1994), p. 4-5. On consultera aussi : Rescher, N. (1954) et Castañeda, H.-N. (1976).

4. Sur le rapport de l'identité définitionnelle à l'ordre : Fichant, M. (1994), p. 182-183.

spécifiques du calcul quelque chose ne s'y oppose. Le *transitus* est au nombre des postulats les plus généraux[1].

Outre le *transitus* proprement dit, qui permet la formation de caractères composés, la définition suppose aussi qu'on puisse donner un nom au caractère composé ainsi obtenu[2]; qu'à partir de α et β des caractères du langage, on puisse poser non pas seulement $\alpha\beta$, mais aussi : $v = \alpha\beta$. C'est cet aspect de la définition qui est souligné lorsque Leibniz rappelle la fonction mnémonique du procédé (*compendii causa*). Certaines précautions doivent alors être prises pour que la définition ne soit pas créative, c'est-à-dire que l'introduction du défini ne modifie pas l'ensemble des propositions démontrables dans le langage : Leibniz, qui semble avoir eu en partie conscience de ce problème, indique que l'introduction des nouveaux caractères n'est pas entièrement libre[3].

Enfin, la relation d'ordre précise que les caractères sont antérieurs ou postérieurs selon leur degré de composition[4]. La définition est une série de caractères équivalente à un caractère unique postérieur (le défini). La substitution de la définition au défini est donc un cas particulier de la substitution des identiques, c'est-à-dire le passage d'une phrase $\Phi(\alpha)$ à son résultat $\Phi(^{\alpha}_{\beta\gamma})$ lorsque $\alpha = \beta\ \gamma$ est un énoncé du langage et lorsque β et γ sont antérieurs à α[5].

Cet état de la théorie de la définition est celui qui prévaut à partir de 1679. Or incontestablement, ce n'est pas exactement ce qui est présenté dans (1). Car même en admettant que le contenu logique de (1) puisse être restitué sous la forme d'une règle d'inférence, on notera que Leibniz n'y fait aucunement mention d'un rapport d'identité. Il établit seulement qu'une suite de caractères $<\beta, \gamma ...>$ – le *definiens* –, peut être substituée à un caractère unique $<\alpha>$ – le *definitum – dans certaines conditions*. Dans l'énoncé de la règle correspondante, on peut certes supposer qu'est donné

1. A VI iv 917. Voir aussi TLM 96.

2. « Si nous avons admis un terme simple comme l'équivalent d'un terme composé (c'est-à-dire s'il exprime la même chose), le terme simple est alors le DÉFINI et le terme composé la DÉFINITION. Ce défini, que nous exprimerons par la suite au moyen d'un caractère, nous l'appellerons le NOM de la chose. Si par exemple à la place de *ab* (*animal rationnel*) nous décidons pour abréger de dire désormais *c* (*homme*), alors *c*, c'est-à-dire le mot *homme*, sera le nom de la chose dont la définition est *animal rationnel*, autrement dit le mot *homme* sera le nom de l'homme. » TLM 98 (GP VII 225-226).

3. Cf. Swoyer, C. (1994) p. 12.

4. « Est ANTÉRIEUR PAR NATURE un terme qui consiste en termes moins dérivés, et un TERME MOINS DÉRIVÉ est un terme qui est équivalent à un plus petit nombre de termes simples primitifs. » TLM 90 (C 241).

5. « LA DÉFINITION (LE DÉFINI) est un terme équivalent antérieur par nature (postérieur). » TLM 91 (C 242).

dans le langage un prédicat biplace exprimant l'identité, mais ce prédicat ne doit pas figurer dans les prémisses de notre règle. Dans (1), nous avons tout au plus affaire à un énoncé qui autorise le passage d'une paire d'énoncés $\Phi(\alpha)$ et $\alpha =_{def} \beta\gamma$ – où $\alpha =_{def} \beta\gamma$ signifie que le caractère composé $\beta\gamma$ est le *definiens* du caractère simple α – à l'énoncé : $\Phi(^{\alpha}_{\beta\gamma})$, c'est-à-dire au résultat de $\Phi(\alpha)$ lorsqu'on a substitué à au moins une des occurrences de α le caractère composé $\beta\gamma$. On obtient alors effectivement quelque chose qui ressemble à une règle, mais (pour ne rien dire du fait que $\alpha =_{def} \beta\gamma$ n'appartient pas au langage-objet mais au métalangage) la règle en question demeure encore très en-deça du contenu de (1).

La difficulté rencontrée ici pourrait avoir une double origine. Premièrement, la procédure décrite concerne la dénotation des termes. Ceci ressort clairement de ce que Leibniz dit de la déclaration, à savoir qu'elle a lieu soit par ostension soit par description. L'une et l'autre sont invariablement mentionnées lorsque se pose le problème de la dénotation des catégorèmes. C'est le cas, par exemple, dans les *Recherches générales*, à propos du terme *individu*[1]. L'ostension et l'usage référentiel des descriptions sont les deux manières de singulariser les particuliers et de fixer les référents des noms propres du langage. Le procédé vaut également pour les accidents lorsque ceux-ci sont des particuliers ou peuvent être tenus pour tels. Ce qui nous est proposé dans les *Notes parisiennes* en guise de définition consiste donc à choisir une expression et à poser que la dénotation de cette expression sera identique à celle d'une autre expression plus complexe dont la dénotation est déjà connue. Leibniz a donc voulu, dans une formule unique, préciser la nature des définitions que l'on dirait aujourd'hui sémantiques, et soumettre ces définitions à des règles syntaxiques déterminées. Mais, deuxièmement, le contenu de (1) ne donne pas, comme on pourrait alors s'y attendre, les critères logiques analogues à ce que sont pour nous, par exemple, les règles de non-créativité de la définition et d'éliminabilité du défini. (1) n'indique pas ce que doit être une bonne définition dans une théorie, alors que, on l'a dit, Leibniz a été tout à fait conscient de l'existence de problèmes de ce genre. Car la question à laquelle (1) et (2) tentent d'apporter une réponse ne porte pas tant sur les règles et sur leur formulation précise que sur ce qui, dans le dispositif des règles, *fait leur caractère prescriptif*. En indiquant ce qu'est une définition ou une proposition Leibniz recherche la raison pour laquelle, dans telle séquence discursive, nous sommes tenus d'opérer telle substitution et non pas telle autre. Qu'une suite de caractères $<\beta, \gamma\ldots>$ (le *definiens*), puisse être substituée à un caractère unique α (le *definitum*), cela est vrai dans certaines conditions, à savoir : lorsque cette substitution a fait

1. TLM 211-213 (C 360) ; cf. plus bas p. 308.

une fois l'objet d'une déclaration. Dans tout ceci, Leibniz ne nous dit pas que cette substitution doit être effectuée parce qu'elle est, par exemple, la seule qui conserve la valeur de vérité de l'énoncé initial. Des raisons de ce genre seront invoquées dans les textes plus tardifs. Mais le fait que la valeur de vérité ne soit pas mentionnée ici ne s'explique pas seulement par l'état d'embryon dans lequel se trouvait le système de la logique en 1676. Cela signifie plutôt que les règles du discours étaient certes considérées comme des règles logiques, mais que l'intériorisation de ces règles, c'est-à-dire les raisons pour lesquelles nous devions choisir de nous y soumettre, relevait quant à elle de considérations extra-logiques [1].

Règles logico-conversationnelles

C'est dans ce mouvement de réflexion sur les règles de la logique que la référence à Hobbes devient pleinement pertinente. Si l'on admet, avec Hobbes, que les signes importent dans le discours la dimension d'autrui, alors l'usage des signes devient la source d'une série d'obligations au regard d'autrui. Un autre fragment des *Notes parisiennes* donne sur ce point des indications plus précises. Employer un mot, dit Leibniz, c'est s'engager tacitement à employer le même mot dans le même sens dans toute une séquence discursive. Si quelqu'un dit, par exemple, que trois fois trois font dix, il fait certes une erreur de calcul, mais il fait aussi une faute d'une autre nature, au sens où l'énoncé « trois fois trois font dix » est inconsistant avec l'usage nécessairement accepté des mots qui le composent :

[7] Sans quoi nous jouons en parlant et nous parlons en vain, car nous refusons d'être compris et soumis à des règles déterminées [2].

La nature communicationnelle du signe impose à celui qui parle une obligation générale de consistance quant à l'emploi des mots ou des caractères. Plus généralement, elle l'oblige à se soumettre « à des règles déterminées ». Quelle est la nature de ces règles ? Il ne fait pas de doute

1. Ce point est évoqué par Frege dans les *Grundgesetze* : « À la question de savoir pourquoi et de quel droit nous reconnaissons une loi logique comme vraie, la logique ne peut répondre qu'en ramenant cette loi à d'autres lois logiques. Lorsque cette réduction est impossible, la logique doit laisser cette question sans réponse. Si on sort de la logique on peut dire : nous sommes contraints par notre nature et par les données extérieures à porter des jugements ; lorsque nous jugeons, nous ne pouvons pas rejeter telle ou telle loi, par exemple celle d'identité ; je n'essaierai pas de contester ou d'étayer ce genre d'explication, et je me bornerai à souligner qu'il ne s'agit pas d'une déduction logique, car elle ne fournit pas la raison de la vérité de certaines propositions mais la raison que nous avons de les tenir pour vraies. » Frege, G. (1893), I, p. XVII.

2. A VI iii 396-397.

qu'elles concernent les langues naturelles tout comme les langues formelles. Dans les langues naturelles, il s'agit avant tout d'être consistant avec l'usage. Lorsque nous ne donnons pas aux noms leur dénotation reçue ou leur fonction habituelle dans la phrase, ou lorsque le contenu normatif des règles de l'usage est trop vague pour garantir l'univocité de nos énoncés, la nature communicationnelle du signe nous impose de donner à autrui les moyens de comprendre *notre manière de parler*. Or ces moyens ne résident pas seulement dans les signes eux-mêmes, mais aussi dans les règles que nous respectons lorsque nous utilisons les signes. C'est en effet en supposant que nous respectons ces règles comme il le ferait lui-même – autrement dit : en supposant que nous supposons qu'il risque d'employer ces règles comme règles d'interprétation – qu'autrui est susceptible de comprendre tout ce qui, dans notre discours, ne se déduit pas immédiatement du sens habituel des mots. D'où l'importance, dans la notion de *declaratio*, du caractère implicite de certains actes de langage. Lorsque par exemple nous formulons une proposition, et c'est le sens général de (2), nous exprimons deux choses conjointement : d'une part, explicitement, un certain contenu propositionnel, ce que la tradition appelait le *dictum* de la proposition, par exemple *que A est B*, et, d'autre part, implicitement, nous prévenons autrui par notre énoncé que nous avons l'intention dans la suite d'appliquer une règle plus générale : par exemple de substituer *B* (ou *BA*) à certaines occurrences de *A*.

Ce qui est ainsi esquissé peut, pour partie au moins, être rapproché de ce que Grice a appelé des « règles conversationnelles [1] ». Il est bien entendu que Leibniz n'a pas systématiquement développé ces règles, qu'il n'en a pas fait l'objet principal de son étude et qu'il faut tenir compte, ici comme ailleurs, des distorsions importantes que produit l'importation d'une problématique d'aujourd'hui dans les textes d'hier. Ce rapprochement semble pourtant recevable pour plusieurs raisons. Il l'est tout d'abord dans la mesure où le contenu normatif de (1) et (2) tombe aisément dans la catégorie des règles de la modalité évoquées par Grice. Il s'agit d'éviter les ambiguïtés – c'est une des règles de Grice – et d'éviter surtout de se contredire soi-même. Mais c'est surtout le type de justification qui est commun. Celui qui ne procède pas correctement lorsqu'il pose une définition ou énonce une proposition refuse en général de se faire comprendre. Dans le cas contraire, il donne à autrui les moyens d'inférer ce qui est pensé à partir de ce qui est dit, dans la mesure où il s'est lui-même soumis « à des règles déterminées », c'est-à-dire à ce que Grice appelle un principe de coopération.

1. Grice, P. (1989), p. 26-31.

La parenté ici suggérée a une origine plus profonde. Le fait de se soumettre à des règles déterminées est intimement lié, dans l'esprit de Leibniz, à la dimension ultimement éthique de la raison elle-même. De même que nous ne pouvons pas comprendre les motifs qui président au choix de Dieu dans la fabrique du monde si nous ne prenons pas garde que la nature propre des esprits les rend susceptibles d'un châtiment, de même nous ne comprenons pas pourquoi la rationalité, c'est-à-dire la fabrique des règles, est désirable pour nous sans faire appel à des arguments qui enveloppent une considération de la place d'autrui. Nous substituons la définition au défini de manière réglée dans la mesure où nous avons l'intention de communiquer un contenu d'information non nul et non pas de nous prêter à une sorte de jeu. Et lorsque nous faisons cela, nous considérons autrui comme s'il était nous-même. La place d'autrui signifie donc, d'un point de vue linguistique, considérer les *notes* comme des *signes*, où mieux, effectuer le passage décrit par Hobbes des notes de la mémoire vers les signes de la science, de sorte que « ce qui est particulier à l'un soit public à tous ». Ce passage n'implique pas un changement strictement instrumental, comme s'il s'agissait de donner à nos énoncés les habits neufs d'une langue commune. Il ne vise pas à proprement parler une langue nouvelle, mais une attitude nouvelle par rapport au langage. Hobbes n'a pas pensé autre chose. On lit par exemple dans *The Elements of Law* :

[8] Attendu que celui qui parle à un autre a l'intention de lui faire comprendre ce qu'il dit, s'il lui parle, soit dans un langage que celui qui écoute ne comprend pas, soit en utilisant ce mot dans un autre sens que celui qu'il croit que ce mot a pour celui qui écoute, il a également l'intention de faire que l'autre ne comprenne pas ce qu'il dit, en quoi il se contredit lui-même [1].

Il existe pour Hobbes des règles de réciprocité [2] qui sont contenues dans la loi naturelle, mais qui n'ont aucune effectivité dans l'état de nature. Elles requièrent, pour être respectées, rien moins que l'état civil, c'est-à-dire le changement éthique que les obligations du droit imposent à chacun. *Obligatio, declaratio*. Leibniz et Hobbes n'ont pas fait le même usage de la distinction du *De corpore*. Mais ils ont pensé l'un comme l'autre que des règles quasi-contractuelles étaient respectées dans le processus de la communication comme dans tout processus d'échange ou de coopération [3].

1. *The Elements of Law* : I, XIII, 10.
2. Cf. Zarka, Y.-C. (1989), p. 45.
3. Grice dit avoir été tenté par l'idée que l'observance du principe de coopération et des règles dans un échange parlé pouvait être considérée comme quasi-contractuelle : Grice, P. (1989), p. 29.

C'est dans ce sens que le passage des notes aux signes contient la possibilité de la communication proprement dite. Les marques de la mémoire sont un *outil* qui facilite la pensée, les signes de la science sont une *attitude* de cohérence avec l'intention de communiquer. Cette cohérence de soi à soi, Hobbes comme Leibniz l'ont pensée sur le modèle d'une réciprocité juridique. Leibniz a fait un pas de plus. Mais sa contribution n'a consisté dès l'abord ni dans la mise au point du calcul (*logica sive computatio*) ni dans la découverte de la fonction cognitive des signes. L'originalité du texte de 1676 réside dans l'identification de la non-contradiction logique des termes et de la cohérence éthique des intentions, autrement dit dans la synthèse des principes syntaxiques de substitution et des règles de coopération du langage ordinaire.

Si l'on se rapporte à la totalité du fragment *Les Éléments de pensée*, on s'aperçoit que (1) et (2) devaient être suivis d'autres énoncés du même type, portant sur la logique de la *consequentia*. À partir d'un principe général de coopération, Leibniz pensait pouvoir reconstruire toute la syllogistique. Par là s'explique sans doute l'erreur relevée dans (2). Il s'agissait tout d'abord de remplacer la première partie de la logique (concevoir) par l'expression du principe de coopération dans la théorie des termes ; on obtenait alors la règle de substitution de la définition au défini. Puis il fallait effectuer le même déplacement dans la deuxième partie de la logique (juger) : il était alors tentant de considérer la proposition sur le modèle de (1), comme une règle de substitution d'une partie de la définition au défini, c'est-à-dire de poser la règle fausse énoncée dans (2). Enfin, puisque le concevoir était d'emblée considéré comme un passage en puissance (*transitus*) le troisième chapitre des traités de logique classique (raisonner) ne contenait rien de plus que l'effectuation systématique des substitutions autorisées dans les chapitres précédents. D'où l'énoncé (3), en apparence plus simple que les deux autres :

(3) RAISONNER, c'est former une proposition unique à partir d'autres propositions, en substituant à un terme posé dans une proposition ce qui est son prédicat dans une autre [1].

Cette tentative pour reconstruire la syllogistique à partir de principes logico-conversationnels est restée sans suite. Devait pourtant demeurer une constante de la pensée de Leibniz, l'idée selon laquelle l'architecture de la logique traditionnelle peut être très largement repensée à partir des principes transversaux communs à toutes les opérations de l'esprit. Un

1. « RAISONNER, c'est former une proposition unique à partir d'autres propositions, en substituant à l'un des termes posé dans une proposition ce qui est son prédicat dans une autre. » TLM 24.

prolongement de cette idée dans les *Recherches générales* est précisément la tentative de réduction des propositions aux termes et des syllogismes aux propositions composées (§ 55). La présentation unifiée du calcul en 1689 – par les caractères, les formules, les relations et les opérations [1] – en est pour ainsi dire l'aboutissement. En aucun cas Leibniz ne reviendra sur l'intuition qui se fait jour en 1676 : considérer la caractéristique, dans son aspect formel, comme des ensembles de transformations sur des séries de caractères respectant les contraintes relatives à l'invariance des dénotations.

Ars obligatoria

Le fragment *Les Éléments de pensée* est le produit d'une série de souvenirs entrelacés dans laquelle le De corpore constitue une référence parmi d'autres. On trouve aussi dans le texte des traces de l'ancienne technique scolastique de la dispute réglée [2]. Celui qui formule une déclaration, dit Leibniz, s'engage à employer les signes un certain temps dans le sens qu'il a explicitement indiqué. Combien de temps? Aussi longtemps que se poursuit la même démonstration, ou peut-être la même dispute.

Dans l'*ars obligatoria*, la dispute était décrite comme un jeu entre un répondant et un opposant, le premier étant soumis aux questions du second. Tout au long de l'échange, le répondant devait demeurer cohérent avec ses réponses antérieures – version ancienne – ou bien montrer la fausseté des prémisses utilisées par l'opposant dans ses réfutations [3]. Dans la version traditionnelle, la dispute était représentée par une double série de propositions, l'opposant énonçant successivement A_1, A_2, A_3 etc., le répondant de son côté concédant ou niant successivement ces propositions pour obtenir B_1, B_2, B_3 etc. Toute nouvelle proposition A_n de l'opposant devait être jugée par le répondant en fonction de la série des réponses antérieures. Si A_n était impliquée par les réponses antérieures elle devait être concédée comme pertinente (*sequitur*). Si *non*-A_n était impliquée, alors *An* devait être niée comme non-pertinente (*repugnat*). Enfin, dans le cas où *non-An* n'était pas davantage impliquée que *An* par les réponses antérieures, la proposition devait être jugée par le répondant en fonction de ses conditions propres de vérité ou éventuellement de l'autorité à laquelle on pouvait la rattacher. Toutes ces obligations valaient dans les limites d'un temps déterminé, le

1. Voir plus haut p. 78 et p. 130.

2. Sur la logique de l'*ars obligatoria* on consultera : Angelelli, I. (1970) (dont nous nous inspirons principalement) et Lorenz, K. (1966).

3. Il s'agit de la version plus moderne de la dispute résumée par Frédéric Heine en 1710 et connue de Jungius (*Log. hamb.* 6, 1).

tempus obligationis, qui était fixé soit par avance par le répondant, soit par l'opposant, lorsqu'il levait en quelque sorte les obligations en déclarant avoir perdu. C'est certainement à ce *tempus obligationis* que Leibniz pense lorsqu'il dit que la *declaratio* vaut pour un certain temps.

Une autre précision donnée *in fine* renvoie à la même tradition. Le raisonnement est toujours une substitution de caractères portant sur plusieurs propositions. Mais sa nature varie avec celle des propositions en question : si les propositions qu'on suppose sont accordées, alors le raisonnement est une conviction, si au contraire elles doivent être accordées, le raisonnement est une démonstration[1]. Dans la dispute réglée, les propositions concédées sont celles qui figurent dans la série parce qu'elles ont été posées par l'opposant et acceptées par le répondant. Qu'en est-il des propositions plus fortes qui doivent être concédées (*concedendae*) ?

Les règles de la logique donnaient à *l'ars obligatoria* une subtilité et une prolixité tout à fait étonnante. Par exemple, le répondant était obligé de nier toute proposition impossible puisque de l'impossible suit *A* et *non-A*, c'est-à-dire, aussi bien, la négation de toutes les propositions concédées dans la série. Il était au contraire obligé d'accepter toute proposition nécessaire, puisque le nécessaire est impliqué par toutes les propositions, c'est-à-dire, aussi bien, par les propositions concédées dans la série. Dans ces conditions, les propositions *concedendae* devaient être concédées pour des raisons logiques et sous réserve de la règle du jeu fondamentale, à savoir la règle de consistance avec la série des propositions concédées à un moment donné.

L'*ars obligatoria* ne fournit pas un critère qui permettrait d'établir pour quelles raisons les propositions nécessaires – par exemple les identiques – doivent être concédées dans tous les cas. Plus exactement, ce critère n'est, ni plus ni moins, que la logique ordinaire qui préexiste au jeu et le fonde. Si l'on en croit Angelelli, il n'y a pas, dans les traités théoriques sur l'art de disputer, ce mouvement de retour qui permettrait de dire : telle proposition doit être concédée, parce que, dans toutes les séquences de *pro* et *contra* où elle a été utilisée, celui qui ne l'a pas concédée est toujours sorti vaincu. Si c'était le cas, le jeu interviendrait dans la détermination des règles du jeu, et l'on ne voit pas alors selon quelles règles les séquences établissant les propositions *concedendae* pourraient avoir lieu.

Si l'on examine à partir de ce qui vient d'être dit la concurrence des souvenirs qui traversent le texte [5], il apparaît alors que la référence à Hobbes est plus forte que la référence à l'*ars obligatoria*. Seuls des critères métalogiques analogues à ceux qui ont été relevés plus haut permettent en

1. « Si les propositions qu'on suppose sont accordées alors le raisonnement est une CONVICTION, si au contraire elles doivent être accordées alors le raisonnement est une DÉMONSTRATION » TLM 24.

effet de faire la part entre les propositions qui *doivent toujours* être accordées et celles qui peuvent éventuellement servir de prémisses dans une démonstration particulière. *A est A, A n'est pas non-A, si A est B, A n'est pas non-B.* Que Leibniz ait par la suite réduit le champ des axiomes aux seules propositions identiques s'explique par sa théorie de la démonstration et par le travail critique effectué sur les *Éléments* d'Euclide. Il s'agira dans l'un et l'autre cas de réduire autant que possible la part de l'évidence subjective. Mais auparavant, sa conception de l'axiomatique aura été élaborée dans le cadre d'une réflexion sur les conditions générales de la possibilité du discours. *A est A, A n'est pas non-A*[1] etc. sont des propositions *concedendae* parce que sans elles « le discours serait établi en vain » et « tout aurait un droit égal à être dit[2] ».

Inférences logiques et inférences empiriques

Le passage [5] permet donc d'avancer dans la compréhension de ce que pouvait être le calcul logique dans le moment de son élaboration. Ce qui pour nous correspond à la mise au point d'une langue formelle répondait surtout à une entreprise de clarification des règles de la dispute. Lorsque Leibniz a disposé d'un système logique d'une ampleur plus considérable, il est resté attaché à certains aspects du calcul par lesquels celui-ci était essentiellement destiné à l'art de disputer. On trouve encore, par exemple, dans le fragment *De principiis*, ce qui pourrait être un écho du passage [5], avec une référence plus marquée à la version « moderne » de l'*ars obligatoria* :

> [9] Sont évidentes par soi les propositions qu'on ne peut supprimer sans supprimer toute vérité. [...] On ne peut démontrer une absurdité, si ce n'est l'absurdité d'un ensemble de propositions concédées. [...] Il faut dire qu'une démonstration ne procède pas d'assertions mais de concessions, c'est-à-dire d'hypothèses, et qu'elle ne fait que montrer que certaines hypothèses sont entre elles contradictoires. La seule chose qu'on suppose, ce sont les principes réflexifs, indirects ou formels. Je n'emploie aucun autre principe matériel que la matière de la démonstration, c'est-à-dire les hypothèses de l'adversaire dans lesquelles je montre qu'il y a de la fausseté. Par suite, d'une certaine manière, toute démonstration est *ad hominem*[3].

Tout raisonnement humain est un passage (*transitus*) qui s'opère par substitutions. Dans la dispute ordinaire – et ceci est vrai des sciences en

1. *Si A est B, alors A n'est pas non-B* est démontrée au § 91 de GI.
2. A VI iii 507.
3. *De principiis*, A VI iv 124-125 (C 183).

général –, on va des hypothèses – ou propositions *concessae* – aux conclusions, en montrant le plus souvent que certaines hypothèses sont contradictoires (*regressus*[1]). Dans le calcul logique, on va des axiomes – ou propositions *concedendae* – aux théorèmes, et dans ce cas les démonstrations ostensives et apagogiques coïncident quand l'analyse est achevée[2]. Dans la dispute et dans le calcul logique, ce sont les mêmes règles de substitution qui nous assurent que les inférences ont été convenablement effectuées. Ce sont les règles d'inférence de la logique, par exemple la substitution des termes et des propositions indentiques *salva veritate*[3], qui sont employées dans les sciences comme principes « réflexifs, indirects ou formels ».

Leibniz semble toutefois avoir hésité sur la question des « principes matériels » de la démonstration. Le *De principiis* suggère que la matière du raisonnement n'affecte pas l'éventail des substitutions autorisées. L'usage de la logique consiste à identifier certaines thèses et à déterminer ainsi un ensemble de prémisses. Il est important que ces thèses soient en quelque manière données, de même que sont données les propositions concédées dans l'*ars obligatoria*. Mais le calcul lui-même n'est pas par là spécifié et le procédé de la preuve demeure indifférent au contexte de son application. Le texte des *Recherches générales* présente sur ce point une différence significative. Au § 111, Leibniz note à propos de la résolution des propositions contingentes qu'il y a moyen d'établir certains « termes généraux portant sur toute la série des résolutions et relatifs à son développement ». Il indique que les termes en question pourraient figurer dans le symbolisme sous la forme de lettres surlignées deux fois et prises dans la fin de l'alphabet latin, par exemple : $\overline{\overline{Y}}$ Que sont exactement ces termes généraux ? Dans le contexte d'une réflexion sur les propositions contingentes, c'est une version du principe de continuité qui est mentionnée au § 136 :

[10] Il est vrai que, comme pour les asymptotes et les nombres incommensurables, nous pouvons avoir beaucoup de connaissances certaines à propos des vérités contingentes, sur la base du principe selon lequel toute vérité doit pouvoir être prouvée et que par suite si, dans les hypothèses, tous les termes se comportent de la même manière de part et d'autre, il ne

1. A VI iv 499 (C 412) et VE 509 (GP VII 208).

2. « Pour ce qui concerne les axiomes ordinaires, on les ramène aux identiques par la résolution du sujet ou du prédicat (ou des deux) ou bien on les démontre en supposant le contraire, et en faisant voir que dans ce cas une même chose peut à la fois être et ne pas être. On voit ainsi que la démonstration ostensive et la démonstration apagogique coïncident quand l'analyse est achevée et que les scolastiques ont eu raison de remarquer, eux aussi, que les axiomes se ramènent tous au principe de contradiction une fois que leurs termes ont été conçus. » TLM 140 (GP VII 295).

3. Pour une revue de ces règles dans le calcul logique : Lenzen, W. (1990), p. 159-167 et Swoyer, C. (1994), p. 15-17.

> peut y avoir de différence dans les conclusions. Et il existe d'autres vérités de ce genre qui valent aussi bien dans l'ordre du nécessaire que dans celui du contingent dans la mesure où elles sont réflexives[1].

Les dernières lignes de ce passage suggèrent qu'il existe d'autres vérités ou propositions qu'on dira réflexives *relativement à la logique*, de même qu'on appelait réflexives dans [9] les règles de la logique *relativement au contenu des démonstrations*. Ce sont des principes dits parfois « architectoniques ». Ils sont « réflexifs » par rapport au calcul dans la mesure où ils portent sur la série des résolutions. Mais ils ne sont pas formels puisqu'ils ne sauraient être déduits *a priori* ou dérivés des règles de substitutions. Les principes architectoniques incarnent diversement l'exigence d'une raison suffisante d'une manière qui est à chaque fois adaptée à la configuration du donné empirique[2]. Dans la pratique concrète des sciences, où nos démonstrations s'appuient le plus souvent sur des prémisses très faibles, ils viennent renforcer ponctuellement les règles d'inférence du calcul afin que nous puissions tirer de l'expérience une connaissance effective, sinon certaine et absolue, tout au moins « présomptive[3] ». De même que les définitions concernent *notre manière de parler*, de même les principes architectoniques spécifient *notre manière de démontrer*. Pour cette raison ils doivent eux aussi faire l'objet d'une déclaration.

Leibniz a rarement respecté la lettre de ses textes de jeunesse mais il n'en a presque jamais renié l'esprit. Il nous semble que la postérité du fragment *Les éléments de pensée* tombe sous cette loi générale et que pour cette raison l'influence de Hobbes a été à la fois plus durable et plus secrète qu'on ne le dit généralement. Mais curieusement aussi, cette influence n'a pas porté principalement sur l'aspect computationnel de la pensée, mais plutôt sur ce qui, au-delà du *calculemus*, relève d'une intention de signification ou de démonstration. La lecture de Hobbes a confirmé l'idée que la théorie de la démonstration devait faire l'objet d'une institution quasi-juridique. Le résultat a été, dans les textes de la maturité, cet emboîtement de considérations formelles et de considérations matérielles, une hiérarchie des règles et des principes selon un mouvement qui ne va pas toujours au plus général mais souvent au plus déterminé, enfin une conception complexe de l'usage de la logique dans la science. Une manière de préciser l'esprit d'une conception de ce genre est de la qualifier d'expressivisme, et de suggérer qu'elle ne se réduit ni au constructionnisme ni au pragmatisme mais dessine plutôt une voie moyenne.

1. GI § 136.
2. Cf. Duchesneau, F. (1993), p. 313.
3. NE II xxi § 9.

CHAPITRE V

SUBSTANCE ET ACCIDENT

§ 13. LE CARRÉ ONTOLOGIQUE : « ÊTRE DANS » ET « ÊTRE DIT DE »

Les deux axes de l'ontologie

Il est difficile d'évaluer les implications ontologiques de la doctrine leibnizienne de la vérité en se contentant de considérations strictement intra-logiques. Celle-ci postule qu'il existe des concepts (« notions » ou « idées »[1]), que ces concepts peuvent être signifiés par des caractères et avoir entre eux certaines relations. Elle est une variante de la vérité-correspondance dans la mesure où elle prend appui sur une relation de ressemblance structurelle – ou d'expression – entre les porteurs de vérité et les concepts, ressemblance structurelle qui suppose que certaines propriétés des concepts et certaines relations entre les concepts – possibilité, identité, inhérence, congruence, etc. – aient une contrepartie du côté des caractères. Les implications ontologiques de la doctrine doivent par suite être recherchées de part et d'autre de la relation d'expression : elles portent à la fois sur le statut des phrases et sur celui des concepts ; elles requièrent de plus que soient pris en compte, non seulement les concepts nus, mais également les propriétés et les relations qui sont les leurs.

Dans la querelle des universaux, Leibniz lui-même a plutôt revendiqué une position nominaliste[2]. On sait aussi qu'il a été très préoccupé par la question de savoir quel genre de critère on devait adopter pour assigner une réalité aux choses qui existent effectivement dans le monde, et que le critère ultime qu'il a finalement admis était celui de l'action : est une chose, ou un

1. Selon l'équivalence établie en TLM 92 (C 243) (cf. plus haut, p. 62).
2. Cf. A VI iv 996 (Grua 547).

être, ce à quoi on peut attribuer l'origine d'une action. Bien que sa doctrine de la vérité ait porté Leibniz vers ce qu'on peut appeler un « conceptualisme ontologique », selon le principe que l'être doit être accordé comme existant à tout ce qui tombe sous un concept et comme possible aux concepts eux-mêmes, ce type d'engagement ontologique a été considéré comme une tendance de cette philosophie et non comme un destin. D'une manière plus générale et aussi surprenant que cela puisse paraître, Leibniz n'a pas toujours pensé qu'il était tenu d'adopter pour lui-même les thèses philosophiques que la logique semblait vouloir lui imposer. Les *règles* du calcul étaient bien sûr irréfragables et il était impossible de s'y soustraire. La logique, en effet, commence avec le discours qui, sans elle, serait établi en vain. Elle est employée presque naturellement par tous les hommes, de même que celui qui chante, même le plus humble, sait de la musique, bien qu'il ignore tout des traités savants[1]. Mais, passé un certain degré de généralité, les *conséquences* du calcul rencontraient d'autres conséquences concurrentes, issues elles-mêmes de principes assez forts et il était possible de les écarter au moins provisoirement, comme on fait dans les délibérations de justice, où ce qui semble s'imposer par soi et limiter notre liberté peut toujours être suspendu par d'autres considérations qu'on peut poursuivre autant qu'on veut, par division, en attendant le prononcé du jugement[2].

S'il faut s'avancer plus avant de la logique à l'ontologie, il faut commencer par préciser que dans l'énoncé du principe *praedicatum inest subjecto*, « inesse » est un terme technique issu de la traduction latine du vocabulaire de la syllogistique. « Inesse » veut dire « ὑπάρχειν ». « In subjecto esse » ne veut pas dire : « ἐν ὑποκειμένῳ εἶνάι » ou même « κατ' ὑποκείμενον λέγεσθαι ». Leibniz ne dit pas que le prédicat *est dans* le sujet, comme on dit que l'accident *est dans* la substance ou que le plus universel *est dit* du plus particulier. Le principe d'inhérence conceptuelle a été conçu entièrement dans la perspective des *Analytiques* et non dans celle des *Catégories*. Il permet de répondre au problème de la vérité des phrases par une théorie de la démonstration et non au problème des distinctions de l'être par une théorie de la substance. Vouloir lui donner *directement* une portée plus générale a nécessairement pour conséquence un appauvrissement considérable de l'ontologie leibnizienne.

On objectera pourtant ce qui a été noté plus haut, à savoir que la position de Leibniz semble être exactement symétrique par rapport à celle que

1. « Die Menschen sind vernünfftig auch ohne beschriebene Vernunfkunst, gleichwie sie singen können auch ohne Kunst der Musick. » GP VII 523.

2. TLM 344 (C 20-21) et *Contra indifferentiam* A VI iv 1456-1460 (Grua 384-386) que nous paraphrasons.

défend Ockham dans la première partie de la *Somme*.[1] Ockham rappelle que « *inesse* » veut dire « *praedicari* », Leibniz soutient que « *praedicari* » se dit « *inesse* ». Il est clair que ce débat comporte des implications ontologiques et que, chez Ockham en particulier, cette précision renvoie au souci de maintenir la prédication à part de toute fondation platonicienne du type de celle que l'on trouve, par exemple, chez Boèce. Mais la position inverse, défendue par Leibniz, peut et doit être considérée indépendamment de ces connotations. Elle signifie seulement que la prédication est *l'expression* d'une relation conceptuelle. Que, selon une perspective pour ainsi dire plus profonde, une inhérence réelle soit également assignée dans les choses, voilà qui est probable. Mais celle-ci n'est pas conçue par Leibniz comme une partie du principe d'inhérence, ni même comme une de ses conséquences. L'inhérence réelle, ou, pour mieux dire, formelle[2], est, comme c'est le cas dans toute la tradition à laquelle Leibniz appartient, le résultat d'une interprétation métaphysique du carré ontologique. Vouloir faire l'économie de ce détour est injuste. Cela revient à retirer au Leibniz métaphysicien les qualités qu'on lui a aimablement reconnues comme logicien. Qu'il ait su innover dans l'invention et la manipulation des caractères n'implique pas, loin s'en faut, qu'il a fait régresser la pratique ordinaire de la métaphysique. Nous pensons, comme le suggère Ignazio Angelelli[3], que cette erreur historique caractérise assez bien l'approche logiciste de la doctrine leibnizienne.

Selon la tradition, le carré ontologique est donné par Aristote aux lignes 1 a 20 – b 10 des *Catégories*. En voici la traduction de Boèce :

[1] Eorum quae sunt alia de subjecto quodam dicuntur, in subjecto vero nullo sunt, ut homo de subjecto quidem dicitur aliquo homine, in subjecto vero nullo est; alia autem in subjecto quidem sunt, de subjecto vero nullo dicuntur (in subjecto autem esse dico quod, cum in aliquo sit non sicut quaedam pars, impossibile est esse sine eo in quo est), ut quaedam grammatica in subjecto quidem est in anima, de subjecto vero nullo dicitur, et quoddam album in subjecto est in corpore (omnis enim color in corpore est); alia vero et de subjecto dicuntur et in subjecto sunt, ut scientia in subjecto quidem est in anima, de subjecto vero dicitur de grammatica; alia vero neque in subjecto sunt neque de subjecto dicuntur,

1. Cf. chap. III, p. 175.

2. L'adjectif « *realis* » qualifie en général chez Leibniz une réalité d'ordre seulement phénoménal et de préférence un phénomène congruent, par exemple l'arc-en-ciel (A VI iv 400). Nous choisissons toutefois de privilégier l'usage de la langue d'aujourd'hui et appelons « inhérence réelle » le rapport substance/accident et « inhérence prédicative » le rapport du sujet logique à ses prédicats.

3. Cet auteur a très tôt attiré l'attention de manière éclairante sur la tradition du carré ontologique. (*in* : Angelelli, I. (1967) chap. 1 et 4).

> ut aliquis homo vel aliquis equus ; nihil enim horum neque in subjecto est neque de subjecto dicitur. Simpliciter autem quae sunt individua et numero singularia nullo de subjecto dicuntur, in subjecto autem nihil ea prohibet esse ; quaedam enim grammatica in subjecto esse [1].

Le texte a été généralement reçu comme la description de quatre types d'*entia* : la substance et la substance universelle, l'accident universel et l'accident singulier. Ces types sont engendrés par les combinaisons (*complexiones*) de deux relations : « être dans un sujet » (« in subjecto esse », « ἐν ὑποκειμένῳ εἶναι ») et « être dit d'un sujet » (« de subjecto dici », « κατ' ὑποκείμενον λέγεσθαι »).

Ens	N'est pas dans un sujet	Est dans un sujet
Est dit d'un sujet	2) substance universelle (homme)	4) accident universel (le blanc)
N'est pas dit d'un sujet	1) substance singulière : (cet homme)	3) accident singulier (ce blanc).

Le tableau ci-dessus est une expression du carré ontologique tel qu'il a été reçu dans la philosophie en latin. C'est d'ailleurs Boèce lui-même qui interprète le texte d'Aristote comme un carré, en tentant de reproduire dans l'ontologie les quatre oppositions que les logiciens établissent entre les propositions (contraires, subcontraires, subalternes et contradictoires) [2].

Alain de Libera a donné récemment un commentaire très détaillé de l'ontologie de Boèce, montrant en particulier que celui-ci avait défendu un nominalisme subtil, selon lequel les genres et les espèces sont *d'une certaine manière* joints aux sensibles ou dans les sensibles et *d'une autre manière* conçus par nous comme existant par eux-mêmes [3]. S'il faut tenter de reconstituer ce qui, de ce débat ancien, a pu subsister dans l'horizon de l'ontologie leibnizienne, il convient en premier lieu d'en souligner les plus larges traits.

Si l'on excepte les deux substances (« πρῶται οὐσίαι » et « δεύτεραι οὐσίαι »), Aristote ne nomme pas les termes des relations qu'il établit. Il en donne seulement des exemples. « Une couleur claire particulière » est dans

1. *Categoriae*, Arist. Lat. I 1-5, p. 5-6.

2. « Sed ut planius quod dicimus sit, figuram descriptionemque subjecimus in qua superius latus substantia accidentique notavimus, reliquum particularitatis et universalitatis titulo inscripsimus, Aristotelicam complexionem angulariter et per latera designantes. » *In cat. Arist. Lib. I* (PL 64 175C). Suit la figure proprement dite puis un commentaire sur la différence des deux genres de la prédication : « secundum accidens » et « in eo quod quid sit ». Les deux carrés sont donnés successivement dans le commentaire du *De interpretatione* : 320B-321C.

3. Libera (de), A. (1999), p. 267-269.

un sujet mais n'est dite d'aucun sujet[1]. De même une connaissance linguistique très précise ne saurait être prédiquée. Aristote, dit Boèce, a donné pour ces différentes « complexions », non pas des définitions, mais seulement des « descriptions » parce qu'il est impossible de définir des genres si élevés. Il a donc présenté la substance par une sorte de détour, constatant qu'elle ne peut être dans aucun sujet et que par là elle s'oppose à l'accident. De plus, puisque ce qui est dit doit être dit de quelque chose et même d'une multiplicité, Aristote a préféré désigner l'universel et le particulier de cette manière plutôt que par des noms[2].

L'imposition des quatre noms a constitué un acte interprétatif important. Boèce a ainsi pu considérer que ces lignes des *Catégories* donnaient une première répartition prédicamentale, autrement dit qu'elles devaient être lues exactement comme ce qui suit dans les autres chapitres du traité. Tout ce qui était, était selon les dix prédicaments. C'est la plus grande division qu'on pouvait faire, celle par rapport à laquelle toute division plus fine devait se révéler superflue. Mais il existait aussi une autre division, la plus petite, celle en-deçà de laquelle il était impossible de descendre : « *sicut ergo decem superioribus nihil addi poterat, ita ex his quatuor nihil demi*[3] ».

Aristote aurait ainsi distingué deux « natures » et deux « quantités »[4]. Tout ce qui est substantiel existe par soi, l'accidentel doit exister dans autre chose. Tout ce qui est universel est dit de plusieurs choses, alors que le singulier n'est pas prédiqué. Ce que l'âge classique retient encore des quatre combinaisons, c'est avant tout ce qu'Ignazio Angelelli a appelé les deux dimensions de l'ontologie[5]. Une chose est de se demander si ce qui

1. « λευκόν ». Il s'agit d'une couleur originaire, qui produit toutes les autres en composition avec une couleur sombre : *Phys.* 188 b 3-5, et Owen, G. E L. (1965), p. 98.

2. « Ergo quatuor complexiones, universalem substantiam, universale accidens, particularem substantiam, particulare accidens Aristoteles disponere cupiens, non eorum nomina, sed descriptiones apposuit. Et quoniam generalissimorum generum diffinitiones non poterat invenire, descriptionibus usus est his, id substantiam esse dicens quod in subjecto non esset, accidens vero quod in subjecto esset. » PL 64 170 D.

3. PL 64, 169 D. La note de Boèce est commentée dans les *Gloses* d'Abélard, d'une manière qui laisse entendre qu'il y a moyen d'ajouter des prédicaments supplémentaires, mais qu'il est impossible de passer en-deçà des quatre « complexions » : « Quod itaque ait per haec quattuor membra non posse fieri minorem divisionem, quae scilicet totidem contineat, verum est, quia cum haec quattuor in una divisione ponamus, nisi ita ea ad minorem coniungamus, ut Aristoteles facit, non erit sufficiens divisio, nisi scilicet 'dici de subjecto' iungamus cum 'esse in subiecto et non esse' et rursus 'non dici de subiecto' copulemus cum 'esse in subiecto et non esse'. » *Glossae super Praedicamenta Aristotelis*, *Phil. Schrf.*, p. 131.

4. PL 64,171 B.

5. « The fourfold division of entities [...] belongs to philophy up to the present day. The two Dimensions of the ontological square *are there* even among thinkers who would perhaps not accept the Aristotelian doctrine of categories. » Angelelli, I. (1967), p. 16.

nous est donné subsiste par soi, autre chose de savoir si cela présente les caractères du singulier. Il n'y a effectivement pas moyen de descendre en-deçà des quatre complexions, dans la mesure où celles-ci procèdent de cette différence ontologique fondamentale.

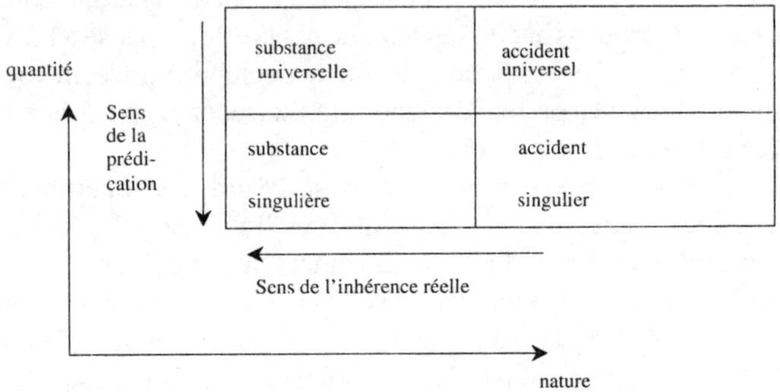

L'ensemble des *entia* reçoit ainsi deux relations d'ordre et non pas une seule. La première est la hiérarchie des genres et des espèces par quoi le supérieur est toujours prédiqué de l'inférieur. Cette règle vaut dans chacune des colonnes du tableau et même à l'intérieur des différentes cases. Une substance est dite d'une autre : *l'homme est un animal*; une substance universelle d'une substance singulière : *Socrate est un homme*; un accident est dit d'un autre : *le rose est une* couleur; un accident universel d'un accident singulier : *cette couleur est un rose*.

L'inhérence réelle est au contraire une relation horizontale qui part toujours d'un accident. L'accident est ainsi la seule des quatre pré-catégories qui est concernée par les deux relations. Il s'ensuit une certaine ambiguïté du terme qui n'est pas passée inaperçue. Saint Thomas note pour cette raison que l'accident se dit *naturaliter* ou *logice* :

[2] Il faut savoir que l'accident se dit en deux sens, *naturaliter* et *logice* : *naturaliter* lorsqu'il est opposé à la substance, ce qui enveloppe neuf genres de l'accident; *logice* lorsqu'il s'agit d'un des cinq universaux dont parle Porphyre [1].

Pris *naturaliter*, l'accident désigne les neuf prédicaments qui ne sont pas la substance. Il n'a pas d'*esse* propre mais un *inesse* et le siège de cette inhérence est la matière. Partons de la chose même. Le plus intime de la chose est son *esse*. Puis vient la forme dont la chose tient son *esse* propre. La

1. Saint Thomas, *De natura accidentis*, in : *Opuscula philosophica*, Marietti, (1954), p. 171. La distinction de l'accident comme prédicable (ce qui est dit) et comme prédicament (ce qui est dans) est reprise par Jungius : *Logica hamb.* I, chap. 1 § 45.

matière est plus éloignée : elle n'a pas d'*esse* par soi mais par le composé. Suivent enfin les accidents, qui ne sont pas extérieurs (comme l'espace et le temps), mais qui sont plus proches ou plus éloignés du plus intime de la chose selon l'ordre donné par les prédicaments eux-mêmes. Pris *logice* au contraire, l'accident n'a pas son siège dans la matière mais dans l'esprit et il subsume les cinq prédicables, parmi lesquels il figure également comme cas particulier.

Nommer et prédiquer

Aristote affirme qu'une chose est dite d'une autre lorsque : 1) le nom de la première chose est dit de la seconde et 2) le *logos* de la première est dit de la seconde. Cette définition de la prédication passe entièrement dans la traduction[1], mais Boèce semble l'avoir considérée plutôt comme une conséquence que comme une définition[2]. Aristote précise également qu'une chose est dans une autre lorsque : 1) elle lui appartient 2) elle n'en est pas une partie et 3) elle ne peut en être séparée. Boèce justifie longuement la remarque donnée plus loin, selon laquelle, si x est dans y, le nom de x est parfois dit de y mais le *logos* de x n'est jamais dit de lui[3]. Ces déterminations des deux axes de l'ontologie ont (pour nous) chacune une conséquence importante. Du « *de subjecto dici* » suit une certaine confusion de la prédication et de la nomination. Du « *in subjecto esse* », une conception de l'accident singulier comme « ce qui est dans un seul sujet. »

À propos du commentaire du *De interpretatione*, Lambert De Rijk a insisté sur une ambiguïté du terme « accident » qui n'est pas celle relevée plus haut avec saint Thomas. Le mot « accident », dit Boèce, est parfois employé dans un sens qui n'est pas celui de l'*Isagoge*[4]. Lorsque, dans le *De interpretatione*[5], Aristote dit que c'est un accident du bien de ne pas être le mal (« sed quod dixit bono accidere ut malum non sit »), il ne faut pas opposer l'accident à la substance. L'accident pris dans ce sens est « ce qui est dit secondairement » (« secundo loco dici »). Ce qui est bien, on l'appelle principalement « bonum » et secondairement « non-malum »[6]. L'accident x d'une chose y est dit de la chose, non seulement lorsqu'il est la

1. « Manifestum est autem ex his quae dicta sunt quoniam eorum quae de subjecto dicuntur necesse est et nomen et rationem de subjecto praedicari. » *Categoriae* 2a 26-28, *Aristoteles latinus* I, 1-5 p. 7.

2. Boèce PL 64 184 D-185 A.

3. *Ibid.* 1185 B-D.

4. « L'accident est ce qui peut être présent ou absent de la substance sans que celle-ci soit détruite. » (*Isag.* 20. 7-8).

5. *De int.* 14, 23b16-17.

6. Cité *in* : De Rijk L. M (1988), p. 5.

raison pour laquelle une prédication est possible ou vraie – on peut dire que telle chose est chaude parce qu'elle possède une certaine chaleur –, mais également lorsque *x* est un des noms dont nous disposons pour désigner la chose en question [1]. Dans le premier cas on a une relation prédicative et il est nécessaire que la propriété désignée par *x* ne soit pas essentielle à *y* pour que *x* soit bien un accident. Dans le second cas, on a une relation seulement sémantique, et toute propriété de *y* fait l'affaire (« *accedit* ») : « *bonum* » est appelé « *non-malum* », ou bien, selon l'exemple de Leibniz au début des *Recherches générales* « *qui nasutus est dicitur Naso* » [2]. Dans ce qui suit, nous appelons par commodité accident « au sens de Porphyre » l'accident qui peut être ôté *salva substantiae constantia*. Et accident « au sens de Boèce » l'accident qui peut être pris comme un nom de la chose (il va de soi que Boèce emploie également l'accident « au sens de Porphyre »).

La portée de cette amphibologie traditionnelle de l'accident est considérable dans le cas de Leibniz. Elle permet en effet de comprendre comment, dans certains fragments parmi les plus intéressants, les problèmes ontologiques relatifs aux propriétés des choses rencontrent la question de la référence des noms. On conçoit aisément que Leibniz ait pu prétendre, contre Locke, que tous les noms propres étaient à l'origine appellatifs [3], considérant que la référence à un particulier était nécessairement établie par l'intermédiaire d'une propriété et établissant par là que toutes les parties du lexique, y compris les plus singulières, sont en quelque manière motivées. Ainsi ce qui est prédiqué d'une chose est souvent considéré en tant qu'il désigne la chose. Mais Leibniz fait un pas de plus. Il prétend que tous les noms concrets des accidents sont des noms de la chose. Le partage se fait ainsi, parmi les paronymes, non seulement à partir du comportement logique – les abstraits ne sont pas prédiqués *in recto* – mais aussi selon l'analyse sémantique, d'une manière qui est difficilement intelligible si l'on n'a pas, présente à l'esprit, l'acception de l'accident « au sens de Boèce » :

1. Voir aussi les développements *de accidente* dans le *Tractatus VII*, (*De Fallaciis*) de Pierre d'Espagne : « Et nota quod ubicumque est sophisma accidentis, exigitur duplex accidens, unum quod accidit rei subjecte et aliud quod assignatur rei subjecte et accidenti ejus inesse. [...] Et ideo utrique, tunc illud acidens non est prout sumitur a Porfirio unum de quinque predicabilibus, neque secundum quod sumitur ab Aristotile unum de quatuor predicatis in Topicis neque est accidens quod ex opposito dividitur contra substantiam [...]. » *Tractatus* 146.

2. GI TLM 201-203 (C 356).

3. « Ainsi j'oserais dire que presque tous les mots sont originairement des termes généraux, parce qu'il arrivera fort rarement qu'on inventera un nom exprès sans raison pour marquer un tel individu. » NE III iii § 5.

[3] Soient *A* et *B*. Supposons qu'ils sont la même chose. Supposons également deux termes *L* et *M*, qui ne diffèrent en rien de *A* et *B*, si ce n'est que *L* et *M* sont deux choses différentes. Je dis que dans ces conditions *L* et *M* sont abstraits et *A* et *B* concrets. Supposons quelque chose de chaud et sec. On voit que la chaleur et la sécheresse ne diffèrent pas du chaud et du sec, si ce n'est que le chaud et le sec sont ici une seule et même chose (qu'on appelle le sujet), alors que la chaleur et la sécheresse sont deux choses différentes dont on dit qu'elles sont dans le sujet; et pour cette raison on dit que *le chaud* est concret et *la chaleur* abstrait et de même que *le sec* est concret et *la sécheresse* abstrait[1].

Ce texte ne peut être abordé à partir des seules relations logiques d'inhérence et d'identité[2]. Soit un sujet *S* et deux de ses prédicats *A* et *B*. Leibniz choisit *A* et *B* parmi les accidents du sujet (au sens de Porphyre) : *chaud* et *sec*. Si *A* et *B* « sont dans » le même sujet *S*, alors « ils sont une seule et même chose ». Cela ne signifie pas que *A* et *B* sont identiques ou qu'ils ont la même intension. On voit mal comment Leibniz pourrait affirmer une chose pareille : il faudrait alors, selon la définition de l'intension finalement établie, que *chaud* et *sec* aient les mêmes conséquents, ce qui n'est évidemment pas le cas. *A* et *B* « sont une même chose » dans la mesure où ils peuvent être traités comme les noms d'un même sujet. Ils sont des accidents « au sens de Boèce ».

Si l'on admet cette distinction, on constate que la thèse défendue dans [3] porte sur l'identité des deux types d'accidents. Leibniz affirme que tous les accidents « au sens de Porphyre » peuvent être considérés comme des accidents « au sens de Boèce » à condition qu'ils soient des concrets. Si les accidents d'un sujet sont tous les prédicats qui lui sont inhérents, il s'ensuit la règle suivante :

(1) Si *S est A* et si *A* est concret alors « A » est un des noms de ce qui est désigné par « S ».

Il revient ainsi au même de dire que *A* et *B* sont les prédicats d'un même sujet et de dire qu'ils sont les noms d'une même chose. Cette thèse peut sembler difficilement conciliable avec ce que Leibniz affirme dans certains textes antérieurs, en particulier avec la définition de *nomen* qui est donnée dans *l'Échantillon de calcul universel* : le nom, disait Leibniz en 1679, est l'attribut propre de la chose, c'est-à-dire tout prédicat d'une proposition réciproque dont le sujet est lui-même un nom[3] :

1. A VI iv 400; cf. passage correspondant dans le *De abstracto*, A VI iv 988.

2. Selon l'interprétation réductrice proposée en : Rauzy, J.-B. (1993).

3. « L'ATTRIBUT PROPRE est, pour un même terme, sujet dans une proposition affirmative et prédicat dans une autre. C'est le cas pour *tricénaire* et *quindénaire-binaire* ou pour *Dieu* et *omnipotent*. On voit donc que l'attribut propre est identique à ce qu'on appelle communément

(2_1) Si *S est A* et *A est S* alors « A » est un des noms de ce qui est désigné par « S ».

(2_1) est une définition de ce qu'on appelle un nom. Mais elle est plus restrictive que (1). Elle impose par exemple de ne compter parmi les noms de Dieu que ce qui ne peut être dit que de Dieu seul (qu'il est omnipotent) et non ce qu'il peut avoir de commun avec les créatures (qu'il a une certaine volonté), à moins que, dans le cas de Dieu, cet être commun ne soit élevé à la plus haute perfection et que, par ce moyen (la variante leibnizienne de l'analogie), le propre ne soit rétabli. Dieu veut toujours ce qui est le plus parfait[1], donc « celui qui veut le plus parfait est un des noms de Dieu ». Dans l'*Échantillon de calcul*, l'identité est définie non seulement par la substituabilité des identiques, mais aussi par l'inhérence réciproque :

(3) A est B et B est A $\leftrightarrow$ A = B[2].

On peut donc affirmer que Leibniz considère comme les noms d'un même concept tous les termes dont il est vrai de dire qu'ils sont identiques selon les règles précises qui constituent cette relation :

(2_2) Si *A* = *B* alors « A » est un des noms de ce qui est désigné par « B ».

Cette règle n'est plus valide dans le texte [3]. Selon (1) en effet, l'identité n'est pas requise au niveau des termes. Elle ne l'est pas davantage au niveau des concepts. Tout ce qui est chaud n'est pas également sec. Nous avons le droit d'utiliser « chaud » et « sec » comme différents noms d'une même chose mais nous n'avons pas pour autant le droit d'identifier dans tous les cas ce qu'ils dénotent.

La thèse défendue dans (1) renvoie à l'équivalence des prédicats, c'est-à-dire à « l'essentialisme extrême ». Si, en effet, tout ce qui peut être dit d'un sujet a un droit égal à être dit *essentialiter* – si, à proprement parler, il n'y a pas d'accidents « au sens de Porphyre » –, alors la distinction des noms d'une chose et de ses attributs ne peut plus passer par le partage établi dans l'*Échantillon de calcul*. Tout ce qui est dit d'une chose peut être considéré comme un nom y compris ce qui n'est pas un propre. Tout au plus peut-on distinguer, à la manière de Boèce, entre les noms qui sont dits « *primo loco* » (« Alexandre le grand ») et ceux qui le sont « *secundo loco* » (« le vainqueur de Darius »). Le *praedicatum inest subjecto*, par l'espèce de

une propriété réciproque. Par suite, le nom d'une chose et l'attribut propre d'une chose sont des termes équivalents. » TLM 90 (C 242).

Pour ce passage et d'autres du même genre il convient d'avoir présent à l'esprit les développements correspondants que Leibniz a pu trouver chez Hobbes. On consultera principalement : Pécharman, M. (1986) et Pécharman, M. (1995_2).

1. DM § 1 TLM 327-328 (Grua 304).

2. « Si *a est f* et *f est a*, alors *a* et *f* sont identiques, c'est-à-dire que l'un peut être substitué à l'autre. » TLM 87, § 9 (GP VII 221).

nivellement qu'il introduit dans la série des prédicats, modifie non seulement la théorie traditionnelle de l'accident, dans la mesure où tout accident a désormais la force de quelque chose de substantiel, mais aussi l'équilibre fragile qui s'était peu à peu installé entre les différentes acceptions du terme : c'est désormais « l'accident » dans son usage sémantique qui semble l'emporter.

Entia abstracta *et* entia incompleta

Pour ce qui concerne le carré ontologique proprement dit, Leibniz en connaissait au moins deux versions sensiblement différentes. La première est tout à fait classique : c'est celle qui est mentionnée dans la *Logica hamburgensis* de Jungius. L'autre est plus hétérodoxe : c'est celle de Nizolius, dont nous avons déjà donné les grandes lignes. Le texte de Jungius est le suivant :

[4] Secunda Divisio. Entium, sive eorum, quae sunt, quaedam de subjecto dicuntur, in subjecto vero nullo sunt, ut substantiae universales, sive genera vel species substantiae, ut *homo, animal, corpus*.
Quaedam in subjecto sunt, de subjecto vero nullo dicuntur, ut accidentia praedicamentalia singularia, ut *haec superficies, hic color, haec virtus*.
Quaedam et de subjecto dicuntur, et in subjecto sunt, ut accidentia universalia, sive genera et species accidentium praedicamentalium, ut *superficies, color, nigrities, sapor, dulcedo*.
Quaedam neque de subjecto dicuntur, neque in subjecto sunt ut substantiae singulares sive individuae, ut *Socrates, Cicero, Bucephalus*[1].

Si l'on excepte la précision insérée dans le texte relativement au sens du mot « accident » (par quoi Jungius se range derrière la distinction thomiste de l'accident logique et de l'accident « naturel » – qu'il appelle « prédicamental ») le texte de la *Logica* est à peine différent de celui de l'*Aristoteles latinus*. La seule originalité que Jungius se soit permise concerne le sens de l'inhérence réelle. À propos de « *in subjecto esse* », il cite la définition d'Aristote-Boèce (« § 41 In subjecto *autem* esse *dicuntur, quae alii non ut pars inexistunt, ita ut extra id ipsum subsistere nequeat.* ») et renvoie au chapitre IX du même Livre de sa *Logique*, qui suit immédiatement les développements relatifs à la *relatio insita*, dans lequel l'inhésion prend un sens quasi-physique[2]. On peut conclure sur ce point que Leibniz était suffisamment averti des distinctions traditionnelles et qu'il n'a pas pu confondre

1. *Log. hamb.*, I ii § 37-41, p. 16.
2. « *Inhaerens est quod inhaeret aut aptum est inhaerere alteri enti, sive quod id inexistit alteri enti, ut id ipsum penetret sive penitus cum ipso simul sit* ».

sans précaution l'inhérence réelle et l'inhérence prédicative. Si tel a été son projet, il aura au moins cherché à en mesurer les conséquences. En revanche, il est certain qu'il était accoutumé à ce que certaines libertés soient prises relativement à la conception exacte d'une inhérence réelle et que celle-ci n'était plus pensée à partir des éléments de définition donnés dans les *Catégories*.

Le cas de Nizolius est tout à fait différent. On se souvient que Nizolius distingue entre les choses et leurs propriétés et qu'il prétend que tout ce qui est, est singulièrement ou comme partie d'une collection. Son refus des universaux réels le conduit à modifier le carré dans le sens d'une simplification, par l'identification partielle des deux relations :

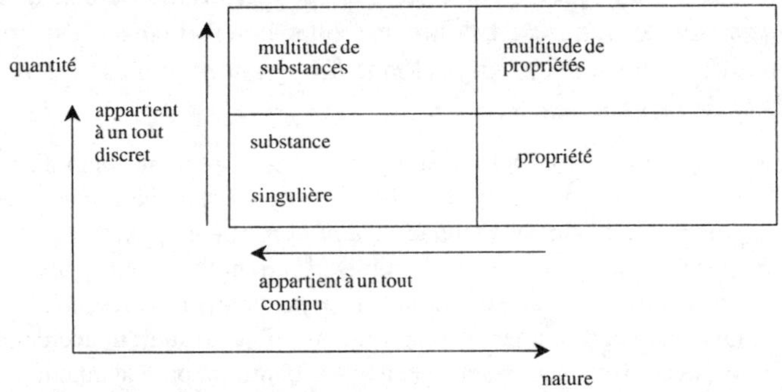

Le fait que les collections soient *de dicto* et non pas *de re* n'a pas de conséquence importante pour le point qui nous préoccupe. Il s'agit, toutes choses égales par ailleurs, d'une position classique, en particulier dans la tradition thomiste[1]. La question est plutôt de savoir dans quelle mesure l'identification des deux relations conduit à une dégradation du carré, c'est-à-dire à une ontologie *comportant une dimension unique*. La position de Nizolius est à cet égard très étrange. Celui-ci semble en effet maintenir ce qu'en toute rigueur il devrait supprimer. Si « être dans » et « être dit de » signifient la même chose, pourquoi faut-il encore distinguer un axe de la nature et un axe de la quantité? C'est qu'en vérité, le tout continu et le tout discret désignent des réalités très différentes. Il est difficile d'admettre, par exemple, qu'une partie d'un corps organique est dans ce corps comme dans une multitude, au même titre que les membres d'une famille ou les soldats d'une armée. Ce que Nizolius présente comme une relation unique est en fait une relation duale qui s'appuie sur une homonymie. Les deux dimen-

1. Cf. saint Thomas, *De natura accidentis*, chap. II. Comme dans ce passage, les auteurs renvoient généralement à Averroes, *De anim.*, I, com. 8. Cf. par exemple Duns Scot, *Ordinatio* II, dist. 3, P. I, 35.

sions ont ainsi survécu aux tentatives de cet esprit assimilateur, non pas par une rémanence de la tradition, mais plutôt par une sorte de résistance ontologique, la totalité des *entia* répugnant à entrer dans le cadre trop étroit qu'on prétendait désormais lui destiner.

Il est un autre aspect par lequel le carré ci-dessus présente toutefois une modification durable : il s'agit du sens de la relation verticale. Traditionnellement, on considérait en effet que la prédication devait avoir lieu principalement de haut en bas, du plus général vers le moins général : l'animal est dit de l'homme qui est dit de Socrate. La prédication d'un particulier n'était pas considérée comme une forme canonique[1]. Avec Nizolius, la prédication change radicalement de visage et cela indépendamment des difficultés que nous avons pu rencontrer dans sa théorie des universaux : elle devient fondamentalement une relation de un à un entre des particuliers. Les autres cas de prédication, qui sont bien entendu pris en compte, sont considérés comme des complications de cette relation fondamentale : un particulier appartient à une classe, les particuliers d'une classe sont identifiables parmi les particuliers d'une autre. On remarquera que, déjà chez Ockham, la quantité des termes supposant dans des phrases prédicatives était déterminée par la relation à des particuliers. Mais cette relation affectait le mode de la supposition des termes une fois posée la relation prédicative. C'est la prédication elle-même qui devient chez Nizolius principalement ascensionnelle, parce qu'elle se ramène toujours à une variante de l'identité. Si, comme nous l'avons montré, la théorie leibnizienne a connu le même genre d'évolution – et ceci indépendamment de la distinction calcul des classes/calcul des concepts – il faut s'attendre à en trouver le pendant dans sa conception du carré ontologique.

Toutefois, l'ontologie de Leibniz demeure plus traditionnelle qu'il n'y paraît. Leibniz maintient qu'il y a des accidents singuliers (c'est-à-dire qu'on peut descendre jusqu'à l'espèce infime dans chacun des prédicaments) et que ce qui est dans une substance ne peut être totalement identifié à ce qui est dit d'elle. On a vu dans [3] que tout ce qui est dit d'un sujet peut être considéré comme un nom (1) de ce sujet. Et Leibniz ajoute : pour un nom « A » d'un sujet *S*, il existe un paronyme « L » qui n'est pas un nom de *S*. La règle (1) admet ainsi le complément (4) :

(4) Si *S est L* et si « *L* » est abstrait alors « *L* » n'est pas un nom de *S*.

Le passage [3] est une note portée en marge dans un fragment définitionnel. Le corps du texte donne dans ses premières lignes une classification des *entia* qui, semble-t-il, peut être lue comme une version leibnizienne du carré ontologique :

1. Cf. Aristote, *An. pr.*, 43 a 34-35.

[5] L'être est un possible positif, comme l'homme, la sphère, la chaleur et la grandeur.

Est RÉEL un phénomène congru, par exemple l'arc-en-ciel.

LE CONCRET est l'être qui se suffit, c'est-à-dire qui n'est pas dans un autre comme dans un sujet, par exemple « le chaud ». C'est le contraire pour l'abstrait, par exemple « la chaleur ».

La SUBSTANCE est un concret complet, comme quelque homme, par exemple César.

L'ACCIDENT est un abstrait incomplet.

L'ABSTRAIT COMPLET est l'essence de la substance, par exemple la « Lentuléité ». LE CONCRET INCOMPLET est un certain être mathématique que nous concevons comme une substance, comme l'espace, le temps [1].

La définition de l'*ens* comme *positivum* revient de manière récurrente dans les fragments de cette nature. Elle côtoie l'*ens possibile*, ainsi que la détermination de l'*ens* comme pensable trouvée dans l'*Essay* de Wilkins [2]. Leibniz a probablement considéré que ces trois définitions disaient à peu près la même chose. L'*ens positivum* est par exemple placé au commencement des *Recherches générales* [3], et Leibniz n'a pas pensé devoir le supprimer par la suite, alors que le texte qu'il a écrit pose plutôt l'*ens* comme cogitable et comme possible. Dans la langue logique de Leibniz, les termes n'ont pas été d'emblée considérés comme des couples polarisés –positif et négatif – comme c'est le cas, par exemple, dans le calcul de Sommers [4]. Il y reste quelque chose du langage ordinaire, à savoir cette dissymétrie du positif et du négatif, le premier n'ayant pas de marqueur particulier alors que le second en requiert un [5]. Il est vrai que tout terme est positif ou négatif relativement à un autre terme qui est son contraire logique (selon l'usage scolastique de la négation prédicative). Mais la question de savoir lequel des deux *A* ou *non-A* est positif *n'est pas* logiquement indifférente. Un autre fragment définitionnel donne la précision suivante :

1. « ENS est possibile positivum, ut homo, sphaera, calor, magnitudo. REALE est phaenomenon congruum, ut iris. CONCRETUM est ens quod a se sustentatur seu quod in altero non est, tanquam in subjecto, ut calidum. ABSTRACTUM contra, ut calor. Substantia est concretum completum, ut homo aliquis, verbi gratia, Caesar. Accidens est abstractum incompletum. Abstractum completum est ipsa essentia substantiae, verbi gratia Lentuleitas; concretum incompletum est ens aliquod Mathematicum quod instar substantiae concipimus, ut spatium, tempus. » A VI iv 400.

2. A VI ii 487.

3. « Est POSITIF : *A* ; à condition que *A* ne soit pas un *non-Y* quelconque et que, de la même manière, *Y* étant posé, il ne soit pas un *non-Z*, et ainsi de suite. Tout terme est compris comme positif si l'on n'avertit pas qu'il est privatif. » TLM 201 (C 356). La généalogie de cette définition dans l'œuvre de Leibniz remonte à la preuve de Dieu de 1676 (A VI iii 572 et 577).

4. Sommers, F. (1970).

5. Cf. Fichant, M. (1971), repris *in* : Fichant, M. (1998), p. 85-120, qui insistait déjà sur ce point.

[6] *A*, *B*, etc. sont quelque chose. Soit *A est B* ou *A est non-B*, on dira que *A* tout comme *B* est QUELQUE CHOSE (*ALIQUID*). Je veux donc toujours que les termes soient positifs, et pour les négatifs, s'il s'en rencontre, je préfère les libérer de la négation en la faisant passer sur la copule. On se sortira ainsi de nombreuses difficultés en rejetant tous les termes négatifs et tous les abstraits [1].

Leibniz n'a pas seulement cru pouvoir faire passer toutes les négations prédicatives sur la copule, il a également voulu transformer toutes les négations propositionnelles ainsi obtenues en négations métalogiques. De cette manière le langage n'aurait comporté que des termes positifs et les propositions bien formées n'auraient épuisé que la moitié du carré logique. Cette transformation supposait les deux règles suivantes :

(5) A est ¬B → A ¬est B [2]
(6) A ¬est B → 'A est B' est faux [3]

(5) est discutée dès 1686. Leibniz s'aperçoit que le passage d'une négation à l'autre est difficilement conciliable avec les règles de la quantité. Compte tenu des inférences immédiates, en particulier de la subalternation, il faudrait en effet admettre que dans : *tout homme n'est pas une pierre*, la négation affecte la copule, alors qu'elle affecte le prédicat dans la particulière correspondante : *quelque homme n'est pas une pierre* [4]. (5) a été corrigée dans les fragments logiques de 1690 [5]. Quant à la règle (6), elle est restée pour ainsi dire sans suite, et Leibniz a continué d'utiliser naturellement la négation propositionnelle. L'expression des propositions de la syllogistique dans l'algèbre des concepts devait pouvoir s'appuyer sur toutes les relations du carré logique. On lit ainsi dans les *Quelques difficultés logiques* que « les règles d'opposition sont primitives » : l'expression des propositions selon la « réduction d'autrefois », c'est-à-dire dans le langage des *Recherches générales*, requiert ainsi que PN soit obtenue par la négation de l'expression de UA [6], ce qui signifie que toute présentation du calcul dans laquelle ne figurerait qu'une négation métalinguistique serait plus le fait d'un artifice extérieur qu'une suite naturelle de la logique nouvelle. On a donc affaire ici à un présupposé ontologique très fort – que tout terme exprime un « *ens positivum* » – qui a été inscrit bruyamment au

1. A VI iv 146.

2. GI § 82 « On peut certainement dire aussi que *B n'est pas A* est identique à *B est non-A* ».

3. Cf. les résumés du principe de contradiction, par exemple : VE 266, *Sur les critères pour distinguer les vrai du faux* : TLM 456 (GP VII 299) et TLM 45.

4. « […] quae vaiatio parum congrua est ». A VI iv 799.

5. C 231, TLM 360 (C 233) (n. 16). Ce point est établi dans Lenzen, W. (1986).

6. TLM 368 (GP VII 212).

fronton du nouveau calcul mais dont la portée réelle a été finalement plus modeste que prévu. Le principe selon lequel les concepts, corrélats des termes selon la relation d'expression, ne peuvent être négatifs, a toutefois été maintenu. La seule marge d'hésitation que Leibniz a rencontrée au cours de la rédaction des *Recherches générales*, portait sur la question de savoir si *non-A* devait désigner un terme infini – « tout ce qui n'est pas *A* [1] » – ou, selon une interprétation plus forte, « ce qui est incompatible avec *A* [2] ». Dans un cas comme dans l'autre la négation était interprétée pour autant qu'elle permettait de dire quelque chose à propos de concepts positifs et n'impliquait aucunement l'existence d'entités négatives[3].

Quant à la question des limites de cet ensemble d'*entia*, on peut chercher à y répondre soit par les exemples, soit par les « complexions » (selon le mot de Boèce), c'est-à-dire par la composition qui l'engendre. Les textes définitionnels sont en effet souvent inaugurés par une série d'exemples[4]. Dans la plupart des cas, Leibniz laisse relativement ouverte la liste en question, mais il prend soin de remplir par les exemples chacune des cases du carré ontologique traditionnel (c'est le cas dans [5], à l'exception de l'accident singulier qui n'est pas explicitement mentionné). Les *Recherches générales* semblent avoir hérité de cette habitude, mais elles donnent curieusement une série à la fois plus large et plus restreinte : plus large, parce qu'elles posent les phénomènes et les substances sur un pied d'égalité, plus restreinte, car tout terme est considéré en tant qu'il désigne un concret seulement[5].

Le texte des *Recherches générales* s'inscrit dans une tentative de réduction des abstraits qui s'est révélée trop ambitieuse[6]. Il s'agissait pour Leibniz de substituer les abstraits « logiques » – *le 'quelque chose est B'* – aux abstraits « philosophiques » traditionnels – *la béité* –. L'affaire était délicate. Sur le plan logique en effet, il fallait pouvoir retrouver dans les abstraits les inférences ordinairement reconnues, ce que Leibniz n'a pas

1. GI § 80.

2. GI § 200 : « Si je dis *AB n'est pas*, cela revient à dire *A contient non-B* ou *B contient non-A*, c'est-à-dire que *A* et *B* sont inconsistants. De même si je dis *A non-B n'est pas*, cela revient à dire *A contient non-non-B*, c'est-à-dire *A contient B* et de même *non-B contient non-A*. »

3. La question de la portée ontologique de « non-*p* » est abordée par Russell dans les conférences de 1918. La position Leibnizienne est à peu près celle de Demos – que Russell critique : « 'not-*p*' means : 'there is a proposition *q* which is true and is incompatible with *p*'. » Russell, B. (1918), p. 188.

4. Cf. le *Définitions des premiers termes et des premiers attributs*, TLM 100.

5. « Pour le moment au moins, laissons de côté tous les abstraits, et considérons que tous les termes ne font référence qu'à des concrets, qu'il s'agisse de substances, comme l'*ego*, ou bien de phénomènes, comme *l'arc-en-ciel*. » TLM 201 (C 356).

6. Rauzy, J.-B. (1993).

réussi à obtenir[1]. Sur le plan philosophique, il fallait pouvoir identifier dans tous les cas les abstraits logiques et ceux de la tradition, et bien souvent cette identification n'était envisageable qu'au prix d'une complication importante de l'*inesse*. La substitution des abstraits logiques aux abstraits philosophiques impliquait une dégradation de l'ontologie par l'abandon d'un des axes du carré. C'est cet abandon qui s'est révélé impossible, puisque chaque fois Leibniz s'est trouvé confronté à une résurgence de l'inhérence réelle – propre aux abstraits – qu'il ne parvenait pas à ramener à l'inhérence ordinaire ou conceptuelle, c'est-à-dire à celle qui est désignée dans l'adage *praedicatum inest subjecto*. Ainsi conçu, l'échec de la tentative nominaliste de 1686 porte plus loin qu'il n'y paraît. Le nominalisme n'est possible que jusqu'à un certain point : ce point où il ne signifie plus seulement que nous cherchons à nous débarrasser de nos fictions encombrantes mais que nous commençons d'appauvrir le contenu de notre ontologie. Pouvoir isoler ce point est une des tâches fondamentales de la philosophie. Si Leibniz y est jamais parvenu, c'est de manière indirecte, par l'échec de l'usage de la logique auquel il a un instant voulu croire.

Un carré phénoménal

Pour ce qui concerne les phénomènes, le début des *Recherches générales* donne une conception plus durable, qui s'accorde assez bien avec [5]. Leibniz distingue entre les phénomènes « réels » et les phénomènes « imaginaires » par une série de critères pragmatiques qui sont invariablement rappelés à partir du *De modo distinguendi phaenomena realia ab imaginariis*[2]. Les phénomènes réels une fois établis, ils sont considérés séparément et ne tombent pas dans le carré ontologique ordinaire. Pour quelle raison ? Leibniz n'affirme-t-il pas à plusieurs reprises que les phénomènes ont *a parte rei* une certaine unité ? Ne faut-il pas à ce titre les compter au nombre des *entia* ? Les phénomènes se distinguent des substances sous un double rapport : 1) leur unité est moindre que celle des substances ; 2) leurs « qualités » dépendent en partie des sujets dans lesquels elles inhèrent, en partie des sens qui les perçoivent[3] et il n'est pas toujours possible de faire la part de ces deux éléments. Contrairement à ce qu'on pourrait croire,

1. GI § 143.

2. A VI iv 1499-1504 (GP VII 319-322). Voir aussi *Sur la synthèse...*, TLM 140-141 (GP VII 296).

3. « Ainsi l'arc-en-ciel est-il d'une réalité amoindrie à double titre : il est en effet un être par agrégation fait de gouttes, et les qualités par où il est connu sont apparentes ou sont du moins de ce genre de qualités réelles qui sont relatives à nos sens. » *Remarques générales*, TLM 453 (Grua 322).

le premier point n'est pas une raison d'exclusion. Il est vrai que ce qui n'est pas véritablement *un* être n'est pas véritablement un *être*, mais on peut très bien imaginer des *entia* qui auraient un degré d'unité inférieur à l'unité numérique[1]. Leibniz entendait son principe de manière souple et tout indique qu'il aurait accepté de le tempérer par le mot de Duns Scot : « *nihil est de se unum unitate maiore unitate sibi sufficiente*[2] ». Ce point est précisé dans les *Remarques générales*. À propos de la différence de l'être par soi et de l'être par agrégation, Leibniz envisage successivement un certain nombre de critères. Le premier de ces critères est exactement celui par lequel les scolastiques distinguaient le tout collectif et le tout distributif : dans le cas d'un être par agrégation, il y a des choses qui peuvent être dites du tout et ne le peuvent pas des parties. Il faut prendre garde toutefois à ne pas conclure trop vite. Il est vrai par exemple qu'on peut dire d'une armée qu'elle a pris position en forme de croissant et qu'on ne peut pas en dire autant de chacune de ses parties. Mais la même chose arrive dans le cas d'*entia* dont l'unité est plus forte, par exemple pour un corps organique. De plus, au niveau des parties, on peut former une série d'énoncés qui donnent conjointement la raison de ce qui est dit du tout : par exemple que tel soldat, selon son rang, devra respecter telle position relativement à ses voisins, afin que l'armée tout entière ait la forme d'un croissant[3]. Dans ce cas, ce qui est dit du tout peut être considéré comme une manière abrégée de rendre une série ordonnée d'énoncés portant sur les parties. On préférera donc le critère plus général de l'antériorité du tout sur la partie[4] ou encore celui qu'on peut tirer de l'analyse de la *mutatio* : un être par agrégation n'a jamais qu'une identité successive alors qu'un être par soi peut recevoir une série

1. « De même les parhélies et les autres phénomènes de ce genre peuvent, je pense, être dits réels en tant qu'êtres par agrégation, comme un tas de bois ou une armée ; l'arc-en-ciel est en effet un agrégat de gouttes qui, jointes en même temps, produisent des couleurs qui nous apparaissent. » *Ibid.*

2. Duns Scot, *Ordinatio* II, dist. 3 partie 1, point 9.

3. « Les attributs sont dits les uns également du tout et des parties, par exemple que l'armée a pris position dans la plaine de Marathon, ce qui est vrai aussi de chaque soldat ; les autres ne peuvent être dits que du tout, par exemple que l'armée est de trente mille, qu'elle est disposée en croissant de lune ; tout cela toutefois peut être formulé et exprimé même si on ne considère pas la multitude comme quelque chose d'un, ainsi je peux dire qu'il y a trente mille soldats, et qu'un soldat est placé relativement à un autre comme l'exige la forme d'arc que nous avons dite, de sorte que par exemple les uns soient distants d'un point fixe de tant, les autres de tant. » TLM 454 (Grua 323).

4. Cf. Aristote, *Politique*, 1253 a 13-17 et le passage suivant des *Remarques générales* : « Mais ce qui fait dans l'homme que les parties sont une seule chose possède des attributs qui ne peuvent être formulés sans ce lien : ainsi la faculté de sentir et de désirer. » TLM 454 (Grua 323).

d'états[1]. Dans tout ceci, Leibniz ne dit jamais que les phénomènes ne sont pas des êtres véritables et tout indique au contraire qu'il leur attribue une place de premier plan dans son ontologie.

Le fait que les phénomènes soient toujours en partie *quoad nos*, c'est-à-dire qu'ils dépendent de nos facultés de percevoir et de connaître, nous oblige pourtant à les tenir pour des êtres différents. Plutôt que d'essayer de les faire entrer à toute force dans le carré ontologique, il faut plutôt imaginer pour eux un autre carré, dans lequel chaque case pourrait être remplie par cette sorte de réalité mixte que Leibniz a plusieurs fois cherché à distinguer. C'est ce qu'il indique nettement aussi dans les *Remarques générales*, lorsqu'il distingue non seulement les phénomènes eux-mêmes, mais encore les qualités phénoménales ou « apparentes » qui sont aux phénomènes ce que les accidents sont aux substances.

[7] Ce qui distingue l'être réel de l'être apparent et la qualité réelle de la qualité apparente mérite examen. [...] Les qualités apparentes sont celles qui ne sont pas absolument inhérentes aux choses, mais qui le sont en tant qu'elles agissent sur nous, comme la même eau paraîtra froide, tiède ou chaude selon les dispositions où se trouvent nos mains. Quelque chose néanmoins lui est réellement inhérent : c'est qu'elle est apte naturellement à produire ce sentiment en moi quand je suis ainsi disposé[2].

La « qualité apparente » est une propriété relationnelle des choses. Elle est ce qui, dans la chose, est invariablement corrélé à un certain état de l'esprit qui la perçoit lorsqu'on suppose une disposition normale. Le carré phénoménal est ainsi un décalque opéré par la perception sur le carré ontologique. Or tout indique que Leibniz n'imaginait pas quelque chose de plus simple que ce que la tradition a distingué en matière d'entités, et que, en particulier, il retrouvait dans l'ordre des phénomènes les deux axes de l'ontologie.

1. « Mais, – c'est là le plus important –, l'armée exactement considérée ne reste pas la même ne fût-ce qu'un moment, car il n'y a en elle rien de réel qui ne résulte de la réalité des parties dont elle est l'agrégat, et comme toute sa nature consiste en nombre, figure, rapport et leurs semblables, elle n'est pas la même quand ces attributs changent ; mais l'âme humaine a sa réalité propre, de sorte qu'elle ne peut cesser d'être quand les parties du corps changent de quelque manière que ce soit. Une chose peut rester la même quoiqu'elle change, s'il suit de sa nature que le même doit avoir successivement des états différents. » TLM 454 (Grua 323).

2. TLM 453 (Grua 322).

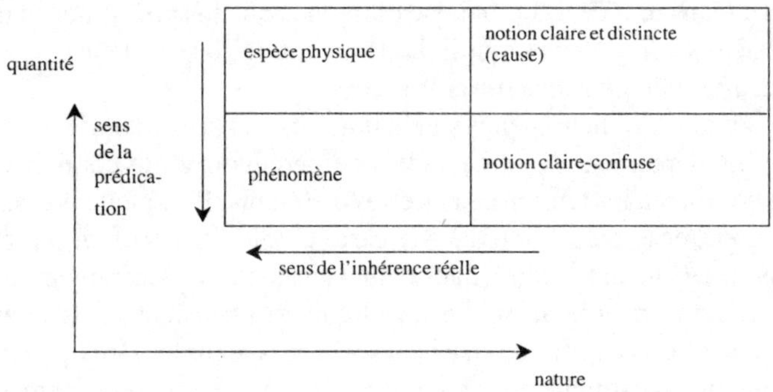

Le carré qui est donné ici est établi sur la base de textes écrits entre 1677 et 1686[1]. Les phénomènes singuliers sont les « êtres par agrégation » dont nous venons de donner les principaux caractères. Les phénomènes non-singuliers – les espèces physiques – sont souvent appelés « sujets » et sont plus ou moins « similaires »[2] et « communs ». Ils sont désignés en général par des termes de masse, par exemple « l'or », « le métal ». La partie de l'Encyclopédie dont ils relèvent s'appelle « *Homœographia* » : on y établit une hiérarchisation des espèces[3]. Les attributs de ces sujets sont classés, depuis 1679 en « confus » et « distincts ». Les attributs confus sont ceux que nous pouvons montrer[4], parfois nommer – mais pas toujours, parce que nous n'avons pas assez de noms – mais que nous ne pouvons jamais analyser. Les attributs distincts sont des qualités communes que nous définissons[5]. Nous savons les analyser et nous savons par expérience qu'elles accompagnent les attributs confus de manière régulière. Nous les

1. Outre les *Meditationes de cognitione* A VI iv 585-592 (GP IV 422-426), on consultera la page dite *Analysis physica*, A VI iv n° 354 (C 190), le *De modo perveniendi ad veram corporum analysin et rerum naturalium causas*, où l'on peut lire : « La résolution est double : l'une résout les corps en différentes qualités au moyen des phénomènes c'est-à-dire des expériences; l'autre résout les qualités sensibles en causes ou raisons au moyen du raisonnement. » (A VI iv 1975, GP VII 268), le *Concilium de Encyclopedia nova conscribenda methodo inventoria* A VI iv 338-349 (C 30-41), enfin et surtout les *Cogitationes de nova physica instauranda* (A VI iv n° 366), traduit *in* : Fichant M. (1993), p. 7-26.

2. Cf. Fichant M. (1993), p. 18 n. 10.

3. « Undecima est scientia subjectorum, saltem in speciem similarium, seu *Homœographia*, ubi incipiendum ab illis quae revera quam maxime sunt similares, maximeque communes, ut quaturo illa corpora quae vulgo vocant Elementa; inde ad ea pergendum quae minus sunt communia, sed magis sunt variis qualitatibus dotata, ut salia, succi, lapides, metalla. » A VI iv 347 (C 39).

4. « Les attributs confus sont suffisamment reconnus par la seule ostension. » *Pensées sur l'instauration … in* : Fichant, M. (1993), p. 17.

5. Fichant, M. (1993), p. 18.

appelons des causes et l'analyse physique des qualités sensibles procède alors *per circuitum* :

[8] Le secret de l'analyse physique consiste dans ce seul artifice que nous ramenons les qualités confuses des sens [...] aux qualités distinctes qui leur sont liées, qui sont le nombre, la grandeur, la figure, le mouvement et la consistance, parmi lesquels le mouvement et la consistance relèvent proprement de la physique. C'est pourquoi, si nous découvrons que certaines qualités distinctes sont toujours liées à des qualités confuses – par exemple que toute couleur naît de la réfraction du rayon et non pas de la réflexion – et si, au moyen des qualités distinctes nous pouvons expliquer définitivement la nature entière de tout corps, de telle sorte que nous soyons en état de démontrer qu'elle est de telle grandeur de telle figure et de tel mouvement; alors il est nécessaire que les qualités confuses résultent également d'une structure de ce genre même si, néanmoins, nous ne pouvons pas les démontrer à partir d'elle, car des qualités confuses il n'est donné aucune définition et donc pas davantage de démonstration. [...] Au moyen des qualités suffisantes pour déterminer la nature des corps nous pouvons déterminer des causes; et à partir de ces causes démontrer les autres affections c'est-à-dire les autres qualités et l'on peut ainsi découvrir par un détour (*per circuitum*) ce qu'il y a de distinct et de réel dans les qualités confuses [1].

Si l'on considère l'ensemble des textes dans lesquels Leibniz a repris la fameuse dichotomie du *De cognitione*, on constate qu'il envisageait une classification des « notions » selon deux opérations principales : la nomination (quelque chose est désigné par un de ses accidents « au sens de Porphyre ») et l'analyse (qui s'obtient par substitution de la définition au défini). Le tableau suivant restitue les premières distinctions :

(1) Notion obscure	non-énonçable et non-analysable	une certaine couleur
(2) Notion claire-confuse	énonçable non-analysable	le jaune
(3) Notion claire et distincte	énonçable et analysable	telle configuration des parties infimes de l'or.

On constate alors que les relations des différentes lignes du tableau au suppôt phénoménal ne sont pas identiques. Le jaune est dit d'un certain corps (d'une espèce physique) si, par exemple, nous souhaitons donner la liste des réquisits qui permettent de le distinguer des corps qui se présentent le plus souvent. Mais la couleur exacte de l'or n'est jamais véritablement nommée et elle n'appartient pas à « l'horizon de la doctrine humaine [2] ». Quant aux notions claires et distinctes de la ligne (3), elles sont le plus

1. A VI iv 1961-1962; cf. Parkinson, G. H. R. (1982).
2. *De l'horizon de la doctrine humaine*, in : Fichant, M. (1991), p. 40-41.

souvent données non pas sous la forme de concepts – incomplexes – mais de propriétés ou complexes. Elles sont attribuées aux corps, elles sont la cause directe des autres propriétés qui leur sont postérieures et la cause indirecte – relevant d'une analyse *per circuitum* – des notions confuses qui figurent plus haut dans le tableau. Le carré phénoménal peut alors être précisé de la manière suivante :

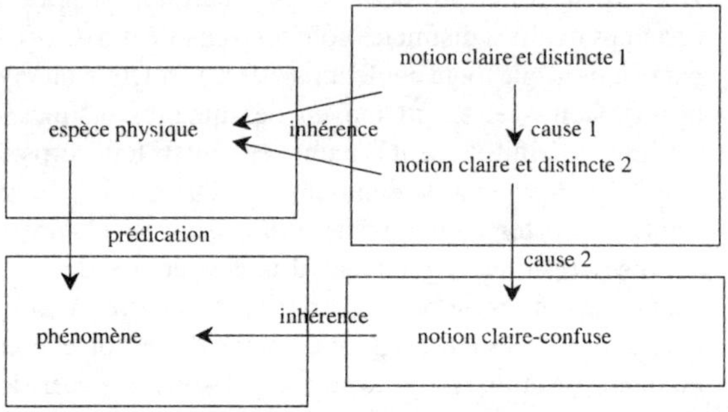

La *cause 1* est généralement définie comme « l'inférent » ou le « coinférent antérieur par nature[1]. » La *cause 2* est d'un genre tout différent. Elle est le nom d'une certaine concomitance qui peut être repérée *per circuitum* entre les qualités sensibles singulières, données à la perception, et des qualités intelligibles construites par l'analyse. L'inhérence de droite à gauche signifie que nous traitons les phénomènes singuliers et généraux comme des suppôts. Enfin la prédication verticale à gauche est une survivance de la prédication traditionnelle : on attribue le genre à l'espèce et l'espèce supérieure à l'espèce inférieure selon l'ordre de l'arbre de Porphyre.

Ce carré ainsi reconstitué montre que l'« *analysis physica* » est compatible avec la théorie de la prédication décrite dans les fragments logiques mais qu'elle ne s'y réduit pas entièrement. La partie droite requiert, outre la *consequentia* proprement dite, la logique de la *conditio* issue des premières recherches juridiques. Cette *conditio* n'a pas été explicitement intégrée à l'algèbre des *Recherches générales*. On la rapprochera éventuellement de l'inférence empirique esquissée au chapitre précédent[2].

1. TLM 110 (A VI iv 889).
2. Plus haut p. 235-237.

Quelques difficultés ontologiques

Revenons aux distinctions dans les *entia*. Les définitions suivantes données dans [5] utilisent les couples abstrait / concret et complet / incomplet pour former un tableau à double entrée :

Ens. (*possibile positivum*)	Concret	Abstrait
Incomplet	L'être mathématique que nous concevons comme une substance « spatium, tempus »	L'accident
Complet	La substance *Homo aliquis, Caesar*	L'essence de la substance, « Lentuleitas »

Si ce tableau doit effectivement nous renseigner sur les deux axes de l'ontologie leibnizienne, il faut au préalable écarter certaines difficultés. Premièrement, on conviendra que le tableau est, sur trois points au moins, assez différent de ce à quoi nous nous attendons : les accidents singuliers sont absents alors que les accidents non-singuliers sont mentionnés. « L'essence de la substance » semble redoubler au niveau des abstraits ce qui figure déjà dans les concrets – s'agit-il vraiment d'une deuxième dimension ? Enfin, en lieu et place des substances universelles, que Leibniz pourtant n'a jamais voulu abandonner [1], on trouve l'espace et le temps, qu'il nous a appris à considérer comme des réalités strictement phénoménales. On a donc à première vue quelque chose d'assez étrange, qui ressemble assez grossièrement à une version du carré ontologique.

Si toutefois nous avons des raisons de penser que Leibniz tenait à cette classification, c'est qu'on la retrouve sous des formes à peine différentes dans d'autres fragments définitionnels. Ceci ne signifie pas qu'il serait parvenu à déterminer précisément, à l'aide des distinctions de [6], un carré ontologique qui lui convînt. Il a plutôt tourné autour d'une solution qu'il n'a jamais véritablement arrêtée parce qu'il était empêché par des difficultés métaphysiques. Considérons par exemple le texte *Définitions des premiers termes et des premiers attributs* (qui, comme la plupart des fragments de ce genre, n'est pas daté). Le même ensemble de distinctions donne lieu cette fois à quelque chose qui nous semble plus conforme à notre idée de ce qu'est l'ontologie leibnizienne :

1. Par exemple TLM 452 (A VI iv 454) et A VI iv 306 : rien n'est dans un terme complet par accident, c'est-à-dire que tous ses prédicats peuvent être démontrés à partir de sa nature. Et ceci se comprend en premier lieu des substances singulières. Mais, puisque les substances universelles ne signifient rien d'autre que « *quamlibet substantiam singularem* », on peut appliquer aussi cette règle à la substance universelle. Lorsque je dit « homme », je vise n'importe quel subsistant singulier rationnel. Et lorsque je dis « rationnel » je ne sous-entends pas « subsistant », c'est pourquoi « homme » est substantif et « rationnel » est adjectif.

[9] L'être est soit concret, soit abstrait. Le concret est ce qui enveloppe conjointement un sujet, l'abstrait ce qui au contraire n'en enveloppe pas. Les concrets sont par exemple: Dieu, l'homme, le corps, le cercle, l'heure, le chaud, l'agent, car tous ces êtres ne sont pas conçus dans autre chose comme dans un sujet. [...] Les abstraits sont: la Divinité, la grandeur, la chaleur, l'état, l'action.

Le concret est soit substantif soit adjectif. [...] Le substantif est soit complet, dans ce cas on l'appelle le SUPPÔT, soit incomplet, et on pourrait alors l'appeler L'ATTRIBUT. Le substantif complet est un substantif dont le concept enveloppe tous les prédicats du sujet qui est le sien. Il est donc lui-même le concept du sujet ultime c'est-à-dire du suppôt. Par exemple les concepts d'Alexandre ou de Bucéphale enveloppent tout ce qui peut être prédiqué de chacun d'entre eux; et on appelle ce concept *Alexandre* car celui qui connaîtrait parfaitement Alexandre connaîtrait aussi toute sa nature et son histoire. Mais dans le cas de *homme*, de *roi* ou de *vainqueur*, l'appellation n'enveloppe pas tous les prédicats, et elle ne délimite donc pas une chose unique, telle qu'aucune autre ne puisse exister, à laquelle les mêmes prédicats conviendraient[1].

La classification de [9] est organisée selon la dichotomie, ce qui est tout à fait habituel sous la plume de Leibniz lorsque l'analyse vise quelque chose de précis[2]. Ce qui est visé ici est principalement « l'*ens completum* » selon la définition bien connue du § 8 du *Discours de métaphysique* : « *S* » est le nom d'une substance *I* si le concept exprimé par « *S* » implique tout ce qui peut être dit de *I*. « *S* » désigne alors un concret complet. Dans le cas présent, la dichotomie présente pour nous un inconvénient important: comme elle laisse intacte l'analyse des termes abandonnés dans la partie gauche, on ignore comment Leibniz aurait divisé les abstraits s'il avait entrepris de le faire.

On peut être tenté de considérer [9] comme une version amendée de [5] dans laquelle Leibniz aurait supprimé les éléments les plus surprenants: l'espace et le temps, « l'essence de la substance ». Pour plusieurs raisons, nous pensons qu'il n'en est rien, et que c'est au contraire [9] qui donne un état antérieur de la pensée. La définition de la substance invite en effet à penser qu'il s'agit d'un brouillon du *Discours* ou des recherches de 1686; quant à la liste des « attributs », Leibniz la présente comme l'esquisse d'un « alphabet de pensées humaines », ce qui signifie qu'elle est établie dans la

1. TLM 101 (A VI iv 558-559).

2. Nous laissons de côté pour le moment la distinction du substantif et de l'adjectif sur laquelle nous revenons plus bas. Le fait que tous les termes soient considérés comme des substantifs permet d'éviter certains contextes particuliers. Cela n'a pas de conséquence sur la classification des *entia*.

perspective encyclopédique du *Sur la Synthèse et l'analyse universelles*[1]. Ceci explique pourquoi l'attribut y est considéré comme un concret, ce qui n'est pas le cas dans [9] : il s'agit de désigner par là une liste ouverte des prédicaments, qui comprend non seulement des incomplexes mais aussi des complexes, c'est-à-dire, selon un projet fermement établi à partir de 1684, de disposer toutes les propositions de la science selon l'ordre réel de leur dépendance mutuelle[2].

Le contenu du passage cité en [5] est plus proche du *Sur l'abstrait et le concret* qui a été rédigé trois ans plus tard, à un moment où la problématique dominante des recherches métaphysiques n'est plus exactement celle du *Discours*. Peut-on diviser les abstraits ? Qu'est-ce qu'un abstrait complet ? Leibniz pourrait avoir rétabli, par des questions de ce genre, le deuxième axe de son ontologie, qui s'est imposé comme une sorte d'exigence, à mesure que se faisaient jour toutes les conséquences que ne manquerait pas d'avoir l'admission des singularités abstraites. Admettons que les abstraits sont ce qui inhère, d'une inhérence réelle, et laissons pour l'instant de côté la question de savoir si cette inhérence réelle peut être assimilée à l'inhérence prédicative[3]. De deux choses l'une alors, ou bien l'abstrait singulier est tiré du suppôt : il est alors « l'essence de la substance » ; ou bien au contraire on imagine l'abstrait singulier à partir d'une propriété, par exemple une sagesse complète (celle de Socrate). On pose dans ce cas, de manière plus orthodoxe, que l'abstrait complet est le nom d'un accident singulier.

1. « Si l'on pouvait énumérer les attributs simples des choses, on disposerait de l'alphabet des pensées humaines dont procède toute notre connaissance. Mais bien qu'il soit difficile de donner quelque chose de ce genre et d'achevé, il faut néanmoins s'y essayer peu à peu et énumérer les plus importants, qui sont les plus proches des attributs primitifs, chacun conservant la faculté de poursuivre l'analyse, jusqu'à ce qu'on parvienne aux attributs primitifs eux-mêmes. » TLM 102-103, qu'on rapprochera du début du *Sur la Synthèse* TLM 135-136 (GP VII 292).

2. « J'interrogeais déjà mes précepteurs : puisque l'on possédait les prédicaments des termes incomplexes, qui permettaient d'ordonner les notions, pourquoi n'aurait-on pas formé de la même manière les prédicaments des termes complexes, par lesquels on aurait ordonné les vérités ? J'ignorais évidemment que les géomètres ne font pas autre chose lorsqu'ils effectuent une démonstration et disposent les propositions selon qu'elles dépendent les unes des autres. » TLM 135 (GP VII 292).

3. Cette supposition est autorisée par le passage suivant de VE 172 : « Si *Titius est honnête* puis *Titius est non-honnête*, on dit qu'un changement a eu lieu dans Titius et que l'être qui faisait Titius honnête a cessé, à savoir l'honnêteté. Car quand un homme cesse d'être honnête, ne cesse pas pour autant celui qui est honnête mais *l'honnête en tant qu'honnête* c'est-à-dire l'honnêteté. Un être comme celui-là, qui constitue le prédicat d'un autre être, on dit que c'est un abstrait, et sa vérité est prouvée par les changements. C'est à son exemple que nous devons concevoir les abstraits, même dans le cas de ceux qui ne peuvent être séparés des sujets. »

Pourquoi Leibniz n'a-t-il pas proposé dans [5] cette dernière solution? Pourquoi n'a-t-il pas distingué à droite entre l'accident – la sagesse – et l'accident singulier – la sagesse de Socrate –? Le *Sur l'abstrait et le concret*, donne certains éléments de réponse. Le texte exploite la distinction des abstraits philosophiques et des abstraits logiques[1] : les premiers sont également appelés « abstraits de la traditions » alors que les seconds représentent une nouveauté philosophique. Ce sont les « prédications réduites en termes »[2]. Par l'identification de deux types d'abstraits, Leibniz croit qu'il a découvert le moyen d'éviter tout réalisme métaphysique et le recours à une version quelconque de la théorie de la participation. On distinguera alors aisément les noms abstraits d'accidents singuliers et l'abstrait de la substance. Mais les deux cas soulèvent des difficultés importantes. Leibniz en mentionne principalement trois. Lorsque nous employons un nom abstrait (« la sagesse ») :

1 – nous ne souhaitons pas désigner un être individuel mais plutôt une qualité par son « côté formel »[3], de sorte que l'espèce des abstraits complets est nécessairement contraire à l'usage des langues ordinaires. Cette remarque vaut comme un simple rappel de (4) : si les abstraits ne sont pas des noms des substances dans lesquels ils inhèrent, s'ils ne sont pas dits de ces substances, on voit mal comment admettre des abstraits complets. Que ceux-ci soient en effet complétés du côté des propriétés – « telle sagesse propre à Lentulius » – ou du côté de la substance – « la lentuléité » –, dans un cas comme dans l'autre, il est difficile de résister à la tentation de les transformer en noms propres par un léger changement :

(7) Pour tout L un abstrait complet, si L inhère dans S alors « celui qui possède L » est un nom propre de S[4],

ce qui semble contraire à la règle (4), qui implique que les abstraits sont toujours les noms des qualités et non des suppôts.

1. « Au reste, on peut concevoir deux genres d'abstraits, les uns antérieurs aux concrets, les autres postérieurs. Les premiers sont connus de tous et sont considérés comme des réalités dans les sujets, desquelles proviennent les concrets eux-mêmes par participation : la sagesse est ainsi comprise comme une qualité réelle qui constitue le sage. Mais j'ai pour ma part introduit en philosophie d'autres abstraits » TLM 390 (A VI iv 992).

2. Pécharman, M. (1989) et Rauzy J.-B. (1993).

3. « Si en effet la sagesse qui est en Sénèque enveloppe une relation à sa richesse, dans ces conditions elle n'enveloppe pas le seul côté formel de la sagesse, ce que nous nous étions pourtant proposé en fabriquant un abstrait de cette sorte. » *Sur l'abstrait et le concret*, TLM 389 (A VI iv 991).

4. Le « léger changement » dont il est question ici concerne le mode de la composition : lorsque les abstraits sont prédiqués, ils le sont selon une liaison oblique. Voir, entre autres textes, A VI iv n° 2 : *Nondum logica qualem desidero scripta est.*

Le changement proposé dans (7) n'est pas différent de celui que Leibniz décrit au début des *Recherches générales* à propos de « l'épée d'Évandre[1] ». Il s'agit de transformer légèrement les termes obliques en résorbant pour ainsi dire l'obliquité dans un terme plus composé. Au lieu de dire : *l'épée d'Évandre* on dira : *l'épée qui est la chose d'Évandre*, où *qui est la chose d'Évandre* est considéré comme un seul terme entier. De même on ne dira pas : *César est semblable à Alexandre*, mais : *César est semblable au A qui est Alexandre*, où : *semblable au A* est considéré comme un terme. Le but de cette procédure n'est pas seulement de résorber l'obliquité, et encore moins d'exclure de la langue logique les termes relationnels. Le propos est au contraire d'admettre des termes intrinsèquement relationnels comme *semblable au A*, tout en s'assurant que ces termes ne perturbent pas la forme canonique de la prédication en important une obliquité grammaticale irréductible, qui deviendrait nécessairement une obliquité logique. Il suit que, dans la formulation du principe d'inhérence, on doit considérer comme congruentes les propositions de la forme *A est R à B* – où : *est R à B* est considéré comme un terme entier – et que, dans la logique de la *consequentia*, on doit réserver une large place aux inférences polyadiques[2].

L'opposition des règles (4) et (7) marque donc bien une difficulté, mais cette difficulté est plus apparente que réelle. La règle (4) donne un critère sémantique de l'abstraction : selon l'usage normal, les abstraits sont des noms des qualités qui inhèrent et non des suppôts auxquels ces qualités appartiennent. Le calcul comporte une règle de formation des termes, strictement morphologique, selon laquelle on peut toujours former un terme droit au moyen d'un oblique et d'un terme général comme « être ». La règle (7) semble indiquer que lorsque cette transformation est appliquée aux abstraits, ceux-ci désignent les suppôts. Mais sont-ils encore abstraits ? Si *L* est abstrait, *celui qui possède L* est une forme paronymique de *L* et désigne un concret[3]. Ainsi conçue, (7) confirme (4) : elle indique que la

1. « On peut néanmoins obtenir un terme entier à partir d'un terme oblique qui a été détaché d'un terme droit : ainsi à partir de l'oblique *d'Évandre* on peut former *qui est la chose d'Évandre* c'est-à-dire *évandrien*. Or il sera utile de veiller à rendre les termes entiers. [...] De même, on n'emploiera pas l'expression *l'épée d'Évandre*, mais *l'épée qui est la chose d'Évandre*, de sorte que *qui est la chose d'Évandre* ne constitue qu'un seul terme entier. » TLM 203 (C 357). Le passage en question est longuement analysé dans Mates, B. (1980) et Mugnai, M. (1992), p. 68-71.

2. C'est un point sur lequel nous nous accordons assez bien avec Fred Sommers, à ceci près que celui-ci présente comme une « extension du calcul leibnizien » ce qui est largement présent dans les textes, alors qu'il impute parfois à Leibniz ce qu'il tire de son propre fonds, par exemple qu'on peut se passer de règles propres à l'identité. Cf. Sommers, F. (1970), p. 2-5.

3. L'application de la règle de GI aux abstraits est exactement donnée dans le *De abstracto* lorsque Leibniz écrit : « Si *A* est concret, alors *A=Être >-o Aité*. » où *>-o* est un

relation sémantique normale donnée dans (1) doit être appliquée aux paronymes des abstraits par la procédure décrite dans les *Recherches générales* à propos de l'épée d'Évandre.

2 – Deuxième difficulté : si l'on admet parmi les entités abstraites les référents des termes comme « *lentuleitas* » selon les indications du fragment [6], on ne fait que redoubler, dans les abstraits, ce qui est par soi suffisant dans les concrets (le suppôt), et l'on risque bien inutilement de donner prise au *regressus ad infinitum*[1].

3 – Dernière difficulté. Si nous cherchons à individualiser les propriétés au moyen des abstraits, nous devons admettre une certaine sagesse particulière ou une certaine chaleur déterminée par son degré, l'une comme l'autre possédant l'individualité numérique. Se pose alors le problème du rapport entre des particuliers abstraits et le principe d'identité des indiscernables.

Abstraction et indiscernabilité

Le principe d'identité des indiscernables – sous lequel tombent, depuis 1676, tous les êtres complets[2] – stipule que deux *entia* qui diffèrent numériquement doivent avoir une différence intrinsèque. On peut noter, au moyen des ressources des *Recherches générales* :

(8_1) $\text{PII} : A \neq B \rightarrow \exists C\,(A \text{ est } C \wedge B \neg\text{est } C) \vee (A \neg\text{est } C \wedge B \text{ est } C)$.

Lorsqu'il est présenté sous cette forme, PII est tiré de la définition contentuelle de l'identité, c'est-à-dire de la définition selon laquelle deux termes sont identiques lorsque les ingrédients de l'un sont exactement les ingrédients de l'autre. À l'inverse, la différence de deux termes peut être faible ou forte, selon que l'un des différents contient ou non la négation d'un ingrédient de l'autre. Deux termes complets diffèrent nécessairement d'une différence forte, car un terme complet contient tout terme ou sa négation. On peut imaginer aussi une formulation de PII tirée de la

marqueur d'obliquité ; TLM 386 (A VI iv 988). Voir Jungius, *Log. hamb.* II, ix et x.

1. Cf. sur ce point les dernières lignes du *Sur l'abstrait et le concret* : « Il reste qu'il y a aussi des abstraits substantiels, comme l'essence relativement à l'être, la substantialité relativement à la substance, de même la subsistance, la personnalité (opposé de la nature), la nature en tant que substantialité c'est-à-dire l'essence du corps naturel ; l'existence opposée à l'essence. Mais si les définitions n'en sont pas formées avec soin, on se trompe de nombreuses manières. L'essence est-elle un être ? Oui si les philosophes de l'École veulent parler de manière conséquente. L'essence aura donc encore une essence, et ainsi à l'infini, selon une réciprocation inutile. » TLM 392 (A VI iv 993-994). Le même danger est constaté dans le *De lingua philosophica* (A VI IV 886).

2. Cf. la *Méditation sur le principe de l'individu*, TLM 20-21 (A VI iii 490-491) et plus bas p. 306.

substituabilité des identiques *salva veritate*: on dira alors que, si deux termes sont différents, il existe une proposition vraie qui est rendue fausse par substitution de l'un à l'autre ou inversement. Cette formulation est évidemment plus délicate, car elle suppose une quantification sur les propositions et surtout un usage métalinguistique du concept de vérité. Leibniz dit plus volontiers que, par substitution de termes différents, on obtient dans tous les cas une *autre proposition* :

(8_2) PII : $a \neq b \rightarrow \exists \Phi \,/\, \Phi(a) \neq \Phi(^{a}_{b})$

(où $\Phi(a)$ est une proposition contenant au moins une occurrence de *a*, $\Phi(^{a}_{b})$ le résultat de $\Phi(a)$ lorsqu'au moins une des occurrences de *a* dans Φ a été remplacée par le caractère *b* et où « = » signifie comme on veut l'identité des termes ou celle des propositions).

Le rapport des deux formulations du principe d'identité des indiscernables mérite qu'on s'y attarde. On peut représenter ce rapport par la figure suivante :

	Identité contentuelle	Identité substitutionnelle	
Termes 8_1 ↓	'a' est différent de 'b'	il existe une proposition où intervient 'a' qui diffère de la proposition correspondante dans laquelle 'a' a été remplacé au moins une fois par 'b'	↑ Propositions 8_2
Ingrédients	il existe un terme qui est dans 'a' et n'est pas dans 'b' ou inversement	'a' est différent de 'b'	Ingrédients (termes)

(8_1) et (8_2) ne signifient pas exactement la même chose. Selon (8_1) en effet, le principe va des termes à leurs ingrédients plus simples et indique que, dans le cas où des termes sont différents, on peut dire quelque chose à propos de leurs ingrédients. (8_2) donne au contraire une version ascendante qui va des termes aux propositions dans lesquelles ils interviennent. PII signifie alors que, deux termes étant différents, on peut dire quelque chose à propos de ces propositions. L'unité du principe est garantie par l'assimilation morphologique des termes et des propositions. De même qu'un terme est dans un autre, de même un incomplexe est dans un complexe et, s'il en est ainsi, le principe des indiscernables s'applique indifféremment à l'ensemble des termes et à l'ensemble des énoncés. Il s'ensuit que, pour Leibniz, on peut conclure de l'unité du principe à l'équivalence de (8_1) et de (8_2).

Dans le *Sur l'abstrait et le concret*, Leibniz note que nous ne savons pas, dans le cas des abstraits complets, comment assigner la différence intrinsèque requise par PII pour les entités différentes :

[10] [...] de même qu'on ne peut expliquer en quoi diffèrent deux cercles égaux séparés de la matière, ou bien deux heures, de même on ne peut expliquer non plus en quoi consisterait le critère de la distinction entre deux sagesses semblables et égales ou entre deux chaleurs de même nature et de même degré [1].

Soit *A* et *B* deux chaleurs entièrement déterminées – elles sont connues avec un très haut degré de précision – et égales –elles ont exactement le même degré. Ou bien on considère *A* et *B* comme des chaleurs identiques. Dans ce cas (par (8_2)) la substitution de *A* à *B* ou de *B* à *A* ne perturbe pas la valeur de vérité des propositions où elles interviennent. Ou bien, au contraire, on choisit de maintenir qu'elles diffèrent numériquement, que l'une est, par exemple, la chaleur d'une chose, l'autre d'une autre; dans ce cas, il est impossible d'admettre que *A* et *B* ont exactement les mêmes ingrédients, puisqu'elles diffèrent intrinsèquement au moins par ceci, que l'une est la chaleur d'une chose et l'autre d'une autre. On comprend mal ce qui arrête réellement Leibniz dans cette alternative si l'on n'a pas en tête la forme complète du principe PII fondée sur l'équivalence de l'identité substitutionnelle et de l'identité contentuelle. On peut en effet admettre des abstraits très déterminés. On peut admettre qu'il existe un degré de chaleur très précisément mesuré et que ce degré de chaleur peut être attribué à des corps différents. Dans ce cas, il y a bien des propositions différentes pour lesquelles il est possible de substituer « la chaleur de ceci » à « la chaleur de cela » *salva veritate* et ceci signifie effectivement que l'on parle bien de la *même* chaleur. Mais s'il en est ainsi, on n'a plus le droit de dire que ce qui est identique d'une identité substitutionnelle est également identique *in terminis*. Car, en vertu du principe d'identité des indiscernables dans sa forme (8_1), ce qui est désigné par « la chaleur de ceci » ne peut avoir exactement les mêmes ingrédients que ce qui l'est par « la chaleur de cela ». Il y a donc quelque chose de difficile dans les particuliers abstraits [2] et cette difficulté est révélée par le rapprochement avec PII. « Cette chaleur » tombe sous PII *en tant que particulier* mais n'y tombe pas *en tant qu'abstrait*; d'où ces situations indésirables, dans lesquelles il nous faut admettre, pour les mêmes entités une identité substitutionnelle dont on refusera la contrepartie contentuelle ou inversement.

1. TLM 389.

2. On prendra garde que ce qu'on appelle aujourd'hui des « particuliers abstraits » ou « tropes » correspond, dans le langage de Leibniz, à des concrets dépendants.

Que Leibniz ne soit pas parvenu, pour les raisons qui viennent d'être avancées, à arrêter des distinctions ontologiques stables ne signifie pas qu'il aurait renoncé au souci de distinguer. Son échec, si échec il y a, est plutôt par excès que par défaut. Chaque distinction, rejetée une première fois comme douteuse en raison de certaines conséquences malheureuses, revenait assez vite comme probable à cause de ses avantages reconnus. C'est que les mutations opérées dans la théorie de la prédication imposaient sans doute une refonte de l'ontologie tout entière. Et Leibniz, toujours prêt à chercher dans les sciences de « nouvelles ouvertures », était en matière de métaphysique d'un conservatisme sourcilleux, enclin à penser que le plus ancien est toujours préférable. Il reste que, quel que soit son détail et les difficultés qu'elle soulève, la tentative décrite dans [5] et [9] s'inscrit incontestablement dans la tradition issue des lignes 1 a 20-b 10 des *Catégories*. C'est désormais le rapport à cette tradition qu'il convient d'interroger davantage.

§ 14. VUES LEIBNIZIENNES SUR LES PARONYMES [1]

La lingua philosophica

Outre les textes [5] et [9], les fragments qui exploitent la distinction des abstraits et des concrets sont très nombreux. On peut, d'une manière générale, les ranger en deux classes bien distinctes : ceux dans lesquels l'analyse est plutôt grammaticale et ceux dans lesquels Leibniz utilise plutôt les ressources de la logique [2]. Dans le premier cas, les abstraits sont classés parmi les paronymes – comme les adjectifs et les substantifs concrets –, dans le second, ils sont abordés par les ressources de la prédication : il est alors précisé le plus souvent qu'ils se distinguent des concrets en tant qu'ils ne peuvent être prédiqués *in recto* [3]. Les analyses de Leibniz sur ces questions sont, par leur style comme par leur objet, assez traditionnelles. Elles peuvent être considérées comme une descendance lointaine du *De grammatico* de saint Anselme, où l'accent aurait été mis sur l'ordre et l'étendue de la paronymie.

1. Voir l'article de Jean Jolivet : « Vues médiévales sur les paronymes », in : *Revue int. de philosophie*, 1975, 3, repris in : Jolivet, J. (1987), p. 138-158.

2. TLM chap. VIII, p. 379-382.

3. « D'autre part, on peut également dire que l'abstrait est un oblique, c'est-à-dire un prédicat dissemblable qui vient immédiatement à partir du prédicat direct, c'est-à-dire sans l'intervention d'un autre concept. Pour *l'homme est chaud* on peut aussi dire : *l'homme est ce qui possède la chaleur*, c.-à-d. *ce qui est le sujet de la chaleur*. » TLM 384 (A VI iv 571).

Pour ce qui concerne l'étendue des paronymes ou, comme on les appelle aussi dans la philosophie en latin, des « dénominatifs », le texte des *Catégories* généralement tenu pour le *terminus a quo* est très allusif :

[11] Denominativa vero dicuntur quaecumque ab aliquo, solo differentia casu, secundum nomen habent appellationem, ut a grammatica grammaticus et a fortitudine fortis [1].

Desmond Henry a noté, par exemple, que « *homo* » n'était pas considéré comme un paronyme dans le *De grammatico*[2]. Ceci s'explique par deux types de raisons assez différentes mais qui intéressent l'un comme l'autre la doctrine leibnizienne. Les premières sont d'ordre lexical. Dans le latin ordinaire dont dispose Anselme, « *humanitas* » n'existe que dans un sens moral. Il ne peut donc être considéré comme le nom d'une qualité, au même titre, par exemple, que la « blancheur », qui désigne ce par quoi quelque chose est blanc. La doctrine des paronymes était en quelque sorte dépendante de l'état de la langue, à une époque où le latin savant n'avait pas été transformé par la multiplication des néologismes. À ces raisons lexicales s'ajoutaient des raisons plus métaphysiques. Sauf exception ou généralisation[3], il était entendu que le paronyme devait être le nom d'un accident au « sens de Porphyre[4] ». En raison de sa position dans le carré ontologique, « homme », ainsi que tous les noms des substances secondes, n'était donc pas considéré dans sa corrélation avec un mot abstrait correspondant, tout au moins ne pouvait-il pas l'être de la même manière, par exemple, que « chaud » ou « sec ».

S'il est très difficile de reconstituer l'état exact des connaissances historiques de Leibniz sur ces questions, il est en revanche possible d'isoler les points à propos desquels il a pris explicitement position dans le débat traditionnel. Il avait en particulier des raisons de rejeter les deux limitations de la paronymie qui viennent d'être données. Pour ce qui concerne les limites lexicales, on pourrait s'attendre à le voir adopter une attitude assez stricte puisque, dans la *Préface* aux *Quatre livres* de Nizolius, il louait son auteur d'avoir voulu réhabiliter la langue populaire contre les néologismes

1. *Aristot. Latinus* I 1-5 p. 5.
2. Henry, D. P. (éd.) (1964), p. 88.
3. Les cas d'exception sont mentionnés in : Henry D. P. (éd.) (1964), p. 85.
4. Ockham distingue à ce propos les paronymes au sens étroit et au sens large. Au sens étroit le paronyme est un nom qui commence comme le terme abstrait, finit différemment et désigne un accident. Au sens large, il n'est pas nécessaire que le paronyme désigne un accident (Ockham, *Philosophical Writings*, p. 71-72). Henry mentionne également, dans le même sens, une distinction que l'on trouve chez saint Thomas : celle des paronymes extrinsèques et intrinsèques (*Sum. The.* I, q. 6, art. 4c.).

savants[1]. Mais il en va autrement dans les textes plus tardifs. Leibniz aurait-il finalement adopté le style pédant qu'il a d'abord si vigoureusement dénoncé ? Plutôt qu'un reniement, il faut voir dans cette évolution le signe de la constitution progressive d'une *lingua philosophica,* qui, comme on a dit, se situe à mi-chemin du langage ordinaire et de la langue formelle élaborée dans les différents essais caractéristiques. Leibniz n'a pas suivi les scolastiques lorsque ceux-ci ont multiplié sans raison les entités. Mais il les a suivis, et il est même allé plus loin qu'eux, dans la multiplication morphologique des formes reconnues du *nomen.* Dans le *De lingua philosophica* par exemple, il note en quelques mots comment, à partir d'une racine unique, on peut fabriquer une série de variations grâce aux différentes flexions qui existent en latin ou qu'on va éventuellement chercher dans les autres langues. Il hésite semble-t-il sur la question de savoir s'il faut prendre plutôt la racine dans le verbe ou dans le nom. Il donne finalement, pour la famille du substantif « *calor* » la liste suivante[2] : substantif neutre : *calor*; substantif actif : *calefactio activa*; substantif passif : *calefactio passiva*; adjectif neutre : *calidus*; adjectif actif : *calefaciens*; adjectif passif : *calefactum*; [verbe] : [*calere*]; adverbe neutre : *calide*; adverbe actif : *calefacienter*; adverbe passif : *calefacte*.

Le souci de systématicité qui se fait jour dans presque tous les fragments relatifs à la *lingua philosophica* est le pendant de la remarque formulée plus haut à propos de saint Anselme : si les catégories morphologiques de la grammaire rationnelle doivent servir dans l'élucidation de certains problèmes métaphysiques, par exemple dans la distinction des deux axes de l'ontologie, il faut que celles-ci n'héritent pas du caractère contingent des distinctions propres aux langues naturelles. C'est principalement sur cet aspect de la grammaire rationnelle que Leibniz insiste au début des années 1680, lorsqu'il donne les principaux réquisits d'une langue bien faite :

[12] Il faut d'abord montrer comment on peut transférer dans cette langue ce qui est dit dans les autres. C'est dans ce but qu'il faut fonder une grammaire générale des langues, et en particulier du latin. Car comme le

1. Dans la *Préface*, la recherche du discours populaire ou commun préfigure ce que Leibniz appellera plus tard « l'analyse » : un terme connu par soi étant un terme de la langue ordinaire, le processus par définitions se fait verticalement à partir des néologismes. Notons que les positions de Locke sur ces questions sont très proches de celles de Nizolius, ce qui permet d'apprécier, entre les deux extrémités de sa carrière, le chemin parcouru par notre auteur : « On peut toujours dire que les substances n'ont que peu de noms abstraits ; à peine a-t-on parlé dans les écoles d'humanité, animalité, corporalité. Mais cela n'a point été autorisé dans le monde. » NE III ii § 8.

2. A VI iv 888. Une liste plus ample est donnée à la page précédente à propos du nom « vita ».

> latin est aujourd'hui la langue scientifique en Europe, il suffit que l'on montre comment l'on passe du latin à la langue rationnelle. Or la grammaire générale est seulement une partie de la grammaire latine et de celle des autres langues, en tant que ces grammaires sont régulières et n'ont pas d'anomalie. Par suite toutes les règles de toutes les langues naturelles sont comme des parties ou des échantillons (*specimina*) de la grammaire philosophique. Avec cette différence toutefois, que les langues n'ont pas toutes les mêmes flexions et les mêmes variations. [...] Il suffit pour l'institution de notre langue que nous traitions de la grammaire latine régulière, c'est-à-dire de cette partie de la grammaire universelle que fait voir la grammaire latine[1].

La langue parfaite est une langue paraphrastique. Elle n'a pas à être plus simple que la langue naturelle. Au lieu de dire « *dominus indiget eorum* », on dira plus sûrement : « *dominus vult eos habere quia sine ipsis aliquid necessarium efficere non potest*. » La complexité de la *lingua rationalis* ne concerne que les effets. Elle est la conséquence d'une exigence plus haute, selon laquelle cette langue doit être absolument régulière, motivée dans chacune de ses parties et très économe de ses règles. On évitera aisément les excès de certains théoriciens, en particulier de Wilkins, en appliquant à la langue factice cette admirable économie que nous reconnaissons dans le monde : la diversité compensée par l'unité. Ce décalque de l'harmonie sur l'analyse linguistique est particulièrement net dans le plus long des fragments relatifs à ces questions. Le *De lingua philosophica*[2] se déploie comme une sorte d'éventail, selon une double perspective à la fois réductrice et analytique. Du côté de l'unité, il s'agit de montrer que les langues naturelles se révèlent compatibles avec le principe *praedicatum inest subjecto* ; de plus, il s'agit de retrouver, par des règles d'engendrement souvent empruntées aux tropes[3], la diversité réelle du langage ordinaire. Entre ces deux extrêmes se constitue une sorte de lieu neutre, la *lingua philosophica*, à partir de laquelle nous pouvons fabriquer de la métaphysique, puisque nous sommes assurés que les distinctions qu'on peut y repérer auront un caractère de nécessité.

Le problème de l'accident

Pour ce qui concerne la seconde limite traditionnellement imposée à la paronymie – que les paronymes au sens strict doivent désigner des

1. GP VII 28 (A VI iv 117 qui est assez différent).
2. A VI iv n° 186 (Couturat n'en donne qu'un extrait très court, C 288-290).
3. Voir aussi le système d'engendrement des prépositions à partir des relations locales : *Analysis particularum* (A VI iv n° 155).

accidents–, on se doute que Leibniz ne pouvait pas non plus l'accepter, mais cette fois en raison du statut qu'il accordait lui-même aux accidents. De deux choses l'une en effet, soit l'on considère que l'abstrait donne l'essence de la chose. Dans ce cas, on peut certes former « *humanitas* » à partir du concret « *humanus* ». Mais si l'humanité est une chose, il faut qu'elle ait aussi une essence, et l'on aura une « *humanitalitatem* » et par suite aussi le risque d'un progrès à l'infini, de sorte que c'est à l'usage pur et simple des abstraits qu'on aura plutôt envie de renoncer [1]. Soit, au contraire, on considère les abstraits indépendamment de la distinction substance / accident – en faisant, selon la distinction d'Ockham, un usage « large » des paronymes – et dans ce cas on admet de plein droit « l'humanité », « l'animalité », etc. Il est difficile de savoir exactement quelle décision Leibniz a prise sur ce point. Dans certains fragments il répète qu'il faut pouvoir se passer des abstraits dans la langue philosophique [2]. Ailleurs il insiste sur la nécessité d'éviter autant que possible la distinction substance / accident ; parfois enfin les deux interdits sont clairement mis en rapport.

La question mérite une attention particulière dans la mesure où elle permet d'apprécier un peu plus qu'une simple position métaphysique : le rapport instauré entre la grammaire de la langue philosophique et un aspect important de l'ontologie. L'hypothèse d'une évolution de la pensée est difficile à étayer, car la datation des fragments concernés demeure encore très incertaine, et Leibniz, selon son habitude, n'a jamais totalement arrêté sa décision. On constate toutefois qu'il a clairement hésité entre deux convictions (T_1 et T_2) :

T_1 : il revient au même d'éviter les embarras relatifs aux accidents et de faire disparaître les abstraits de la langue philosophique.

T_2 : on peut adopter une ontologie sans accident dans laquelle les abstraits sont rétablis.

La thèse T_1 est clairement défendue dans le *De realitate accidentium* [3]. Leibniz analyse dans ce fragment plusieurs manières de concevoir la réalité des accidents et pour chaque manière de voir il donne les raisons d'un « embarras ». Si l'on pose des accidents réels, soit leur réalité est une partie de celle de la substance, soit elle ajoute à la substance une réalité nouvelle [4]. S'ils sont une partie de la substance, alors en toute rigueur la substance perd son identité à chaque mutation, même si, pour des raisons externes, elle

1. A VI iv 886.

2. Par exemple A VI iv 106 (C 243).

3. A VI iv 994-996 (Grua 546-547). Le fragment est également commenté *in* : Mates, B. (1980), Rutherford, D. (1988), et Rauzy, J.-B. (1993).

4. « Et quidem, si accidentia ponimus realia, aut realitas earum pars est realitatis substantiae, aut addit substantiae realitatem novam. » A VI iv 994 (Grua 546).

conserve sa dénomination[1]. Si l'on préfère distinguer dans la substance entre une partie immuable et une partie changeante, alors le tout est lui-même changeant et l'on rencontre les mêmes difficultés que si l'on tient l'accident pour un ajout. Si, enfin, on suppose que la substance périt et renaît à chaque mutation, c'est exactement comme si l'on supprimait la substance elle-même, car il y a dans la nature des changements infimes – la *mutatio* est aussi divisible que le temps – et l'on tombe dans l'erreur de ceux qui, comme Spinoza, font régresser la substance créée au rang d'un mode[2]. Et il s'agit bien d'une erreur. Car non seulement on diminue par là considérablement nos chances de constituer un principe de l'individuation mais, pire, on risque de voir les apories qu'on aura chassées de la sphère mondaine resurgir plus sévèrement dans l'ordre de l'immutabilité divine[3]. Ceux qui pensent que la substance possède une double réalité ne sont pas mieux lotis. Pourquoi cette réalité ajoutée ne serait-elle pas considérée comme un être par soi ? Et si l'on convient de poser que l'accident est par inhésion dans la substance – au sens où saint Thomas disait que l'*esse* de l'accident est un *inesse*[4] –, on voit mal comment celui-ci pourrait ne pas affecter la substance elle-même, de sorte qu'on retrouve les apories de la thèse des deux parties.

Il suffirait, dit Leibniz dans ce texte, de s'abstenir d'employer les abstraits pour éviter toutes ces ornières[5]. Parlons de la substance, de ses attributs et de ses changements :

> [13] Je dis donc que la substance est changée, c'est-à-dire que ses attributs sont différents à différents moments, car ceci ne fait aucun doute. Quant à la question de savoir si, lors d'une mutation, il y a une réalité qui disparaît et une autre qui survient; s'il y a différentes réalités dans la substance qui

1. « Nam parte sublata res vere eadem res non manet, etsi a potiore parte superstite adhuc eadem denominetur, alioqui fieri posset ut sublatis paulatim partibus omnibus, quae nunc insunt, tamen aliquando res eadem dicatur, ut navis Thesei. » *Ibid.*

2. « Sequetur ergo omnes sublatas esse de natura substantias mutabiles, qua ratione incideremus in dogmata Spinosae et Averroistarum et quorundam veterum qui solum Deum tanquam substantiam sive naturam considerantes, creatura non aliter quam ut Dei modos habent. » A VI iv 995.

3. « [...] atque ita nec Deus ipse durabit, sed continue interibit et nascetur ». *Ibid.* (Grua 547).

4. « Et quia esse est actus entis, hoc autem verbum « inesse » est designans inhaerentiam accidentis, ideo inesse rei perfectae est esse accidentis, quod extraneum a rei natura esse necesse est. Non enim significatur per hoc inesse, quod accidentis esse sit in ipso esse substantiae, cum esse sit formalissimum omni rei, et ideo esse solum per se existentibus convenit; sed natura accidentis est inesse, sive inhaerere ipsi rei. » saint Thomas, *De natura accidentis*, p. 171.

5. « Nec hactenus alium video modum evitandi hos scopulos, quam si abstracta non ut res, sed ut compendia loquendi considerem. » A VI iv 996 (Grua 547).

> seraient les fondements des différents prédicats, il n'est pas nécessaire de la poser. Il suffit que les substances seules soient posées comme des choses à propos desquelles on énonce des vérités [1].

La thèse T_1 est solidaire de l'émergence d'une ontologie sans accident. Leibniz ne prétend pas, en prônant cette disparition, qu'il n'y a pas de changement dans la nature, ou que nous devons renoncer à dire ce changement. C'est au contraire par une attention plus fine portée aux *mutationes* qu'il s'est convaincu qu'on ne pouvait plus maintenir la distinction de ce qui passe et de ce qui dure, de ce qui peut être ôté et de ce qui ne le peut pas. L'essentialisme extrême ne porte pas seulement sur le droit de tous les accidents à avoir le même statut; il n'est pas seulement le refus d'une ontologie qu'on pourrait dire censitaire, selon laquelle les propriétés et les relations seraient plus ou moins haut placées selon leur pouvoir de transformation de la chose. L'essentialisme extrême signifie profondément l'identité de l'essence et de l'accident. Ou, si l'on préfère, que les particuliers, dans la « rigueur métaphysique », doivent toujours être considérés avec leur épaisseur de propriétés et de relations.

T_2 est attestée dans les textes où Leibniz doute, non pas de cette thèse métaphysique générale, mais de la légitimité du postulat sémantique qu'elle semble avoir présupposé: que les paronymes signifient des accidents. On la trouve par exemple dans le passage suivant:

[14] Si la chaleur est un être différent du chaud, alors l'humanité est un être différent de l'homme; mais l'humanité n'est ni une substance ni un accident. Il est donc préférable pour sortir des embarras de ce genre de s'abstenir toujours d'employer les abstraits, puis au moins de ramener la question aux concrets.

Si néanmoins on préfère ne pas abandonner les abstraits, on sera obligé de dire que l'essence est composée de certains accidents premiers. Je préfère pour ma part ne pas faire usage du mot accident, et dire qu'un terme qui dénote une substance, c'est-à-dire un terme substantif, est soit concret soit abstrait, et qu'un concret (qui ne peut être dit d'aucun abstrait) est une substance [2].

Les abstraits peuvent survivre aux accidents. Le principe d'inhérence conceptuel nous invite à penser qu'il n'y a pas différentes manières d'inhérer et que tout ce qui inhère est également un prédicat. D'un autre côté, nous avons une grammaire rationnelle régulière dans laquelle les paronymes

1. *Ibid.*

2. TLM 384-385 (A VI iv 572-573). La différence de contenu des deux passages n'est pas suffisante pour fonder l'antériorité chronologique de [13]. Leibniz peut très bien à un certain momen avoir envisagé T_2 comme un raffinement de T_1, puis avoir orienté sa recherche dans une autre direction.

sont tous également reconnus et ceci indépendamment de leur référence. L'unité de ces deux considérations produit une théorie de la substance dans laquelle on n'isole pas ce qui *demeure* ou ce qui dure mais ce qui *est un* selon un principe, que cette unité soit synchronique ou diachronique. La version du carré ontologique qu'on voit ainsi se dessiner risque d'être assez singulière. Elle conservera toutefois les deux dimensions de l'ontologie.

L'être incomplet dans la tradition

La distinction des paronymes « au sens strict » et « au sens large » suppose la distinction de l'essentiel et de l'accidentel et prend appui sur elle. Pourtant la doctrine traditionnelle des paronymes ne suppose pas toujours cette distinction et à bien des égards on peut dire qu'elle la constitue. Comme le note encore Desmond Henry, les logiciens médiévaux, et Anselme avec eux, ont eu à cœur de concilier deux idéaux qui paraissent *prima facie* incompatibles : dire les choses telles qu'elles sont d'une part, et, d'autre part, ne pas devoir réviser nos significations selon les multiples changements qui interviennent dans les états de choses [1]. Ils ont ainsi mis en place des analyses variées qui ont contribué à donner à la doctrine de l'accident une complexité qui ne saurait se résumer à la simple définition de Porphyre. Le point qui intéresse ici particulièrement l'élucidation des textes de Leibniz est la distinction du complet et de l'incomplet.

La distinction traditionnelle du complet et de l'incomplet est diversement rendue par les historiens. Anscombe et Geach [2] ont attiré l'attention sur un passage de la *Somme Théologique*, dans lequel saint Thomas construit la distinction par la différence du substantif et de l'adjectif et précise qu'ils ne se comportent pas l'un et l'autre de la même manière relativement au nombre (le contexte porte sur la distinction des Trois Personnes en Dieu) :

[15] [...] Les noms substantifs signifient quelque chose sur le mode de la substance, alors que les noms adjectifs signifient quelque chose sur le mode de l'accident qui inhère dans un sujet. Or, de même que la substance a l'*esse* par soi, de même elle a par soi l'unité ou la pluralité. C'est pourquoi aussi le nom substantif prend le singulier ou le pluriel selon la forme qu'il signifie. Les accidents au contraire, de même qu'ils ont l'*esse* dans un sujet, de même ils reçoivent aussi d'un sujet l'unité et la pluralité ; et pour cette raison, dans le cas des adjectifs le singulier ou le pluriel est pris selon les *supposita* [3].

1. Henry, D. P. (1964), p. 104.
2. Anscombe, G. E. M. et Geach, P. T. (1961), p. 86.
3. Saint Thomas, *Somme Théologique*, Ia, q. 39, art. 3 point 4.

On imagine aisément pourquoi ces auteurs se sont arrêtés à cette détermination. Ils y ont reconnu quelque chose qui leur était familier. Chaque fois en effet que les scolastiques séparent le « quidditatif » et le « dénominatif », ils ont en tête une différence que l'on peut rendre sans leur faire (trop) violence par une distinction de Strawson. Strawson remarque que, parfois, nous désignons les choses singulières par un universel qui permet de les compter, parfois au contraire par un universel qui permet de les isoler des autres choses qui se présentent ordinairement[1]. Si, par exemple, quelqu'un se trouve dans une pièce où il y a des hommes et des chiens, il peut aisément répondre à la question : « combien y a-t-il de chiens ? », puisqu'il lui suffit pour cela de compter. Si, en revanche, on lui demande : « combien y a-t-il de blancs ? », il sera plus embarrassé, puisqu'il devra se demander quel genre de choses il lui faut compter parmi « les blancs », s'il faut compter seulement les hommes blancs ou bien y ajouter les chiens, s'il faut compter les chiens qui sont blancs en partie seulement, etc. C'est pourquoi Strawson considère qu'un terme comme « chien » désigne un universel « *sortal* » alors que « blanc » désigne l'universel « *characterising* », pour lequel nous ne pouvons pas répondre directement à la question « combien ? », mais plutôt à la question « qu'est-ce qui est ... ? ».

Il y a bien quelque chose de tout à fait semblable dans la distinction du complet et de l'incomplet. Dans le dialogue *De grammatico*, à propos de la question centrale du dialogue – « *utrum sit substantia sive qualitas ?* » – un des personnages pose la question suivante : « imagine une maison dans laquelle il y a un cheval blanc. Tu ignores tout de ce cheval et quelqu'un te dit : *dans cette maison, il y a un blanc*. Est-ce que tu sais par là qu'il s'agit d'un cheval ? » Et Anselme répond : « non, car je ne conçois dans mon esprit aucune essence, si ce n'est celle de cette couleur.[2] » *Albus* est un incomplet, non pas parce qu'il peut être ôté, pas davantage parce qu'il ne peut subsister sans son sujet d'inhésion – même si, bien entendu, ces deux propriétés s'appliquent aussi – mais parce que, lorsque nous voulons employer « *albus* » comme un nom, il nous faut savoir, par une information supplémentaire et extrinsèque, de quel genre de choses il est le nom. Dans la

1. Strawson, *Individuals* p. 169-170. Cette distinction est indispensable pour comprendre la plupart des fragments leibniziens sur l'individuation. Elle est même requise pour certains passages de GI, par exemple : « un individu bien déterminé est par exemple : celui-ci, que je désigne en le montrant ou en ajoutant des marques distinctes ». TLM 211 (C 360).

2. « M. Si est in domo aliqua albus equus te nesciente inclusus, et aliquis tibi dicit : in hac domo est album sive albus ; an scis per hoc ibi esse equum ? D. Non. Sive enim dicat album albedinem sive in quo est albedo : nullius certae rei mente concipio essentiam nisi huius coloris. » *De grammatico*, Henry, D. P. (éd.) 1964, p. 40.

perspective du texte [3], on peut ainsi noter que le critère traditionnel de l'incomplétude ne porte pas primitivement – comme le veulent Anscombe et Geach – sur la question « combien? », mais plutôt sur les conditions requises dans la procédure de nominalisation des accidents, c'est-à-dire très exactement sur le rapport de ce que nous avons appelé l'accident « au sens de Porphyre » et l'accident « au sens de Boèce ».

Dans le commentaire aux *Seconds analytiques*, saint Thomas précise qu'il y a deux manières de prédiquer[1]. Ou bien l'on dit l'accident de la substance (« *homo est album* ») ou bien l'on affirme la substance de l'accident. Dans le premier cas, c'est l'inhérence réelle d'une qualité qui est indiquée par la phrase : « que ceci (une chose) est tel et tel (une manière d'être) ». Dans le second cas au contraire, on indique quel genre de chose est ce qui est désigné par un nom : « ce tel et tel (le nom) est un ceci (une chose) ». C'est la raison pour laquelle, selon [15], les noms adjectifs ne permettent pas par eux-mêmes de répondre à la question « combien ? » mais requièrent pour cela une détermination plus fine de leur *supposita*. Admettons que les nombres disent quelque chose des choses elles-mêmes. Nous ne pouvons pas savoir combien il y a de *blancs* comme nous pouvons savoir combien il y a de chevaux. Car ce qui est blanc est autre chose que *le blanc* (*aliquid aliud*) et nous pouvons toujours demander : « qu'y a-t-il d'autre encore, de blanc ? », alors que cette question n'est pas possible dans le cas de *cheval* ou *d'homme*[2]. Parce qu'il est toujours dit de quelque chose d'autre que lui, ou, tout au moins, inhérent à quelque chose d'autre que lui lorsqu'il est singulier, l'accident intervient dans les phrases sous la forme d'expressions nécessairement insaturées. Lorsque quelque chose est dit de l'accident, ce qui arrive le plus souvent lorsque, par une intention seconde, nous voulons préciser de quelle manière nous comptons employer un nom, tout se passe comme si la phrase héritait du caractère ouvert de son sujet.

1. « Haec enim omnia, scilicet accidentia, habent de sui ratione quod dicantur de subjecto : illud autem quod est accidens, non est subjectum aliquod; unde nihil proprie loquendo potest de eo praedicari, quia nihil talium, scilicet accidentium, ponimus esse tale, quod dicatur id, quod dicitur, idest quod suscipiat praedicationem ejus, quod de eo praedicatur, non quasi aliquid alterum existens, sicut accidit in substantiis. Homo enim dicitur animal vel album, non quia aliquid aliud sit animal vel album, sed quia ipsummet quod est homo, est animal vel album : sed album ideo dicitur homo vel musicum, quia aliquid alterum, scilicet subjectum albi, est homo vel musicum. » *In Arist. libr. Post. anal.*, 296, p. 271.

2. Cf. pour la détermination de l'incomplétude par cette question : Henry, D. P. (éd.) (1964), p. 107-108. Selon cette manière de voir, les noms des êtres complets deviennent au contraire des « *stop-names* », c'est-à-dire des noms pour lesquels il n'est pas possible de demander : « qu'est-ce qu'il y a d'autre de ... ? ».

La distinction du complet et de l'incomplet n'est pas indépendante de tout présupposé ontologique. Elle requiert en particulier que ce dont on parle soit toujours, en dernière analyse, assignable parmi les choses qui peuvent être des sujets d'inhésion, ou parmi les choses qui peuvent être comptées. Néanmoins, l'avantage de cette distinction est, pour nous, qu'elle peut être faite, à la manière de (1) et (4), à l'intérieur d'une théorie du *nomen* dans laquelle on ne fait appel qu'aux différentes variantes de la prédication. Autrement dit: elle relève de la doctrine des *prédicables*. On peut noter à ce propos que, selon le texte de saint Thomas, les noms des incomplets peuvent être définis comme des noms « partagés » :

(9) A est incomplet $=_{\text{déf}}$ il existe S et il existe S' tels que (S est A $\wedge$ S' est A $\wedge$ S $\neq$ S'),

où *S est A* signifie, comme dans (1) : *A est un nom de ce qui est désigné par « S »*. On se souvient aussi que – selon (1) – tous les inhérents concrets d'une chose sont des noms de cette chose. On obtient un critère de l'incomplétude en soulignant que, selon le *De grammatico*, les incomplets font figure d'exception à cette règle. Bien que *blanc* soit dans *cheval* lorsqu'on parle d'un cheval blanc, il arrive qu'il nous soit impossible de savoir si *le blanc* est un cheval et par suite on peut écrire :

(10) Si S est A et si A n'est pas toujours un nom de S alors A est incomplet.

Les définitions (10) et (11) ont ceci de précieux qu'elles s'accordent bien avec l'usage que Leibniz fait de la distinction. Premièrement, on note que la différence du complet et de l'incomplet requiert certes la prédication, mais qu'elle est compatible avec des conceptions assez éloignées de la proposition. En particulier, elle ne dépend pas de la réponse qu'on donne à la question: que veut-on dire lorsqu'on prétend que tel énoncé est vrai? Que le critère du vrai soit cherché du côté des *supposita* ou qu'il soit établi à partir d'une relation conceptuelle, que la copule soit considérée comme un marqueur d'inhérence ou d'identité (comme c'est le cas, par exemple, chez Ockham) on peut toujours avancer qu'il y a des termes qui se comportent de telle et telle manière dans nos procédures d'identification des particuliers, à savoir des termes qui suffisent toujours et d'autres qui sont insuffisants. De plus cette distinction est donnée, chez saint Anselme comme chez saint Thomas, comme une distinction forte, qui porte au moins autant sur les choses désignées par les noms que sur les noms eux-mêmes. Ce sont les « *entia* » qui sont « *incompleta* » ou marqués par l'« *indigentia* ». Leibniz hérite donc d'une distinction qu'il n'a pas lui-même forgée et qui est largement indépendante du calcul logique dans lequel il entend la faire jouer et l'expliquer.

Complétude logique et complétude grammaticale

On peut aisément vérifier dans les textes que Leibniz a employé la distinction complet / incomplet à une époque où son calcul logique n'était pas encore constitué et où par suite il ne pouvait imaginer d'y avoir recours dans la solution au problème *de principio individui*[1]. Mais ce qui frappe aussi, c'est que le partage établi par l'opposition complet / incomplet n'a jamais été entièrement déterminé et, pour ainsi dire, absorbé, par le seul calcul logique. Même après 1686, la distinction est demeurée une des lignes de force de la grammaire. Au début des *Recherches générales*, il est ainsi précisé que tous les noms doivent être complets, dans un sens qui ne requiert pas le critère logique donné plus loin au § 71 :

[16] De plus, tous les termes seront considérés ici comme complets, c'est-à-dire comme substantifs de telle sorte que *grand* soit identique à *l'être grand* ou, s'il est possible de s'exprimer ainsi, à *le grand*, (de même qu'on appelle *Lebrun* celui qui est brun). Nous n'aurons donc pas besoin de la distinction entre l'adjectif et le substantif, si ce n'est peut-être pour souligner la façon de signifier[2].

On se souvient que, dans [9], le concret était divisé en adjectif et substantif. Les adjectifs sont des noms pour lesquels on doit rétablir *ens* ou *res* afin d'obtenir un « sens entier[3] », c'est-à-dire un terme dont on pourra faire un usage référentiel normal. La distinction du substantif et de l'adjectif n'est pas pertinente dans la langue philosophique, dès lors qu'on applique la procédure décrite dans [16] : en rétablissant pour tous les termes *ens* ou *res* de manière systématique, on écarte, non pas les termes qui n'ont pas de référent parmi les choses existantes ou possibles, mais ceux au moyen desquels nous décrivons nos « manières de désigner », c'est-à-dire le mode de présentation de ce dont on parle ou notre attitude cognitive par rapport à ce qui est dit. Leibniz a vu qu'on ne pouvait pas utiliser les mêmes règles d'inférence dans les propositions prises dans le sens habituel – pour lesquelles le terme « vrai » est superflu et peut être éliminé – et dans les propositions « réflexives », dans lesquelles *vrai* perd son caractère de transparence parce que ces propositions indiquent aussi quelque chose sur les raisons que nous avons de les tenir pour telles. Mais l'originalité de Leibniz ne peut être établie seulement par ce critère, car celui-ci était au centre de la théorie traditionnelle de la supposition. Une part importante de la tâche dévolue à cette théorie consistait en effet à établir l'ensemble de règles relatives à la *consequentia* pour un type de supposition donné, et

1. Voir par exemple un passage des *Notes parisiennes* : A VI iii 400.
2. GI TLM 201-202 (C 356).
3. *Remarques générales*, TLM 452 (A VI iv 554, Grua 322).

l'idée que les inférences autorisées dépendent de la nature de la supposition des termes était très largement partagée dans les traités médiévaux. Leibniz hérite même sur ce point d'une réserve d'analyses plutôt simplifiée et appauvrie si on la compare à ce qu'on trouve, par exemple, chez Ockham. Il innove, non parce qu'il isole ce que nous appelons aujourd'hui des contextes intentionnels – dans lesquels la règle de substitution des identiques n'est pas valide [1] – *mais parce qu'il caractérise le calcul logique par les procédures qui permettent d'éviter ces contextes particuliers.* L'identification des noms adjectifs et des noms substantifs est ainsi très significative de ce que pouvait être dans son esprit la spécificité d'un «*calculus ratiocinator*»: une manière de présenter les notions et les pensées qu'elles symbolisent de telle sorte que le passage de l'une à l'autre s'effectue de manière réglée. Il fallait, pour que ceci soit possible que, pour deux notions prenant place dans la même séquence discursive, tout ce que l'on peut dire de l'une soit du même ordre que ce qu'on peut dire de l'autre. Et ce souci est indépendant du principe de l'individuation par la notion complète.

Est «complet» dans le sens du § 72 des *Recherches générales* tout terme qui contient tout ce qui peut être dit de lui :

[17] [...], si l'on a *BY* et si le terme quelconque indéfini *Y* est superflu (c'est le cas par exemple pour *quelque Alexandre le grand*, qui est identique à *Alexandre le grand*), alors *B* est UN INDIVIDU [2].

Est au contraire «complet» dans le sens du texte [16] un nom substantif pour lequel il est inutile d'ajouter le terme général *ens* ou *res*. Sous cette forme grammaticale, la distinction est ancienne et remonte à Priscien [3]. L'originalité de Leibniz est de l'avoir systématisée, composée avec la distinction du droit et de l'oblique pour obtenir la restitution rationnelle d'une famille d'un nom donné à partir d'une racine. Soit par exemple la famille de «*calor*» évoquée plus haut [4]; les formes morphologiques sont obtenues par le jeu de l'implicitation et de l'explicitation de *ens* et de *est*

1. Ce ne sont pas seulement les règles relatives à l'identité qui doivent être suspendues dans les contextes intentionnels, ce sont aussi les règles quantificationnelles comme la généralisation existentielle (cf. par exemple Hintikka, J. (1975), p. 86-92). La position de Leibniz sur ce second point ne peut être reconstituée en toute rigueur car sa conception de la quantification est encore très dépendante de la logique des termes.

2. GI, § 72.

3. *Institutionum grammaticarum*, in : Keil, H (éd.) : *Grammatici Latini*, III, 58 et 84.

4. Cf. p. 271.

(pour le verbe) et par la présence ou l'absence d'une désinence (pour l'abstrait et le concret)[1] :

racine	substantif + *Ens*	abstrait – *Ens* (lien oblique)	adjectif – *Ens* (lien direct)	verbe + *est* (ou *non-est*)
Cal-	*ens calidus* « *calorio* »	*calor*	*calidus*	*calere*

Leibniz se méfie de la distinction de l'essentiel et de l'accidentel. Cette méfiance était antérieure à l'élaboration du calcul et la plupart des arguments qui la justifient ne doivent rien à l'algèbre des concepts. Mais elle a été aussi renforcée par l'élaboration de la doctrine de la vérité. Les ingrédients de l'essence ne pouvaient être dits « nécessaires » sans qu'il s'ensuive une série de difficultés logiques. De plus, la doctrine s'appuyait sur un principe d'égalité des prédicats, de sorte que les accidents « au sens de Porphyre » devenaient difficilement identifiables. C'est donc assez naturellement que la distinction du complet et de l'incomplet a pris peu à peu une place considérable, au point que la complétude est devenue une sorte de substitut de l'essence. L'être incomplet est ainsi ce qui peut subsister de l'accident dans le contexte d'un essentialisme extrême.

§ 15. Les accidents singuliers

Un dogme scolastique

Un point important sur lequel les lignes 1a20-b10 des *Catégories* diffèrent sensiblement de leur réception scolastique concerne la détermination des accidents singuliers. On a dit que Leibniz hésitait à désigner ce genre d'accident par des abstraits – « telle chaleur » –, car il craignait que cette habitude soit incompatible avec le principe d'identité des indiscernables. On ne doit pourtant pas douter qu'il les admettait de plein droit dans son ontologie. Si certains textes donnent une impression contraire, c'est que Leibniz y livre sa critique des accidents « au sens de Porphyre » et que bien entendu les accidents singuliers sont touchés par cette critique : l'identité de la chose n'est indifférente à aucun accident, si infime soit-il. Il est impossible d'ôter quoi que ce soit d'un sujet *salva substantiae integritate*, car tous les accidents ont le même degré d'essentialité. Mais une fois cette thèse fermement établie la question des accidents demeure. Faut-

1. Cf. A VI iv 9, 880 (pour le verbe et la critique de sa définition selon Vossius « nota rei sub tempore » ; le « est » pour Leibniz signifie au contraire l'affirmation ou la négation); A VI iv 896 et 791 pour la distinction du substantif et de l'adjectif.

il les considérer comme réels? Peuvent-ils inhérer dans plusieurs substances ou passer de l'une dans l'autre? Si, de plus, tous les accidents ont un droit égal relativement à l'identité de la chose, comment faudra-t-il appeler un tel passage des accidents d'un sujet Appius dans le sujet Valerius : n'est-ce pas ce qu'on nomme en général une métempsycose [1] ?

Revenons au texte des *Catégories*. Certaines choses, dit Aristote, sont dans un sujet mais ne sont dites d'aucun sujet. Par exemple une certaine connaissance linguistique qui est dans l'âme comme dans un sujet mais que nous ne prédiquons pas. D'une manière générale, la marque de l'individualité d'une chose est qu'elle ne peut être dite d'une autre chose [2]. Dans le carré ontologique, l'axe déterminé par la relation verticale peut être considéré comme une fonction de l'unité : comme le dit Duns Scot, plus l'unité d'un être est moindre que l'unité numérique plus l'être en question est commun [3]. Toutefois, le problème de l'individualité se pose d'une manière spécifique au niveau des accidents. Dans la mesure, en effet, où les accidents ne sont pas des êtres par soi, on est tenté de se demander s'ils ne tirent pas leur individualité *ab alio*, c'est-à-dire de l'être dans lequel ils inhèrent. On est ainsi amené à estimer que les accidents singuliers, comme *ce rose*, sont ceux qui sont propres à un sujet unique : *ce rose qui est la couleur de la peau de Socrate*. Et, s'il en est ainsi, l'axe vertical du carré ne suffit plus à déterminer l'unité puisqu'il y faut, au moins dans le cas des accidents, des éléments empruntés à la relation d'inhérence. À la limite, la position qui est ici esquissée revient à poser la thèse suivante :

(12_1) x est un accident singulier si et seulement si x inhère dans un sujet et dans un seul.

Aristote n'aurait probablement pas accepté (12_1) [4]. On conçoit pourtant que cette thèse ait pu procéder de la définition de l'inhérence (en particulier

1. « Si nous imaginons une métempsycose modérée (c'est-à-dire d'un homme dans un homme), *Appius* sera un terme par accident tout comme *savant*, autrement dit *l'Appiété* sera une forme accidentelle, puisque à partir de *Appius* viendra éventuellement *Valerius* (si celui-là même qui a été Appius est désormais Valerius). Et si nous acceptons une métempsycose plus large (d'espèce à espèce) alors *homme* sera également un terme par accident, car celui qui était un homme deviendra un porc. » TLM 395 (VE 174).

2. Ici la différence de Leibniz et d'Aristote ne doit pas être exagérée. Leibniz admet des énoncés dans lesquels un terme singulier est en position de prédicat, mais il précise que ce sont toujours des cas d'identité. Aristote considère que ces énoncés ne sont pas à proprement parler des cas de prédication, mais plutôt des identifications ou des nominations (cf. Owen, G. E. L (1965), p. 97-98).

3. Duns Scot, *Ordinatio* II, dist. 3 part I Quest I. point 23.

4. Nous suivons ici la thèse de Guilym Owen : « To say that vink is a particular colour is to say that it, or its name, cannot be predicated : it is not to say that it cannot be found in more than one subject. Any particular shade of colour is of course reproducible. Any bit of linguistic knowledge can of course lodge in more than one head. Aristotle does not for a moment

de son réquisit numéro 2) : un être « est dans » un autre, dit Aristote, lorsque 1) il n'en est pas une partie 2) il ne peut exister séparément de lui[1]. Le point 2) admet, dans le cas de l'accident singulier, une interprétation faible, selon laquelle *ce rouge* est simplement l'élément ultime d'une colonne catégoriale ou, aussi bien, un accident entièrement déterminé. Il admet aussi une interprétation plus forte et, dans ce cas *ce rouge* n'est pas seulement entièrement déterminé, mais il est aussi non-récurrent. Guilym Owen note à ce propos que les deux thèses correspondent à deux manières de quantifier la définition de l'inhérence. Soit l'on pose que les deux parties de la définition sont gouvernées par le même quantificateur (thèse forte) :

(13_1) Z est dans un sujet $=_{\text{déf}}$ il existe x tel que Z est dans x et n'est pas une partie de x et Z ne peut exister sans x.

Soit, au contraire, on introduit un second quantificateur (thèse faible) :

(13_2) Z est dans un sujet $=_{\text{déf}}$ il existe x, Z est dans x et n'est pas une de ses parties, il existe y, Z ne peut pas exister sans être dans y.

Selon la thèse forte, on affirme que Z est dépendant de ce dans quoi il inhère. Selon la thèse faible au contraire, on affirme qu'il inhère dans quelque chose et qu'il est dépendant, sans qu'il soit possible d'établir un lien entre ces deux parties de la définition.

Le dogme énoncé dans (12_1) est une conséquence de la thèse forte. Il correspond aussi, du point de vue d'Aristote – et ceci quelle que soit l'importance qu'on veut bien reconnaître aux lignes 1a20-b10 des *Catégories* par rapport à d'autres textes sensiblement différents – à une simplification du carré ontologique. Ce dogme s'appuie sur la conviction selon laquelle la relation d'inhérence est toujours strictement horizontale, puisque les accidents et les sujets doivent toujours avoir le même degré de généralité. De même que *le rose* est dans *l'homme* en général – substance universelle –, de même *ce rose* est dans tel homme particulier, par exemple Socrate. Or, en plusieurs endroits, il est manifeste qu'Aristote admet au moins une inhérence qu'on dira « diagonale ». Celui qui possède une connaissance linguistique particulière, qui connaît, par exemple, toutes les

contemplate denying this. His commentators saddle him with the denial, and this is the dogma I set out to examine. » Owen, G. E.L. (1965), p. 99. La thèse de Owen ne fait pas l'unanimité; on lui reproche cette tendance à attribuer aux accidents singuliers certains caractères des universaux, en particulier l'être commun. Pour une défense très argumentée de la thèse traditionnelle, voir Heinaman, R. (1981). L'issue de cette dispute importe peu pour nous. L'inconvénient de la thèse traditionnelle critiquée par Owen demeure toutefois, dans la perspective d'une généalogie de l'*inesse* leibnizien, que celle-ci interdit une individuation verticale par prédicament.

1. Il s'agit de la définition abrégée donnée dans [1]; Pour une définition plus complète, on consultera Angelelli, I. (1967), p. 13.

exceptions à telle règle morphologique du grec, celui-là possède très certainement aussi les connaissances plus générales : la règle dont on cherche les exceptions, les règles voisines, la morphologie grecque dans son ensemble[1]. De même que la prédication peut avoir lieu sur plusieurs niveaux – *animal* est dit de *homme* et est dit de *Socrate* –, de même aussi pour l'inhérence : la couleur est dans le corps et elle est dans le corps de Socrate. Du strict parallélisme des deux relations, il suit avec une très forte probabilité que les accidents sont, pour Aristote, individués dans leur sphère prédicamentale propre. Cette individuation ne requiert pas une inhérence particulière, même s'il reste vrai que les accidents ont besoin d'une inhérence quelconque pour être, qu'ils ne peuvent être séparés ou encore, pour le dire comme saint Thomas, que leur *esse* propre est un *inesse*.

L'argument le plus convaincant avancé par Owen contre la thèse forte et sa conséquence (12_1) est tiré de la critique du platonisme. Il remarque que dans la *Métaphysique*, Aristote emploie à propos des Idées des expressions identiques à celle que nous retrouvons dans la définition de l'inhérence. Lorsqu'il est écrit, par exemple, que si l'Idée est une substance, elle ne peut pas exister séparément de ce dont elle est la substance[2], il faudrait être bien obstiné pour conclure de là que, selon le Stagirite, l'Idée de l'homme est propre à un homme particulier, par exemple à Socrate. La deuxième partie de notre définition de l'inhérence serait ainsi une clause assez ordinaire sous la plume d'Aristote, et cette clause serait relative à la nature des universaux et ne donnerait nullement le principe d'une individuation des qualités. À la thèse (12_1) on est ainsi tenté d'opposer :

(14) Pour tout x, si x est un accident, alors il existe au moins un sujet S dans lequel x inhère.

Vue du côté des universaux, la thèse (14) marque une position antiréaliste. Elle suppose en effet que tous les prédicables d'une chose sont dans cette chose et n'ont pas d'existence séparée. Mais cette thèse n'a pas de conséquence directe sur l'individuation des qualités. Elle est compatible avec la thèse (12_1) comme avec son opposé (12_2) :

(12_2) Pour un accident singulier x il peut exister S_1 et S_2 tels que x inhère dans S_1 et S_2 et $S_1 \neq S_2$.

Si, maintenant, on se place du point de vue de l'individuation, on conçoit que la thèse (12_1) ait pu passer pour une position plutôt platonicienne, puisqu'elle signifie que l'individuation d'une qualité a lieu non pas par soi mais « par participation », l'inhérence réelle marquant l'événement de cette participation.

1. *Catégories*, 1a25-26, 1b1-2 et Owen, G. E. L., *art. cit.* p. 100.
2. *Métaphysique* M, 5, 1079b35-1080a2, voir aussi : Z 16, 1040b25-30.

On peut de la même manière expliquer à grands traits ce qui se passe chez Boèce. D'un côté Boèce semble aller assez loin du côté de (12_2) et, d'un autre côté, il revendique une conception platonicienne de la prédication selon laquelle une chose est dite d'une autre par la participation d'une forme.

À propos des paronymes, Boèce soutient en effet un platonisme strict. On dit d'un homme qu'il est juste pour signifier le rapport qu'il a à la justice[1]. Les dénominatifs ne diffèrent que par le cas car ils signifient directement la chose participante et indirectement la participation elle-même. Mieux, il y a une participation de la chose désignée par le paronyme et il y a une participation dans les noms : le paronyme participe à son abstrait[2]. La thèse de la participation des formes n'est pas contenue dans le carré ontologique mais elle n'est pas incompatible avec lui, pourvu qu'on admette certaines précisions. « le juste est celui qui possède la justice ». Plus généralement :

(15) « A » est un nom de S si « A » est le paronyme d'un nom de ce dans quoi participe S.

De quoi « le juste » est-il un nom ? Est-il un nom pour une substance singulière ou pour une substance universelle ? Le grammairien est celui qui possède la grammaire. Le fait de posséder la grammaire est une qualité dont le degré de généralité peut varier, et qui par suite peut être commune à plusieurs individus. De cette manière, on conçoit que la position de l'accident sur l'axe vertical du carré est une fonction de la quantité de son sujet d'inhésion. Une grammaire particulière est celle que possède un grammairien singulier parce que la possession de la grammaire par un certain sujet et son actualisation dans la pratique de cette science est, aussi bien, le moment de son individuation. Autrement dit, il suit de la lecture platonisante du carré ontologique le genre de simplification que dénonce Owen chez les commentateurs d'Aristote : on suppose, plus ou moins implicitement, que l'inhérence est une relation strictement horizontale et l'on simplifie d'autant la relation à laquelle Aristote semble avoir primitivement pensé.

Si toutefois on laisse de côté cet aspect précis du commentaire, le texte de Boèce semble laisser largement ouvert le choix d'une conception de l'accident singulier. Après la substance universelle, écrit Boèce, Aristote

1. « Atque ideo quotiescunque aliqua res alia participat, ipsa participatione sicut rem, ita quoque nomen adipiscitur, ut quidam homo, quia justitia participat et rem quoque inde trahit et nomen, dicitur enim justus. » Boèce, PL 64, 167D-168A.

2. « Tria sunt autem necessaria, ut denominativa vocabula constituantur : prius ut re participet, post ut nomine, postremo ut sit quaedam nominis transfiguratio, ut cum aliquis dicitur a fortitudine fortis, est enim quaedam fortitudo qua fortis ille participet, habet quoque nominis participationem, fortis enim dicitur. » *Ibid.*

pose l'accident particulier en disant : certaines choses sont dans un sujet mais ne sont dites d'aucun sujet. Lorsqu'il dit qu'elles sont dans un sujet, il fait voir (*mostrat*) en quelque sorte l'accident, mais lorsqu'il ajoute qu'elles ne peuvent être dites, il fait voir la particularité. Par suite, tout ce qui est dans un sujet et n'est dit d'aucun sujet est accidentel et particulier, par exemple la grammaire d'un individu :

[18] Puisque toute grammaire est dans l'âme, il s'agit d'un accident; et puisqu'elle n'est prédiquée d'aucun sujet, il s'agit d'un particulier ; tout comme Aristarche lui-même n'est dit d'aucun sujet, de même sa grammaire n'est prédiquée d'aucun sujet[1].

Contrairement à ce qu'Aristote avait en vue, Boèce ne considère plus qu'une « science grammaticale particulière » désigne une espèce très déterminée de cette science, voire une partie d'espèce. Le fait de connaître les exceptions de telle règle morphologique du grec n'est plus, pour lui, un exemple de ce qu'est une science grammaticale particulière. « *Aliqua grammatica* » signifie désormais la science grammaticale propre à un certain grammairien, de sorte que l'accident est particularisé non seulement *parallèlement à* la substance mais aussi *par* elle. Il est difficile toutefois d'affirmer à partir de ce seul texte que Boèce soutiendrait la thèse (12_1) telle que nous l'avons présentée. Cette thèse est en effet très forte, puisqu'elle comprend non seulement que chaque accident singulier existe dans un sujet unique (condition nécessaire), mais également que l'unicité du sujet est la condition suffisante de cette particularité de l'accident. Selon (12_1) donc, l'inhérence de l'accident est le principe de son individuation. Autrement dit :

($12_{1.1}$) x est un accident singulier $=_{déf}$ (il existe S une substance telle que x est dans S) et (pour tout S et S' des substances, si x est dans S et x est dans S' alors S = S').

Cette version de (12_1) permet de voir qu'on peut aisément placer un intermédiaire entre celle-ci et la position opposée (12_2) :

($12_{1.2}$) x est un accident singulier $=_{déf}$ (il existe S une substance telle que x est dans S) et (pour tout S et S' des substances, si x est dans S et x est dans S' alors S = S') et (...).

où (...) désigne une condition, ou un ensemble de conditions, tirée du mode de l'individuation propre aux accidents. Cette condition pourrait être, par exemple : qu'il n'existe pas x' un accident tel que : $x \neq x'$ et x est dit de x'. Ce

1. « Ergo quoniam quaedam grammatica in anima est, accidens est, et quoniam de nullo subjecto praedicatur, particularis est; quemadmodum enim ipse Aristarchus de nullo subjecto dicitur, ita quoque ejus grammatica de nullo subjecto praedicatur. » Boèce, *In Cat. Arist. Lib I*, PL 64, 171D-172A.

que Boèce dit dans [15] paraît compatible à la fois avec ($12_{1.1}$) et ($12_{1.2}$). Une grammaire particulière est particulière et elle est en outre le propre d'un grammairien particulier : nous ne pouvons pas, sur la base de ce seul texte, établir exactement le lien de ces deux propriétés.

On en sait un peu plus, en revanche, par l'espèce de comparaison que Boèce établit entre l'*inesse* d'un accident dans une substance et l'existence des substances dans un lieu. Car cette comparaison semble avoir porté notre auteur plutôt du côté de la thèse faible. Lorsque le Philosophe dit qu'il est impossible à un accident d'être sans ce dans quoi il est, il ne l'entend pas comme lorsqu'on dit que quelque chose est dans un vase ou dans un lieu. Car ce qui est dans un vase ou dans un lieu pourrait très bien en être séparé, comme le froment qu'on met dans le boisseau le temps des comptes ou l'homme qui va au théâtre le temps d'une représentation [1]. On objectera que Socrate, qui n'est pas un accident, est toujours dans un lieu, et qu'il ne peut pas être sans un lieu (« *sine loco* »). Mais Socrate peut changer de lieu. Les accidents peuvent-ils en faire autant ? La main qui tient la pomme ne prend-elle pas son odeur ? N'a-t-on pas là un accident qui passe (*transire*) ? Et Boèce répond à cette question en adoptant une thèse plus faible, selon laquelle l'accident ne peut pas subsister sans un certain sujet mais peut en revanche changer de lieu [2].

Sur ce point donc, Boèce semble adopter une position très souple. C'est en tout cas ainsi qu'il a généralement été compris dans la tradition, au point qu'Abélard, qui défend pourtant un platonisme plus modéré, s'est senti obligé d'apporter quelques corrections au commentaire des *Catégories*. Il remarque que l'odeur exacte de la pomme ne peut passer de la pomme à la main, car en devenant l'odeur de la main elle change un tant soit peu [3]. De tous les accidents qui sont dans Socrate, il est vrai de dire qu'ils ne peuvent être sans lui. Mais Aristote ne dit pas seulement : « *non possunt esse sine eo* », il dit : « *postquam sunt in eo, non possunt esse sine eo* ». La nature des accidents est telle qu'elle ne peut souffrir qu'ils existent sans un sujet. Sur

1. « Quod enim in vase vel in loco est a vase vel loco poterit separi, ut triticum quod in modio est, potest a modio segregari, et homo a theatro discedere. » *Ibid.* 172D-173A. Le boisseau de Boèce fait penser à la corbeille (« cista ») dont parle Leibniz dans le *De abstracto et concreto* : TLM 387.

2. « Sed non hoc ait Aristoteles [il s'agit de la définition de l'inhérence] quoniam mutare accidens locum non potest, nec ita dixit impossibile esse sine eo in quo erat, sed sine eo in quo est, hoc enim significat mutare quidem posse locum, sed sine aliquo subjecto non posse subsistere. » *Ibid.* 173 B.

3. « Quam quidem opinionem Boethius in Commento tangit loquens de odore pomi, qui ad manum transire videtur, cum potius alium odorem inferat, sicut dulcedo mellis quae naturalis est, aliam dulcedinem palato gustandis ingerit, quae naturalis non est. » *Glossae super Praedicamenta Aristotelis* in : *Philosophische Schriften*, p. 129.19-23.

ce point tout le monde semble s'accorder. Mais Aristote affirme aussi par là que les accidents ne peuvent subsister sans le sujet dont ils ont une fois (*prius*) été les accidents. Il est faux, poursuit Abélard, de dire d'un aveugle : « il est impossible qu'il voit ». Car on peut tout à fait imaginer une situation contrefactuelle dans laquelle l'homme en question ne serait pas aveugle, de même que celui qui a perdu l'usage de ses jambes peut s'imaginer en homme valide. En ce sens il est faux de dire, de manière absolue, qu'un accident ne peut pas être s'il n'est pas dans son sujet d'inhésion. En revanche, il est tout à fait sensé de souligner que celui qui est devenu aveugle ne peut pas recouvrer la vue (« *non est possibile videre posquam caecus est* ») et d'affirmer de la même manière que l'accident, une fois devenu *l'accident de x*, ne peut pas être sans *x*. C'est exactement comme lorsqu'on dit qu'on ne peut être debout et assis à la fois, une simple question de rigueur logique [1].

La position d'Abélard défendue dans les développements qui viennent d'être résumés est sensiblement différente de celle de Boèce :

1 – Un accident ne peut pas être sans un sujet d'inhésion.
2 – L'accident singulier est par soi indifférent à son sujet d'inhésion (il aurait pu être dans un autre).
3 – L'accident singulier ne peut pas être actuellement dans plusieurs sujets.
4 – Un accident singulier ne peut pas ne pas être dans le sujet dans lequel il est.
5 – Un accident singulier ne peut pas passer dans un autre sujet.

Le point 1. donne le réquisit nécessaire de tout ce qu'on rangera dans la catégorie des accidents. Le point 2. est fermement défendu par Abélard. Il signifie, en d'autres termes, qu'il existe une identité contrefactuelle au niveau des accidents, ou, aussi bien, que les accidents singuliers sont individués par soi et non dans l'événement de leur inhésion [2]. Tel rose, qui est la couleur de la peau de Socrate, aurait pu être la couleur de la peau de Platon tout en demeurant identique. Abélard retrouve sur ce point en partie Aristote contre Boèce. Mais en partie seulement, dans la mesure où Aristote accepte qu'un accident singulier soit *actuellement* partagé par plusieurs

1. « Similiter et dicamus simpliciter : eum qui stat, non est possibile sedere, dum stat, verum est. » *Ibid*, p. 130.4.

2. Cette thèse peut être dite anti-scotiste. Cf. par exemple le passage suivant, dans lequel Duns Scot prouve qu'un accident ne peut pas être dans plusieurs sujets : « [...] non est hoc accidens ens, nisi quia est in hoc subjecto : si ergo hoc accidens tollatur ab hoc subjecto, tolletur ab eo sua entitas. Sed cum sit in alio subjecto, renovatur sibi sua entitas : ergo cum possit unum subjectum perire alio remanente, idem accidens numero simul postest esse et non esse. » *De rerum principio*, (Qu. 27 ar. 2 scholium), *in* : *Opera* III p. 154, cité in Mugnai, M. (1992), p. 39.

sujets, ce qui est exclu par la thèse 3. La thèse 4 donne à l'inhérence de l'accident singulier ce que, dans la tradition, on appelle la nécessité *ex hypothesi* : cette sorte de nécessité qui dépend des prémisses imposées par l'existence et la configuration du monde actuel[1]. Enfin la thèse 5, discutée par Leibniz dans le fragment *Sur les changements*[2], signifie le rejet d'une conception acceptée par Boèce.

L'accident et les relations

Il serait vain de vouloir reconstituer exactement la position de Leibniz sur des problèmes qui, s'ils se sont effectivement présentés à sa réflexion, n'avaient plus pour lui toutes les résonances que leur conféraient les conditions du débat scolastique. Les thèse explicitement mentionnées ressemblent plutôt à (12_1), mais elles sont alors rappelées comme des évidences partagées – de lieux communs – plutôt que comme le résultat d'une réflexion et d'une enquête. Plus peut-être que dans les textes définitionnels, le statut exact de l'accident singulier doit être recherché dans les fragments consacrés à l'analyse des relations. On sait que cet aspect de l'ontologie leibnizienne a été très complètement synthétisé dans l'étude de Massimo Mugnai[3]. Mais celui-ci peut encore être resitué dans le cadre de la doctrine de l'inhérence, selon les deux axes de l'ontologie.

Leibniz mentionne les accidents singuliers dans le passage fameux de la correspondance avec Clarke où il est question des trois manières de concevoir le rapport du plus grand au plus petit. Ou bien, dit Leibniz, on considère que le plus grand (*L*) est le sujet, ou bien que c'est le plus petit (*M*) qui est le sujet de « cet accident que les philosophes appellent relation ou rapport » ; enfin, on peut bien admettre que le rapport est « quelque chose d'abstrait des deux », mais dans ce cas on ne sait plus comment assigner le sujet :

[19] on ne saurait dire que tous les deux, *L* et *M* ensemble, soient le sujet d'un tel accident, car ainsi nous aurions un accident entre deux sujets, qui aurait une jambe dans l'un, une autre dans l'autre, ce qui est contre la notion des accidents[4].

1. Sur cette modalité, cf. Mugnai, M. (1986_1) et TLM 321-325.

2. TLM. 392-396.

3. Mugnai, M. (1992). Précisons que cette question avait auparavant été traitée par des commentateurs très scrupuleux, et que sur bien des points M. Mugnai n'a fait que confirmer les vues de ses prédécesseurs à l'aide de références nouvelles. Cf. en particulier Ashworth, E. J. (1967), Hintikka, J. (1972), Ishiguro, H. (1972), Angelelli, I. (1980) et Kulstad, M. (1980).

4. GP VII 401. Ce texte peut être rapproché d'un passage de la correspondance avec Des Bosses : « Neque enim admittes credo accidens quod simul sit in duobus subjectis. Ita de

Dans ce passage, qui a servi d'ancrage à la critique classique de Russell, Leibniz utilise le dogme scolastique dont il vient d'être question : un accident ne peut être inhérent qu'à un seul sujet (12_1). Ce dogme est utilisé en vue de refuser toute existence réelle à la relation *plus grand que* lorsque celle-ci est interprétée comme « un accident entre deux sujets ». On a moins souvent noté que Leibniz donne également, dans les mêmes lignes, le moyen de statuer sur le statut ontologique d'une relation donnée. Dans un énoncé relationnel comme : *L est plus grand que M*, ou bien *L* et *M* peuvent indifféremment être considérés comme sujet et comme prédicat, ou bien il est impossible d'établir une telle symétrie. Dans le premier cas, si *L* et *M* se comportent symétriquement par rapport à la prédication, on a affaire à une relation qui « n'est que mentale » ; dans l'autre cas, il s'agit d'une relation d'une autre genre, qu'on peut appeler « relation fondée ».

Arrêtons-nous sur la question de la symétrie. Mugnai remarque que l'attitude de Leibniz à l'égard des relations varie considérablement d'un texte à l'autre, et que cette variation n'est pas sans rapport avec le problème de la symétrie. Parfois, en effet, il est dit qu'il faut exclure purement et simplement les expressions relationnelles de la « langue philosophique », parfois au contraire est introduit un symbolisme qui est censé leur convenir. Or on ne peut pas mettre cette hésitation apparente sur le compte d'une évolution ou d'une maturation de la pensée, puisqu'elle se fait jour parfois dans des textes qui datent vraisemblablement de la même époque. En vérité, et quelle que soit l'évolution qu'on doit d'autre part présumer sur ce point[1], il y a chez Leibniz deux types de traitement logico-grammatical des énoncés polyadiques de la forme *R(ab)* : il propose une analyse différente selon que la relation en question est symétrique ou ne l'est pas. Dans le cas des relations symétriques – par exemple : *Socrate est semblable à Platon* –, l'analyse consiste à faire intervenir une paire de propositions conjointes : *Socrate est blanc* et *Platon est blanc*[2].

(16_1) $R(ab) \leftrightarrow \text{a est c} \wedge \text{b est c}$

où *c* est une propriété qui permet d'affirmer que *(a, b)* est bien un couple de *R* : le « fondement » de la relation. Ce type de relation est traité de manière non problématique, sans doute parce que Leibniz y voit autant de variations

Relationibus censeo, aliud esse paternitatem in Davide, aliud filiationem in Salomone, sed relationem communem utrique esse rem mere mentalem, cujus fundamentum sint modificationes singulorum. » (avril 1714) GP II 486.

1. Mugnai, M. (1992), p. 67-68.

2. Mugnai, M. (1992), p. 72-73 et A VI iv 243, et A VI iv 11 : « Sed et similitudo est locus ideationis, possunt enim formare ideam talem : *Cutis similis lacti.* Resolvitur autem similitudo in duas enuntiationes, v. g. *Cutis est A* et *Lac est A*. Hinc oritur relatio similitudinis. Fatendum tamen esse has ideationes secundarias. Nam resultant ex idea cutis albae et liquidi albi quod dicitur lac. »

sur le modèle de l'identité qu'il a appris à manipuler avec soin dans l'élaboration du calcul logique. La plupart des relations symétriques indiquent en effet que deux choses conviennent sous un certain rapport. L'analyse consiste à expliciter ce rapport et à poser que les termes de la relation sont identiques *sub aliqua consideratione*, au moyen d'une propriété. Ceci revient à dire que deux termes ont entre eux une relation symétrique s'ils appartiennent à une même classe spécifiée par une propriété :

$(16_2)\ R(ab) \leftrightarrow a \in \{x / x \text{ est } c\} \wedge b \in \{x / x \text{ est } c\}$

Dans le cas des relations asymétriques comme : *Titius est plus savant que Caius*, ou *L est plus grand que M*, Leibniz utilise également une paire d'énoncés de la forme sujet-prédicat, mais ceux-ci sont alors reliés par ce qu'il appelle une « particule formelle » – « *quatenus* », « *eo ipso* » – qui est elle-même interprétée comme l'expression d'une *consequentia*[1]. Dans le fragment *De lingua rationali*[2], par exemple, Leibniz remarque que toutes les expressions des langues naturelles doivent pouvoir se retrouver dans la langue rationnelle. Mais il ajoute que les expressions de la langue rationnelle doivent faire voir les propriétés formelles des relations exprimées. Soit la proposition : *Titius est doctior Cajo*, on dira : *en tant que Titius est savant et Cajus est savant, Titius est supérieur et Cajus est inférieur*. Cette analyse peut sembler la meilleure, mais elle ne rend pas compte exactement de l'asymétrie de la relation et il faudra préférer l'expression suivante (qu'on ne s'avisera pas de traduire) : *Titius est doctus et qua talis est superior, quatenus inferior qua doctus est Cajus*. Mieux encore, puisque *doctior = magis doctus*, on isolera d'une part : *doctus*, qui est comme un radical et, d'autre part : *magis aliquo qui est hic,* qui vaudra comme expression auxiliaire. Telle est donc la paraphrase qui semble finalement retenue dans la langue philosophique :

(17) *Titius est doctior Cajo : Titius / quatenus doctus / est / magis aliquo qui est Cajus,*

où, selon la procédure décrite au début des *Recherches générales* : *magis aliquo qui est Cajus* constitue un seul terme entier. Ajoutons encore ceci, que Mugnai ne note pas. Le *quatenus* est analysé par Leibniz, selon l'habitude des traités post-médiévaux, comme la concaténation de plusieurs hypothétiques causales :

(18) S *quatenus* M est P $\leftrightarrow$ S est P parce que S est M et si S n'est pas M, S n'est pas P[3],

1. Mugnai, M. (1992), p. 13, 79-80 et A VI iv 643-644, 114-115 (pour l'analyse du *quatenus*) et 651-652.

2. A VI iv 153 (en partie in : C 280).

3. « Et sane revera Socrates qua musicus bene canit, est enuntiatio praegnans constans ex his : Socrates canit, Socrates est musicus, et nisi Socrates esset musicus non bene caneret. »

ce qui, appliqué à (17) donne la paraphrase complète de *Titius est doctior Cajo* :

(19) *Titius est doctior Cajo* : Titius / est plus que Cajus / parce que Titius est savant et / si Titius n'est pas savant, alors Titius / n'est pas plus que Cajus.

où *plus que Cajus* constitue un seul terme entier.

Selon Mugnai, l'existence de nombreux fragments dans lesquels Leibniz revient sur l'analyse des relations asymétriques suffit à montrer que la prétendue « réduction » des énoncés relationnels n'est pas aussi forte qu'on l'a parfois prétendu et qu'une place est faite de plein droit à des prédicats relationnels, y compris dans la *lingua philosophica*, c'est-à-dire y compris lorsqu'on dispose des procédures complexes d'analyse qui viennent d'être résumées [1]. Il apparaît en effet, au sortir d'une analyse de ce genre, que le caractère relationnel de *Titius est doctior Cajo* n'est résorbé, ni par la transformation (17) – qui permet de s'assurer que la proposition est congruente à la forme canonique *S est P* – ni par (18), c'est-à-dire par la substitution, à la place d'une reduplication, de l'inférence entière qu'elle résume. Il convient d'insister sur le fait qu'on aurait alors une situation assez étrange, puisque dans les textes les plus métaphysiques, par exemple dans [19], Leibniz aurait pour ainsi dire promis une réduction des relations très supérieure à celle qu'on trouve effectivement dans les textes plus techniques qui en donnent le détail.

Cette situation résulte en partie d'une confusion interprétative relativement à la symétrie. Lorsque Leibniz se propose d'appliquer le dogme scolastique selon lequel un accident ne peut pas être à la fois dans plusieurs sujets, il ne critique pas la forme relationnelle de tel prédicat – par exemple : *plus grand que* – mais le caractère commun qui en fait un universel. Autrement dit : l'asymétrie qui est mentionnée dans [19] n'est pas celle à laquelle il est fait référence dans les formules (16)-(19). Elle n'est pas l'asymétrie d'une relation particulière comme *plus grand que*, mais l'asymétrie de toute relation relativement à la distinction ontologique de la substance et de l'accident. On peut aussi bien dire, à propos d'une relation symétrique comme *L est semblable à M* que *M* est un accident de *L*, ou bien que l'accident est quelque chose entre *L* et *M* et que, dans ce cas, il est strictement mental. On peut même dire, à propos de deux énoncés qui ne sont pas explicitement relationnels comme *Socrate est un homme* et *Platon est un homme* que le prédicat *un homme*, qui n'est pourtant pas un accident,

Notationes quaedam ad Aloysii Temmik Philosophiam, in : Mugnai, M. (1992), p. 155 (cf. A VI iv n 153). Ce passage était déjà connu de Ignazio Angelelli (Angelelli, I. (1967a), p. 95-96. Voir aussi Bäck, A. (1996), p. 452.

1. *Op. cit.* pp. 92-95, 107-110.

est ou bien « à cheval » sur Socrate et Platon, ou bien réellement inhérent. L'usage du principe (12_1) ne concerne pas le détail de l'analyse de la relation *plus grand que* mais bien *le sens* qu'il faut donner à cette analyse, c'est-à-dire l'intention qui anime les paraphrases de la *lingua philosophica*. Or cette intention n'apparaît pas dans les transformations (17)-(19), ce sont au contraire ces transformations qui doivent s'expliquer par elle.

Dans [19], la critique de la symétrie correspond à un mouvement de descente dans le carré ontologique selon l'axe vertical. On ne peut pas dire que *L* et *M* sont ensemble les sujets d'un même accident, si l'on entend par accident « ce qui est inhérent à un seul sujet ». Pour percevoir pleinement ce mouvement de descente, il faut prendre garde que l'accident dénoté par une proposition n'est pas nécessairement exprimé par un de ses termes. On peut distinguer les deux cas suivants :

1) Dans *L est plus grand que M*, si *L* et *M* sont traités de manière symétrique relativement à la prédication, alors a) aucun des deux n'est l'accident de l'autre et b) *L est plus grand que M* dénote un accident commun.

2) Dans *L est plus grand que M*, si *L* et *M* sont traités de manière asymétrique, a) l'un est l'accident de l'autre, b) l'accident dénoté par la proposition est propre à son sujet et est un accident singulier si ce sujet est une substance, ou a le même degré de généralité que son sujet.

Ces deux cas peuvent être représentés comme suit :

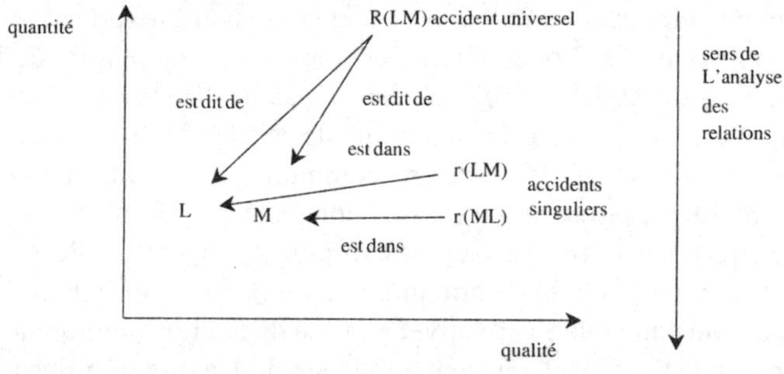

R(LM) désigne une relation asymétrique générale ; par exemple : *L est plus grand que M*, et, éventuellement, l'universel qui est dénoté par l'énoncé de la relation *plus grand que*. *r(LM)* est une relation asymétrique individuelle. Elle ne dénote pas un universel mais un particulier, l'exacte grandeur de *L*, et le rapport exact que celle-ci entretient avec la grandeur de *M*. *r(LM)* n'est pas seulement asymétrique en tant que relation, mais également en tant que prédication : l'énoncé de *r(LM)* dans la forme sujet-copule-prédicat n'est pas une proposition réciproque. Enfin, *r(LM)* est inhérent à *L* seulement, *r(ML)* à *M* seulement, *R(LM)* est dit de *L* et de *M* et en général de toutes les choses qui ont entre elles un tel rapport de grandeur.

Une des cinq « prémisses » par lesquelles Russell a cru pouvoir résumer la philosophie de Leibniz est l'énoncé selon lequel chaque proposition a un sujet et un prédicat, ce qui correspond à la première partie du principe d'inhérence présenté plus haut [1]. Russell indique que cette conviction pourtant traditionnelle n'est pas acceptable, car les propositions dans lesquelles entrent des « idées mathématiques » ne peuvent être ramenées à cette forme. S'il s'agit de comparer des cardinaux, la position d'une chose par rapport à celle d'une autre, la constitution d'une chose par ses parties, dans tous ces cas nous ne pouvons nous exprimer à l'aide de la seule liaison d'un sujet et d'un prédicat. Leibniz lui-même, selon Russell, aurait aperçu cette difficulté dans le passage fameux de la correspondance avec Clarke [19].

Russell interprète ainsi la remarque [19] comme si elle portait seulement sur la forme de la prédication. Nous avons établi au contraire qu'elle portait non seulement sur cette forme, mais aussi sur le type d'accident visé par les énoncés relationnels. Cette analyse confirme ainsi en tout point les vues d'Angelelli, selon lesquelles le logicisme ne fait pas exactement ce qu'il dit. Lorsqu'il reproche à Leibniz de négliger les relations en leur réservant un statut ontologique indigne [2], Russell néglige de son côté les raisons pour lesquelles Leibniz a bien voulu prendre le risque de donner cette impression : la critique des universaux, la conviction traditionnelle selon laquelle un universel peut être dit d'un sujet si et seulement si il existe un particulier correspondant qui puisse lui être associé. La critique de Russell à propos du texte [19], est plutôt le symptôme de la disparition des accidents singuliers, au nom desquels Leibniz refusait de donner un statut plus que mental aux relations. Dans le même sens, on peut avancer que l'analyse leibnizienne des relations visait avant tout à conserver au carré ontologique, sinon sa forme traditionnelle, tout au moins la distinction de ses deux dimensions.

Reste à se demander si l'analyse proposée dans la transformation (17)-(19) est exactement celle qui est représentée dans le schéma ci-dessus. Est-ce que, lorsqu'il se propose d'analyser les relations asymétriques, Leibniz nous donne les moyens de parcourir la distance qui sépare les accidents universels et les accidents singuliers ? L'analyse en question a lieu selon deux étapes. Dans la première (17), il s'agit de rendre les phrases qui énoncent des relations congruentes à la forme canonique « S est P ». Dans la

1. Russell, B. (1900), p. 4.

2. « Après avoir semblé, un moment, avoir le sentiment que la relation est quelque chose de distinct et d'indépendant du lien de sujet à accident, il met de côté cette découverte gênante, en condamnant la troisième des façons de voir ci-dessus comme une 'chose purement idéale'. » Russell (1900), § 10.

seconde (18), il s'agit seulement d'expliciter les inférences qui s'y trouvent enveloppées.

Qu'y a-t-il, dans ces deux parties de la procédure, qui permette de s'assurer qu'on aura nécessairement, *post reductionem*, un énoncé dans lequel le terme-prédicat désigne un accident singulier? Rien n'interdit à première vue, dans (19), de considérer que *Titius est savant* dénote un universel. Mais si *Titius est savant* porte sur le savoir en général, on voit mal en vertu de quoi il suit de *Titius est savant* que *Titius est plus que Cajus*. La force de l'inférence, explicitée par (18), suppose que l'on parle de la *manière d'être savant* propre à Titius, et non de la science en général. Pour pouvoir décider si (19) est vraie, je ne dois certes pas disposer de tous les détails biographiques qui font de Titius un savant, mais je dois au moins pouvoir assigner certains traits ou aspects, par lesquels il me sera possible d'inférer qu'il est *plus que Cajus*. Il s'agit donc d'une inférence qui ne dépend pas seulement d'un *medium extrinsecum* – les règles de la logique – mais plus profondément de la position des termes eux-mêmes[1]. Dans tout ceci, il n'est certes pas nécessaire que *savant* dénote un accident singulier. Mais il faut au moins que, dans (19), le degré de généralité de *savant* soit moindre que celui de *la sagesse*, autrement dit : que ce dont *savant* est le nom, ait une quantité ontologique plus faible que ce dont il est le paronyme.

Si l'analyse des relations a bien le sens que nous venons d'indiquer, cela signifie que Leibniz a maintenu la distinction de l'universel et du particulier dans le côté droit du carré ontologique. Cette position semble cohérente avec ses premières intuitions : lors de la lecture de Nizolius, il estimait déjà qu'on ne peut se débarrasser des universaux par simple décision métaphysique, en posant une fois pour toutes qu'ils n'ont aucune réalité mondaine, puisque même dans ce cas on peut toujours demander ce qui fonde la vérité de nos prédications lorsque nous utilisons des noms partagés. Le nominalisme d'alors, puisque c'est ainsi que Leibniz caractérisait sa propre philosophie, ne disqualifiait pas totalement les universaux. Il n'était pas autre chose que l'exigence qui s'exprime encore dans la correspondance avec Clarke. Les principes d'une ontologie satisfaisante nous interdisent de maintenir à part et comme séparés les universaux et les particuliers, puisqu'aussi bien nous avons besoin des uns et des autres lorsque nous formons des prédications vraies.

La critique des accidents ne saurait donc passer pour une simplification de l'ontologie. Elle a été plutôt conçue comme une réforme de ses relations fondamentales. Et sur ce point, il faut bien avouer que la position de Leibniz

1. Rappelons que dans les traités scolastiques, l'inférence qui dépend du contenu des termes est considérée comme plus noble que celle que nous dirions aujourd'hui formelle et qu'on appelait alors « accidentelle ».

n'est pas totalement assignable. A-t-il conservé ou bien abandonné l'inhérence réelle ? Quel sens a-t-il finalement conservé à l'*être-dans* ? J'ai fait, écrit-il dans le *Sur l'abstrait et le concret*, de longues et importantes recherches sur l'*inesse*. Et il en donne quelques échantillons dans un des passages qui restera assurément comme l'un des plus obscurs de toute son œuvre[1]. Dans ce texte en effet, l'inhérence est considérée comme une réalité physique, et il est difficile de juger si Leibniz entend en faire la critique ou bien s'il considère que c'est désormais dans ce sens que ses recherches doivent se diriger.

Le *De abstracto* ainsi qu'une large part de la correspondance avec Des Bosses peuvent être interprétés comme l'ébauche plusieurs fois recommencée d'un traité sur les « modes de l'être-dans » au sens de Pierre d'Espagne. Dans le *Tractatus III*, Pierre ouvre son traité des prédicaments par une sorte d'avant-propos sur l'inhérence réelle : avant toute distinction, dit-il, il faut se demander selon quels modes une chose est dans une autre[2]. Il distingue huit modes de l'*inesse*[3] et ces distinctions ne sont pas tirées du texte des *Catégories*, ni même du *De interpretatione*. Elles sont empruntées à un passage de la *Physique* qui se trouve purement et simplement déplacé d'un livre dans l'autre[4].

Que Leibniz ait envisagé un traité de ce genre ne doit pas nous surprendre. Il avait de la logique une conception ouverte. Il soupçonnait les problèmes liés à l'inconsistance des systèmes formels, mais ses soupçons n'étaient pas assez précis pour remettre en cause le schéma général d'un calcul dont le contenu aurait été, progressivement et comme par degré, apporté par les différentes sciences. En forçant un peu le trait, on peut

1. TLM 387-388 (A VI iv 989).

2. « Sed priusquam alterum membrum huius divisionis subdividatur, distinguendi sunt *modi essendi in*, qui necessarii sunt ad sequentem divisionem cognoscendam et ad quedam que postea dicentur » *Tractatus* III, 2, p. 27.

3. 1) La partie est dans le tout, les doigts dans la main ou le mur dans la maison. 2) Le tout est dans les parties, la maison dans les murs, les fondations et le toit. 3) L'espèce est dans le genre : l'homme dans l'animal, tout inférieur dans son supérieur. 4) Le genre est dans l'espèce, l'animal dans l'homme, un *definiens* dans le *definitum*. 5) La forme est dans la matière et la forme peut être substantielle ou accidentelle (l'âme est dans le corps ou la blancheur est dans le corps). 6) Chaque chose est dans son effet prochain ou 7) dans sa fin : la vertu dans la béatitude. Enfin 8) certaines choses sont dans un certain lieu.

4. Cf. Aristote, *Physique* IV, 3, 210a14-24 : « Post hec autem accipiendum est quot modis aliud in alio dicitur. Uno quidem igitur modo, sicut digitus in manu, omnino pars in toto est; alio vero sicut et totum in partibus; non enim praeter partes totum. Alio modo sicut homo in animali et omnino species in genere; alio vero sicut genus in specie et omnino pars speciei in speciei ratione. Adhuc sicut sanitas in calidis et frigidis et omnino species in materia. Adhuc sicut in rege que sunt Grecorum et omnino in primo motivo. Amplius sicut in optimo et omnino in fine; hoc autem est cuius causa fit. Omnium autem maxime proprium est sicut et in vase et omnino in loco. » *Aristot. Latinus*, VII, 1.2, p. 142-143.

avancer que Leibniz n'a jamais été logiciste, mais que sa conception de la vérité comportait un physicalisme sous-jacent. C'est en effet dans la physique, en tant que science concrète, qu'il espérait trouver le sens précis et principal de l'*inesse*. Le principe d'inhérence conceptuel a donc été maintenu en dépit des difficultés rencontrées, non seulement parce qu'il permettait de fonder un doctrine de la vérité qui semblait acceptable, mais aussi parce qu'il rendait possible une articulation de la logique sur le monde sensible que Leibniz n'a jamais perdue de vue.

CONCLUSION

HAECCÉITÉ

§ 16. GENÈSE DE L'INDIVIDUATION NOTIONNELLE

1663 et 1670

La thèse de l'individuation par les notions constitue sans aucun doute le point central de la métaphysique leibnizienne dans la période correspondant au corpus de la présente étude. On rappellera toutefois que la théorie de la substance, telle qu'elle est présentée, par exemple, dans le *Discours de métaphysique*, ne répond pas seulement au problème de l'individuation. Elle permet d'opérer une synthèse beaucoup plus vaste et de relier des problèmes philosophiques assez divers : le rapport des substances entre elles, de l'âme et du corps, la liberté dans son rapport à la prédétermination divine, la distribution des grâces, et, finalement, l'identité morale des sujets de la cité de Dieu. Le fameux § 8 du *Discours*, dans lequel la notion de substance est définie au moyen de la logique, est bien le pivot de cet ensemble, mais il vaut lui-même principalement par les conclusions qu'il permet de faire prévaloir dans le débat philosophique. À cela s'ajoute que, toujours dans le *Discours*, les explications logiques relatives à la substance individuelle côtoient d'autres explications qui empruntent à la théorie de l'expression. Le flou entretenu par Leibniz sur ce point masque mal une difficulté majeure : la notion d'expression n'est pas une notion logique[1], elle ne figure dans le calcul ni comme relation fondamentale, ni comme relation visée ou expliquée. Pourtant il est bien dit qu'elle est aussi un

1. On trouve dans GI une seule occurrence du terme « expression », dans les définitions des premiers termes : « pensant (un seul être qui, par une action immanente, en exprime plusieurs, autrement dit : conscient) » TLM 215 (C 361).

réquisit de l'individuation, puisque Dieu, « tournant pour ainsi dire de tous côtés et de toutes les façons le système général des phénomènes [...] le résultat de chaque vue de l'univers, comme regardé d'un certain endroit, est une substance qui exprime l'univers conformément à cette vue [...][1]. » Même en 1686, l'individuation logique des notions ne recoupe donc pas exactement la détermination métaphysique des particuliers. Elle en donne plutôt une des conditions nécessaires. Le calcul n'a pas produit une position ontologique sur le problème de l'individu. Il a plutôt fourni une clarification que Leibniz a souvent mise en avant parce qu'il y voyait la confirmation d'une conviction plus ancienne.

Ceci devient particulièrement net lorsqu'on s'intéresse aux différentes étapes par lesquelles est passée la rédaction du traité *De principio individui*. Depuis la *Dispute métaphysique* de 1663 jusqu'au *Discours* lui-même, on peut isoler plusieurs transformations successives; dans la *Préface à Nizolius*, à la fin de la *Profession de foi du philosophe* (1673), enfin dans la *Méditation sur le principe de l'individu* qui appartient à l'ensemble des *Notes Parisiennes*. Plus qu'une position métaphysique qui se serait progressivement construite autour du principe de l'individuation, on voit se dessiner au fil de ces textes une question de plus en plus précise, portant sur la nature de ce que l'on cherche exactement, lorsqu'on prétend déterminer un principe de l'individuation[2].

Dans la *Disputatio* de 1663[3], Leibniz défend la thèse de l'individuation par « l'entité totale », c'est-à-dire par la matière et la forme réunies. La réfutation des autres thèses a lieu selon l'ordre suivant : si le principe de l'individuation n'est pas l'entité entière, c'est une partie de l'entité exprimée par une négation, ou bien c'est quelque chose de positif. Dans ce cas il s'agit, soit d'un composant physique limitant l'essence – l'existence –, soit d'un composant métaphysique limitant l'espèce : l'haeccéité. La discussion la plus ample est consacrée à la position de Duns Scot, que Leibniz appelle « le plus avancé des réalistes ». Par goût de la contradiction, ou parce qu'il estimait que la doctrine de saint Thomas était inexplicable et celle des nominalistes incroyable, Duns Scot dut « faire sortir le singulier de l'universel et de quelque chose qui s'y ajoutât ». Il conclut que le rapport qui existe entre le genre et l'espèce est comme redoublé entre l'espèce et l'individu : de même que dans le premier cas intervient une différence spécifique, de même dans le second intervient une différence individuante (*individuifica*).

1. DM § 14.
2. Sur l'antériorité de la question par rapport au principe, cf. Denkel, A. (1991).
3. A VI i 3-19; le texte est commenté *in* : Courtine, J.-F. (1983).

En 1663, Leibniz rejette l'haeccéité qui lui paraît inintelligible. Les choses se passent un peu différemment trois ans plus tard. Dans la *Préface à Nizolius*, il est en effet question de savoir comment on doit former des mots nouveaux, car l'excès des néologismes doit être combattu et le petit nombre de ceux qui seront éventuellement sauvés devront se soumettre à des règles extrêmement strictes. Dans chaque *nomen,* il faut premièrement pouvoir percevoir immédiatement la racine; deuxièmement, il convient de respecter les analogies morphologiques avec les autres mots existant. L'exemple choisi par Leibniz pour illustrer ce point est le mot « l'haeccéité ».

> [1] « Haeccéité » n'a pas d'analogie en usage, « hoccité » serait meilleur, comme on dit « quiddité » et non « quaedité ». Or de la racine et de l'analogie de « hoccité » on peut former sa définition, car la racine de « hoccité » est *hoc* et son analogie est *-ité*. Or cette analogie, c'est-à-dire cette manière de dériver, désigne la raison de l'appellation dans la racine, c'est-à-dire la qualité de la racine selon laquelle est tel ce qui est ainsi nommé. Par suite, « l'hoccité » est la raison pour laquelle quelque chose est dit ceci (*hoc*) – de même que la qualité est définie par Aristote comme ce par quoi nous sommes dits *quales* – ou bien la qualité de quelque chose en tant que ceci (*hoc*) [1].

On assiste ici à quelque chose qui est devenu assez fréquent par la suite dans l'analyse leibnizienne : la réappropriation d'un mot technique de la philosophie ou de la science, débarrassé autant que possible de sa signification usuelle et défini à nouveaux frais. Il s'agit d'une variante des définitions de noms alors très en vogue, qui se distingue de ce qu'on trouve, par exemple, à Port-Royal, par le souci de fonder la signification nouvelle dans l'analyse morphologique. Pour employer correctement le terme *haeccéité*, on doit se rappeler qu'on devrait dire « hoccité » et qu'on veut dire : « la raison pour laquelle quelque chose est dit ceci » ou « la qualité de quelque chose en tant que ceci ». La doctrine scotiste n'est ni acceptée ni refusée, elle n'est pas évoquée [2].

Dans l'ontologie d'aujourd'hui, l'haeccéité, ou *thisness*, n'est pas prise exactement dans le même sens. La *thisness* telle qu'on la trouve dans la littérature contemporaine [3] est la propriété qu'a un particulier d'être identique au particulier qu'il est. Ce n'est pas la propriété qu'a tout particulier d'être identique à soi ($x = x$). L'haeccéité proprement dite est donnée par l'identité : $x = a$ où x est une variable sur les particuliers et a le

1. A VI ii 411-412.
2. Contrairement à ce qu'indique Grua (JU 289).
3. Adams, R. M. (1979) et Rosenkrantz, G. S. (1993).

nom d'un particulier qui doit figurer dans le langage sous la forme d'un nom propre, par l'usage référentiel d'une description définie ou par une expression indexicale. Leibniz considère également que ce qu'il appelle « haeccéité de *a* » suppose la propriété d'être *identique à a*. Mais il ajoute qu'elle désigne plus précisément *la raison* pour laquelle tel particulier est identique à celui qu'il est (*a*). Il donne donc à l'haeccéité un sens plus fort que celui que nous lui donnons à présent. On peut éclairer ce point par une analogie prise dans la doctrine de la vérité. On a vu que Leibniz considérait les concepts et les liaisons conceptuelles comme nous considérons les « facteurs de vérité » : ces entités qui doivent être ontologiquement plus lourdes que la simple ombre portée des phrases du langage dans le schème conceptuel de la théorie des ensembles. Toutes les manières de localiser les facteurs de vérité dans l'ontologie ont en commun d'attendre de ces entités qu'elles donnent la raison pour laquelle telle phrase du langage ou telle croyance peut être considérée comme vraie. Leibniz attend de l'ontologie qu'elle ménage une place pour des entités à l'égard desquelles nous serons redevables de la vérité des phrases. De la même manière, il attend de l'ontologie qu'elle ménage une place à des entités à l'égard desquelles nous serons redevables de l'individualité des individus ou de la particularité des particuliers. C'est ce genre d'entités qu'il décide de regrouper dans une catégorie à laquelle, dans [1], il donne le nom d'haeccéité.

L'haeccéité est ce qui permet de répondre à la question : pour quelle raison telle chose est susceptible d'être désignée par un ceci. Si l'on accepte cette position de la signification du terme, on trouve également l'origine d'une hésitation relativement au problème de l'individuation. Leibniz, en effet, n'a jamais su dire clairement si l'haeccéité était un principe d'individuation *in re*, ou une procédure d'identification *de dicto*. S'il s'agissait de ce par quoi une chose est une, entièrement déterminée c'est-à-dire complète et, finalement unique ; ou s'il s'agissait plutôt de ce qui indique que le discours fait référence à un particulier, c'est-à-dire isole réellement un particulier dans l'ensemble des références possibles. Cette hésitation, qui s'est accentuée par la suite, est en germe dans la position du problème en 1670. Qu'est-ce qui rend tel *ens* désignable par un ceci ? En faisant de l'individu le corrélat d'une ostension, Leibniz est fidèle à toute une tradition. Mais en insistant, plus que ses devanciers, sur la portée et sur le sens du « ceci », il engage sa réflexion sur deux voies différentes. Quel est le bon usage du « ceci » ? Quel est son fondement dans les choses ? La construction logique de la notion complète répond en grande partie à cette ambiguïté. Leibniz a voulu penser ensemble, ou tout au moins dans une continuité, l'identification épistémique des particuliers et l'individuation ontologique des *entia*.

1673 et 1676

À la fin de la *Profession de foi du philosophe*, Leibniz a établi que le péché s'explique par l'harmonie. L'harmonie est diversité compensée par l'identité. La discordance est toujours rachetée par l'unité, même s'il est impossible à un mortel d'embrasser « par l'esprit le chant tout entier », autrement dit de connaître le détail de la compensation. L'avantage de cette définition réside principalement du côté de la diversité. Elle conduit Leibniz à souligner les différences et la variété du monde dans une ontologie pluraliste. Le traité *De principio individui* est inséré en ce lieu. Le problème principal qui y est traité est celui de « la distinction des *entia* qui ne diffèrent que numériquement[1]. »

Le texte de la *Profession de foi* est difficile à lire quand on y recherche les positions défendues ultérieurement, à partir de 1676. Il s'agit ici de faire « l'hypothèse de la plus grande similitude » (*summa similitudo*) : admettre que peuvent être donnés par exemple deux œufs qui seraient tellement semblables que même un ange ne pourrait y reconnaître de différence. Lorsque le principe d'identité des indiscernables est reconnu dans sa fonction ontologique précise – en tant qu'il régit l'ordre des *entia completa* – cette hypothèse de la plus grande similitude est abandonnée. Mais cette fonction n'a été attribuée à PII que parce qu'elle apportait une solution aux difficultés soulevées par l'identité conçue comme *summa similitudo*.

Supposons donc deux œufs tout à fait semblables. S'il y a bien deux œufs, il faut dire qu'ils diffèrent l'un de l'autre parce que l'un est celui-ci (*hoc*) et l'autre celui-là ; autrement dit : ils diffèrent par l'haeccéité ou par le ceci. Et Leibniz poursuit :

> [2] Qu'est-ce que *ceci* c'est-à-dire la détermination, sinon la conscience du temps et du lieu, c'est-à-dire du mouvement de la chose ou de sa situation par rapport à nous, que nous ayons à désigner une chose déjà déterminée soit avec une partie de notre corps (par exemple la main ou le doigt par lequel nous désignons), soit avec une chose déjà déterminée (par exemple un bâton) pointée vers la chose. Voilà donc les principes d'individuation hors de la chose elle-même ; et, en effet, il n'est pas possible, en partant de l'hypothèse de la plus grande similitude, soit à un ange, soit, oserai-je dire, à Dieu, d'assigner entre ces œufs d'autre principe distinctif (*discrimen*) que : à l'instant actuel celui-ci est dans le lieu *A*, celui-là dans le lieu *B*[2].

1. « Tractatio de principio individui, seu solo numero differentium discriminatione. » Belaval 105.

2. *Ibid.*

La détermination dont il est question ici est une espèce de la désignation. Plus exactement, la désignation est une détermination continuée et la détermination donc une désignation instantanée. Si l'on veut distinguer les deux œufs alors que ceux-ci sont en mouvement, il faut éviter de les perdre de vue et pouvoir suivre la totalité de leur cheminement dans l'espace. Une solution préférable est donc de les marquer, un peu comme un marque un animal qu'on veut pouvoir repérer dans un troupeau, au moyen d'une marque réelle et extrinsèque, par exemple une tache de couleur rouge sur l'un, bleue sur l'autre. Il est impossible, selon l'hypothèse de la plus grande similitude, de trouver dans le discours des « marques » – c'est-à-dire des descriptions – prises de la chose même et qui permettraient de la distinguer d'une autre qui s'en distingue *solo numero*.

Le propre de la *summa similitudo*, c'est qu'elle renforce la problématique de l'identification par rapport à celle de l'individuation proprement dite. Un particulier est identifié comme le particulier qu'il est par sa position spatio-temporelle, et cette position est elle-même déterminée par rapport à l'observateur. Le corps et ses instruments, l'extension que constitue également le champ de notre perception y contribuent activement[1]. La perspective de l'individuation n'est pourtant pas abandonnée complètement. Leibniz propose en effet une sorte de *consequentia* qui irait de l'identification des particuliers à la nature réelle des âmes :

> [3] Qu'en inférez-vous relativement aux âmes? Quoi sinon que les âmes aussi ou, comme je préfère les appeler, les esprits sont comme individués, c'est-à-dire deviennent celles-ci par le lieu et le temps[2].

Toutes les âmes sont par soi identiques ou d'une similitude maximum. Demander ce qui fait qu'une âme est le particulier qu'elle est revient à rechercher dans son histoire ses positions successives dans l'espace et dans le temps. Leibniz ne précise pas si, avec l'espace et le temps, ce sont aussi les circonstances et les situations que cette âme a connues qui participent à son individuation. Il indique toutefois que l'individuation est strictement extrinsèque (*extra rem ipsam*). On peut donc supposer qu'il n'y fait intervenir que des relations externes et aucune propriété ou propriété relationnelle.

L'individuation spatio-temporelle décrite dans [3] a été reniée par la suite puisque, dans les textes de la maturité, le principe d'individuation est déclaré intrinsèque; l'espace et le temps ne sont plus du tout des

1. Cette procédure d'identification extrinsèque et spatio-temporelle est assez proche de celle qu'on trouve chez Strawson : Strawson, P. F. (1959) ; cf. Brown, C. (1990) et Pruss, A. R. (1998).

2. Belaval 107.

déterminants de la chose, ils ont rétrogradé dans l'échelle de l'ontologie vers une réalité plus faible invariablement qualifiée de « phénoménale ». Il vaut la peine de traduire entièrement le fragment, de dix ans postérieur au *Discours*, dans lequel la position finalement adoptée est clairement exprimée :

> [4] Il est d'une très grande importance dans toute la philosophie et même dans la théologie de considérer qu'il n'existe pas de dénomination purement extrinsèque, en raison de la liaison des choses entre elles ; que deux choses ne peuvent différer l'une de l'autre seulement selon l'espace et le temps mais qu'il est au contraire toujours nécessaire qu'intervienne également une différence interne. Ainsi deux atomes semblables par la figure et égaux par la grandeur ne peuvent exister conjointement (*simul*), par exemple deux cubes égaux. Les notions comme celles-ci sont mathématiques, c'est-à-dire abstraites, non réelles : tous les êtres différents doivent être distingués d'une manière ou d'une autre et la seule position parmi les choses réelles n'y suffit pas. [...] Si le seul lieu ne produit pas par soi de changement, il suit qu'aucun changement n'est purement local. Et plus généralement, que le lieu et la position, la quantité (comme le nombre et la proportion), sont seulement des relations qui résultent d'autres choses, qui quant à elles constituent ou terminent par soi le changement. Abstraitement c'est vrai, être en un lieu semble donc n'impliquer rien d'autre que la position. Mais dans la chose elle-même, il faut que ce qui est dans un lieu exprime en soi le lieu. Par suite, la distance et le degré de distance enveloppent dans la chose un degré d'expression de la chose distante, celle-ci affectant ou étant affectée par celle-là. Et il s'ensuit en vérité que la situation enveloppe le degré d'expression[1].

Il y a bien une stricte inversion de la position défendue dans [2] et [3]. Ce n'est pas le lieu qui individualise, c'est l'individu, en tant qu'instance expressive, qui constitue le lieu. Le principe d'individuation n'est pas *extra rem ipsam* mais bien dans la chose. Le texte indique de plus tout ce que suppose l'inversion en question. Il faut, premièrement, qu'on dispose d'un critère pour distinguer entre les êtres complets et les être incomplets. Il faut de plus disposer de la notion d'expression et avoir entrepris de faire de cette notion un usage métaphysique très large pour pouvoir dire, par exemple, que les *entia* expriment quelque chose et sont affectés d'un « degré d'expression ». Ces deux conditions ne sont pas remplies à l'époque de la *Profession de foi du philosophe*.

Pour autant, l'intuition qui se fait jour dans [2] et [3] n'est pas entièrement abandonnée par la suite. Si le principe d'une individuation extrinsèque ne survit pas à la refonte de 1676, elle est en partie prolongée

1. C 8-9.

par cet usage métaphysique de la notion d'expression. Dire que le principe de l'individuation est dans le lieu et affirmer au contraire que l'individu détermine le lieu comme son expression, cela n'est certes pas la même chose, mais cela revient, dans l'un et l'autre cas, à imaginer le monde comme un « système » dans lequel les places sont individuelles ou individualisantes. C'est très largement sur cette ambiguïté qu'est fondée la notion de « point de vue » et les difficultés métaphysiques souvent mentionnées à propos du phénoménisme de Leibniz[1]. Si l'haeccéité doit donner la raison pour laquelle quelque chose est un « ceci », c'est-à-dire le particulier qu'il est, le texte de 1673 propose donc un prétendant pour cette fonction : la place ou site, éventuellement éclairée et enrichie par la relation d'expression. De cela procède ce qu'on peut appeler « l'haeccéité expressive » qui constitue, par sa coexistence incertaine avec l'haeccéité notionnelle, la tension majeure de la métaphysique des années 1680.

On peut assigner le lieu textuel à la *mutatio* qui a eu lieu entre les textes [3] et [4] : il s'agit du fragment d'avril 1676, *Méditation sur le principe de l'individu*. La ligne argumentative de cette page difficile est la suivante : 1) s'il existe une connexion nécessaire entre la cause pleine et l'effet, alors on devrait pouvoir conclure, en s'appuyant sur une connaissance parfaite, de l'effet à la cause et de la cause à l'effet. Par suite, on est en droit de se demander si la cause elle-même ne doit pas être retenue comme candidat pour donner sens à l'haeccéité. 2) Il existe des cas pour lesquels nous sommes enclins à penser que diverses causes peuvent produire le même effet. Par exemple, on peut construire « exactement le même carré » au moyen de deux triangles ou au moyen de deux parallélogrammes, pourvu qu'on les choisisse judicieusement :

[5] Il en résultera toujours exactement le même carré dont aucun ne pourra être distingué de l'autre d'aucune manière, pas même par le plus savant, de sorte qu'il ne sera jamais au pouvoir, même du plus savant, à partir d'un carré donné de cette manière de découvrir sa cause, parce que le problème n'est pas déterminé[2].

3) Si nous voulons pouvoir placer le principe de l'individuation dans la cause, ou si nous voulons pouvoir simplement maintenir que l'effet enveloppe toujours sa cause pleine, alors :

[6] il est nécessaire que dans les carrés produits le mode de production puisse toujours être discerné.

1. Mates, B. (1986), chap. IV : *Puzzles about Mirroring*.
2. TLM 20-21.

On se trouve alors devant une alternative que Leibniz énonce en introduisant le principe d'identité des indiscernables dans la fonction générale qui a été par la suite la sienne de manière invariable, c'est-à-dire en tant qu'il permet de distinguer entre des *entia completa et incompleta*. C'est de cette façon que le texte peut être lu dans le débat que Leibniz entreprend avec lui-même, en particulier en référence à ce qui a été avancé dans [3]. De deux choses l'une, en effet, soit on opte pour l'hypothèse de la plus grande similitude – les deux œufs tellement semblables que pas même un ange ne pourrait les distinguer, si ce n'est par la coprésence – soit on nie cette hypothèse, ce qui revient à affirmer une version de PII : deux *entia* ne sont jamais tellement semblables qu'il soit impossible de les distinguer par soi ou de manière intrinsèque, chacune doit avoir en soi la raison de sa différence avec l'autre. Dans le premier cas, dit Leibniz : « il suit que le principe d'individuation est à l'extérieur de la chose, dans la cause. » On dira que deux choses semblables diffèrent extrinsèquement – *solo numero* – lorsque leurs causes respectives sont différentes. L'haeccéité est alors portée par la cause. Elle demeure extrinsèque, mais, et c'est une différence importante par rapport à la *Profession de foi*, les seules relations spatio-temporelles sont désormais insuffisantes.

Selon l'autre branche de l'alternative, c'est-à-dire lorsqu'on admet le principe d'identité des indiscernables, alors il faut que deux carrés relevant de modes de production différents diffèrent intrinsèquement. C'est la raison pour laquelle on doit inférer, à partir de la simple position de PII, l'existence de ce qui « retient l'effet de l'état antérieur » de la chose, que Leibniz nomme alors « l'esprit[1] ». Admettre PII revient à loger dans la chose une instance métaphysique qui doit intérioriser la causalité, ou, pour mieux dire : qui constitue le pendant intrinsèque de la causalité comme réalité relationnelle et extrinsèque. Cette contrepartie intrinsèque de la cause a largement survécu à la philosophie de l'esprit que Leibniz défendait dans sa jeunesse. L'épaisseur qui se trouve par là conférée au simple particulier – qui implique que les relations qu'il entretient avec le reste de l'univers ne peuvent en être séparées que par une différence de raison – constitue même un des caractères les plus marquants de l'ontologie leibnizienne.

Dans la *méditation sur le principe de l'individu*, PII est admis comme une hypothèse et il est en concurrence avec une autre hypothèse, la « plus haute similitude », elle-même désormais solidaire d'une individuation par la cause. Le choix entre ces deux hypothèses doit être soutenu par un certain

1. « Il est impossible que deux carrés de cette sorte soient parfaitement semblables, parce qu'ils seront faits de matière, or celle-ci aura un esprit et l'esprit retiendra l'effet de son état antérieur » TLM 21 A VI iii 490-491.

nombre d'arguments, parmi lesquels l'exigence de variété joue un rôle de premier plan. Le maximum atteint dans la diversité est plus fort dans une ontologie gouvernée par PII que dans une ontologie de la ressemblance. Dans les textes postérieurs à 1685, le principe d'identité des indiscernables est présenté, sans concurrent, comme une conséquence de l'inhérence conceptuelle[1] : La logique a donc confirmé et renforcé un choix ontologique antérieur, mais elle n'a pas elle-même engendré les termes du choix.

Il s'ensuit que la différence des êtres complets et incomplets est génétiquement antérieure à la thématisation de la notion complète. La complétude s'applique aux *entia* avant de s'appliquer aux notions et l'opération effectuée dans les *Recherches générales* a consisté à mettre dans une relation biunivoque les êtres complets et les notions ou concepts qualifiés également de complets. Antérieurement à cette mise en relation, Leibniz disposait déjà d'une ontologie duale, les être incomplets ou abstraits relevant de la ressemblance – haeccéité extrinsèque –, les réalités métaphysiques ou substantielles relevant de PII. En 1673, cette dualité existait alors que l'inhérence conceptuelle n'était pas conçue avec précision. Le caractère intrinsèque de l'haeccéité ne dépend donc pas essentiellement de la doctrine de la notion complète et peut en être détaché. Dans les *Notes parisiennes*, le principe de l'individuation s'appuie par exemple sur la conviction que tout être complet admet un mode de production et un seul[2].

1686

La conception de l'haeccéité en 1686 peut être présentée par les quatre points suivants :

1) Dans l'avant-propos des *Recherches générales*, *individu* est mentionné dans la liste des termes extra-logiques dont le calcul de la raison a besoin :

> [7] Un individu bien déterminé est par exemple : celui-ci, que je désigne en le montrant ou en ajoutant des marques distinctes, car s'il est vrai qu'on ne peut obtenir des marques qui distinguent parfaitement un individu de tout autre individu possible, il existe néanmoins des marques qui le distinguent des individus que l'on rencontre habituellement[3].

1. Cf. DM §IX.

2. « tout être complet ne peut être produit sinon d'une seule manière. Le fait que les figures puissent être produites de diverses manières est un indice suffisant de ce qu'elles ne sont pas des êtres complets » A VI iii 400.

3. TLM 211-213 (C 360).

Leibniz note que les termes généraux désignent les particuliers qui tombent sous eux [1] et que ces particuliers eux-mêmes sont donnés par ostension ou par description. Le choix entre les deux procédures est rendu possible par le fait qu'on peut faire un usage référentiel d'une description lorsque les marques ou caractères qui la composent sont suffisants relativement au contexte ou à la situation. Leibniz a composé ici deux types de critères qu'il avait employés auparavant : d'une part les critères défendus dans la *Profession de foi* pour l'haeccéité extrinsèque et qui demeuraient en partie compatibles avec la doctrine de l'individuation notionnelle comme critères d'identification ; et, d'autre part, les critères cognitifs élaborés dans le champ de la science générale, par lesquels ont été définies les notions claires et distinctes [2]. Cela implique que la donnée d'un individu est *au moins* claire et distincte et que, à l'inverse, les particuliers de la science que nous voulons connaître, y compris les termes de masse, doivent être traités de manière analogue, « comme des sujets ».

2) Dans l'article VIII du *Discours de métaphysique*, l'haeccéité d'un être complet est identifiée à la « notion accomplie », dont Leibniz dit qu'elle est « suffisante à comprendre et à en faire déduire tous les prédicats du sujet à qui cette notion est attribuée. » Cette définition « réelle » considérée par soi a quelque chose de difficile. Si l'on admet que les notions, en général, sont contenues les unes dans les autres – *praedicatum inest subjecto* – alors la définition réelle de la substance affirme que la notion accomplie contient exactement ce qui est nécessaire pour comprendre l'individu qui tombe sous elle, ce qui est peu conforme à l'antériorité des notions, pourtant nécessaire au choix divin, et peu compatible également avec l'haeccéité des individus seulement possibles, pour lesquels il n'est pas aisé de distinguer d'un côté les notions et de l'autre ce qui tombe sous les notions. Si, en revanche, on abandonne la référence à l'objet, alors la définition réelle affirme que la notion ou haeccéité d'Alexandre contient tout ce qu'elle contient et rien de plus.

3) La définition de l'article VIII du *Discours* requiert celle du § 72 des *Recherches générales* [3]. Il s'agit d'une définition dans l'usage qui passe par la considération des termes indéfinis et « superflus ». À partir des exemples donnés par Leibniz, on peut considérer qu'un terme A_i est superflu dans une

1. « Ainsi par exemple *homme*, c'est-à-dire *tout homme* signifie tout individu qui participe de la nature humaine. » *Ibid.*

2. Voir plus haut p. 22-24 et p. 259-260.

3. GI § 72 : « Par conséquent, si l'on a *BY* et si le terme quelconque indéfini *Y* est superflu (c'est le cas par exemple pour *quelque Alexandre le grand*, qui est identique à *Alexandre le grand*), alors *B* est UN INDIVIDU. Soit *BA* et soit *B* un individu, alors *A* est superflu, c.-à-d. : si *BA* = *C*, alors *B* = *C*. »

suite de termes $<A_1, A_2, \ldots, A_n>$ si et seulement si l'on peut toujours substituer à celle-ci *salva veritate* la suite de termes correspondante dans laquelle A_i a été ôté. Autrement dit : un terme est superflu relativement à une suite de termes s'il est impliqué par elle. La définition de la complétude utilise également le caractère quelconque des termes indéfinis :

(1) Quel que soit le terme *Y*, si *BY* est possible et si *B* est un terme individuel complet alors *B* contient effectivement *Y*.

(1) ne dit pas seulement que *B* le terme individuel complet contient tout ce qu'il contient, elle dit qu'il contient tout ce qui est compossible avec lui. Dans l'article VIII du *Discours*, « suffisante à comprendre et à en faire déduire tous les prédicats du sujet à qui cette notion est attribuée » signifie par suite qu'un être individuel est un être déterminé par une notion qui contient tout ce qui est compatible avec l'ensemble de ses ingrédients. L'usage métaphysique de la logique se fonde donc principalement sur le fait que la notion de compatibilité permet à la fois de circonscrire les limites du langage et d'exprimer avec précision un critère de l'individuation. Cette circonstance heureuse est probablement la raison principale pour laquelle Leibniz s'est dit tellement satisfait des progrès accomplis dans le calcul.

4) De cette définition de la notion complète on déduit aisément la définition traditionnelle de la substance comme sujet dernier, dite également définition nominale dans le *Discours* :

[8] Il est bien vrai que, lorsque plusieurs prédicats s'attribuent à un même sujet, et que ce sujet ne s'attribue à aucun autre, on l'appelle substance individuelle[1].

Une fois admise la définition du § 72 des *Recherches générales*, la place de la substance singulière dans le carré ontologique est un théorème du calcul. Soit *A* un concept individuel complet, s'il existe un concept *B* tel que *BA* est possible et *A* peut être dit de *B* – *B contient A* – alors on peut montrer que *A* est identique à *B*. En effet, si *A* est complet et *BA* est possible alors *A contient B* par la définition du § 72. Or *B contient A* par hypothèse, autrement dit : *A contient B et B contient A*, ce qui est une des définitions de l'identité.

Il y a quelque chose de paradoxal à réhabiliter l'haeccéité lorsqu'on fonde une partie importante de l'ontologie sur l'identité des indiscernables. Ce principe devient en effet trivial quand on admet la propriété d'être *identique à a*, qui demeure un des ingrédients fondamentaux de l'haeccéité, ou, mieux, de tout candidat susceptible de remplir la fonction de l'haeccéité telle qu'elle est définie depuis 1670. Si *a* et *b* sont deux entités, on a toujours

1. DM § VIII, voir aussi Grua 539.

la possibilité de dire que *a* possède la propriété d'être identique à *a* et d'être différent de *b* et inversement, de sorte qu'il y a au moins une propriété qui est possédée par l'un et non par l'autre[1]. Si l'on accepte la propriété *être identique à a* comme propriété, alors PII est tellement affaibli que son admission dans l'ontologie ne constitue plus une décision fondamentale, ce qui a pourtant été incontestablement le cas aux yeux de Leibniz. Ceci signifie que l'haeccéité aux yeux de Leibniz *ne pouvait pas être une propriété comme les autres*.

Cette correction toutefois est encore insuffisante. Selon PII, deux entités qui ont toutes leurs propriétés monadiques et polyadiques en commun sont identiques. En d'autres termes : deux entités qui sont qualitativement indiscernables ou ont exactement la même quiddité ont aussi la même haeccéité. Robert Adams a justement remarqué à ce propos, que poser PII pour toutes les entités revient à nier la possibilité d'une haeccéité primitive ou distincte[2]. Il appelle « univers leibnizien » un univers dans lequel il n'y a pas d'haeccéité primitive, c'est-à-dire un univers dans lequel toute haeccéité est une fonction de la quiddité.

Il y a là une vraie difficulté que l'historien de la métaphysique doit prendre très au sérieux. On voit mal, en effet, pourquoi Leibniz aurait dépensé tant d'énergie à réhabiliter l'haeccéité si, tout aussitôt, il avait enfoui celle-ci dans un monde strictement qualitatif. N'était-ce pas une manière de perdre d'un côté ce qu'il avait gagné de l'autre ? Ce que montre la genèse de la notion dans l'œuvre est principalement ceci : l'haeccéité telle que Leibniz la conçoit n'est pas seulement non qualitative, elle est aussi primitive au sens précis où elle donne la raison pour laquelle un particulier *a* est le particulier *a*. La conviction que Leibniz a voulu défendre, c'est que la raison pour laquelle le particulier *a* peut être dit le particulier *a* ne peut être donnée dans ou par aucune des propriétés (qualitatives) de *a*. De même, la raison pour laquelle le particulier *a* peut être dit le particulier *a* n'est donnée par aucune conjonction finie de propriétés qualitatives de *a*.

Si l'haeccéité permet de déduire toutes les propriétés d'une chose, c'est que la chose n'est pas un simple faisceau de ses propriétés ou d'une partie de ses propriétés. L'essentialisme extrême est, sous ce rapport, un anti-essentialisme. On ne peut pas dire, comme le fait Adams, que l'haeccéité est simplement une fonction de la quiddité, car aucune valeur de cette fonction n'aurait le caractère ontologiquement primitif requis. On peut dire en revanche que l'ontologie de Leibniz n'admet pas la séparation de

1. Black, M. (1952).
2. Il s'agit du point central discuté dans Adams, R. M. (1979).

l'haeccéité et de la quiddité. S'il y a un « univers leibnizien », il ne peut être décrit par une série infinie de choses qualitativement déterminées – réisme –, mais comme un ensemble de particuliers que Leibniz ne distingue pas des « notions » qui leur correspondent, dont le caractère particulier est antérieur par nature à tout autre caractère quidditatif et qui, pourtant, ne peuvent être séparés des propriétés et relations qui sont les leurs. C'est ce trait fondamental de son ontologie que Leibniz est parvenu à formuler à l'aide de cette haeccéité notionnelle et sur lequel il n'est par la suite jamais revenu.

BIBLIOGRAPHIE

I – ŒUVRES DE LEIBNIZ, LISTE DES ABRÉVIATIONS

A : G. W. Leibniz, *Sämtliche Schrifften und Briefe, herausgegeben von der deutschen Akademie der Wissenschaften zu Berlin,* suivi du numéro de la série (la série II pour la correspondance philosophique et la série VI pour les écrits philosophiques), de la tomaison et du numéro de page.

Belaval : G.W. Leibniz, *Confessio philosophi, La Profession de foi du philosophe*, texte, traduction et notes par Y. Belaval, Vrin, Paris, 1970.

Bodemann : Die Leibniz-Handschriften der königlichen Öffentlichen Bibliothek zu Hannover, Besch. von E. Bodemann. Hannover und Leipzig, 1885.

Bodéüs : Leibniz-Thomasius, *Correspondance, 1663-1672*, traduction et notes par Richard Bodéüs, Vrin, Paris, 1993.

C : G. W. Leibniz, *Opuscules et fragments inédits, extraits des manuscrits de la bibliothèque de Hanovre*, édités par Louis Couturat, Alcan 1903, reprint Georg Olms Verlag 1988.

CL : Couturat, L. (1901).

DC : G. W. Leibniz, *Doctrina conditionum. Exemple de certitude ou de démonstration en droit, présenté dans la Doctrine des conditions*, texte présenté traduit et annoté par Pol Boucher, *Thesaurus de philosophie du droit*, 4.

DM : *Discours de Métaphysique*, suivi du numéro du paragraphe.

Dutens : *Leibnitii ... Opera omnia, nunc primum collecta ... studio Ludovici Dutens*. T. I-VI, Genève, 1768.

Echeverria J. et Parmentier M. (1995) : G. W. Leibniz, *La caractéristique géométrique*, Vrin, Paris.

Erdmann : J. E. Erdmann, *G. G. Leibnitii Opera philosophica quae extant latina gallica germainca omnia*, Berlin, 1840.

F. de C. (œuvres) : Leibniz, *Œuvres,* éd. par Foucher de Careil, Paris 1858-1875, suivi du numéro du tome.

F. de C. : *Nouvelles lettres et opuscules inédits de Leibniz*, Paris, 1857.

GI : *Generales inquisitiones de analysi notionum et veritatum*, suivi du numéro du paragraphe (de la référence dans TLM et dans C pour les paragraphes non numérotés).

GM : G. W. Leibniz, *Mathematische Schriften*, herausgegeben von C. Gerhardt, Halle 1850-1853, reprint Georg Olms Verlag 1962, suivi du numéro du volume et de la page.

GP : G. W. Leibniz, *Die philosophischen Schriften*, herausgegeben von C. Gerhardt, Berlin 1875-1890, reprint Georg Olms Verlag 1978, suivi du numéro du volume et de la page.

Grua : G. W. Leibniz, *Textes inédits, d'après les manuscrits de la bibliothèque provinciale de Hanovre*, publiés et annotés par Gaston Grua, P.U.F. 1943.

Parkinson : Parkinson G. H. R, (1966) *Leibniz. Logical Papers*, Clarendon Press, Oxford.

Parmentier M. (1989) : G. W. Leibniz, *La naissance du calcul différentiel*, Paris, Vrin.

Protogaea : G. W. Leibniz, *Protogaea, De l'Aspect primitif de la terre ...*, édition, introduction et notes par J.-M. Barrande, Presses Universitaires du Mirail, Toulouse, 1993.

Rauzy, J.-B. (éd.) (1994) : Leibniz, *Discours de métaphysique, Sur la Liberté, le destin, la grâce de Dieu, Correspondance avec Arnauld*, Pocket, Paris.

TLM : G. W. Leibniz, *Recherches générales sur l'analyse des notions et des vérités, Vingt-quatre thèses métaphysiques et autres textes logiques et métaphysiques.* Textes traduits du latin par Emmanuel Cattin, Laurent Clauzade, Frédéric de Buzon, Michel Fichant, Jean-Baptiste Rauzy et Frédéric Worms, Introductions et notes par Jean-Baptiste Rauzy, Paris, P.U.F. 1998. Les références dans TLM sont suivies d'un renvoi à l'édition usuelle, ou, à défaut, à l'édition académique (A). Les fragments des éditions usuelles sont aisément repérables dans A VI iv par les tables du dernier volume (p. 459-463).

VE : G. W. Leibniz, *Vorausedition zur Reihe VI in der Ausgabe der Akademie der Wissenschaften der DDR*, Münster, 1980-1992, 10 fascicules : prépublication « *ad usum collegialem* » des trois tomes de A VI iv parus en 1999. La référence à VE est encore utile pour les quelques 25 textes qui ont été considérés comme postérieurs à juin 1690 et n'ont pas été retenus dans A VI iv.

II- Autres sources

Abélard, P. *Philosophische Schriften* (Geyer, B. (éd.) *Beitrage zur Geschichte der Philosophie und Theologie des Mittelalters*, B. XXI Heft 1-4), 1919-1933.

– *Dialectica*, (De Rijk, L. M. (éd.)) 1956.

Albert le Grand, *Opera omnia*, (Borgnet, A. (èd.)), Vives, Paris 1890-1899.

Albert de Saxe, *Perutilis logica*, Venise, 1522 (reprint : Olms, Hildesheim, 1974).

Alsted, J. H. *Metaphysica tribus libris tractata*, Herborn, 1613.

– *Cursus philosophici Encyclopaedia...*, Herborn, 1620.

Altenstaig, J. et Tytz J. : *Lexicon theologicum*, Coloniae Agrippinae, 1619.

Anselme, *De grammatico*, (Henry, D. P. (éd.), *Publication in Medieval Studies* XVIII, University of Notre Dame Press, 1964, trad. française de A. Galonnier *in* : l'*Œuvre de saint Anselme de Cantorbery*, t. II, Cerf, 1986).

ARISTOTELES Latinus II 1-2 *De interpretatione vel Periermenias*, Desclée de Brouwer, Bruges-Paris, 1995.

– III 1-4, *Analytica priora*, Desclée de Brouwer, Bruges-Paris, 1962.

– IV 1-4, *Analytica posteriora*, Desclée de Brouwer, Bruges-Paris, 1968.

ARNAULD, A. *Œuvres*, Lausanne, 1775-1783.

ARNAULD, A. et Lancelot C. *La Grammaire générale et raisonnée*, Paris, 1660, (Brekle H. E. (éd.) Frommann Verlag, Stuttgart, 1966).

ARNAULD, A. et Nicole P. *La Logique ou l'art de penser*, Paris, 1662 (Clair P. et Girbal, F. (éds.), PUF, Paris, 1965).

AUGUSTIN (saint) *Opera*, Patrologie Latine, T. 34 et *sq.*

BACON, F. *De dignitate et augmentis scientiarum*, Londres, 1623.

BISTERFELD, J.H. *Elementorum logicorum libri tres* ... Leiden, 1657.

BOÈCE, *Opera omnia*, Migne, Paris, 1860 (*Patrologie Latine* T. 63-64)

BÖHME, J. *De signatura rerum*, Stuttgart, 1662.

BURIDAN, J. *Tractatus de consequentiis*, 1498, Paris, (éd. Hubien, *Philosophes médiévaux*, 16, Louvain 1976).

– *Sophismata*, 1493, Paris, (Scott, T. K. (éd.), *in*: *Grammatica Speculativa*, 1, Frommann, Stuttgart, 1977). Trad. anglaise du même auteur: *John Buridan: Sophism on Meaning and Truth*, New York, 1967.

– *Quaestiones in praedicamenta*, (Schneider, J. (éd.), München 1983).

BURLEIGH, W. *De puritate artis logicae Tractatus Longior*, éd. Boehner, The Franciscan Institute St Bonaventure, New York, 1955.

– *De toto et parte*, Shapiro, H. et Scott, F. (éds.), *Archives d'histoire littéraire et doctrinale du moyen âge*, 1966, Vrin, Paris 1967.

– *Von der Reinheit der Kunst der Logik* (lateinisch-deutsch, übersetzt und mit Einführung und Anmerkungen herausgegeben von Peter Kunze), Felix Meiner, Hamburg, 1988.

– *De consequentiis*, Green-Pedersen, N. J. (éd.), *In*: *Franciscan Studies*, 18 (1980), p. 102-168.

CLAUBERG, J. *Logica vetus et nova*, Amsterdam, 1658.

[Cologne], *Copulata super omnes tractatus parvorum logicalium Petri Hispani ac super tres tractatus modernorum textui pulcerrime annotata in argumentis et replicis denue diligentissime correcta iuxta inviolatum processum magistrorum Colonie bursam montis regentium*, 1493.

COMENIUS, J. A. *Janua linguarum*, Amsterdam, 1661.

DALGARNO, G. *Ars signorum*, Londres, 1661.

DESCARTES, R. *Œuvres complètes*, édition Adam et Tannery, Paris, Vrin, 1897-1913 (AT).

DUNS SCOT, J. *Opera omnia*, Lyon, 1639 (édition vaticane : Rome 1950).

– *Le Principe d'individuation* (*Ordinatio* II, dist. 3, partie 1, Sondag, G. (trad.), Paris, Vrin, 1992.

DURANDUS A SANCTO PORCIANO, *In Petri Lombardi sententias theologicas commentarium libri IV*, Venise, 1571.

ENZINAS, F. de, *Primus tractatus summularum Fernandi de Enzinas, cum textu Petri Hispani, cui additus est tractatus relativorum*, 1523.

EUCLIDE, *Euclidis Elementorum libri XV*, éd. Ch. Clavius, 1591 & 1607.

EUSTACHE DE SAINT-PAUL, *Summa philosophiae quadripartita*, Paris, 1609.

FABRI, H. *Logica analytica*, Lyon, 1646.

FONSECA, P. *Institutiones dialecticarum libri octo*, 1611.

– *Commentariorum in libros metaphysicorum Aristotelis*, T I-IV (reprint Olms, Hildesheim, 1963).

GILBERT DE POITIERS (Gilbert de La Porrée), *The Commentaries on Boethius*, (N., M. Häring (éd.), Pontifical Institute of Medieval Studies, Studies and Texts, 13), 1966.

GOCLENIUS, R. : *Praxis logica*, Francfort, 1595.

– *Institutionum logicarum de inventione liber unus*, 1598.

– *Lexicon philosophicum*, Francfort, 1613 (reprint Olms, Hildesheim, 1964).

HOBBES, T. *Elementorum philosophiae sectio prima de corpore*, Londres, 1655.

– *De corpore. Elementorum philosophiae sectio prima*, édition critique, notes, appendices et index par K. Schuhmann, introduction par K. Schuhmann avec la collaboration de M. Pécharman, Paris, Vrin, 1999.

JEAN DE SAINT THOMAS (Juan Poinsot), *Outlines of Formal Logic*, traduit en anglais par Francis, C. Wade, Milwaukee, 1955.

JOHN OF SALISBURY, *The Metalogicon* (trad. anglaise de D. Mc. Garry, Berkeley, 1962)

JUNGIUS, J. *Logica hamburgensis*, Hamburg, 1638 (R. W. Meyer (éd.), Hamburg, 1957) [Log. hamb.].

– *Logicae hamburgensis Additamenta*, (Risse, W. (éd.), Göttingen, 1977, 29. Veröffentilichung der Joachim Jungius-Gesellschaft der Wissenschaften Hamburg) [Add.].

– *Disputationes hamburgenses*, (Müller-Glauser, Cl. (éd.), Göttingen, 1988, 59. Veröffentlichung der Joachim Jungius-Gesellschaft der Wissenschaften Hamburg).

KIRCHER A. *Ars magna sciendi*, Amsterdam, 1669.

MARIOTTE, E. *Essay de logique contenant les principes des sciences et la manière de s'en servir pout faire de bons raisonnements*, Paris, 1678.

MERCATOR, N. *Logarithmotechnia*, Londres, 1668.

NIZOLIUS, M. *Marii Nizolii Antibarbarus philosophicus, sive philosophia Scholasticorum impugnata, libris IV. De veris principiis et vera ratione philosophandi contra Pseudo-Philosophos* ... Francofurti 1674 [cette édition comporte l'introduction et les notes de Leibniz. Édition princeps : *Parmae apud Septimum Viottum*, 1553. Edition récente : Breen Q. (éd.), *Edizione nazionale dei classici del pensiero italiano*, II, 3 & 4, Roma, 1956. Trad. allemande par Thieme, K. München, 1980].

OCKHAM, G. d' : *Opera philosophica*, New York, 1974.

– (SL) *Somme de logique I et II*, traduit du latin par Biard, J., T.E.R., Mauvezin, 1988^1, 1993^2 (I) et 1996 (II).

PASCAL, B. *Œuvres complètes*, Le Seuil, Paris, 1963.

PAUL DE VENISE, *Logica parva*, 1472, Venise (reprint : Olms, Hildesheim, 1970).

– *Logica magna*, Venise (1499) (trad. anglaise : Kretzmann, N. (éd.), Part. I, Fasc. 1 Oxford, 1979 ; Broadie, A. (éd.), part. II Fasc. 3, Oxford, 1988 ; Del Punta, F. et Adams M. (éd.), part. II fasc. 7, Oxford, 1978).

PIERRE D'ESPAGNE, *Tractatus*, (*Summule logicales*), De Rijk, L. M. (éd.), 1972.

PRISCIEN, *Institutionum grammaticarum Libri XVIII*, *in* : Keil, H (éd.) : *Grammatici Latini*, II et III, Leipzig, 1855 et 1858.

SCHOPP, G. *Grammatica philosophica*, Amsterdam, 1660.

SHERWOOD, W. *Introductiones in logicam* (Grabmann, M. (éd.), 1937, trad. anglaise : *Introduction to Logic*, traduit par Kretzmann, N. Mineapolis, 1966 ; trad. allemande par Brands, H. et Kann, C, 1995).

SOTO, D. *Summulae*, Salamenca, 1554.

SPINOZA, B. *Opera*, (Gebhardt, C. éd.) Heidelberg, 1924.

SUÁREZ, F. *Opera omnia*, Vivès, Paris, 1856-1877.

– *Über die Individualität und das Individuationsprinzip. Fünfte metaphysische Disputation*, (trad. allemande et commentaires par Specht, R.), Meiner, 1976.

– *On the Various Kinds of Distinctions, Disputatio VII*, trad. anglaise par Vollert, C. *Medieval Philosophical Texts in Translation*, n°4, Marquette University Press, 1947.

– *Disputes métaphysiques*. Texte intégral, présenté, traduit et annoté par J.-P. Coujou :

– Dispute I : *Nature de la philosophie première ou métaphysique ;* Dispute II : *La raison essentielle ou le concept de l'étant ;* Dispute III : *Des propriétés et des principes de l'étant en général*, Paris, Vrin, 1998.

– Dispute XXXI : *La distinction de l'étant fini et de son être*, Paris, Vrin, 1999.

– Dispute LIV : *Les êtres de raison*, Paris, Vrin, 2001.

THOMAS D'AQUIN, *Summa theologica*, (Pecci, J. éd.), Paris, 1939.

– *In XII Libros Metaphysicorum Aristotelis Comment.* (Spiazzi, R. éd.) Marietti, Turin, 1950.

– *Opuscula philosophica*, (Spiazzi, R. éd.), Marietti, Turin, 1954.

– *In Aristotelis libros Peri hermeneias et posteriorum analyticorum expositio*, cum textu et recensione leonina, Marietti, Turin, 1964.

PSEUDO-THOMAS D'AQUIN, *De natura syllogismorum*, (*Sancti Thomae Aquinatis Opera Omnia*, … Omnia XXIII Volum. Comprehensa, Paris, 1660, Vol I, *De syllogismo Simpliciter*, p. 275-295, *De syllogismo Demonstrativo*, p. 275-304).

– *Opuscules*, T V, Vivès, Paris, 1865.

VAGETIUS, J. *De logica hamburgensi Admonitio*, Göttingen, 1661.

VOSSIUS, G. J. *Aristarchus sive de arte grammatica libri septem.* Amsterdam, 1662.

WILKINS, J. *An Essay towards a Real Character and a Philosophical Language*, Londres, 1668.

ZABARELLA, J. *Opera logica*, Colognae, 1597, (Risse, W. (éd.) Hildesheim 1966).

III- LITTÉRATURE SECONDAIRE

ABRAHAM, W. E. (1969) « Complete Concepts and Leibniz's Distinction Between Necessary and Contingent Propositions », *in* : *Stud. Leibn.* 1, p. 263-279.

– (1972) « The Incompatibility of Individuals », *in* : *Noûs*, 6, p. 1-13.

– (1975) « Predication », *in* : *Stud. Leibn.* 7, p. 1-20.

ADAMS, R. M. (1977) « Leibniz's Theory of Contingency », *in* : M. Kulstad (Ed.) *Essays on the Philosophy of Leibniz*, p. 1-41, Rice University Studies.

– (1979), « Primitive Thisness and Primitive Identity », *in* : *The Journal of Philosophy*, 76/1, p. 5-26.

– (1985) « Predication, Truth, and Trans-World identity in Leibniz », *in* : Bogen, J. et McGuire, J. (éds.), p. 235-283.

– (1994) *Leibniz, Determinist, Theist, Idealist*, O. U. P.

ALLEN, R. E. (1969) « Individual Properties in Aristotle's Categories », *in* : *Phronesis*, 14, p. 31-39.

ANNAS, J. (1974) « Individuals in Aristotle's *Categories* : Two Queris », *in* : *Phronesis*, 19, p. 146-152.

ANGELELLI, I. (1964) « Leibniz's Misunderstanding of Nizolius Notion of *multitudo* », *in* : *Notre Dame Journal of Formal Logic*, 6.

– (1967a) « On Identity and Interchangeability in Leibniz and Frege », *in* : *Notre Dame Journal of Formal Logic*, VIII, 1/2, p. 94-100.

– (1967b) *Frege and Traditional Philosophy*, Dordrecht.

– (1970) « The Techniques of Disputation in the History of Logic », *in* : *The Journal of Philosophy*, LXVII, p. 800-811.

– (1976) « Friends and Opponents of the Substitutivity of Identicals in the History of Logic », *in* : Schirn, M. (éd.) *Studies on Frege, Logic and Philosophy of Language*, Stuttgart, p. 141-166.

– (1978) « *Analytica Priora* I. 38 and Reduplication », *in* : *Notre Dame Journal of Formal Logic*, XIX, 2.

– (1979) « Abstraction, Looking-around and Semantics », *in* : *Stud. Leibn.* Sonderheft 8, p. 108-123.

– (1980) « On Individual Relations », *in* : *Stud. Leibn. Suppl.* XXI, p. 200-212.

ANSCOMBE, G. E. M. (1953) « The Principle of Individuation », *in* : *Proceedings of the Aristotlian Society*, *Suppl.* XXVII, p. 83-96.

– et Geach, P. T. (1961) *Three Philosophers (Aristotle, Aquinas, Frege)*, Blackwell, Oxford.

APEL, K. O. (1975) *Die Idee der Sprache in der Tradition des Humanismus von Dante bis Vico*, Bonn.

ARMSTRONG, D. M. (1978) *Nominalism and Realism. Universals and Scientific Realism*, v. I, Cambridge.

– (1978) *A Theory of Universals. Universals and Scientific Realism*, v. II, Cambridge.

– (1997) *A world of States of Affairs*, Cambridge U.P.

ARNDT, H.-W. (1971) « Der Zusammenhang von Ars iudicandi und Ars inveniendi in der Logik von Leibniz », *in* : *Stud. Leibn.* 3, p. 205-213.

ASHWORTH, E. J. (1967) « Joachim Jungius and the Logic of relations », *in* : *Archiv für Geschichte der Philophie*, B. 49/1, p. 72-85.

– (1974) *Language and Logic in the Post-Medieval Period*, Dordrecht, Reidel.

– (1985) *Studies in Post-Medieval Semantics*, Variorum Reprints, Londres.

BÄCK, A. (1996) *On Reduplication. Logical Theories of Qualification, Studien und Texte zur Geistesgeschichte des Mittelalters*, XLIX, E. J. Brill, Leiden.

BALDWIN, T. (1991) « The Identity Theory of truth » *in* : *Mind*, V. 100, p. 35-52.

BELAVAL, Y. (1960) *Leibniz critique de Descartes*, Gallimard, Paris.

– (1962) *Leibniz. Initiation à sa philosophie*, Vrin, Paris.

– (1976) *Études leibniziennes*, Gallimard, Paris.

– (1995) *Leibniz. De l'âge classique aux lumières. Lectures leibniziennes*, Beauchesne, Paris.

BEYSSADE, J.-M. (1979) *La philosophie première de Descartes*, Flammarion, Paris.

BLACK, M. (1952), « The Identity of Indiscernibles », *in* : *Mind*, 61, p. 153-164.

BLACKBURN, S. (1984) *Spreading the Word. Groundings in the Philosophy of Language*, Clarendon Press, Oxford.

BLANCHÉ, R. (1970) *La logique et son histoire d'Aristote à Russell*, Paris.

BLUMENFELD, D. (1972) « Leibniz's Modal Proof of the Possibility of God », *in* : *Sud. Leibn.* 4, p. 132-140.

– (1974) « Leibniz's Proof of the Uniqueness of God », *in* : *Stud. Leibn.* 6, p. 262-271.

– (1982) « Superessentialism, Counterparts and Freedom », *in* : Hooker (éd.) (1982), p. 103-123.

BOCHENSKI, I. M. (1956) *Formale Logik*, K. Alber, München.

– (1951) *Ancient Formal Logic*, North-Holland Publ. Comp. Amsterdam.

BOEHNER, P. (1951) « Bemerkungen zur Geschichte der De Morganschen Gesetze in der Scholastik », *in* : *Archiv für Philosophie*, 4, p. 113 146.

– (1952) *Medieval Logic. An Outline of its Development from 1250 to c. 1400*, Manchester, Manchester U.P.

BOGEN, J. et McGuire, J. (1985) (éd) *How Things Are : Studies in Predication and the History of Philosophy and Science*, Dordrecht, De Reidel.

BOUDOT, M. (1986) « L'individuation, vrai ou faux problème ? », *in* : Vuillemin, J. (1986) (éd.), p. 49-78.

BOUVERESSE, J. (1982) « La philosophie peut-elle être systématique ? », *in* : *Studia Philosophica*, 41, p. 9-38.

– (1983) « La théorie du possible chez Descartes », *in* : *Revue internationale de philosophie*, 146, p. 293-310.

– (1984) « Le problème de Ramsey », *in* : *Histoire, Epistémologie, Langage*, 6/1, p. 101-116.

– (1986) « La théorie des propositions atomiques et l'asymétrie du sujet et du prédicat : deux dogmes de la logiques contemporaine ? », *in* : Vuillemin, J. (1986) (éd.), p. 79-119.

– (1994) « Leibniz et le problème de la 'science moyenne' », *in* : *Revue internationale de philosophie*, 48(2), p. 99-126.

BRADLEY, F. H. (1914) *Essays on Truth and Reality*, Oxford.

BREKLE, H..E. (1971) « Die Idee einer Generativen Grammatik in Leibnizens Fragmenten zur Logik », *in* : *Sutd. Leibn.* 3, p. 141-149.

BROAD, C. D. (1972) « Leibniz's Predicate-in-Notion Principle and Some of its Alleged Consequences » *in* : Frankfurt (éd.) (1972), p. 1-18.

BROADIE, A. (1987) *Introduction to Medieval Logic*, Clarendon Press, Oxford.

BRODY, G. (1977) « Leibniz's Metaphysical Logic », *in* : Kulstad (éd.) *Essays on the Philosophy of Leibniz*, p. 43-55.

BROWN, C. (1990) *Leibniz and Strawson. A New Essay in Descrptive Metaphysics*, Philosophia Verlag, Munchen.

BRUAIRE, C. (1968) « Leibniz, l'articulation de la logique et de la théologie », *in* : *Leibniz, 1646-1716.Aspects de l'homme et de l'œuvre*, Paris, p. 227-235.

BRUNSCHVICG, L. (1912[1], 1986[2]) *Les Étapes de la philosophie mathématique*, Paris.

BRUYÈRE, N. (1983) « Leibniz lecteur de Ramus », *in* : *Leibniz et la Renaissance*, *Stud. Leibn. Suppl.* XXIII.

BURGELIN, P. (1959) *Commentaire du Discours de métaphysique de Leibniz*, P.U.F. Paris.

– (1968) « Dieu comme architecte et Dieu comme monarque », *in* : *Leibniz, 1646-1716. Aspects de l'homme et de l'œuvre*, Paris, p. 217-235.

BURKHARDT, H. (1974) « Anmerkung zur Logik, Ontonlogie und Semantik bei Leibniz », *in* : *Stud. Leibn.* 6, p. 49-68.

– (1980) *Logik und Semiotik in der Philosophie von Leibniz*, Philosophia Verlag, München.

– (1981) « Skizze der Leibnizschen Thorie der Prädikation », *in* : *Stud. Leibn. Suppl.* XVIII, Teil 3.

– (1988) « Whole and Part in Leibniz' Metaphysics », *in* : Rescher (éd.) (1988), p. 171-181.

BURKHARDT, H. & Smith, B. (éd.) (1991) *Handbook of Metaphysics and Ontology*, Philosophia Verlag, München.

BUZON, F. (de) (1991) « Réduction et irréductibilité du sensible : l'élision du sens commun chez Leibniz », *in* : *Revue de métaphysique et de morale*, 4, p. 531-550.

– (1995) « L'harmonie : métaphysique et phénoménalité », *in* : *Revue de métaphysique et de morale*, 1, p. 95-120.

CARNAP, R. (1947) *Meaning and Necessity*, The University of Chicago Press, Chicago (trad. française par F. Rivenc et Ph. de Rouilhan, Gallimard, 1997).

CARRIERO, J. (1993) « Leibniz on Infinite Resolution and Intra-mundane Contingency. Part One : Infinite Resolution », *in* : *Stud. Leibn.* 25/1, p. 1-26.

– (1995) « Leibniz on Infinite Resolution and Intra-mundane Contingency. Part Two : Necessity, Contingency, and the Divine Faculties », *in* : *Stud. Leibn.* 27/1, p. 1-30.

CASSIRER, E. (1902) *Leibniz' System in seinen Wissenschaftlichen Grundlagen*, Marburg (reprint Olms, Hildesheim, 1962).

– (1906) *Das Erkenntnisproblem in der Philosophie und Wissenschaft der neueren Zeit*, II, Berlin.

CASTAÑEDA, H.-N. (1974) « Leibniz's Concepts and the Coincidence 'Salva Veritate' », *in* : *Noûs*, 8, p. 381-398.

– (1975) « Leibniz's 1686 Views on Individual Substance, Existence and Relations », *in* : *The Journal of Philosophy*, vol. 72 n° 19, p. 687-690.

– (1976) « Leibniz's Syllogistic-Propositional Calculus », *in* : *Notre Dame Journal of Formal Logic*, XVII, p. 481-500.

– (1978) « Leibniz's Meditation about Existence, Dreams and Space », *in* : *Stud. Leibn. Suppl.* XVIII, p. 91-129.

– (1990) « Leibniz's Complete Propositional Logic », *in* : *Topoï*, 9, p. 15-28.

CHELLAS, B. F. (1980) *Modal Logic. An introduction*, Cambridge University Press, Cambridge.

CHURCH, A. (1965) « The History of the Question of Existential Import of Categorical Propositions », *in* : Bar-Hillel (éd.), *Logic, Methodology and Philosophy of Science*, Amsterdam, p. 417-424.

CLATTERBAUGH, K. (1971) « Leibniz's Principle of the Identity of Indiscernibles », *in* : *Stud. Leibn.* 3, p. 241-252.

– (1974) *Leibniz's Doctrine of Individual Accidents* : *Stud. Leibn.* Sonderheft 4.

COFFA, A. (1987) « Carnap, Tarski and the Search for Truth », *Noûs*, 21/4, p. 547-572.

– (1991) *The semantic Tradition from Kant to Carnap*, Cambridge University Press, Cambridge.

COURTINE, J.-F. (1983) « Le principe d'individuation chez Suárez et chez Leibniz », *in* : *Stud Leibn. Suppl. XXIII*, p. 174-190.

– (1990) *Suárez et le système de la métaphysique*, P.U.F., Paris.

COUTURAT, L. (1901) : *La logique de Leibniz d'après des documents inédits*, Félix Alcan, Paris (reprint Hildesheim, 1969) (CL).

– (1902) « Sur la métaphysique de Leibniz », *in* : *Revue de métaphysique et de morale*, X, 1, p. 1-25 (repris (1995[2]) *in* : *Revue de métaphysique et de morale*, 1).

CURLEY, E. M. (1971) « Did Leibniz state 'Leibniz' Law'? », *in* : *The Philosophical Review*, 80, p. 497-501.

– (1972) « The Root of Contingency », *in* : Frankfurt (éd.) (1972), p. 69-97.

DASCAL, M. (1971) « About the Idee of a Generative Grammar in Leibniz », *in* : *Stud. Leibn.* 3/4, p. 272-290. Repris *in* : Dascal, M. (1987), p. 125-144.

– (1977) « Caractères et pensées dans les Notes parisiennes de Leibniz », *in* : *Les Études philosophiques*, 4, p. 387-398. Repris *in* : Dascal, M. (1987), p. 47-60.

– (1978) *La sémiologie de Leibniz*, Aubier, Paris.

– (1980) « Leibniz's Early Views on Definition », *in* : *Stud. Leibn. Suppl.* XXI, pp. 33-50. Repris *in* : Dascal, M. (1987), p. 61-80.

– (1987) *Leibniz. Language Signs and Thought*, J. Benjamins, Amsterdam /Philadelphia.

– (1988) « On Knowing Truths of Reason », *in* : *Stud. Leibn. Sonderheft* 15, p. 27-37. Repris *in* : Dascal, M. (1987), p. 81-92.

– (1990) « Leibniz on Particules : Linguistic Forms and Comparatism », *in* : T. de Mauro and L. Formigari (Ed.), *Leibniz, Humboldt, and the Origins of Comparatism*. pp. 31-60, J. Benjamins, Amsterdam/Philadelphia.

DAVIDSON, D. (1990) « The Structure and Content of Truth », *The Journal of philosophy*, 87, p. 279-328.

DENKEL, A. (1991) « Principia Individuationis », in : *The Philosophical Quarterly*, vol. 41, p. 212-228.

DE RIJK, L. M. (1962) *Logica Modernorum. A Contribution to the History of early Terminist Logic*, T. I, *On the Twelfth Century Theories of Fallacy*, Assen.

– (1967) *Logica Modernorum. A Contribution to the History of early Terminist Logic*, T. II, *The Origin and early Development of the Theory of Supposition*, Assen.

– (1970) « Die Bedeutungslehre in der Logik des 13. Jahrhunderts und ihr Gegenstück in der metaphysischen Spekulation », *in* : *Miscellanea Mediaevalia*, 7, p. 1-22.

– (1980) « On Ancient and Medieval Semantics and Metaphysics III : The Categories as Classes of Names », *in* : *Vivarium* 18, p. 1-62.

– (1988) « On Boethius's Notion of Being : A Chapter of Boethian Semantics », *in* : Kretzmann, N. (éd.) (1988), p. 1-30.

DI BELLA, S. (1988) « La substance leibnizienne : histoire individuelle et identité », *in* : *Stud. Leibn.* Sonderheft 15, p. 117-129.

DUCHESNEAU, F. (1989) « Leibniz and the Philosophical Analysis of Science », *in* : *Logic, Methodology and Philosophy of Science*, VIII, pp. 609-624, Elsevier Science Publishers, Amsterdam.

– (1988) « The Principle of Indiscernibles and Leibniz' Theory of Science », *in* : Rescher, N. (éd.) (1988), p. 45-56.

– (1992) « Leibniz et l'ordre des phénomènes », *in* : *Stud. Leibn.* Sonderheft 21, p. 179-190.

– (1993) *Leibniz et la méthode de la science*, P.U.F. Paris.

DUMMETT, M. (1956) Review of Rescher, N. (1954), *in* : *The Journal of Symbolic Logic*, 21 p. 197-199.

– (1959) « Truth », *in* : Proceedings of the Aristotelian Society, 69, p. 141-162 (repris dans *Truth and Other Enigmas*, Duckworth (1978), p. 1-24).

– (1973) *Frege : Philosophy of Language*, Duckworth.

DÜRR, K. (1949) *Leibniz' Forschungen im Gebiet der Syllogistik*, *in* : *Leibniz zu seinem 300. Geburtstag 1646-1946*, Hochstetter E. (éd.), Berlin.

ECO, U. (1994) *La recherche de la langue parfaite dans la culture européenne*, Le Seuil, Paris.

ENGEL, P. (1989) *La Norme du vrai. Philosophie de la logique*, Gallimard, Paris.

ENGFER, H.-J. (1982) : *Philosophie als Analysis. Studien zur Entwicklung Philosophischer Analysiskonzeptionen unter dem Einfluss mathematischer Methodenmodelle im 17. und frühen 18. Jahrhundert*, Stuttgart.

ENGLEBRETSEN, G. (1982) « Leibniz on Logical Syntax », *in* : *Stud. Leibn.* 14, 119-126.

– (1987) « Subjects », *in* : *Stud. Leibn.* 19/1(85/90).

– (1988) « A Note on Leibniz's Wild Quantity Thesis », *in*: *Stud. Leibn.* 20, p. 87-89.

FELDMAN, F. (1970) « Leibniz and 'Leibniz' law' », *in* : *The Philosophical Review*, 79, p. 510-522.

FICHANT, M. (1991) *G. W. Leibniz, De l'horizon de la doctrine humaine, La restitution universelle*, Vrin, Paris.

– (1994) *G. W. Leibniz. La réforme de la dynamique*, Vrin, Paris.

– (1998) *Science et métaphysique chez Descartes et Leibniz*, P.U.F., Paris.

FIELD, H. (1987) « The Deflationary Conception of Truth », *in*: Wright, C. et McDonald, G. (éd.), *Facts, Science and Morality*, Backwell, New York, p. 55-117.

FORREST, P. (1982) « Occam's Razor and Possible Worlds. », *in* : *The Monist*, 65,4, p. 456-464.

FRANKFURT, H. G. (éd.) (1972) *Leibniz. A Collection of Critical Essays*, Garden City, New York.

FREGE G. (1879) *Begriffsschrift, eine der arithmetischen nachgebildete Formelsprache des reinen Denkens*, Halle (réédition Olms 1964).

– (1884) *Die Grundlagen der Arithmetik, eine logisch-mathematische Untersuchung über den Begriff der Zahl*, Breslau (tr. fr.: *Les fondements de l'arithmétique*, C. Imbert, Paris, 1969).

– (1891) « Funktion und Begriff », Jena, (trad. franç. *in*: *Ecrits logiques et philosophiques*, traduits par Claude Imbert, Paris, 1971, p. 80-101).

– (1892) « Über Sinn und Bedeutung », *in*: *Zeitschrift für Philosophie und Philosophische Kritik*, p. 25-50, (trad. franç. *in*: *Écrits logiques et philosophiques*, traduits par Claude Imbert, Paris, 1971, p. 102-126).

– (1892) « Über Begriff und Gegenstand », *in*: *Vierteljahrschrift für wissentschaftlische Philosophie*, 16, (tr. fr. *in*: *Ecrits logiques et philosophiques*, traduits par Claude Imbert, Paris, 1971, p. 127-141).

– (1893-1903) *Grundgesetze der Arithmetik, Begriffschriftlisch abgeleitet*, Iena T. I et II.

– (1903) « Was ist eine Funktion? », *in* : *Festschrift Ludwig Boltzmann*, Leipzig, (trad. franç. *in* : *Ecrits logiques et philosophiques*, traduits par Claude Imbert, Paris, 1971, p. 160-169).

– (1918) « Der Gedanke », *in* : *Beitrag zur Philosophe des deutschen Idealismus*, 1, n°2, (trad. franç. *in*: *Ecrits logiques et philosophiques*, traduits par Claude Imbert, Paris, 1971, p. 170-194).

– (1919) « Aufzeichnungen für Ludwig Darmstaedter » *in*: *Nachgelassene Schriften*, Hermes, H. *et alia* (éds.), Meiner, Hamburg, p. 273-277.

FRIED, d. (1981) « Necessity and Contingency in Leibniz », *in* : Woolhouse (éd.) (1981), p. 55-63.

GALE, G. (1976) « On What God Chose : Perfection and God's Freedom », *in* : *Stud. Leibn.* 8, p. 69-87.

GAUDIN, C. (1993) « Correspondance et responsabilité », *in*: *Philosophie*, 39, p. 83-107 (cet article comporte, en appendice, une traduction du texte *Dialogus* de 1677 : GP VII 190-193).

GEACH, P. (1962) *Reference and Generality. An Examination of Some Medieval and Modern Theories*, Cornell University Press, Ithaca.

–(1880) « Strawson on Subject and Predicate », *in*: Zak van Straaten (éd.), *Philosophical Subjects, Essays Presented to P. F. Strawson*, The Clarendon Press, Oxford.

GOODMANN et Leonard H. S. (1940) « The Calculus of Individuals and its Uses », *Journal of Symbolic Logic*, 5, p. 45-55.

GREEN-PEDERSEN, N. J. (1984) *The Tradition of the Topics in the Middle Age. The Commentaries on Aristotele's and Boethius' Topics*, Philosophia verlag, München.

GRICE, H. P. (1989) *Studies in the Way of Words*, Harvard University Press, Cambridge Mass.

GRIMM, R. (1970) « Individual Concepts and Contingent Truths », *in*: *Stud. Leibn.* 2, p. 200-223.

GROSHOLZ, E., YAKIRA, E. (1998) *Leibniz's Science of the Rational, Stud. Leibn. Sonderheft* 26.

GRUA, G. (1953) *Jurisprudence universelle et Théodicée selon Leibniz*, P.U.F. Paris (JU).

GURWITSCH, A. (1974) *Leibniz, Philosophie des Panlogismus*, Berlin.

HACKING, I. (1971) « The Leibniz-Carnap Program for Inductive Logic », *in*: *The Journal of Philosophy*, 68, p. 597-610.

–(1972) « Individual Substance », *in*: Frankfurt (éd.) (1972), p. 137-153.

–(1982) « A Leibnizian Theory of of Truth », *in*: Hooker (éd.) (1982), p. 185-195.

HEIDEGGER, M. (1957) *Der Satz vom Grund*, Pfullingen, 1957 (tr. fr.: *Le Principe de raison*, Gallimard, Paris, 1983).

–(1961) *Nietzsche*, Bd. I et II, Pfullingen, 1961² (tr. fr.: *Nietzsche*, Gallimard, Paris, 1972).

–(1976) *G. A.* Bd. 21, *Logik. Die Frage nach der Wahrheit*, Frankfurt.

–(1978) *G. A.* Bd. 26, *Metaphysische Anfangsgründe der Logik*, Frankfurt.

HEINAMAN, R. (1981) « Non substantial Individuals in the Categories », *in*: *Phronesis*, XXVI/3, p. 295-307.

HEINEKAMP, A. (1968) « Zu den Begriffen Realitas, Perfectum und Bonum metaphysicum », *in*: *Stud. Leibn. Suppl.* I, Bd. I, p. 207-222.

–(1975) « Natürliche Sprache und Allgemeine Charakteristik bei Leibniz », *in*: *Stud. Leibn. Suppl.* XV, p. 257-286.

–(1976) « Sprache und Wirklichkeit bei Leibniz », *in*: H. Parret (éd.) *History of Linguistic Thought and Contemporary Linguistics*, New York, 1976.

–et Schupp F. (éd.) (1988) *Leibniz' Logik und Metaphysik*, Wissenschaftliche Buchgesellschaft, Darmstadt.

HENRY, D. P. (1972) *Medieval Logic and Metaphysics. A Modern Introduction*, Londres, Hutchinson University Library.

–(1986) « Universals and Particulars » *in*: *History and Philosophy of Logic*, 7.

–(1991) *Medieval Mereology*, B. R. Grüner, Amsterdam.

HERRING, H. (1969) « Die Problematik der Leibnizschen Gottesbeweise und Kants Kritik der spekulativen Theologie », *in* : *Stud. Leibn. Suppl.* IV, Bd. IV, p. 21-37.

HOCHBERG, H. (1992) « Truth-Makers, Truth Predicates, and Truth Types », *in* : Mulligan, K. (éd.) (1992) *Language, Truth and Ontology*, Kluwer, Dordrecht, p. 87-117.

HOOKER, M. (éd.) (1982) *Leibniz : Critical and Interpretive Essays*, Manchester University Press, Manchester.

HINTIKKA, J. (1972) « Leibniz on Plenitude, Relations and the Reign of Law », *in* : H. G. Frankfurt (éd.) (1972), p. 155-190.

– (1975) *The Intentions of Intentionality and other new Models for Modalities*, D. Reidel, Dordrecht.

HINTIKKA, J., REMES, U. (1974) *The Method of Analysis. Its Geometrical origin and its General Significance*, D. Reidel, Dordrecht.

HÜBENER, W. (1975) « Scientia de Aliquo et Nihilo. Die historischen Voraussetzungen von Leibniz' Ontologiebegriff », *in* : *Denken im Schatten des Nihilismus*, Darmstadt, p. 34-54.

– (1977) « Ist Thomas Hobbes Ultranominalist gewesen ? », *in* : *Stud. Leibn.* IX p. 77-100.

HUGHES, G. E. et Cresswell M.J. (1984) *A Companion to Modal Logic*, Methuen, Londres.

HUNTER, (1981) *Leibniz and the 'Super-Essantialist' Misunderstanding*, *in* : *Stud. Leibn.* XIII, p. 125.

ISHIGURO, H. (1972) *Leibniz's Philosophy of Logic and Language,* Londres.

– (1972) « Leibniz's Theory of the Ideality of Relations », *in* : H. G. Frankfurt (éd.) (1972), p. 191-213.

– (1978) « Les Vérités hypothétiques. Un examen de la lettre de Leibniz à Foucher de 1675. », *in* : *Stud. Leibn. Suppl*, XVIII, ii, p. 33-42.

– (1981) « Contingent Truths and Possible Worlds », *in* : Woolhoouse R.S. (éd.) (1981), p. 64-76.

– (1982) « Leibniz on Hypothetical Truths », *in* : Hooker, M. (éd.) (1982), p. 90-102.

– (1988) « La Notion dite confuse de l'infinitésimal chez Leibniz », *in* : *Stud. Leibn.* Sonderheft 15, p. 183-197.

JALABERT, J. (1947) *La Théorie leibnizienne de la substance*, Paris.

– (1960) *Le Dieu de Leibniz*, P.U.F, Paris.

JOLIVET, J. (1987) *Aspects de la pensée médiévale : Abélard. Doctrine du langage*, Paris.

JOLLEY N. (éd.) (1995) *The Cambridge Companion to Leibniz*, Cambridge.

KABITZ, W. (1909) *Die Philosophie des jungen Leibniz. Untersuchungen zur Entwicklungsgeschichte seines System*, Heidelberg.

KAEHLER, K. E. (1988) « Enthaltensein und Negation. Zur logischen Bedeutung von Leibniz' grossen Prinzipien für Qualität und Quantität der Aussage », *in* : *Stud. Leibn.* Sonderheft 15, p. 16-26.

– (1989) : *Leibniz' Position der Rationalität*, Karl Alber, München.

KALINOWSKI, G. (1977) «La Logique juridique de Leibniz. Conception et contenu.», *in* : Stud. Leibn. IX, p. 168-189.

KANGRO, H. (1968) «Heuretica (Erfindungskunst) und Begriffskalkül – ist der Inhalt des Leibnizhandschrift Phil VIIc 139r-145r Joachim Jungius zuzuschreiben?», *in* : *Sudhoffs Archiv* 25, p. 48-66.

–(1969) «Joachim Jungius und Gottfried Wilhelm Leibniz. Ein Beitrag zum geistigen Verhältnis beider gelehrter», *in* : *Stud. Leibn.* I, 3, p. 175-207.

KAUPPI, R. (1960) *Über die leibnizsche Logik*, Acta Philosophica Fennica, fasc. XII, Helsinki.

–(1968) «Die Ersetzbarkeit "salva veritate" bei Leibniz und in der modernen Logik», *in* : *Ratio* 10, p. 116-123.

–(1969) «Die Idee der Logik in der Philosophie Leibnizens», *in* : *Stud. Leibn.* Supp. 3, p. 80-91.

–(1979) «Zur analyse der hypothetischen Aussage bei Leibniz», *Stud. Leibn.* Sonderheft 8, p. 1-10.

KIRKHAM, R. L. (1992) *Theories of Truth. A Critical Introduction*, MIT Press, Cambridge, Mss.

KLUGE, E.-H. W. (1977) «Frege, Leibniz *et alii*», *in* : *Stud. Leibn.* IX, p. 266-274.

KNEALE, W. & M. (1962) *The Development of Logic*, Oxford.

KNECHT, H. H. (1974) «Leibniz et Euclide», *in* : *Stud. Leibn.* 6, p. 131-143.

–(1979) «Logique du concept et pensée formelle chez Leibniz», *in* : *Stud. Leibn.* Sonderheft 8, p. 24-45.

–(1981) *La logique chez Leibniz. Essai sur le rationalisme baroque*, Lausanne.

KNOBLOCH, E. (1973) *Die mathematischen Studien von G. W. Leibniz zur Kombinatorik*, *Stud. Leibn. Suppl.* XI.

–(1974) «Studien von Leibniz zum Determinantenkalkül», *Stud. Leibn. Suppl. XIII.*

–(1982) «Zur Vorgeschichte der Determinantentheorie», *Stud. Leibn. Suppl. XXII.*

KRETZMANN, N. (1970) «Medieval Logicians on the Meaning of the Propositio», *in* : *The Journal of Philosophy*, 67, p. 767.

–(éd.) (1988) *Meaning and Inference in Medieval Philosophy*, Kluwer, Dordrecht.

KRETZMANN, N. KENNY, A. et PINBORG, J. (éds.) (1982) *The Cambridge History of Later Medieval Philosophy*, Cambridge U. P. Cambridge.

KRETZMANN, N. & STUMP, E. (éds.) (1988) *The Cambridge Translations of Medieval Philosophical Texts*, V I, *Logic and the Philosophy of Language*, Cambridge U. P. Cambridge.

KULSTAD, M. (1977) «Leibniz's Conception of Expression», *in* : *Stud. Leibn.* 9, p. 56-76.

–(éd.) (1977) *Essays on the Philosophy of Leibniz*, Rice University Studies, 63, n. 41.

–(1980) «A Closer Look at Leibniz's Alleged Reduction of Relations», *in* : *Southern Journal of Philosophy*, 18, p. 417-432.

KUTSCHERA, F. von, (1979) « Grundbegriffe der Metaphysik von Leibniz im Vergleich zu Begriffsbildungen der heutigen Modallogik », *in* : *Stud. Leibn*, Sonderheft 8, p. 93-107.

LAKATOS, I. (1978) « The Method of Analysis-Synthesis », *in* : *Philosophical Papers*, Cambridge, pp. 70-103.

LARGEAULT, J. (1970) *Logique et philosophie chez Frege*, Paris.

LENZEN, W. (1983) « Zur extensionalen und 'intensionalen' Interpretation der Leibnizschen Logik », *in* : *Stud. Leibn.* 15/2, p. 128-148.

– (1984_1) « Unbestimmte Begriffe bei Leibniz », *in* : *Stud. Leibn.* 16/1, p. 1-26.

– (1984_2) « Leibniz und die Boolesche Algebra », *in* : *Stud. Leibn.* 16/2, p. 186-203.

– (1986) « 'Non est' non est 'est non'. Zu Leibnizens Theorie der Negation », *in* : *Stud. Leibn.* 18, p. 3-37.

– (1988) « Zur Einbettung der Syllogistik in Leibnizens 'Allgemeinen Kakül' », *in* : *Stud. Leibn.* Sonderheft 15, p. 38-71.

– (1989) « Arithmetical vs. 'Real' Addition : a Case Study of Relations between Logic, Mathematics and Metaphysics in Leibniz. », *in* : Rescher, N. (éd.) (1988), p. 149-159

– (1990) : *Das System der Leibnizschen Logik*, de Gruyter, Berlin.

– (1991) « Leibniz on Ens and Existence », *in* : Spohn W. et al. (éd.), *Existence and Explanation*, Kluwer Academic Publishers, p. 59-75.

– (1992) « Leibniz on Properties and Individuals », *in* : Mulligan, K. (éd.) (1992), *Language, Truth and Ontology*, Kluwer, Dordrecht, p. 193-204.

LEWIS, C. I. (1918) *A Survey of Symbolic Logic*, University of California Press, Berkeley.

LEWIS, D. (1986) *On The Plurality of Worlds*, Oxford.

LIBERA, A. (de) (1996) *La Querelle des universaux*, Le Seuil, Paris.

– (1999) *L'Art des généralités. Théories de l'abstraction*, Aubier, Paris.

LOEMKER, L. E. (1942) « Leibniz' Doctrine of Ideas », *in* : *Philosophical Review*, 55, p. 229-249.

– (1973) « Leibniz's Conception of Philosophical Method », *in* : Leclerc I. (éd.), *The philosophy of Leibniz and the Modern World*, Nashville, pp. 135-137.

– (1956^1, 1989^3) (éd.) *G. W. Leibniz, Philosophical Papers and Letters*, Chicago puis Dordrecht.

ŁUKASIEWICZ, J. (1935) « Zur Geschichte der Aussagenlogik », *in* : *Erkenntnis 5*, p. 111-131.

– (1951) *Aristotle's Syllogistic*, Oxford (tr. fr. par Caujolle-Zaslawsky, F. : *la syllogistique d'Aristote*, Paris, 1972).

MCGUIRE, J. E. (1985) « Phenomenalism, Relations, and Monadic Representation : Leibniz on Predicate Levels », *in* : Bogen, J. et McGuire, J. (1985) (éds.), p. 205-234.

MCRAE, R. (1976) *Leibniz : Perception, Aperception and Thought*, University of Toronto Press, Toronto.

MAHNKE, D. (1925) *Leibnizens Synthese von Universalmathematik und Individualmetaphysik*, Halle.

MARION, J.-L. (1981) *Sur la théologie blanche de Descartes*, P.U.F. Paris.

– (1993) *Sur l'ontologie grise de Descartes*, Vrin, Paris

MARTIN, G. (1956/1957) « Existenz und Widerspruchsfreiheit in der Logik von Leibniz », *in* : Kant-Studien, 48, p. 202-215 (réédité in : Heinekamp A. et Schupp F. (éd.) (1988), p. 202-215).

– (1957/1958) « Der Begriff der Realität bei Leibniz », *in* : *Kant-Studien*, 49, p. 82-94.

– (1960) *Leibniz. Logik und Metaphysik*, Köln (tr. fr. : *Leibniz, Logique et métaphysique*, Paris, 1966).

MATES, B. (1968) « Leibniz on Possible Worlds », *in* : van Rootselaar, B. and Staal, J.-F. (éds) *Logic, Methodology and Philosophy of science*, vol. 3, North Holland, p. 507-529.

– (1972) « Individuals and Modality in the Philosophy of Leibniz », *in* : *Stud. Leibn.* 4, p. 81-118.

– (1979) « The Lingua Philosophica », *in* : *Stud. Leibn.* Sonderheft 8, p. 59-66.

– (1980) « Nominalism and Evander's sword », *in* : *Stud. Leibn. Suppl.* XXI, p. 213-235.

– (1986) : *The philosophy of Leibniz. Metaphysics and language,* O.U.P. Oxford.

MATTHEWS, G. B. (1964) « Ockham's Supposition Theory and Modern Logic », *in* : *The Philosophical Review*, L XXIII, p. 91-99.

– (1973) « *Suppositio* and Quantification in Ockham », *in* : *Noûs*, vii, p. 13-24.

MICHON, C. (1994) *Nominalisme. La théorie de la signification d'Occam*, Vrin, Paris.

MITTELSTRASS, J. (1979) « The Philosopher's Conception of 'mathesis universalis' from Descartes to Leibniz », *in* : *Annals of Science*, 36, p. 593-610.

MONDADORI, F. (1973) « Reference, Essentialism, and Modality in Leibniz's Metaphysics », *in* : *Stud. Leibn.* 5, p. 73-101.

– (1975) « Leibniz and the Doctrine of Inter-World Identity », *in* : *Stud. Leibn.* 7, p. 22-57.

– (1985) « Understanding Superessentialism », *in* : *Stud. Leibn.* XVII/2, p. 162-190.

– (1993) « On Some Disputed Questions in Leibniz's Metaphysics », *in* : *Stud. Leibn.* 25/2, p. 153-173.

MOODY, E. A. (1953) *Truth and Consequence in Medieval Logic*, Amsterdam.

MOORE, G. E. (1899) « The Nature of Judgment », *in* : *Mind*, VIII, p. 176-193.

MUGNAI, M. (1973) « Der Begriff der Harmonie als metaphysische Grundlage der Logik und Kombinatorik bei Johann Heinrich Bisterfeld und Leibniz », *in* : *Stud. Leibn.* 5, p. 43-73.

– (1979) « Intensionale Kontexte und 'Termini Reduplicativi' in der Grammatica Rationalis von Leibniz », *in* : *Stud. Leibn.* Sonderheft 8, p. p. 82-92.

– (1986_1) : « "Necessita ex hypothesi" e analysi infinita in Leibniz » *in* : *L'Infinito in Leibniz*, Antonio Lamarra (éd.), Rome, p. 143-155.

– (éd) (1986) « Leibniz, De abstracto et concreto », *Stud. Leibn.* 18/2, p. 128-131.

– (1988) « On Leibniz's Theory of relations », *in* : *Stud. Leibn.* Sonderheft 15, p. 144-160.

– (1990) « A Systematical Approach to Leibniz's Theory of Relations and Relational Sentences », in : *Topoï* 9, p. 61-81.

– (1992) *Leibniz' Theory of Relations*, Frank Steiner Verlag, Stuttgart.

MULLALY, J. (1945) *The summulae Logicales of Peter of Spain, Publications in Medieval Studies*, vol. 8, Notre-Dame.

MÜLLER, K. et KRÖNERT, G. (1969) *Leben und Werk von G.W. Leibniz. Eine Chronik*, Vittorio Klostermann, Frankfurt.

MULLIGAN K., SIMONS P., SMITH, B. (1984) « Truth-Makers », *Philosophy and Phenomenological Research*, 44/3, p. 287-321.

MULLIGAN, K. (éd.) (1992) *Language, Truth and Ontology*, Kluwer, Dordrecht.

NUCHELMANS, G. (1973) *Theories of the Propositions. Ancient and Medieval Conceptions of the Bearers of Truth and Falsity*, North-Holland Pub. Co., Amsterdam.

– (1980) *Late-scholastic and Humanist Theories of the Proposition*, North-Holland Pub. Co., Amsterdam.

– (1983) *Judgement and Proposition from Descartes to Kant*, North-Holland Pub. Co., Amsterdam.

– (1988) « The Distinction *Actus Exercitus / Actus Significatus* in Medieval Semantics » *in* : Kretzmann, N. (éd.) (1988), p. 57-90.

– (1992) *Secundum / Tertium Adiacens. Vicissitudes of a Logical Distinction*, Mededelingen der kon. ned. Akademie van Wetenschappen, 55/10, p. 351-384.

NOSTIZ-REINECK, R. V. (1894) « Leibniz und die Scholastik », *in* : *philosophisches Jahrbuch*, 7.

O'BRIANT, W. H. (1967) « Leibniz' Preference for an Intensional Logic », *in* : *Notre Dame Journal of Formal Logic* VIII/3, p. 254-256.

– (1968) *General Investigations concerning the Analysis of Concepts and Truths*, University of Georgia Press.

ÖFFENBERGER, N. et MORICONI, E. (1984) « Zur Frage der IV. syllogistischen Figur in der "Dissertatio de arte combinatoria" : eine Jugensünde Leibnizens ? », *in* : *Stud. Leibn.*, XVI/2, p. 212-216.

OLASO, E. de, (1975) « Leibniz et l'art de disputer », *in* : *Stud. Leib. Suppl.* XV, 4, p. 207-228.

OWEN, G. E. L. (1965) « Inherence », *in* : *Phronesis*, 10, p. 97-105.

PANACCIO, C. (1991) *Les mots, les concepts et les choses. La sémantique de Guillaume d'Occam et le nominalisme d'aujourd'hui*, Bellarmin-Vrin, Montréal et Paris.

PARIENTE, J.-C. (1985) *L'analyse du langage à Port-Royal*, Minuit, Paris.

– (1986) « Le système des propositions catégoriques à Port-Royal » *in* : Vuillemin, J. (1986) (éd.), p. 227-249.

PARKINSON, G. H. R. (1965) *Logic and Reality in Leibniz's Metaphysics*, Oxford.

– (1982) « The 'Intellectualization of Appearances' : Aspects of Leibniz' Theory of Sensation and Thought », *in* : M. Hooker (éd.) (1982), p. 3-20.

– « Leibniz's De Summa Rerum : A systematic Approach », *in* : *Stud. Leibn.* 18/2, p. 132-151.

– (1992) *Leibniz. De Summa Rerum*, Yale University Press, London.

PARKINSON, G. H. R., MORIS M. (1973) *Leibniz, philosophical Writings*, Londres, [PP].

PÉCHARMAN, M. (1989) « Individu et nom propre selon Thomas Hobbes » *in*: *Philosophie*, 23, p. 22-36.

– (1995_1) « Hobbes et la question du principe d'individuation », *in* : *L'individuo nel pensiero moderno*, ETS, Pisa.

– (1995_2) « La logique de Hobbes et la 'tradition aristotélicienne' », *in*: *Hobbes Studies*, VIII, p. 105-124.

– (1995_3) « La Signification dans la philosophie du langage d'Antoine Arnauld », *in*: Pariente, J.-C. (éd.), *Antoine Arnauld philosophe du langage et de la connaissance*, Vrin, Paris, p. 65-98.

POMBO, O. (1987) *Leibniz and the Problem of a Universal Language*, Nodus Publikationen, Münster.

POSER, H. (1969) *Zur Theorie der Modalbegriffe bei G.W. Leibniz*, *in* : *Stud. Leibn. suppl.* VI.

– (1979) « Erfahrung und Essenz. Zur Stellung der Kontingenten Wahrheiten in Leibniz' Ars characteristica », *in* : *Stud. Leibn.* Sonderheft 8, p. 67-81.

– (1988) « Zum Verhältnis von Logik und Mathematik bei Leibniz », *in*: *Stud. Leibn.* Sonderheft 15, p. 197-207.

PRIEST, G. et Read, S. (1977) « The Formalization of Ockham's Theory of Supposition », *in* : *Mind*, 86, p. 108-113.

PRIOR, A. N. (1962) *Formal Logic*, Clarendon Press, Oxford.

PROUST J., (1986) *Questions de forme, Logique et proposition analytique de Kant à Carnap*, Fayard, Paris.

PRUSS, A. R. (1998) « Leibniz's Approach to Individuation and Strawson's Criticisms », *in* : *Stud. Leibn.*, XXX/1, p. 116-123.

QUINE, W. V. O. (1960) *Word and Object*, New York, (tr. fr. : *Le mot et la chose*, Flammarion, Paris, 1977).

– (1961^2) *From a logical Point of View*, Cambridge.

– (1969) *Ontological Relativity and Other Essays*, Columbia U. P. New York (tr. fr. : *Relativité de l'ontologie et autres essais*, Aubier, Paris, 1977).

– (1970) *Philosophy of Logic*, Prentice Hall, (tr. fr. : *La philosophie de la logique*, Aubier, Paris, 1975).

RAMSEY, F. P. (1927) « Facts and Propositions », *in* : *Proceeding of the Aristotelian Society*, supp. vol. 7, p. 153-170, repris dans : *Philosophical Papers*, Cambridge U. P. (1990), p. 34-51.

– (1991) *On truth*, Kluwer Academic Publishers, Dordrecht.

RAUZY, J.-B. (1993) « Leibniz et les termes abstraits : un nominalisme *par provision* », *in* : *Philosophie*, 39, p. 108-128.

– (1995) « *Quid sit natura prius* ? La conception leibnizienne de l'ordre », *in*: *Revue de Métaphysique et de Morale*, 1, p. 31-48.

RESCHER, N. (1954) « Leibniz's Interpretation of his Logical Calculi », *in* : *Journal of Symbolic Logic*, 19, p. 1-13.

– (1955) « The Identity of Indiscernibles : a Reinterpretation », *in* : *The Journal of Philosophy*, LII, 6, p. 152-155.

– (1966) *Galen and the Syllogism*, University of Pittsburgh Press, Pittsburgh.

– (1967) *The Philosophy of Leibniz*, Englewood Cliffs, New York.

– (1973) *The Coherence Theory of Truth*, Clarendon Press, Oxford.

– (1981) *Leibniz's Metaphysics of Nature : A Group of Essays*, Reidel, Dordrecht.

– (1985) « Truth as Ideal Coherence », *in* : *Review of Metaphysics*, 38, p. 795-806.

– (éd.) (1988) *Leibnizian Inquiries : A group of Essays*, University Press of America, Lanham.

RINTELEN, F. (1903) « Leibniz' Beziehungen zur Scholastik » *in* : *Archiv für Geschichte der Philosophie*, 16.

RISSE, W. (1964/1970) *Die Logik der Neuzeit*, Bd. I et II, Stuttgart.

ROBINET, A. (1988) « Situation architectonique de la logique dans l'œuvre de Leibniz », *in* : *Stud. Leibn.* Sonderheft 15, p. 1-15.

ROLF, B (1983) « The Port-Royal Theory of Definition », *in* : *Stud. Leibn.* 15/1p. 94-107.

ROSENKRANTZ, G. S. (1993), *Haecceity, An Ontological Essay*, Kluwer Academic Publishers.

ROSIER, I. (1983) *La grammaire spéculative des modistes*, Presses Universitaires de Lille, Lille.

– (1994) *La Parole comme acte. Sur la Grammaire et la sémantique au XIII*[e] *siècle* ? Vrin, Paris.

ROSS, G.M. (1981) « Logic and Ontology in Leibniz », *in* : *Stud. Leibn.* Sonderheft 9, p. 20-26.

ROSSI, J.-G. (1988) « Le problème des propositions singulières dans la philosophie leibnizienne », *in* : *Stud. Leibn.* Sonderheft 15, p. 82-93.

ROSSI, P. (1953) « Il *De Principiis* di Mario Nizolio », *in* : *Testi Umanistici su la Retorica, Archivio di Philosophia*, Rome, p. 57-92.

– (1960) *Clavis Universalis. Artis mnemoniche e logica combinatoria da Lullo a Leibniz,* Milano. Tr. fr. : *Clavis Universalis, Arts de la mémoire, logique combinatoire et langue universelle de Lulle à Leibniz,* Jérome Millon, Grenoble, (1993).

RUSSELL, B. (1900) *A Critical Exposition of the Philosophy of Leibniz*, Cambridge University Press, Cambridge.

– (1903) « Recent Work on the Philosophy of Leibniz », *in* : *Mind*, 12, p. 177-201. (Repris dans Frankfurt H. G. (éd.) (1972), p. 365-400 et en allemand dans Heinekamp, A. et Schupp, F. (éd.) (1988), p. 80-117).

– (1918) *The Philosophy of Logical Atomism*, *in* : *The Collected Papers of Bertrand Russell*, vol. 8 (1968), p. 157-246.

– (1921) *Introduction to Mathematical Philosophy*, George Allen & Unwin, Londres.

– et WHITEHEAD (1910) *Principia mathematica*, Cambridge University Press, Cambridge.

RUTHERFORD, D. (1988) « Thruth, Predication and the Complete Concept of an Individual Substance », *in* : *Stud. Leibn.* Sonderheft 15, p. 130-144.

SCHEPERS, H. (1965) « Leibniz' Arbeiten zu einer Reformation der Kategorien », *Zeitschrift für philosophische Forschung* XX, p. 539-567.

– (1965) « Zum Problem der Kontingenz bei Leibniz, die beste der möglichen Welten », *Collegium Philosophicum*, p. 326-350.

– (1969) « Begriffsanalyse und Kategorialsynthese. Zur Verflechtung von Logik und Metaphysik bei Leibniz », *in* : *Stud. Leibn. Suppl.* III, p. 34-49.

– (1975) « Leibniz' Disputationen 'De Conditionibus' : Ansätze zu einer juristischen Aussagenlogik » *in* : *Stud. Leibn. Suppl.* XV, Vol. 4, p. 1-18.

SCHMID, A.-F. (1983) « La Correspondance inédite entre Bertrand Russell et Louis Couturat » *in* : *Dialectica*, 37, 2, p. 75-109.

SCHMIDT, F. (1955) « Leibnizens rationale Grammatik », *in*: *Zeitschrift für philosophische Forschung*, IX, p. 657-663.

– (1969) « Zeichen, Wort und Warheit bei Leibniz », *in*: *Stud. Leibn. Suppl.* III, p. 180-208.

– (1971) « Logik und Metaphysik bei Leibniz », *in* : *Stud. Leibn.* 3, p. 85-98.

– (1971) « Ganzes und Teil bei Leibniz », *in*: *Archiv für Geschichte der Philosophie*, 53, p. 267-278.

SCHNEIDER, M. (1974) *Analysis und Synthesis bei Leibniz*, thèse de doctorat, Bonn.

– (1980) « Das Problem der disparaten Sätze in Leibniz' Logik » *in* : *Stud. Leibn. suppl.* XXI, Vol. 3, p. 23-32.

– (1988) « Funktion und Grundlegung der Mathesis Universalis im Leibnizschen Wissenschaftsystem », *in* : *Stud. Leibn.* Sonderheft 15, p. 162-182.

– (1994) « Leibniz' Konzeption der Characteristica Universalis zwischen 1677 und 1690 », *in* : *Revue internationale de philosophie.* 2/94, 48, p. 213-236.

SCHRECKER, P. (1936) « Leibniz et le problème du tiers exclu », *in*: *Actes du congrès international de philosophie scientifique*, Fasc. VI, Paris.

SCHUPP, F. (1979) « Leibniz : Analysis Particularum », *in* : *Stud. Leibn.* Sonderheft 8, p. 133-153.

– (1982) *G. W. Leibniz, Allgemeine Untersuchungen über die Analyse der begriffe und Wahrheiten*, Felix Meiner Verlag, Hamburg.

– (1988) *Logical Problems of the Medieval Theory of consequenses, with the Edition of the Liber Consequentiarum*, Bibliopolis, Napoli.

– (2000) *G. W. Leibniz. Die Grundlagen des logischen Kalküls*, Felix Meiner Verlag, Hamburg

SIEGFRIED, H. (1967) *Warheit und Metaphysik bei Suárez*, H. Bouvier, Bonn.

SERRES, M. (1969) « Un tricentenaire : Problèmes du *De arte combinatoria*, 1666 », *in* : *Stud. Leibn. Suppl.* III, Vol. 3, p. 113-125.

SHAPIRO, H. (1960) « A Note on Walter Burley's Exaggerated Realism », *in* : *Franciscan Studies*, 20, p. 205-214.

SLEIGH, R. C. (1977) « Leibniz on the Simplicity of Substance », *in* : Kulstad, M. (éd.) (1977), p. 107-121.

– (1990) *Leibniz and Arnauld: A Commentary on their Correspondence*, Yale University Press, New Haven.

SOMMERS, F. T. (1970) « The Calculus of Terms », *in* : *Mind*, 79, p. 1-39.

– (1973) « The Logical and the Extra-Logical », *in*: Cohen & Wartofsky (éd.) *Boston Studies in the Philosophy of Science*, XIV, p. 235-251.

– (1976) « Frege or Leibniz? », *in*: Schirn, M. (éd.) *Studies on Frege, Logic and Semantics* (III), Stuttgart, p. 11-34.

– (1982) *The Logic of Natural Language*, O.U. P., Oxford.

SPADE, P. V. (1975_1) « Some Epistemological Implications of the Burley-Ockham Dispute. » *in*: *Franciscan Studies*, 35, p. 212-222.

– (1975_2) « Ockham's Distinction Between Absolute and Connotative Terms », *in*: *Vivarium*, vol. 13, p. 55-76.

– (1982) « Obligations: Developments in the Fourteenth Century » *in*: Kretzman, N. *et alia* (éds.) (1982), p. 335-341.

– (1988) « The Logic of the Categorical: The Medieval Theory of Descent and Ascent » *in*: Kretzmann, N. (éd.) (1988), p. 187-224.

SPENCER, M. (1971) « Why the "s" in intension? » *in*: *Mind*, 80.

SPERBER, D. et Wilson, D. (1989) *La pertinence*, Paris, Minuit, (tr. fr.).

STRAWSON, P. F. (1959) *Individuals*, London (tr. f.: *Les Individus*, Le Seuil, Paris, 1973).

– (1971) *Logico-Linguistic Papers*, Methuen & Co LTD, Londres.

SWARTZ, R. J. (1970) « Leibniz's Law and Belief », *in*: *The Journal of Philosophy*, LXVII, 5, p. 122-137.

SWOYER, C. (1994) « Leibniz's Calculus of Real Addition » *in*: Stud. Leibn. XXVI/1, p. 1-30.

– (1995_1) « Leibnizian expression », *in*: *The Journal of the History of Philosophy*, 33/1, p. 65-99.

– (1995_2) « Leibniz on Intension and Extension », *in*: *Noûs*, 29/1, p. 96-114.

TARSKI, A. (1974) *Logique, sémantique, métamathématique*, T. I & II, Paris, 1974.

THIEL, C. (1975) « Zur Beurteilung der intensionalen Logik bei Leibniz und Castillon », *in*: *Stud. Leibn. Suppl.* XV, p. 27-37.

– (1979) « Die Quantität des Inhalts. Zu Leibnizens Erfassung des Intensionsbegriffs durch Kalküle und Diagramme », *in*: *Stud. Leibn.* Sonderheft 8, p. 10-23.

TRENDELENBURG, A. (1846) *Historische Beiträge zur Philosophie. Erster Band. Geschichte der Kategorienlehre*, Berlin.

– (1867) « Über Leibnizens Entwurf einer allgemeinen Charakteristik », *in*: *Historische Beiträge zur Philosophie,* III, p. 1-47.

TWEEDALE, M. M. (1976) *Abailard on Universals*, Amsterdam.

VAN HEIJENOORT, J. (1967) « La logique comme calcul et la logique comme langage », *in*: *Épistémologie sociologique*, 7, p. 63-69.

– (éd.) (1967) *From Frege to Gödel, a Source Book in Mathematical Logic*, Havard.

VERNANT, D. (1983) « Le traitement logique de l'existence et les présupposés de l'ontologie », *in*: *Dialectica*, 37/2, p. 110-132.

– (1986) *Introduction à la philosophie de la logique*, Pierre Mardaga, Bruxelles.

VOISÉ, W. (1983) « Leibniz, Nizolius et le nominalisme moderne », *in*: *Stud. Leibn. Suppl.* XXIII, p. 151-156.

VUILLEMIN, J. (1967) *De la Logique à la théologie. Cinq études sur Aristote*, Paris.

– (1986) (éd.) *Mérites et limites des méthodes logiques en philosophie*, Vrin, Paris.

WIGGINS, D. (1974) « Continuity, Identity and Essentialism », *Synthese*.

– (1980) *Sameness and Substance*, Blackwell, Oxford.

WILSON, C. (1988) « The Combinatorial Universe : Scientific Language and Metaphysics in Leibniz », *in* : Rescher N. (éd.) (1988), p. 159-170.

– (1989) *Leibniz' Metaphysics. A Historical and Comparative Study,* Princeton University Press, Princeton.

WILSON, M. D. (1969) « On Leibniz explication of Necessary Truth », *in* : *Stud. Leibn. Suppl.* III, Vol. 3, p. 50-63.

WOOLHOUSE, R. S. (éd.) (1981) *Leibniz : Metaphysics and Philosophy of Science*, Oxford.

– (1982) « The Nature of an Individual Substance » *in* : Hooker, M. (éd.) (1982), p. 45-64.

YAKIRA, E. (1989) *Contrainte, nécessité, choix. La métaphysique de la liberté chez Spinoza et chez Leibniz.* Editions du Grand Midi, Zurich.

YATES, F. (1966) *The Art of Memory,* Routledge and Kegan Paul, Londres (traduction française : *L'Art de la mémoire*, Gallimard, Paris, 1975).

ZARKA, Y.-C., (1989) « Aspects sémantiques, syntaxiques et pragmatiques de la théorie du langage chez Hobbes » *in* : M. Bertman et M. Malherbe (éd.) *Thomas Hobbes. De la métaphysique à la politique*, Vrin, Paris, p. 33-46.

TABLE DES CITATIONS COMMENTÉES

Chapitre III

Chapitre IV

Chapitre V

Conclusion

INDEX NOMINUM

INDEX RERUM

TABLE DES MATIÈRES

ACHEVÉ D'IMPRIMER
EN NOVEMBRE 2001
PAR L'IMPRIMERIE
DE LA MANUTENTION
A MAYENNE
N° 355-01

Dépôt légal : 4e trimestre 2001